지속가능경영을 위한 전략적

인적자원관리

김현정 김진욱 정우진

Human Resource Management

북넷

들어가는 말

이 책은 학부 및 대학원 MBA과정에서 경영학을 공부하는 학생들에게 지속가능경영의 관점에서 본 인적자원관리를 소개하고자 쓰여진 책이다. 인적자원관리의 목표를 기업조직이 보유한 인적자원을 효율적으로 관리함으로써 인적자원이 해당 조직의 지속가능한 경쟁우위의 원천으로 기능하도록 하는 것이라고 본다면, 적절한 인적자원관리 시스템을 구축하는 것이 인적자원관리의 출발점이 된다. 또, 점점 더 중요성을 더해가고 있는 지속가능경영 관점에서의 인적자원관리는, 기업과 다양한 이해관계자들의 지속가능한 성장에 기여하는 인적자원관리 시스템 즉, HR 프랙티스를 통해 지속가능경영 전략과 기업문화가 내재화되고 동기부여화된 구성원들의 직무성과행동이라는 하나의 축과, 장기적인 관점의 인적자원관리 시스템을 운영하여 구성원이 경제, 사회, 환경적 성과 등에 기여할 수 있도록 통합적 지속성(Human Sustainability)을 제고시키는 또 다른 축을 통해서 이해할 수 있다.

본서는 Henenman이 제안한 인적자원관리 모델에 기반한 인적자원관리 시스템에 대해 설명하고 있는데, 특히 인적자원관리 시스템의 산출을 개인 및 조직성과로 상정하고 이 성과를 산출하기 위한 투입요소로 사람과 직무를 설정하였으며, 투입요소의 상호작용과정으로서 지속가능경영을 위한 인적자원관리의 각 직능활동(확보, 개발, 보상, 유지 등)을 설정하였다. 그리고 인적자원관리 시스템을 개방체계(open system)로 볼 때, 그 운영에 영향을 미치는 조직 내외의 환경변수를 설정하여 분석하는 방식을 택하고 있다.

인적자원관리가 기업의 지속가능경영에 기여할 수 있을 것이라는 의견에는 대다수의 사람들이 공감을 나타내고 있다. 그러나 어떠한 방향과 역할로 지속가능경영에서의 인적자원관리를 받아들여야 하는지에 대한 고민은 우리 모두에게 주어진 과제이다. 저자들은 이 책의 독자들이 지속가능경영을 위한 인적자원관리에 대한 체계적인 이론과 실무관련 지식을 습득하여 기업의 성과창출과 경쟁력 제고에 이바지할 수 있는 인재로 거듭나길 빌어 마지 않는다. 끝으로 이 책의 출간을 지원해준 인하대학교와, 출판과정에 정성을 들여준 북넷 류재식 사장, 그리고 편집부 식구들의 노고에 감사의 말을 전한다.

2023년 1월

저자일동

차 례

1장 지속가능경영에 기여하는 인적자원관리

2장 인적자원관리를 위한 경영이론의 발전

3장 주요 환경변화, 변하는 시대, 변하는 일터

4장 경영의 틀 - 비전하우스

5장 직무분석과 역량모델링

6장 직무설계와 작업조직

7장 지속가능경영을 위한 인적자원 확보활동

8장 업적평가와 성과관리

9장 지속가능경영을 위한 인적자원 경쟁력 개발

10장 리더십

11장 코칭

12장 보상관리

13장 복리후생관리

제1장

지속가능경영에 기여하는 인적자원관리

지속가능경영의 중요성이 강조되고 있는 상황에서 지속가능경영과 인적자원관리에 대해 간략히 살펴본다. 지속가능경영을 전략적 방향으로 확산시키기 위한 다양한 이해관계자의 노력과 실행 방안이 장기적인 관점에서 어떻게 추진되고 조직 내에서 확신되는지 사례를 통해 시사점을 확보한다.

새로운 패러다임으로 자리매김한 지속가능경영(Sustainability Management)에 대한 관심이 높아지고 있는 가운데, 지속가능경영을 조직 내에서 확산시키고 내재화하기 위한 노력과 다양한 실행방안들이 논의되고 있다. 그 중에서도 인적자원 특히 핵심인재의 관리는 장기적 관점에서 인적자원관리가 기업의 생존및 성장에 기여하는 '지속가능 인적자원관리'(Sustainable Human Resource Management)의 개념으로 인지되고 있다.

이미 많은 기업들이 지속가능경영을 추가적인 부담이라기보다 장기적인 관점에서 가치를 창출할 수 있는 활동으로 간주하고 있으며 그 효과성에 대한 연구 또한 활발하게 이뤄지고 있다. LG경영연구원의 지속가능경영에 기여하는 HR보고서 (2013)[1]에 의하면 "2010년 글로벌 컨설팅기업 액센츄어(Accenture)에서 26개국 766명의 CEO들을 대상으로 온라인 설문을 실시한 결과, 93%가 '지속가능경영이 사업성공에 결정적인 영향을 미칠 것'이라고 응답하였다. 지속가능경영을 추진하는 이유로는 '브랜드, 신뢰, 기업이미지 제고'를 1위 (72%)로, '수익증가와 운영비절감'을 2위 (44%)로 꼽았다. 이러한 결과는 기업의 사회적 가치창출과 기업의 지속가능경영의 방향으로 살펴볼 때 지속가능경영의 장점을 인식하는 기업들이 증가하고 있음을 보여준다.

지속가능경영을 전략적 방향으로 정립하고 실행하는데 있어서, 인적자원관리의 중요성은 직원의 관점, 경영자의 관점, 투자자의 관점 및 노사의 관점 등 다양한 이해관계자들의 관점에서 논의되어 왔다. 인적자원관리가 기업의 지속가능경영에 기여할 수 있는 여지가 많다는 의견에 모두 동의하고 있으나 어떠한 방향과 역할로 지속가능경영에서의 인적자원관리를 인식해야 하는지에 대한 고민은 우리에게 주어진 과제이다.

인적자원관리의 영역은 직무설계, 인재확보 및 채용계획, 업적평가, 보상, 복리후생과 퇴사에 이르기까지 광범위한 영역을 포괄한다. 지속가능경영 관점에서의 인적자원관리는 기업과 다양한 이해관계자들의 지속가능한 성장에 기여하는 인적자원관리 시스템 즉, HR 프랙티스를 통해 지속가능경영 전략과 기업문화가 내재화되고 동기부여화된 구성원들의 직무성과행동이라는 하나의 축과, 장기적인 관점의 인적자원관리 시스템을 운영하여 구성원이 경제, 사회, 환경적 성과 등에 기여할 수 있도록 통합적 지속성(Human Sustainability)을 제고시키는 또 다른 축으로 이해할 수 있다.

제1절 지속가능경영과 인적자원관리

기업의 전략적 방향으로서 지속가능경영과 인적자원관리에 대한 현재까지의 학술 및 실무적 논의는 그 내용이 다양하고 방대하다. 지속가능경영에 기여하는 인적자원관리에 대한 우리의 관점은 다음과 같다. 첫째, 인적자원관리 측면에서는 지속가능경영에 기여하는 인적자원 시스템을 마련하고 의사결정시 다양한 이해관계자들의 의견을 반영하여 제도를 수립해야 한다. 또한 조직구성원들이 일상의 업무를 하면서 지속가능경영에 대한 기업의 방향, 평판, 지역, 환경이슈에 대한 부분을 전체적으로 조망할 수 있도록 업무 프로세스와 인적자원관리 시스템을 연계시켜야 한다. 둘째, 지속가능경영을 실행하는 주체는 조직의 구성원들이기 때문에 구성원들을 중심에 두고 존중하는 인적자원 시스템이 마련되어야 한다. 조직구성원의 역량개발과 조직문화, 일-가정 양립, 복지제도를 도입하고 실행해 나가는데 있어서 반드시 조직구성원들의 공감을 얻어야 함은 아무리 강조하여도 지나치지 않다. 무엇보다 지속가능경영의 중요성을 구성원들이 체감하고 인지할 수 있도록 기업이 노력해야 한다. 기업이 지속가능경영을 강조하고 추구하여도 구성원들의 공감과 몰입없이는 지속가능경영을 추구하기가 어렵다.

지속가능경영을 추구하는 많은 기업들은 기업의 경영전략과 추구하고자 하는 가치를 기반으로 다양한 방법으로 지속가능한 인적자원관리 시스템을 구축하려고 하고 있다. 특히, 최근에는 기후변화로 인한 환경에 관한 관심으로 지속가능경영에 대한 경영가치가 확대되는 가운데, 기업의 ESG 경영에 대한 필요성 인식으로 이어지고 있는 추세이다.

ESG 경영은 환경(Environment), 사회(Society), 지배구조(Governance)를 핵심으로 하는 것으로 장기적인 관점에서 기업이 주주가치 뿐만 아니라 사회공동체의 일원으로서 사회적 이슈 해결에도 함께 기여해야 한다는 지향점을 강조한다. 최근 글로벌 컨설팅사 맥킨지의 경영진과 투자전문가 조사[2)]에 따르면 60%의 응답자가 ESG 관점의 지속가능한 경영을 하는 기업에 대한 투자프로그램이 주주에게 높은 수익을 가져다 줄 것이라고 답변하였다. 특히 ESG 투자프로그램은 기업의 단기적 가치보다 5년 이상 장기적 가치창출에 더 기여할 것이라고 인식되고 있으며, ESG 우수기업을 인수하거나 투자할 때 10% 이상 프리미엄을 지불할 수 있다는 의사를 밝혔다.

ESG 경영을 추구하는 기업은 친환경제품 등 사업개편 노력을 통해 규제나 법적 리스크로 인해 발생할 수 있는 손실과 비용절감효과도 거둘 수 있다. 이렇듯 사회에 기여하는 경영을 중시하는 투자자의 인식이 강화됨에 따라 지속가능경영은 앞으로도 경영의 중요한 화두가 될 것이다.

지속가능경영 도입에 대한 경영진의 관심을 구체화할 수 있도록 인적자원관리 실무자가 무엇을 어떻게 추진하고 지원해야 하는지 글로벌 선도기업의 사례를 중심으로 살펴본다.

제2절 지속가능경영 HR 사례

기업 내 지속가능경영의 비전, 전략수립과 추진은 경영진의 의지로 시작되지만, 이에 대한 관심과 움직임이 조직 내에서 확산시키기 위해서는 먼저 구성원 개개인의 인식과 행동이 변화되어야 한다. 초기에는 경영진의 확고한 의지와 변화에 대한 강조가 구성원들에게 영향을 미칠 수 있지만, 위로부터의 변화는 단기적이거나 구성원들의 몰입을 유도하지 못할 위험성이 늘 존재한다. 따라서 구성원들이 자발적으로 참여하고 서로에게 영향을 미쳐 조직 전체로 변화된 분위기를 확산시켜 나가는 것은 매우 중요하다고 할 수 있다.

■ 톰라(Tomra)의 지속가능경영을 위한 "Safe People" 접근방식

톰라(Tomra, 본사: 노르웨이, 1972년 설립)는 첨단수집 및 분류시스템, 센서기반분류와 등급기술을 사용하여 식품가공을 통해 순환경제가 가능하도록 기술주도 솔루션을 제공하는 세계적 기업이다. 역벤딩머신(RVM · Reverse Vending Machine)을 세계 최초로 개발, 상용화한 톰

출처 : https://www.tomra.com 에서 인출

라그룹의 총 매출은 약 10억 1700만 달러(2021년 기준)로, 전 세계 80개 이상의 시장에 10만개 이상의 설비를 보유하고 있으며 약 4,600명(글로벌 기준)의 직원을 고용하고 있다.

톰라 콜렉션(TOMRA Collection)은 전 세계의 소매업체 및 기타 고객들에게 재활용 용기들을 수집, 분류 및 처리하는 효과적이고 효율적인 방법을 제공하고 있다. 이들이 60개 이상의 시장에 설치한 약 8만 대의 역밴딩머신(RVM)은 매년 400억 개 이상의 빈캔과 병을 수집할 수 있다. 톰라 푸드(TOMRA Food)는 자동화가 필요한 개발도상국 및 선진국에 식품산업을 위한 센서 기반분류 및 등급기술을 제공하며 전 세계적으로 13,000개에 가까운 시설을 갖추고 있다. 톰라 리사이클링(TOMRA Recycling)은 40개 이상의 시장에서 8000개 이상의 자원회수 및 재활용을 자동화하기 위한 센서 기반 분류장치를 설치하고 있으며, 이들이 개발한 센서기반 분류시스템은 1차 원료에 대한 의존도를 줄이고 매립 및 소각으로 인한 부정적인 환경 영향을 완화하는 데 중요한 역할을 한다. 톰라의 기업활동은 모든 대륙을 포괄하며, 그들이 제공하는 솔루션은 지속가능한 사회에 봉사하는 데 점점 더 깊이 관련을 맺고 있다.

> "우리는 직원들에게 복지를 지원하고 매일 퇴근 후 안전하게 집에 돌아갈 수 있는 환경을 조성하는 것이 중요하다는 것을 인식하고 있다. 문화구축 행사가 개최되고 문화챔피언을 위한 파일럿 프로그램을 시작하였다. 이러한 노력은 우리의 문화가 전 세계적으로 이해되고, 수용되고, 진화하는 원동력이다."

톰라가 추구하는 가치중심 문화는 자원혁신을 선도하는 열정적인 추진력과 조직구성원, 고객 및 환경, 그리고 지속가능한 가치창출에 대한 헌신을 형성한다. 그들은 "Safe People" 접근방식을 통해 문화적 다양성, 포용성 및 복지를 포괄하는 작업환경을 조성하기 위한 조치를 취하고 있다. 지속가능성 의제와 가장 중요한 곳에 직접적인 노력을 집중시키기 위한 톰라의 다섯 가지 전략 중 하나인 구성원 가치제안(EVP)의 구성요소는 다음과 같다.

- **건강과 안전** : 2021년에는 건강과 안전에 집중하는 것이 '타협불가' 원칙으로 격상되고 정착되었으며 TOMRA Safe 프로그램을 통해 회사의 목적을 완수하기 위해 필요한 역량을 갖추도록 부서별 안전팀을 강화하였다.
- **다양성과 포용성** : 다양성과 포용성은 톰라의 또 다른 '타협불가' 원칙으로 다양한 인력의 장점을 극대화하고 어떤 형태의 직장 내 괴롭힘이나 편견을 가져올 수 있는 관행을 제거하기 위해 프로세스 및 기능에 대한 정기적인 검토를 수행한다.
- **성별 분포** : 성별 분포와 관련하여 톰라의 여성 직원의 비율은 2021년에 22%까지 늘어났다.

> "지속가능성은 톰라의 비전, 사명 및 기업문화에 깊이 뿌리 내리고 있다. 우리의 모든 제품은

출처 : https://www.tomra.com 에서 인출

더 나은 자원활용과 폐기물이 자연으로 환원되는 것을 전환시키는 측면에서 환경에 이익을 제공한다. 우리의 솔루션이 환경과 세계에 미치는 긍정적인 영향은 직원들에게 강력한 목적의식을 부여한다. 톰라의 성공은 가장 소중한 자원인 직원들의 헌신과 참여 그리고 기술에 달려 있다. 자원혁신을 선도하는 톰라의 사명을 성공적으로 실현하기 위해 우리는 열정, 혁신, 그리고 책임이라는 세 가지 핵심 가치에 의해 인도된다. 이러한 가치들 안에는 2021년까지 우리를 계속 이끌어 온 속성이 내재되어 있다. 세계적인 전염병(COVID-19)으로 인한 도전과 변화에 직면하여 우리는 동료의 개별요구를 이해하기 위해 노력하고 있으며, 불확실한 시기에 서로에 대한 연결상태를 유지하는 것이 중요함을 강조하고 있다."[3]

톰라는 모두에게 동등한 기회를 제공하면서 다양한 인력의 장점을 극대화할 수 있는 인적자원관리 시스템과 관행을 검토하고 있다. 구성원 몰입도 설문조사, 직원과의 일대일 대화, 경력 및 재능개발, 퇴사 인터뷰를 통해 직원들을 보다 심층적으로 참여하게 함으로써 풍부하고 의미있는 데이터와 통찰력을 활용하는 것이다. 이러한 데이터와 통찰력은 2022년 이후의 DEI(다양성, 공정성, 포용성)전략에 도움이 될 것으로 예상하고 있다. 2022년에는 보상과 관련하여 공정한 절차를 보장하기 위해 보상 및 평가관행을 더욱 강화하여 임금격차를 좁히고, 부정적인 차별을 금지하기 위하여 성별, 출신 등과 관계없이 일관된 규칙을 적용한다. 톰라는 모든 직원들을 위한 교육에 투자하고 DEI전략이 그들에게 의미하는 바에 대해 집중적인 리더십교육을 실시함으로써 다양성을 존중하며, 보다 공정하고 포용적인 회사가 되기 위한 여정을 계속하고 있다.

■ 슈나이더 일렉트릭(Schneider Electric)의 지속가능경영을 위한 평생학습 문화

슈나이더 일렉트릭(Schneider Electric)은 사물인터넷, 인공지능, 클라우드 등 정보통신기술을 기반으로 디지털 솔루션을 제공하는 프랑스 기업이다. 주택과 빌딩, 공장, 데이터센터, 오일 및 가스, 조선업과 중공업 등 전력을 사용하는 모든 산업분야에 에너지관리와 공정자동화를 지원하고 있다. 2019년 272억유로(약 37조원) 매출을 달성하였으며, 사업별로는 에너지관리 분야 76%, 산업자동화 분야 24%의 매출비중을 차지하고 있다. 현재 전 세계 약 100개국에서 13만 5천명의 직원이 근무 중이다.

슈나이더 일렉트릭은 1836년 프랑스에서 설립되었다. 창립 당시에는 철강, 중장비, 조선사업에, 20세기에는 전력배분, 자동화제어 분야에, 21세기에 이르러서는 지속가능한 저탄소 녹색성장 실현에 초점을 맞추고 에너지관리 분야에 주력하고 있다. 이 과정에서 다양한 글로벌 기업을 인수 합병하였으며, 이를 통해 에너지관리, 데이터센터 인프라, 영상보안, 태양광 인버터, 자동화 등으로 사업영역을 넓혀 원스톱 에너지 솔루션을 제공하는 것으로 사업을 확장하였다. 슈나이더 일렉트릭의 글로벌에너지 지속가능성 서비스담당 부사장인 Bill Brewer는 다음과 같이 말한다.

> "에너지와 자원관리는 비용의 문제가 아니라, 기업이 재무 및 평판위험을 감수할 수 있는 전략적 도구이다."[4)]

슈나이더 일렉트릭은 2021년 1월, 세계경제포럼(WEF · 다보스포럼)에서 발표하는 '글로벌 지속가능경영 100대 기업(Global 100 Most Sustainable Corporations in the World)'에서 1위

출처 : https://www.se.com 에서 인출

를 차지하였다. 슈나이더 일렉트릭의 매출 80%는 녹색매출(green revenues)이며, 2018년 이후 800만 톤의 온실가스를 절감하였다. 또한 1차 협력업체에게 온실가스 배출량을 50%까지 줄이도록 요구하고 있다. 코퍼레이트 나이츠(Corporate Knights)[5]는 "슈나이더는 전기 자체를 생산하지는 않지만, 향후 수십 년 간 탈탄소시대의 세계경제를 규정할 메가트렌드의 중심에 있다"고 평가하였다.

슈나이더 일렉트릭은 지속가능성을 STRIVE(2021-2023) 프로그램으로 알려진 공급망전략의 핵심에 두고 2025년까지 70개의 탄소 순배출량 제로(Net-Zero) 플랜트 및 유통센터를 계획하고 있다. 이러한 목표에 도달하려면 직원들의 참여와 노력뿐만 아니라 지속가능성에 대한 열망을 현실로 바꿀 수 있는 기술을 갖추어야 한다. 평생학습은 슈나이더 일렉트릭 문화의 일부분이며 회사는 직원들에게 훈련과정을 밟도록 권장한다. 슈나이더 일렉트릭은 세계적인 비즈니스 스쿨인 INSEAD와 파트너 관계를 맺고 디지털세상에서 목적지향적인 리더십을 발휘할 수 있는 일련의 프로그램을 수립하였으며, 대학원 프로그램의 일환으로 다양한 직무순환에 지속가능성 모듈을 포함하기 시작하였다. 이를 통해 구성원들의 예컨대 재무 및 법률과 같은 분야에서 자신이 보유하고 있는 기술과 지속가능성 목표에 기여할 수 있는 지식을 결합하는 방법을 터득할 수 있다.[6]

'대퇴사(Great Resignation)'의 시대에 조직구성원들은 자신이 누구를 위해 일하고 왜 일하는지 알고 싶어 한다. 지속가능성에 대한 신념과 열정을 가진 구성원들의 자발적 참여는 슈나이더 일렉트릭이 ESG 관행을 구현하기 위한 필요 충분조건이다. 관련 연구에 따르면 실제로 강력한 지속가능성 프로그램을 보유한 기업은 지속가능성을 우선시 하지 않는 기업에 비해 상대적으로 높은 사기를 지닌 직원들을 보유하고 있는 것으로 밝혀졌다. 기업과 구성원들의 지속가능성

출처 : https://www.se.com 에서 인출

에 대한 열망을 일치시키고 이어 나가는데 있어서 어떠한 투자가 필요하며 그것들을 하나로 묶는 인적자원관리 관행은 어떤 모습일까? 슈나이더 일렉트릭은 지속가능성을 위한 인적자원관리는 앞으로 직원복지, 다양성과 포용성, 자원봉사 및 지역사회와 관련된 일에 더 많이 관여하게 될 것이라고 말한다. 그들을 둘러싼 다양한 이해관계자들은 그들이 이러한 약속을 어떻게 이행하며, 환경과 사회에 어떠한 영향을 미치는지 지켜볼 것이다.

■ 바우데(VAUDE)의 지속가능경영을 위한 신뢰기반 근무제

바우데(VAUDE)는 독일 테트낭(Tettnang)에 본사를 두고 있는 가족소유 기업으로서 1974년, Albrecht von Dewitz에 의해서 설립되었다. 바우데의 주요 시장은 독일과 주변 EU 국가들이며 세계 50여개 국가에 기능성 의류 및 산악스포츠 용품을 수출한다. 회사의 총 매출액은 1억 2천만 달러(2021년 기준)이며 독일 내에서 622명의 직원을 고용하고 있다.

바우데는 생산제품 범위의 상당부분(90%)에서 지속가능한 직물에 대하여 정부가 운영·감독하는 그뤼너 크놉(Green Button) 인증라벨을 독일 최초로 획득하였다. 독일에서 그뤼너 크놉 인증을 획득하려면 생산시설에서 배출되는 오폐수에서 부터 공급망 내 협력업체의 강제노동에 이르기까지 광범위한 범위를 포괄하는 46가지 엄격한 사회 및 환경기준을 충족해야 한다. 바우데는 국외의 협력업체들에게도 독일노동근로기준법에 따라 기본근무 48시간, 초과근무 12시간 한도를 준수할 것을 요구하는 등 자체 개발한 그린 쉐입 라벨(Green Shape Label)의 엄격한 기준을 인정받아 그뤼너 크놉 인증라벨 획득을 위한 중요한 기반을 마련하였다. 회사에서 사용하는 광범위한 직물의 90%는 바이오기반, 재활용 또는 천연재료로 공정한 작업조건과 친환경공정

출처 : https://www.vaude.com/en-GB/Company에서 인출

을 통해 자연친화적 제품으로 만들어진다.

세계보건기구(WHO)와 국제노동기구(ILO)는 주 55시간 이상 근무를 장시간 노동으로 규정하고 이 이상의 근로를 권장하지 않고 있다. 바우데는 초과근무 발생의 근본적 원인을 해결하기 위하여 사업모델을 개편하였다. 일반적으로 의류업계의 경우 시즌별로 신제품을 내놓기 때문에 시즌 직전에 제품발주와 업무가 몰리는 현상이 발생하는데, 이는 기업뿐만 아니라 공급망 내 협력업체의 초과근무의 원인으로 작용한다. 이를 방지하기 위해 회사는 수요예측시스템 및 조기발주계획을 수립하고 사계절 범용제품 개발을 확대하였다.[7)]

바우데는 신뢰기반 근무제(Trust-based working hours)라는 이름으로 직원들의 자율근무제를 적극 지원한다. 전체 직원들은 주 40시간 한도 내에서 본인이 원하는 시간에 근무할 수 있으며, 필요시 재택근무도 허용된다. '워킹맘'인 대부분의 여성근로자는 본인의 육아스케줄에 따라 업무를 유연하게 설계할 수 있다. 2020년 초 세계적인 전염병(COVID-19) 대유행이 시작된 이후, 전 직원들은 가능한 곳이면 어디서든 모바일 근무를 활용할 수 있다. 바우데는 사회적 책무성을 향상시키기 위하여 형평성 제고를 통한 구성원들의 기회균등에 높은 가치를 부여한다. 이와 같은 맥락에서 사내 어린이집을 설립하여 운영하는 등 적극적인 지원정책을 펼치고 있다. 펜데믹 기간 동안 신뢰기반 근무제는 직원들의 건강와 안전을 유지하기 위한 중요한 보호장치가 되었으며, 유연한 근무설계를 통하여 직원들은 가정영역에서의 요구와 직장영역요구 간의 균형을 맞출 수 있었다.

> "지속가능성과 기업의 이윤은 모순되는 것이 아니라 기업의 혁신능력을 위한 강력한 추진력이며 신뢰를 기반으로 한 협동은 인간본성에 대한 긍정적인 이해이다. 우리는 근본적으로 직원들이 스스로 동기를 부여한다고 믿는다."

바우데는 자사뿐만 아니라 협력업체의 고용의 질을 향상시킴으로써 우수한 인력을 확보·유지

출처: https://www.vaude.com/en-GB/Company 에서 인출

하고 있으며 재직하는 구성원들의 직무만족도 또한 높게 나타나고 있다. 신뢰의 중요성에 대한 근본적 이해를 바탕으로, 신뢰중심 문화를 정착시킴으로써 지속가능한 미래를 확보하고자 노력한다. 이러한 기업문화는 직원들이 회사로부터 부여된 신뢰를 소중히 여기고, 이에 따라 행동할 것이라는 가정에 기초하고 있다. 심리적 안정감과 신체적 편안함을 느낄 수 있게끔 만드는 구성원 지원정책과 강력한 핵심 가치인 신뢰를 통해 직무에 전념할 수 있는 동기와 능력을 갖도록 지원하고 격려하는 것이 지속가능한 성장과 발전을 가능하게 하는 방법이라고 그들은 말한다.

■ 캐피탈원(Capital One)의 역량개발과 사회참여 연계

구성원들의 봉사활동은 자선적 활동(Philanthropy)인 기부금모금과 함께 가장 흔하게 볼 수 있는 지속가능경영 차원의 사회참여형태 중 하나이다. 회사의 이름을 걸고 구성원들이 봉사활동을 하는 것 자체가 의미있는 활동일 수는 있지만 뚜렷한 목표나 계획없이 이루어지면 단발성 이벤트로 끝날 가능성도 적지 않다.

포춘 500대 기업으로 종합금융서비스 업체인 캐피탈원(Capital One)[8]은 구성원 봉사활동 프로그램(Employee Volunteering Program: EVP) 계획을 처음부터 HR적 관점에서 접근하여 구성원들이 갖고 있는 역량개발과 재능기부를 동시에 추구할 수 있었다. 캐피탈원에서 구성원들을 대상으로 설문을 시행한 결과, 구성원들이 자신들의 업무영역을 넓혀 지역사회에 기여하고 싶은 욕구가 있다는 것과 이미 상당수는 기부, 단기봉사 등에 참여하고 있다는 것을 파악하였다. 현재 구성원들이 가진 재능, 역량을 분류함과 동시에 CHO, 임원진들로부터 현재 조직적으로 가장 중요한 이슈는 '인재의 확보, 육성, 유지'라는 점을 연계시켜 캐피탈원은 지역단체와 조직모두 가치를 얻을 수 있는 '성공공식(Winning Formula)' 프로그램을 만들어 운영하였다. 이 중 구성원 역량과 관련된 Core Competencies(C2) 프로그램은 자사의 구성원들이 가진 핵심 역량을 크게 '마케팅역량'과 'IT 기술역량'으로 분류하여 각각 이에 맞는 재능기부(프로보노) 활동을

캐피탈 원의 구성원 지역단체 참여의 성공공식(Winning Fomula) 프로그램은 구성원들의 업무에 대한 만족도와 회사에 대한 로열티를 높일 수 있는 프로그램으로 평가받고 있다.

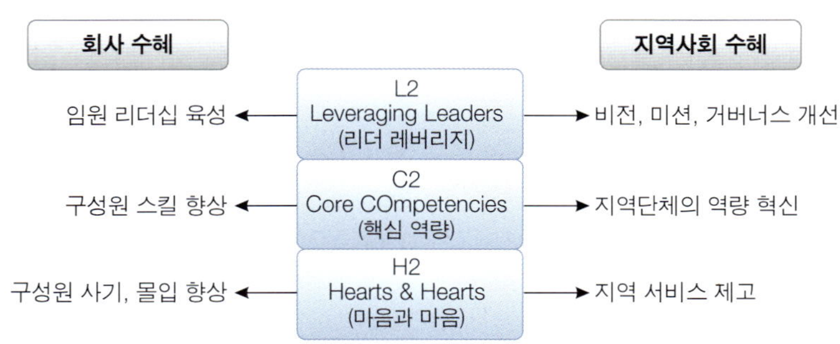

전개한 예이다. 마케팅 재능기부 활동의 예로는 지역전문학교를 위한 학생모집 홍보활동지원, 브랜드제고 및 로고 교체작업 등을 들 수 있다.

이러한 일련의 재능기부 활동으로 구성원들은 자신들의 업무적 역량을 새로운 환경에서 발휘해보면서 역량개발의 기회로 삼을 수 있었음은 물론, 지역단체는 캐피탈원의 전문역량을 수혜받을 수 있었다. 이 프로그램 이후 구성원 설문결과 참가자의 90%는 "나로 하여금 지역에 좋은 영향을 끼쳤다"는 응답을, 81%는 "나 자신에 대해 더 좋게 생각하게 되었다"는 응답을, 70%는 "회사에 대해 더 긍정적으로 생각하게 되었다"라고 응답하였다. 이처럼 캐피탈원의 지역사회 참여프로그램은 구성원들의 업무에 대한 만족도와 회사에 대한 로열티를 높일 수 있는 프로그램으로 평가받고 있다.

■ 유니레버(Unilever)의 구성원 건강증진 프로그램

진정한 의미의 지속가능경영을 위해 구성원들의 참여와 몰입을 유도하는 것도 필요하지만, 무엇보다도 기업의 가치창출 원천이자 가장 중요한 이해관계자인 구성원의 지속가능성이 전제되어야 할 필요가 있다. 인적자원관리가 단순한 복지제공의 차원을 넘어 장기적인 관점에서 구성원들의 웰빙과 활력을 위해 신경 써야하는 이유도 여기에 있다. 유니레버(Unilever)[9]의 경우 구성원들의 신체적, 정신적 건강을 위해 램프라이터(Lamplighter)라는 건강증진 프로그램을 운영하고 있다. 이는 유니레버가 지속가능성에 대한 전략을 생각하면서 기업미션을 '세상 모든 사람들의 삶에 활력을 더하자'(Add vitality to Life)로 새롭게 정한 후 내부 구성원의 활력 및 지속가능성 차원에서 고안한 프로그램의 일환이다.

구성원들은 신체, 영양섭취, 정신적 회복력 세 영역에 걸쳐 검진을 받고 각 영역에 대해 '녹색: 건강한 상태', '주황색: 주기적 확인 필요', '적색: 집중관리 필요'로 진단을 받는다. 이후 개인에게 맞는 운동, 식단, 스트레스 관리를 위한 온라인코스나 인지치료 등을 처방받고, 주황색,

출처 : https://www.youtube.com/watch?v=1KKmVEYgdNU에서 인출

적색단계를 진단받은 구성원들의 경우 6개월에 한 번 개선정도를 확인받는다. 램프라이터 프로그램으로 인해 유니레버 인도법인의 경우 실행 1년 후 집중관리가 필요했던 구성원의 반 이상이 적색단계를 벗어 날 수 있었고, 전 세계적으로 보면 영양불균형 상태였던 구성원이 16% 감소, 과체중, 비만구성원이 16% 정도 줄어들었으며, 최종적으로 3.5:1의 ROI를 얻을 수 있었다.

연습문제

1. 지속가능경영을 위한 전략적 인적자원관리의 중요성에 대해 생각해 보시오.

2. 사례가 주는 시사점에 대해 토론해 보시오.

3. 다양한 사례에서의 공통점과 차이점은 무엇인지 설명해 보시오.

미 주

1) 송주헌 (2013). 지속가능경영에 기여하는 HR.
웹사이트: https://koreascience.kr/article/JAKO201372478757648.pdf에서 인출
2) McKinsey & Company. (2021). How companies capture the value of sustainability: Survey findings. Retrieved from https://www.mckinsey.com
3) Tomra Annual Report. (2021). Form into Transformation. Retrieved from https://www.Tomra.com
4) Corporate Energy and Sustainability Progress Report. (2020). Insights. Retrieved from https:// https://www.se.com/ww/en/about-us/sustainability/sustainability-reports/
5) 캐나다 미디어그룹 겸 투자리서치 기관인 '코퍼레이트 나이츠(Corporate Knights)'는 매출 10억 달러 이상의 전 세계 8,080개 기업의 지속가능경영 수준을 평가해 100대 기업을 선정하고 있다. 재무 건전성, 에너지 및 온실가스 감축률, 수자원관리 효율성, 이사회, 리더십, 다양성, R&D 혁신 등 43개 지표를 기준으로 기업의 재무성과와 ESG 성과를 종합적으로 평가한다. 2005년부터 시작, 올해 17주년을 맞았다.
6) Lester, Tan. (2022). Schneider Electric shows that the HR function can lead organisations' reach for sustainability goals. Retrieved from https://www.humanresourcesonline.net/
7) 송선우 (2021. 8. 12). 근무여건 관리 어떻게? ILO 적용한 독일 아웃도어 의류 '바우데'. 임펙트온, http://www.impacton.net/news/articleView. html?idxno=2318에서 인출
8) Matt Schuyler, Berkowitz Carolyn (2009). Developing talent through community involvement: A Winning Formula for Capital One, People & Strategy.
9) World Economic Forum(2010). The Workplace Wellness Alliance: Investing in a Sustainable Workforce.

제2장

인적자원관리를 위한 경영이론의 발전

인적자원관리를 위한 경영이론의 발달단계, 특히 지속가능경영을 위한 사람 중심 경영이론의 발전과정을 통한 인적자원의 중요성에 대해 학습한다. 인적자원의 효율성을 높이기 위해 시작된 고전경영이론부터 현대경영이론까지 핵심적인 내용을 살펴보고, 지속가능경영을 위한 인적자원관리에 주는 시사점을 파악한다.

제1절 왜 경영이론을 알아야 하는가?

기업이 성과를 내기 위해서 지속적으로 하는 활동을 경영이라고 하며, 경영의 많은 내용안에서 특히 인적자원관리는 기업이라는 조직에서 주로 이루어진다. 따라서 인적자원관리의 필요성을 이해하기 위해서는 경영을 정확하게 이해하는 것이 중요하다. 경영에 대하여 구체적으로 설명하기 전에 우리는 경영이론을 먼저 이해해야 한다. 시대를 거듭하며 발전해 온 경영이론은 경영활동을 어떻게 인식할 것인가에 대한 문제이기도 하다.

경영의 목적이 일반적으로 재무적인 성과라는 것에는 그 누구도 부정할 수 없다. 그러나 재무적인 성과만은 아니라는 것에도 대부분 동의할 것이다. Peter Drucker는 경영의 목적을 재무적인 성과와 함께 바람직한 조직문화구축, 그리고 지속적인 인재육성이라고 언급한 바 있다. 이는 기업의 재무적인 성과는 사람에 의해서 달성될 수 있다고 보는 견해로서 즉 사람의 중요성을 강조하고 있는 것이다. 특히 '지식노동자'라는 개념으로 지식을 생산수단으로 하는 노동자들이 기업성과에 중심이 되어야 한다고 주장했다. 경영이론은 기업의 목적을 달성하기 위하여 사람을 어떻게 활용할 것인가라는 관점에서 시작되었지만 점차 사람이라는 '인적변수'에 관심을 두면서 발전되기 시작하였다. 일반적으로 경영이론이 발전하는 이유는 제품과 서비스를 생산하기 위해서 인적·물적자원을 효과적으로 활용하여 더 좋은 생산방법과 프로세스를 찾아내고 성과를 달성하기 위함이다. 아래 그림에서 볼 수 있듯이 경영이론의 발전에 영향을 미치는 환경적 요인은 매우 다양하다.

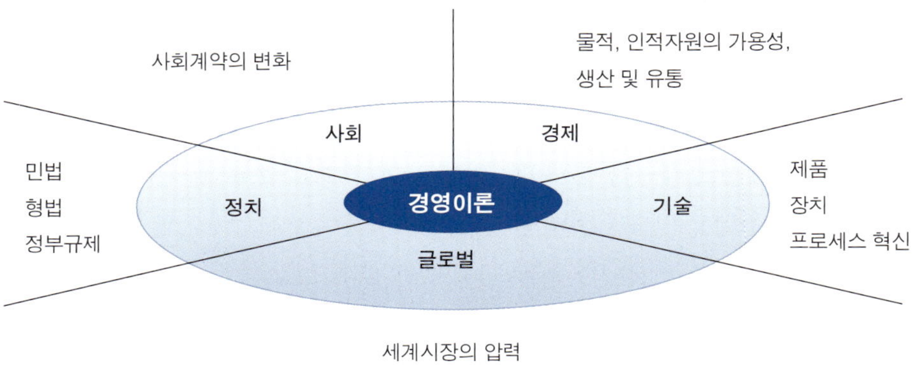

사회계약의 변화 세계시장의 압력

경제적 영향이란 물적 또는 인적자원의 가용성, 생산 그리고 유통을 의미한다. 이것은 경영환경분석, 전략수립, 조직설계 등에 영향을 미친다. 사회적 영향이란 인간 사이의 관계와 관련된 규범과 가치이며 사회계약을 형성하는데 영향을 미친다. 사회계약이란 인간관계뿐만 아니라 노사관계를 규정하는 문서화 되지 않은 규칙과 인식을 의미한다. 이러한 사회계약의 변화는 동기부여, 리더십, 인적자원관리 등의 경영이론에 영향을 주고 있다. 정치적 영향이란 정부의 법규나 규정 등이 개인과 조직에 영향을 미치는 것을 말한다. 예를 들어 자연보호를 위한 환경규제나 아동취업금지, 주5일제 근무의 도입으로 최저시급 확대 등이 있다. 기술적 영향이란 제품과 서비스를 생산하기 위해 사용되는 노하우, 장비와 도구, 절차 등의 진보가 기업경영에 미치는 영향을 말하며 새로운 기술의 도입은 경쟁우위를 결정하게 된다. 마지막으로 글로벌 영향이란 기업이 세계 시장에서 경쟁하려고 할 때 품질과 생산성을 높이고 비용은 절감하도록 압력을 가하는 것을 말한다. 그러나 지속가능한 성장과 경영을 위한 인적자원관리에서 우리가 경영이론을 알아야 하는 이유는 앞서 언급한 바와 같이 초기 경영이론의 발전에 있어 가장 큰 전환점인 '인적변수'에 대하여 관심을 갖기 시작하면서 폭넓은 연구와 실천들이 진행되었다고 볼 수 있기 때문이다.

1.1 전고전이론

경영이론은 1800년대 산업혁명 이후부터 논의되기 시작되었다고 보는 관점이 많은데, 산업혁명의 발전으로 인해 가내수공업 방법에서 대량 생산체계로 변경되었기 때문이다. 산업혁명으로 인해 충분한 물적자원과 노동력으로 어떻게 하면 보다 생산성을 높일 것인가에 대한 기본적인 고민이 본격적으로 시작된 시기이다. 이 시대를 기점으로 경영이론은 전고전이론, 고전경영이론, 행동과학이론, 계량경영이론, 현대경영이론으로 발전되고 구분되고 있다. 전고전이론이란 경영이론이 체계적으로 연구되기 이전의 시기이지만 큰 의미가 있다. 이 시기의 유명한 경영이론가로는 Robert Owen, Charles Babbage, Henry R. Towne, F. A. Halsey 등이 있다.

영국 웨일즈 출신의 Robert Owen은 기업가인 동시에 사회개혁 주의자로서 당시 팽배했던 봉건주의적 사회통념에서 벗어날 수 있는 사회적 발달은 '교육을 통한 바른 인성의 개발'에 의한다고 주장하며 유치원 설치 등의 교육체계의 개선과 경영에 있어 '인적자원의 중요성'을 처음으로 강조하였다. 당시 대부분의 공장들, 특히 직물공장들에서 노동자들의 작업조건이 형편없었다는 사실은 명백하다. 대부분 숙련된 기술도 없는 가난한 여성들과 어린이들은 저임금을 받으며 매일 14~16시간씩 일을 했는데 시끄럽고 냄새나며 비위생적인 환경에서 작업을 반복했다. 그는 당시 공장 노동자들이 처한 환경을 개선하는 것에 목표를 두고 우선 자신이 소유한 공장 노동자들의 처우를 개선하는 데 힘썼다.

일반적으로 당시의 노동자들은 열악한 노동환경에서 노동을 했지만 Robert Owen은 생산성을 높이기 위해 노동력을 착취한 것이 아니라 작업조건과 생활조건을 개선하고자 노력했으며 이는 매우 놀라운 일이었다. 그는 임금을 올리고, 작업장을 보다 편리하게 만들고 건강을 해치지 않도록 환경을 개선했으며, 10세 미만 어린이의 취업도 금지했다. 또한, 공장안에 소비조합을 두어 주택, 음식, 의복을 싼값에 공급하고 노동자들이 문맹상태를 벗어나도록 교육도 실시하였다. 그리고 노동자들을 인간답게 대접하는 것이 이윤증대와 무관하지 않다고 주장했다. Robert Owen은 인적자원의 중요성에 따라 '노동은 부의 원천'이라는 생각으로 작업조건의 개선을 통한 생산성 향상을 추구하는 한편 직능별 노동조합운동을 실천하는 선구자적 역할을 하였다.

그는 환경을 개선하는 일이 가장 중요하다고 보았다. Robert Owen의 말에 따르면 자본가가 노동자 삶의 질을 높일 수 있게 대우한다면 노동자들은 행복해지고 결국 공장을 위해 열심히 일하게 된다. 결과적으로 생산성은 극대화되고 이로써 이윤증대가 가능하다는 것이다. 그는 환경을 개선하는 일이 가장 중요하다고 보았다. 무지와 범죄, 알코올중독 등의 악은 나쁜환경에서 비롯된다고 믿었기 때문이다. 현재의 기준으로 본다면 매우 부족한 부분이 보이지만 당시의 상황에서는 매우 놀라운 일이었다. 특히 기술과 산업의 발전과정에서 인적자원의 중요성이 강조되는 오늘날의 경영관점에서 그의 시도는 획기적인 사건이었다고 할 수 있다.

■ 뉴 레너크(New Lanark)[1)]
Robert Owen은 19세기 초에 이곳에 모범적 산업공동체의 모델을 만들었다. 인상적인 방적공장 건물과 잘 설계된 널찍한 노동자 숙소, 권위 있는 교육기관과 학교가 지금까지 남아서 그의 인도주의 정신을 보여 준다.

출처 : https://heritage.unesco.or.kr에서 인출

Charles Babbage는 오늘날 각 작업자가 몇몇 과업에 책임지는 반복적인 조립라인에 대한 아이디어를 만들었다는 점에서 매우 의미가 있다. 영국 케임브리지 대학의 교수로서 혁신주의적 경제학자이며 수학자였던 그는 저서 '기계 및 제조의 경제'를 통해 공장경영에 있어 정보수집에 대한 필요성과 공장 자체의 사회적, 경제적 의미를 독자적인 이론으로 규명하였다. 특히, 노동분업을 통해 얻을 수 있는 상업적 이점에 대한 '배비지 원리'를 설명했는데, 이는 숙련된 기술자는 기술수준 이하의 작업을 수행하는 데 시간을 소비하지만, 노동과정을 여러 근로자로 나누고, 숙련이 필요한 작업만 고비용 근로자에게 할당하면 쉬운 작업은 저임금 근로자에게 할당함으로써 인건비를 줄일 수 있다는 내용이다. 이러한 시도는 고전경영이론으로 이어져 Taylor의 과학적 관리법에서 주장하는 교육훈련의 중요성과도 관련이 되었다. Charles Babbage의 주장은 사람에 대한 직접적인 작업환경의 개선보다는 교육을 통해 인적자원의 능력을 향상시키는 부분을 강조하고 있다. Robert Owen과 Charles Babbage의 시도는 사람을 단순한 생산을 위한 수단이 아니라 생산성 향상을 위한 중요한 자원임을 주장한, 매우 앞선 시도이며 경영이론이 연구되기 이전의 활동이지만 오늘날에도 영향력을 미치고 있다는 점에서 매우 의미가 있다고 할 수 있다.

북미대륙의 남북전쟁에 의한 노예해방과 유럽의 산업혁명에 의한 산업사회의 도래는 임금제도의 변화를 가져왔으며 노동의 생산성과 능률에 대한 문제가 강조되었다. 이에 대한 과학적 관리법의 초기 실천자로 Henry R. Towne을 거론할 수 있다. Henry Towne은 그의 논문 'The Engineer as an Economist'를 통해 공장생산의 효율성 제고를 위해 사용되는 다양한 기술

■ Charles Babbage의 설계를 토대로 만들어진 차분기관 2호[2)]
영국 케임브리지 대학의 교수로서 혁신주의적 경제학자이며 수학자였던 Charles Babbage는 저서 '기계 및 제조의 경제'를 통해 공장경영에 있어 정보수집에 대한 필요성과 공장자체의 사회적, 경제적 의미를 독자적인 이론으로 규명하였다.

출처 : https://ko.wikipedia.org/wiki에서 인출

(techniques)에 대한 과학적 관리의 중요성을 강조하였으며, 이익분배제도의 개선을 통해 종업원에 대한 일정한 임금률의 지급을 주장하였다. 그가 주장하는 이익분배의 방법은 과학적으로 산출되고 실질적으로 소요는 생산 각 공정의 표준원가와 실제 원가를 비교하고 여기서 발생하는 절감부분에 대한 이익을 노사가 동등하게(5:5) 분배해야 한다는 것을 원칙으로 하였다. 그러나 이 제도는 생산량의 집계에 과도하게 기준하여 품질을 의미하는 노동의 질을 간과하였으며, 해당 분야의 근로자 집단의 성과만을 주요 대상으로 하여 개인에 대한 숙련도와 능률향상에는 기대만큼 크게 기여하지 못하는 이론적 한계를 나타내고 있다.

Henry Towne의 이익분배제도가 갖는 이론적 한계에 대한 대안으로 1891년 미국의 F. A. Halsey는 자신이 근무하는 라운드 드릴사(Round Drill Co.)의 임금체계 개선을 통해 새로운 임금지급방법을 제시하였다. 임금을 통한 작업능률의 향상과 경영효율화를 의도하는 Halsey의 임금할증급제는 작업의 조기완료를 통해 발생하는 노동시간 절약에 대한 임금지급 절약분의 1/2 내지는 1/3을 추가로 노동자에게 지급하도록 하는 방법이다. 그러나 이 방법은 작업완료에 필요한 표준시간과 기준결정에 따른 지급할증금이 노동자의 수입증가 또는 사용자의 과도한 임금지급을 가져오는 부담으로 작용할 수 있으며, 따라서 노동자와 사용자 간의 노사관계를 악화시킬 수 있는 위험성을 내포하는 약점을 갖고 있다.

제2절 인적자원의 효율성을 위한 경영이론의 시작 '고전경영이론'

오늘날 우리는 4차 산업혁명의 시대에 살고 있고 사람들은 4차 산업혁명의 시대를 기술의 발달과 변화의 시대라고 말한다. 하지만 현재의 모든 산업이 4차 산업혁명의 기술을 사용하는 것이 아닐 수 있다. 누군가는 밀가루를 생산해야 할 것이고, 밀가루를 만드는데 인공지능도 적용할 수 있겠지만, 시간과 노력이 많이 들고 본질적으로 그 필요성도 매우 크지 않을 수도 있다. 따라서 어느 곳에서는 이전의 생산방식을 적용해야 하기 때문에 이전의 경영이론이 유효할 수도 있을 것이다. 합리적 이성주의의 인간론에 대한 가정으로 태동한 고전적 경영이론의 흐름은 크게 두 가지로 구분하여 설명할 수 있다. 그 하나는 산업혁명을 전후로 독일을 중심으로 영국과 프랑스에서 발달한 이론적 경영학과 또 다른 하나는 남북전쟁을 계기로 미국에서 발달한 생산현장의 실무적, 실용주의적 관리를 강조하는 실천적 경영학이다.

생산현장의 작업능률과 조직에 관한 분석과 효율적 관리를 강조하는 고전적 경영이론은 다양

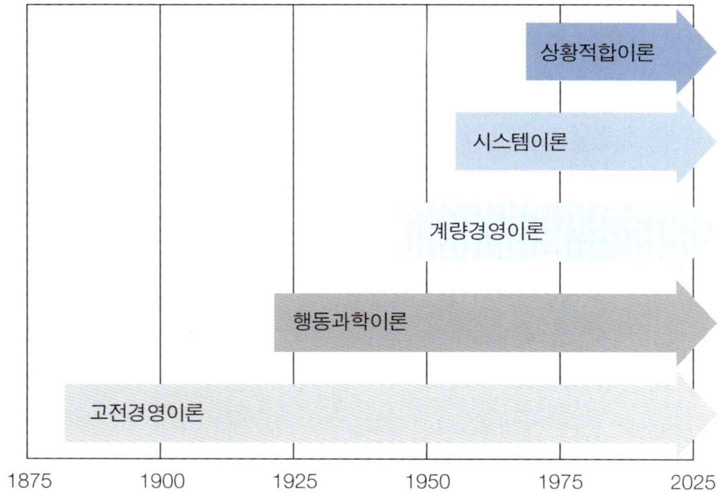

경영이론을 시작한 시점은 있지만 끝은 화살표로 되어 있다. 이는 오늘날에도 이전의 경영이론이 유효하거나 적용이 가능한 곳이 있다는 것을 의미한다.

하게 확대되는 경영조직의 과학적 관리에 많은 도움을 주었다. 다만 고전적 경영이론은 조직을 생산설비의 하나인 기계적 개념으로 평가하여 조직을 구성하는 가장 중요한 구성요소인 구성원에 대한 '경제인'의 인식이 개인에 대한 인간적 가치를 경시하는 약점을 갖게 되었다. 이러한 고전적 경영이론의 중요한 흐름은 다음의 세 가지로 설명된다.

첫째, 미국 Frederik W. Taylor의 생산과정에 대한 과학적 분석에 따른 과학적 관리론이다.

둘째, 프랑스의 Henry Fayol의 경영관리의 1차적 대상을 노동자가 아닌 상위관리층으로 하고 이들의 경영활동에 대한 원칙을 적용하려는 경영과정에 관한 관리의 관리원칙론이다.

셋째, 독일의 Max Weber가 주장하는 합리적이며 합법적인 권한에 의한 권위와 명령의 계층구조를 강조하는 관료적 조직론이다.

고전경영이론이 탄생한 시기에 미국에서는 19세기 후반에 철도, 통신, 철강, 화학, 기계산업의 눈부신 발전에 힘입어 기업규모가 증가하고 시장규모도 증가하였고 이와 더불어 노동의 성격도 크게 변했다. 노동이 기술이 아닌 단순한 육체노동이 되면서 노동자들은 공장주의 해고에 완전무방비 상태에 놓이게 되었다. 거기에 이민자, 흑인, 여성, 농업에서 떨어져 나온 인력, 어린이들이 대거 노동시장에 진출하면서 일자리에 대한 경쟁이 치열해졌기 때문에 노동자들은 공장주가 제시하는 노동조건을 일방적으로 감수하는 이외에 다른 방법이 없었다. 그런데도 정부는 이 기간 동안 철저히 자유방임적 경제정책을 추구했다. 1865년부터 1890년까지 기업의 활동을 제한하는 어떠한 법안이나 규칙도 제정되지 않았고 정부가 기업활동을 감시하는 일도 없었다.

고전경영이론과 관련된 찰리 채플린의 영화 '모던 타임즈'는 고전경영이론을 이해하는데 많은 도움이 되는데 사람을 기계의 부속처럼 이용했던 시대에 대한 내용이다. 사람을 기계의 부속으로 취급하던 시대, 고전경영이론의 시대였다.

출처 : https://www.theguardian.com/media/from-the-archive-blog/2011/may/25/review-chaplin-modern-times-1936에서 인출

저임금, 독점, 기업합병, 미성년자 고용, 기업주의 일방적 해고, 하루 15시간 노동 등이 당시에는 전혀 불법적 행위가 아니었다. 노동자들이 겪어야 했던 이런 고통은 정부에 대한 반발로 이어질 수밖에 없었다. 노동자들은 조합을 결성하고 단결하여 공장주와 자본가들의 착취로부터 자신들을 지키려고 했다.

2.1 과학적 관리법(Scientific Management)

Frederik W. Taylor는 미국 필라델피아의 부유한 가정에서 태어나, 필립 엑세터 아카데미(Pillip Exeter Academy)를 거쳐 하버드대학에 우등생으로 합격하였으나, 안질로 시력이 나빠져서 법과대학을 포기하고 18세가 되던 1874년 필라델피아 수력공사(Enterprise Hydraulic Works in Philadelphia)에서 4년간 기계견습공으로 일을 배우게 된다. Taylor가 미드베일 철강회사(Midvale Steel Works)에서 작업조장으로 임명되었을 때 그는 노동자들에게 압력을 가함으로써 생산량을 늘리고자 하였다. 이것이 테일러리즘(Taylorsim) 즉, Taylor의 과학적 관리법이 만들어지게 된 직접적인 계기가 되었다.

과학적 관리법(scientific management)은 창안자인 Frederik W. Taylor의 이름을 따 테일러리즘이라고 불리며, 20세기 초부터 주목받은 과업수행의 분석과 혼합에 대한 관리이론이다. 이 이론의 핵심 목표는 경제적 효율성, 특히 노동생산성 증진에 있다. 고전경영이론에서는 노동자들은 경제적 관심에 따라 합리적으로 행동한다는 것을 전제하고 있다. 다시 말해서 돈을 벌기 위한 목적으로 일을 한다는 것을 의미하는 것이다.

이러한 과학적 관리법의 진행은 다음과 같이 수행된다. 우선 작업을 과업단위로 분류를 시도

하며 동시에 해당 과업을 수행할 적합한 작업자를 체계적으로 선발한다. 그런 다음 이러한 각각의 과업을 최대한 빠르고 효율적으로 수행할 수 있도록 시간연구와 동작연구를 시도한다. 연구를 통한 개선점이 도출될 시, 이를 노동자들에게 작업수행의 표준화된 지침으로 교육한다. 이러한 과업수행이 효과적으로 나타나고 목표량을 달성하게 되면 수행자에게 인센티브를 지급하고 마무리한다. 과학적 관리법은 작업자의 능률과 생산성 증대를 위하여 작업을 과학적으로 설계할 목적으로 작업자와 과업관계를 체계적으로 연구하는 기법으로 직무전문화와 노동분업의 강화를 주장했다. 또한, 유일 최선의 작업방법(one best way)을 찾으려 했다. 최초의 과학적 관리법은 효율성을 높이기 위해 내부 노무관리를 위해서 시작되었지만 향후에는 경영전반으로 확대되었고 오늘날 경영학과 산업공학의 기초가 되었다. 과학적 경영관리법에 대한 네 가지 중요한 원칙은 다음과 같다.

- 한 과업의 각 요소들을 과학적으로 연구하여 과업을 수행하는데 가장 좋은 작업방법과 절차를 표준화한다.
- 각 작업을 수행할 기술과 능력을 갖춘 적격자를 과학적으로 선발하고 과학적인 표준방법으로 과업을 수행하도록 훈련·교육시킨다.
- 관리자는 작업자들이 과학적인 작업방법으로 과업을 수행할 수 있도록 그들과 협력한다.
- 관리자는 작업자의 작업을 계획하고 지시하는 반면 작업자는 이에 따라 작업을 수행함으로써 작업과 책임을 균등하게 배분한다. 이와 같이 관리자와 작업자의 직무와 기능이 분업화되어야 한다.

이 네 가지 원칙은 오늘날에 적용되기 어려운 부분도 존재한다. 20세기 초에 등장한 과학적 관리법이 오늘날 작업환경을 정확하게 반영하기는 어렵지만 앞서 언급한 바와 같이 경영학과 산업공학의 기본을 만들었다는 점에서 의미가 있다. 과학적 관리법에는 두 가지 방법이 있는데, 하나는 동작연구(motion study)이고 하나는 시간연구(time study)이다. 동작연구는 작업동작을 분석하여 불필요한 동작을 제거하여 생산성을 높이고 시간연구는 업무에 불필요한 시간을 제거

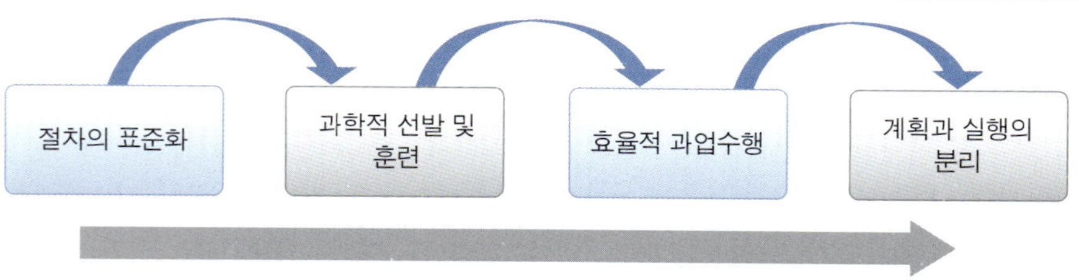

한다는 것이다. Taylor는 철강회사의 엔지니어로 근무하면서 작업자들이 정상적인 작업속도보다 느린 속도로 작업하는 원인을 발견하게 되는데 이를 방지하고자 과학적 관리법을 개발하게 되었다. 그러나 이러한 방법은 사람을 기계로 취급한다는 문제점을 내포하고 있었다. Taylor는 철근을 나르는 사람들에게 40분 작업과 20분의 휴식을 제공하였다. 어떻게 보면 매우 인간적으로 보일 수 있지만 20분을 쉬어야 최대의 효율성을 낼 수 있다는 시간연구를 통해서 얻어낸 것이다. 다시 말해 과학적 관리법이 비난을 받는 이유는 인간적인 측면이 충분히 고려되지 않았다는 것을 기억해야 한다. Taylor가 주장했던 인센티브 제도는 매우 의미가 있다. 인센티브라는 것은 잘 한 것에 대해서는 추가적인 혜택을 주는 것이지만 잘못한 것에 대해서는 불이익을 주었다는 점에서 오늘날의 인센티브와는 차이가 있다. 하지만 인센티브 제도라는 것을 만들고 시행했다는 점에서는 의미가 있다고 할 수 있다.

2.2 Max Weber의 관료제

19세기 독일의 사회학자 Max Weber에 의해 제시된 관료주의(bureaucracy)는 산업혁명의 결과로 나타난 산업화의 진행과정에서 나타났다. 당시 독일의 노동자들에 대한 경제적 인식을 생산수단의 일환으로 생각했던 경제인의 사고로부터 나타났는데, 노동자들에 대한 공정한 사회적 기여의 기회제공과 인격적 의미를 중시하는 사회인으로 변화시켜 인간적인 삶과 권리를 보장하며 기존의 세습적 봉건주의 사회조류에 대한 합리적 개혁의 의지로 주장되었다. 따라서 Max Weber의 관료주의는 출신에 의한 개인적 배경을 중시하는 인간관계적 사고에 대한 근본적인 개선과 함께 조직운영에 관한 권한의 업무적 분업화와 종업원 선발의 공식화를 주장하는 이상주의적 조직운영의 원칙을 실질적 존재의 의미와 무관하게 〈표 2-1〉과 같이 제시하였다.

〈표 2-1〉 이상주의적 조직운영 원칙

분 업	업무의 일상적 단순화, 명료화, 세분화, 반복화 확립
권한계층 명확화	조직직위의 서열화, 감독과 통제의 상하 명령체계
공식화	직무행동의 통일성 확보 및 업무 절차와 규칙의 명문화
인재선발제도	업무 전문성, 기술적 능력에 의한 능력주의
개인적 특성배제	개인의 특성과 선호도에 무관한 규칙과 원칙의 동등한 적용
경력주의	종업원의 전문적 경력주의에 의한 종신재임권(tenure) 확보

한편, Max Weber는 이상과 같은 관료주의 조직원칙에 의한 조직의 지배형태를 〈표 2-2〉와 같이 정의하며, 합법적이고 합리적인 권한을 가장 이상적인 것으로 주장하였다.

〈표 2-2〉 관료주의의 장·단점

장 점	단 점
표준화에 의한 조직 내 종업원의 직무수행의 능률적 통제와 예측 가능	규정과 규칙의 지나친 강조에 의한 목적과 수단의 전도
연고주의 타파와 능력주의에 의한 객관적 선발	변화에 대한 거부와 역동성의 부족
종신재임권(tenure)을 통한 종업원 직무 안정화	형식주의에 의한 규정과 규칙의 비효율적 적용
종업원의 공정한 대우와 안전 확보의 규정화	권력의 집중화에 의한 복지부동과 가치체계 혼란
의사결정의 수직적 계층화	조직의 비인간화에 의한 구성원의 불만고조

2.3 Fayol의 경영관리원칙(principles of management)

Taylor의 연구가 작업계층과 생산 및 공장의 기술적 문제에 대한 관리능력의 기술적 중요성을 강조하였다면, 생산성 향상을 위한 또 하나의 고전이론의 모색은 프랑스의 Henry Fayol에 의해 소개되어 당시 유럽국가들에게 커다란 영향력을 미쳤던 'general administration' 또는 'managerial process'로 경영과정상의 최고 경영층의 경영관리기능과 활동에 대한 보편타당한 일반적 원칙에 대한 적용을 연구하였다.

Fayol의 연구는 1949년 발간된 '일반 및 산업경영(General & Industrial Management)'을 계기로 널리 알려지게 되었으며 프랑스를 대표하는 새로운 경영이론은 파욜리즘(Fayolism)으로 평가받게 되었다. 광산회사의 기사에서 전무에 이르기까지 풍부한 실무경험을 바탕으로 제시한 14개의 경영관리 원칙은 관리자의 의무와 관리원칙을 규정하고 영리, 비영리의 모든 조직에 대한 적용을 주장하였다. 그의 경영관리 원칙은 관리적 활동의 중요성을 강조하여 관리자의 의무조항으로 정보공유와 문제해결을 위한 사전조정을 관리의 순환과정에 추가시켰으며 이는 현대사회에서도 모든 조직에서 통용될 수 있는 중요한 경영이론으로 인정받고 있다.

그러나 과거 경영자들은 소유자로의 역할에 집중했는데, Fayol이 제시한 14개의 기본 원칙은 경영자들에게 과도한 책임과 권한을 제시했기 때문에 궁극적으로는 실패하였으나, 경영에 대한 책임을 강조했다는 것에 의미가 있다. 그의 주요 관심사는 조직 내의 인간적 요소를 고려한 주도성과 집단의식과 개별조직에서 균형의 문제와 관련이 있는 집중화와 분권화이다.

〈표 2-3〉 Henny Fayol의 경영관리 14원칙

분업(division of work)	전문화에 의한 생산성 제고, 분업화의 개인적 한계성 유의
권한(authority)	명령의 권리이며 복종요구의 힘이다. 공적인 지위에 의한 권한과 함께 경험, 지식, 도덕성, 리더십 등의 개인적 권한에 의한 보완이 필요하다.
규율(discipline)	직원들에게 요구되는 계도준수와 규칙에 대한 복종이다.
명령일원화(unity of command)	하위조직 구성원은 오직 1명의 상급자로부터 명령을 받는다.
지휘 일원화(unity of direction)	동일한 목표에 대한 활동의 지휘는 한 사람이 담당한다.
공동목표우선(subordination of individual interest to the general goal)	직원 개인과 전체조직의 목표와 이익이 상충하는 경우 조직전체의 이익을 우선으로 한다.
보상(remuneration)	구성원의 기여에 대한 공정하고 타당한 보상이 주어져야 한다.
집권화(centralization)	조직의 권한은 가능한 상위계층에 집중되어야 하며, 과업수행에 따라 상응하는 권한을 위양한다.
계층화(scalar chain)	조직의 모든 계층은 원활한 명령과 보고체계의 의사소통과 권한계통이 확립되어 명령일원화 원칙이 준수되어야 한다.
공정성(equity)	직원의 충성과 기여에 대해 관리자는 친절, 공정하게 대해야 한다.
질서(order)	인적 · 물적 자원에 대한 적재적소의 공급과 배치가 이루어져야 한다.
고용안정(stability of personnel)	이직에 의한 손실 예방과 장기적 조직몰입을 위해 관리자는 직원의 신분을 보장해야 한다.
단결(esprit de corps)	단결에 의한 팀워크는 생산성 향상과 연결되므로 직원에 대한 이해와 관심이 조화롭게 유지되어야 한다.
주도권(initiative)	직원에 대한 주도권 부여는 업무수행에 대한 자발적 동기부여에 의해 노력이 배가되며 실적도 향상된다.

2.4 고전경영이론의 공헌과 비판

지금까지 고전경영이론을 알아 보았고 마지막으로 고전경영이론의 공헌부분과 비판부분을 알아보겠다.

공헌한 내용은 다음과 같다.

- 경영도 원칙에 따라 실행할 수 있다는 것을 보여 주었다.
- 경영의 한 분야로서 공정과 기능을 규명하는 차원을 넘어서 제시된 경영기법이 오늘날에도 이용되고 있다.

비판적인 내용은 다음과 같다.

- 안정적이고 단순한 조직을 대상으로 했다.

그림 2-1 전 고전경영이론의 주요 특징

사회성격	산업사회이전	산업사회	
시 기	~1800년대	1880~1930년대	1930~1960년대
주요 작업장	전답·가정	공장	
노동의 성격	육체노동(농업)	육체노동(제조업 분야)	
주요자원	토지	기계	
경영 및 조직이론	과학이전	고전이론 관리이론 과학적 관리 구조주의	신고전이론 인간관계론 행동주의
인간성에 대한 가정	경제적 인간		사회적 인간
경영통제의 초점	육체적 운동 및 정확한 작업수행 방법		사회적 상호작용 패턴
경영자의 역할	종업원 행동통제		종합원의 사회적 체계유지

- 조직에서 개인의 역할과 존엄성을 등한시했고 작업자의 능률을 기계적 관점에서 취급했다.
- 조직을 폐쇄시스템으로 간주하고 노동자를 생산성과 금전적 보상의 관계로 취급하였다.

고전경영이론은 경영학에서 공헌한 부분과 비판받는 부분도 있지만, 경영을 학문적 관점에서 연구가 시작되었다는 점에서 고전경영이론은 매우 큰 의미가 있고, 계속해서 여러 환경에 적응하면서 발전해가고 있다.

제3절 인적변수를 적용한 '행동과학이론'

2차 세계대전 전후에 태동한 행동과학이론은 경영자들이 성과를 향상시키기 위해 작업자들을 어떻게 지휘하고 통제할 것인가에 초점을 두었다. 고전경영이론은 작업자들을 생산기계로 취급하고 이를 능률적으로 이용하는 유일최선의 방법을 찾으려 하였고, 고전경영이론은 인간들은 경제적 이해관계에 의해서만 동기유발 된다고 여겼다. 그러나 행동과학이론에서는 인적변수(human variable)를 인정함으로써 조직에서 인간의 행위에 영향을 미치는 다양한 요인들의 중요성과 목표달성을 위한 작업자들에 대한 동기부여를 강조하였다. 행동과학이론에서는 작업자들의 인간적·사회적 욕구와 조직의 사회적 환경이 작업의 양과 질에 영향을 미친다고 주장하였으며, 또한 조직에서 인간관계의 중요성을 강조하였다.

업무적 구조화와 통계를 통한 능률향상을 목적으로 한 고전적 경영학이론은 조직구성원에 대한 인식을 합리적 경제인으로 규정하고 생산의 효과적 수단으로 사용하기 위한 유일 최선의 방법을 지속적으로 모색하였다. 그러나 비숙련 노동자의 노조설립 등으로 인한 기업환경의 변화는 조직구성원에 대한 인식을 사회활동에 대한 참여를 통해 존재의 의미를 부여하는 사회인으로 인식하기 시작하였다. 조직 내 구성원의 행동에 영향을 미치는 다양한 요인과 인간관계의 형성에 관한 문제들을 이해하려는 이론이 행동학적 경영이론이다. 1920년대부터 본격적인 연구가 시작된 행동학적 경영이론은 다음과 같은 이론으로 설명된다.

3.1 Elton Mayo의 호손실험

"호손연구가 시작된 이유는 작업환경이 혹시 생산성에 영향을 미칠 것인가에 대한 궁금증을 바탕으로 연구하기 시작했다. 사실 이 연구는 Taylor의 과학적 관리법을 증명하기 위한 실험이었다. 여러 가지 실험 중에서 조명실험이 가장 중요한데 작업장의 조명이 밝아지면 생산성이 높아질까를 실험하였는데 생산성이 올라갔다. 이번에는 밝기는 좀 어둡게 했는데 생산성은 증가하였다. 그래서 마지막으로 밝기를 원래대로 했는데도 생산성은 증가하였다. 원래의 가설은 밝기가 밝아지면 생산성이 높아지고 어두워지면 생산성이 떨어질 것이라는 것이었다.

연구자였던 하버드대학의 Mayo 교수는 작업자들과의 면담에서 아주 새로운 사실을 알게되었다. 한 작업자는 면담에서 이렇게 말을 했다.

"나는 이 회사에서 10년 넘게 일을 했는데 누구도 나에게 말을 걸어온 사람은 교수님이 처음입니다"

이 말을 들은 Mayo 교수는 작업자들은 그들에게 누군가 관심을 가질 때 생산성을 높일 수 있다는 사실을 발견하게 된 것이다. 결과적으로 호손연구는 작업자들의 행동이 관찰되거나 특별한 관심의 대상이 되거나 경영자들이 자신들의 복지에 신경을 쓰면 생산성은 증가한다는 사실이다."

호손의 연구는 회사의 직원을 물리적·요소적 존재로 인식하는 종래의 '경제인적 인간관'을 근간으로 '구성원의 생산능률은 임금, 작업시간, 작업환경 등의 물적·외적 조건에 의한다'는 가설하에 작업환경이 구성원의 생산성에 미치는 산업심리학적 가설의 영향을 검증하기 위한 실험으로 시작되었다. 실험의 대상인 구성원들은 실험집단과 통제집단(experiment & control groups)의 두 집단으로 구분하여 작업장의 환경변화에 대한 집단 간 생산성을 비교하였다. 호손의 실험은 기업을 다음과 같이 정리하였다.

- **사회적 시스템** : 작업능률에 대한 영향은 작업의 난이도, 작업시간, 환경, 임금, 복지보다는 직원들 간의 동료의식, 회사나 상사에 대한 개인적 관계와 태도, 감정 등의 요소와 더 큰 관련이 있는 것으로 결론지어졌다.
- **민주적 리더십** : 개인적 태도와 감정은 직장문화와 분위기에 영향을 받으며 상급자의 경영전략, 감독, 행동 등에 의해 조직구성원의 태도, 감정, 신념의 변화가 일어난다.
- **만족의 유효성** : 생산성은 '경제인'의 요인보다는 집단의 협동과 팀워크(teamwork) 등에 관련된 사회적 존재 인식의 '사회인'의 욕구충족에 의해 결정된다.

1924년부터 1932년까지 수행된 호손의 실험은 미국의 국립아카데미(National Academy of Sciences)와 AT&T의 자회사로 일리노이주에 위치한 웨스턴전기회사(Westem Electric Company Works)가 자사의 호손공장을 대상으로 실시한 공동연구로 1927년 이후부터는 당시 하버드대학의 Elton Mayo 교수의 주도하에 이루어졌다.

출처 : Image Credits ⓒ Harvard Business School

- **비공식 조직** : 사회적 시스템에 의한 집단의 기준에 따라 조직구성원의 행동과 생산성이 결정된다.

호손의 실험은 결과적으로 기업은 물적생산을 위한 '비용과 능률의 논리'에 의한 공적인 공식 조직이기는 하지만 이보다는 '감정과 팀워크의 논리'를 행동기준으로 하는 수평적 관계를 중시하는 비공식 조직에 의해 동기부여되는 상호 연계성의 사회적 시스템으로 인식하였으며, 따라서 비공식 조직에서의 바람직한 인간관계 형성의 중요성을 강조하고 있다.

3.2 Abraham Maslow의 욕구계층설(hierarchy of needs theory)

Maslow는 인간관계에 관한 임상적 연구를 통해 다음과 같은 가설을 근거로 인간의 욕구(needs)를 '결핍과 단계의 원리'에 의한 '만족과 진행의 과정'으로 설명하고 욕구 계층설을 제시하였다.

(1) 욕구 계층설의 가설

첫째, 인간은 충족되지 못한 결핍의 욕구를 지닌 존재이다.
둘째, 이미 충족된 욕구는 더 이상 동일욕구에 대한 행동의 동인(motive)으로 작용하지 않는다.
셋째, 인간의 욕구는 필요의 중요성에 따라 계층을 이룬다.

그림 2-2 Abraham Maslow의 욕구계층

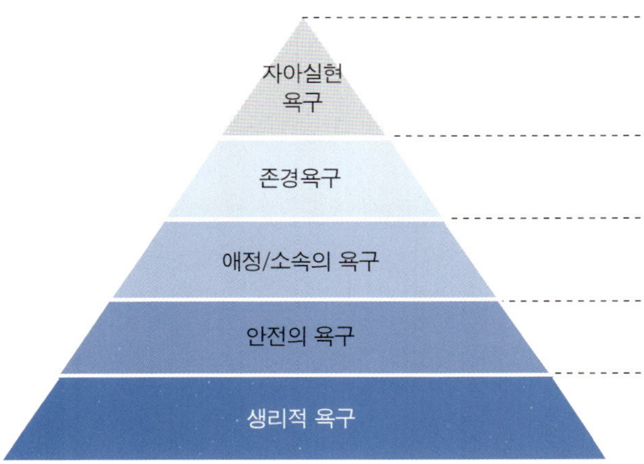

욕구 계층설에 의하면 욕구의 강도는 개인적 성향에 따라 차이가 나타나며 경제적 효과는 상위수준의 욕구보다 하위수준의 욕구에서 더욱 크게 나타난다.

(2) 욕구 계층설의 적용

첫째, 인간의 욕구는 우선 순위에 의해 의식주 등의 하위수준의 욕구충족으로부터 자아실현의 상위수준의 욕구로 발전하며 작용한다.

둘째, 하위수준의 욕구충족은 경제적 방법과 같은 외부적 요인이 효과적이나, 상위수준의 욕구는 경제적 방법보다는 자신에 의한 내부적 요인의 충족에 의한 방법에 더 큰 의미를 부여한다.

(3) 인간의 욕구단계

■ 첫째, 생리적 욕구(Physiological needs)

의식주, 수면, 성생활 등과 같이 생존에 필요한 가장 기본적인 욕구이며 가장 하위의 욕구이다. 이와 같은 본능에 대한 욕구는 충족에 따른 만족의 크기가 가장 크며 만족을 위한 경제적 관련성도 가장 크다. 이러한 하위욕구의 충족은 상위욕구의 동인이 되는 단계와 결핍의 원리에 의한 '만족과 진행'의 과정에 따라 작용하며, 이미 충족된 욕구는 동일한 욕구의 동인으로 다시 작용하지 않는다. 기업경영의 경우 급여, 작업환경, 후생복지수준 등이 이에 속하며 이들 욕구에 대한 일차적 충족은 생산성 제고에 기본적 요인으로 작용하게 된다.

■ 둘째, 안전의 욕구(safety needs)

생리적 욕구가 충족되면 2차적으로 나타나는 욕구로 물리적 위험, 질병, 해고, 경제적 불안 등으로부터 벗어나려는 안전확보의 욕구이며, 기업의 경우 안전의 욕구는 연공서열주의, 연금제도, 고충처리, 의료보험, 직업안정 등과 같은 구조적 조력에 의한 정서적 욕구충족을 의미한다. 최근 기업에서의 강력한 노조활동은 안전의 욕구충족을 위한 대표적인 예로 생각할 수 있다. 안전의 욕구충족의 결과가 항상 생산성 제고와 관련한 동기부여의 요인으로서 나타나는 현상이다.

■ 셋째, 사회적 욕구(social needs)

사회적 욕구는 인간의 사회성에 대한 욕구의 형태로 사랑과 애정, 소속과 친교, 동료의식 등이 강한 공동체 집단의식의 욕구이며 소속감과 인간적 상호 연관성을 유지하고자 하는 '사회인'으로서의 귀속의 욕구(affiliation needs)이다. 따라서 사회적 욕구는 관계유지를 통해 경제적 이득을 추구하거나 목표달성의 수단으로 생각하는 보상의 대상이 아니라, 관계유지 자체를 추구하려는 욕구이며 관계유지 과정에서 조직이나 개인적으로 일부 손실이 발생하면 그 사실 자체가 관계복원을 위한 새로운 동기부여의 요인으로 작용하게 된다. 기업의 경우 노조활동에 대한 장애요인이 발생하면 노조가 극렬히 저항하는 이유는 공동체가 갖는 집단의식의 신념이 손상된 것에 대한 사회적 욕구의 발로인 것이다.호손의 실험이 보여주는 것과 같이 비공식 조직에서 동료애에 의한 생산성 향상은 친교의 욕구가 작용한 예로서 기업경영의 경우 비공식 조직이 갖는 사회적 욕구에 대한 이해는 기업의 생산성 제고와 함께 목표달성에도 커다란 영향을 미친다고 할 수 있다.

■ 넷째, 존경의 욕구(esteem needs)

소속의 욕구가 충족되면 인간은 높은 자긍심이 커짐과 함께 타인으로부터 지금보다 더 나은 평가를 받고 존경의 대상이 되어 자신의 신분을 상승시키려는 내적인 욕구를 갖게 된다. 즉 존경의 욕구는 자신의 능력과 성취에 대한 바람(desire)의 내적인 존경의 욕구와 함께 성취에 의한 결과로 자신의 존재에 대한 가치인정과 더불어 존경의 대상이 되려는 외적존경의 욕구를 의미한다. 존경의 욕구는 개인적 명성의 획득과 소유한 권력에 의해 충족될 수 있으며, 명성은 획득과 아울러 지속적인 유지의 욕구가 동기부여의 요인으로 작용한다. 사회적 지위와 개인적 능력에 의해 획득된 권력은 더욱 강화되고 지속적으로 유지하려는 '순응과 동일화의 대상'이 되고자 하는 욕구로 인해 더욱 강화된다.

■ 다섯째, 자아실현 욕구(self-actualization needs)

인간이 추구하는 최종적인 욕구로 자기 완성을 위한 잠재능력의 최대한 발휘와 함께 성취의 욕구를 충족시키고자 하는 결코 완벽한 충족을 기대할 수 없는 연속적 욕구이다. 자아실현의 욕구는 자기만족을 위한 도전적 욕구로 개인적인 가치관의 차이에 따라 성취욕의 수준차이가 심하게 나타나는 욕구이며, 기업이나 조직에서 나타나는 개인적 노력, 도전의식, 창의력, 개인적 통

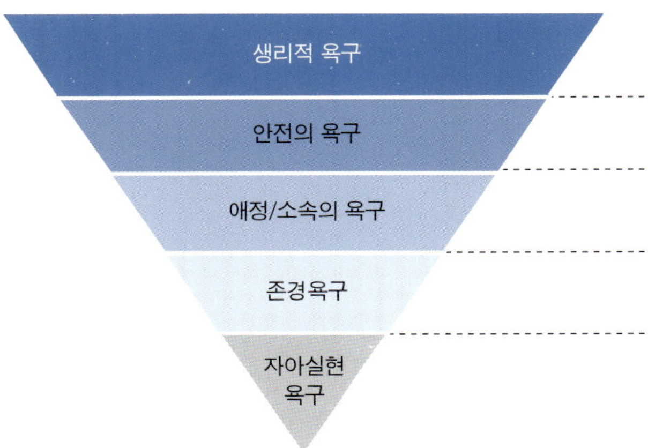

Maslow는 죽기전에 5단계 욕구 피라미드의 한계를 지적하며 그 피라미드가 뒤집어져야 옳았다고 말했다. 자아실현 욕구가 인간의 가장 원초적인 욕구라는 것을 인정한 것이다.

제력, 성공과 승진의 욕구, 능동적 참여의식 등은 자아실현을 위한 욕구의 적극적 표현이다. Maslow는 죽기 전에 5단계 욕구 피라미드의 한계를 지적하며 그 피라미드가 뒤집어져야 옳았다고 말했다. 자아실현 욕구가 인간의 가장 원초적인 욕구라는 것을 인정한 것이다. 경제가 풍족해지고 창의성이 요구되는 현재의 세상에서는 뒤집힌 피라미드가 더 설득력을 갖는다. 우리 삶에 있어서도 Maslow의 인간욕구 5단계 이론은 큰 의미를 지닌다. 인간은 무엇을 위해 사는가에 대한 답을 주고, 인생을 어떻게 살아갈 것인지를 자문하게 만든다. 이 이론은 한계점이 있음에도 불구하고 심리학, 마케팅, 조직론 등 많은 분야에서 널리 활용되고 있다.

3.3 Douglas McGregor의 인간 본질론(X-Y이론)

Elton Mayo와 Maslow의 영향을 받은 McGregor는 조직관리자의 조직구성원에 대한 인간적 인식에 대해 두 가지 범주의 가설(X-Y)로 설명하고, 각각의 인간적 특성에 맞는 이해와 이에 적합한 조직관리 및 동기부여이론을 주장하였다. 그의 가설에 의하면 구성원에 대한 X이론의 인간관은 기본적인 인간의 행동양식을 게으름, 신뢰부족, 업무의 회피, 무책임, 야망의 부재, 현상유지 등의 수동적 양태로 규정하고 창의력 없는 강제적 명령, 통제, 지휘 및 금전적 보상을 선호하는 외재적 요인의 관리대상으로 규정하고 이에 따른 조직운영전략의 필요성을 강조하였다.

한편 Y이론의 인간관은 적절한 동기부여에 의해 업무를 즐기는 책임감이 충만한 존재로 자기통제력, 자율성, 창조력, 상상력, 자아실현의 욕구는 충만한 능동적 존재이며 노력과 발전적 성향의 인간관으로 가정하고 자율과 참여의 인본주의적 관리를 강조하였다. 다시 말하면, 경영자의 종업원에 대한 인식이 X이론의 조직관리가 필요한 것으로 인정하면 그의 관리방법은 명령과 통제 및 지시위주의 강제적 형태로 이루어지게 된다. 따라서 조직구성원은 자연스럽게 책임감 결여와 함께 수동적이고 소극적으로 되어 지시된 업무만을 수행하게 될 것이다.

한편 경영자가 Y이론에 입각하여 종업원의 자율참여와 창의적 능력을 인정하는 조직관리를 수행하면 종업원의 능동적 참여와 자율적 관리에 의한 업무몰입과 창의성이 발휘되는 자발적 동기부여의 방법이 될 것이다.

X이론은 기본적으로 직원에 대한 부정적인 시각을 갖는 것이다.

- 직원들의 행위에 대해 비판적이고 부정적으로 보는 가정
- 직원들은 게으르고 의욕이 없으며 일을 하도록 위협과 협박이 필요하고 그들은 직업안정 욕구에만 관심이 있다고 가정
- 직원에게 발언권을 인정하지 않고 직접 명령과 통제, 보상과 벌 사용

Y이론은 기본적으로 긍정적인 시각을 갖는 것이다.

- 직원들의 행위에 대해 긍정적으로 보는 가정
- 직원들은 창조적, 혁신적이고 높은 수준의 욕구를 갖는다.
- 직원들에게 목표설정의 참여, 자유, 분권화, 권한위임, 직무확대, 책임을 부여

McGregor의 주장이 인간의 본성에 관한 것이고 이러한 인간본성의 관점에 따른 경영이론은 다음과 같다. X이론 관점의 경영이론은 주로 고전경영이론에 적용되고 Y이론 관점은 행동과학이론이 적용된다고 할 수 있다. 시스템이론과 상황적합이론은 추후에 다시 설명을 하겠지만 중립적 관점이라고 한다. 특히 직원들은 유능하지만 그들의 잠재력을 발휘하지 않는다는 내용이 매우 중요하다. 이 부분은 교육, 학습과 매우 관련이 있다. 다시 말해 조직구성원들은 충분히 발전할 수 있는 잠재력이 있고 특히 리더들은 조직구성원들이 잠재력을 발휘하여 성과를 낼 수 있도록 해야 한다는 것이다.

Peter Drucker는 경영이란 평범한 사람들이 비범한 결과를 만들어내는 것이라고 했다. 이것은 조직구성원들의 잠재력을 극대화해야 하는 것에 대한 중요성을 말하는 것이며 따라서 Y이론을 적용해야 하는 것에 대한 중요성을 다시 한번 강조하였다. 행동과학이론의 공헌과 비판의 부분은 다음과 같다. 작업자는 물질적 보상뿐만 아니라 정신적, 심리적 요인에 의해서도 영향을 받는다는 사실을 발견한 것은 공헌적인 부분이다. 그러나 개인의 복잡성으로 행동의 예측이 어려웠다는 부분이 비판적인 부분이라고 할 수 있다.

제4절 계량경영학

계량경영학은 다양한 수학적 모델, 통계자료, 컴퓨터를 이용한 기업 내외적 환경에 대한 자료를 전사적 데이터베이스화 하고 이들 자료를 이용한 시뮬레이션의 가정과 예측의 결과를 의사결정에 필요한 정보와 도구로 제공하여 계획의 과정으로부터 통제에 이르는 기업경영의 전체 과정에 대한 계량적 관리기법의 모델링을 통한 최적화를 찾는 폭넓은 계량적 접근방법을 의미한다.

계량경영학은 제2차 세계대전이 종료된 후 전쟁기간을 통해 군사적 목적으로 개발된 수학적, 통계적 방법과 다양한 도구가 1950년대부터 계량의사결정(OR : operation research)기법을 시작으로 기업에 대한 새로운 조직관리의 경영기법으로 도입되어 사용되기 시작했다. 전쟁 중 관리자, 정부관리, 과학자들은 영국과 미국 자원의 효율적 사용을 위하여 군사문제의 의사결정에

참여했고 영국 정부는 과학자, 수학자, 공학자, 행동과학자 등의 팀을 구성하여 전략전술문제를 해결하여 야전군사령관을 돕도록 했다는 점에서 계량경영접근법이 시작되었다고 볼 수 있기 때문이다.

전쟁이 종료된 후 컨설팅 회사와 산업체는 군사목적으로 활용되었던 수학적, 통계학적 기법을 경영에 접목하였고 결국, 경영의사결정에 계량적 기법을 적용하게 되었다. 다시 말해 계량경영접근법은 의사결정, 경제적 효과, 수학적 모델, 컴퓨터의 사용에 초점을 맞추게 되었다. Management science란 경영문제를 해결하거나 의사결정을 함에 있어 과학적이고 체계적인 도구나 기법에 의한 합리적인 의사결정방법을 연구하는 분야이며 전후 경제성장, 제품다양화, 기술개발, 경쟁심화, 사회적 압력 등으로 분석적 의사결정의 필요성이 지속적으로 대두되었다. 이 시기는 고성능 컴퓨터가 개발되던 시기이기도 하다.

계량경영접근법에는 운영관리(operation management)도 있는데 이것은 제품과 서비스를 생산하고 공급하는 생산시스템의 설계와 운영을 담당하는 기능을 말하며 수요예측, 재고분석, 자재소요계획, 통계적 품질관리, 네트워크 모델링 등에 사용된다. 또한 경영정보시스템(management information system)은 경영자가 사용할 정보를 제공하기 위하여 컴퓨터에 기초한 정보시스템을 설계하고 실행하는 것을 말하며 방대한 원자료(raw data)를 정보(information)로 변환시켜 사용하게 만든다는 것이다.

경영과학의 효용성을 한 마디로 표현한다면 "미래를 가장 정확히 예측하는 자가 모든 것을 가질 것'이라고 할 수 있다. 그만큼 경영과학은 그 효용성이 매우 광범위한 영역에 걸쳐 있다. 특히 금융, 유통, 서비스산업 등 불확실한 경영환경 하에서 신속하고 정확한 의사결정을 하기 위해서는 무엇보다도 경영과학의 방법론 등이 유용하게 사용된다. 데이터베이스를 통한 계량경영학은 실증적 경영기법으로서 크게 기여하고 있음에도 불구하고 조직에서의 인간의 활동을 정확히 예측하거나 설명하기에는 아직도 많은 한계점이 있음을 지적받고 있다.

계량의사결정(operation research)과 컴퓨터의 활용은 다양한 관련성이 복합적으로 혼재하는 경영관리의 난제들을 보다 과학적이며 수리적인 방법을 통해 예전보다는 훨씬 신속하고 효과적으로 해결할 수 있게 되었으며, 그 범위도 과거의 과학적 경영관리방법과는 비교할 수 없을 정도로 확대되었다. 따라서 계량분석과 시스템분석 등으로 명명될 수 있는 계량경영학은 인지된 문제해결을 위한 체계적인 분석과 추상화된 가정을 기초로 하는 모형을 설정(model building)하고 반복적인 수학적 계산에 의한 시뮬레이션(simulation)과정을 통해 '정해진 범위 내에서 가장 적합하다고 추정되는 수용가능한 방법(최적해)을 도출해내는 경영관리기법'이다.

특히 최근 정보통신기술의 급속한 발달은 시스템분석(system analysis), 비용과 이익분석(cost & benefit analysis), 네트워크 분석(network analysis) 등의 계량적 분석기법에 대한 신뢰도를 높이는 데 크게 기여하고 있다. 계량경영학에 의하면 경영상의 모든 문제는 반드시 계량화가 가능해야 하며 그 예로 선형기법(LP : linear programming)에 의한 투자계획, 재고모형(Inventory modeling)에 의한 재고관리, 대기이론(queuing theory)에 의한 생산·운영관리 및 기타 조직관리 등과 같이 구조화된 분야에 대한 효율적 관리가 가능해진다. 다만 이미 언급한 바와 같이 의사결정기능과 같이 경영에 중요한 요인으로 작용하는 인간의 행동양식과 행위 등은 구조화나 계량화가 불가능한 전략적 경영문제들로 그 적용의 범위가 극히 제한적일 수밖에 없다는 한계를 함께 갖는다. 이러한 계량적 관점의 공헌과 한계점은 다음과 같다. 공헌적 측면은 경영문제를 해결하는 분석적 도구와 기법을 제공, 자료수집에 따르는 시간과 비용을 절감했다는 점이다. 한계점은 심리적이고 사회적인 인간적 요소를 완전히 반영하지 못했다는 것이다.

앞서 설명한 고전경영이론, 행동과학이론, 계량경영이론의 비판적인 부분은 조직과 그의 외부환경과의 관계를 소홀히 하였고 조직의 각 측면을 따로따로 강조하였다. 이들 이론들은 인간의 행동에 영향을 미치는 요소들이 서로 상호 작용한다는 사실을 간과했다. 따라서 이러한 이론들을 통합하는 새로운 이론으로 시스템이론, 상황적합이론이 1960년대 등장했고 현대경영이론에는 학습조직 접근법이 포함된다.

제5절 현대경영이론

이제까지 소개된 과학적 경영관리 이론으로부터 계량경영학에 이르는 모든 경영이론들은 기업조직과 구성원 그리고 경영환경을 통해 직면할 수 있는 조직구조, 과업배분, 권한분배 등의 문제들에 대한 효율적 해결방법의 모색을 위해 상호 보완적인 관계의 개발과 관리 및 유지에 목적을 두고 있음을 볼 수 있었다. 그러나 현대산업사회의 발전은 조직과 구성원 그리고 환경 간의 관계를 매우 복합적인 상태로 만들었다. 이러한 상황의 효과적인 관리를 위해서는 지금까지의 보편적 이론에 의한 관리가 불가능해졌으며, 따라서 '조직과 외부환경의 관련성'과 '투입물(input)과 산출물(output) 간의 순환성의 유지'가 절실한 현상으로 평가받게 되었다. 이 같은 현상은 조직 내부의 다양한 하부조직들을 일체화된 전체적 조직으로 구성해야 할 대상으로 보고 이를 실행할 수 있는 이론적 체계의 필요성이 강조되었다. 이에 대한 새로운 접근방법으로 '시스템이론(system theory)'과 조직요소 간의 다양한 함수관계에 의해 변화하는 상황에 대한 적절한 대응을 강조하는 '상황이론(contingency theory)' 등이 나타났다.

5.1 시스템이론(system theory)

시스템이론의 근본적 개념은 모든 조직운영과 의사결정과정에 대한 구조적인 공식적 체계화를 의미하는 것으로 분권화에 의해 분화된 복수의 하위조직들과 전체 조직에 대한 결합적 일체화로 정의할 수 있다. 즉 '전체는 조직의 합'의 의미로 조직전체를 구성하고 있는 부분화된 조직들을 업무적 연관성에 의한 하위시스템(sub-system)화 과정의 반복적 시도를 통해 조직 전체를 뚜렷한 연관성에 의한 업무적 계층화(hierarchy)의 조직으로 운영하는 시스템화의 조직을 의미한다.

시스템이론에 의하면 조직운영과 외부 경영환경과의 상호작용 및 운영의 독립성 여부에 따라 조직을 개방시스템(open system)과 폐쇄시스템(closed system)으로 나누어 생각한다. 시스템이론(system theory)의 기본 원리가 되는 개방시스템(open system)이란 기업이나 조직의 운영에 있어 외부환경과 높은 연관성에 의한 동태적이며 가변적인 관계를 유지하는 형태로써, 기업의 경우 재화(goods)와 서비스(service)의 생산을 위해 사용되는 원자재, 에너지, 정부 노동력 등의 투입물(input)을 외부환경으로부터 공급받는 동시에 이를 효율적으로 관리, 사용하여 생산한 재화와 서비스의 산출물(output)을 다시 기업 내외의 환경, 즉 자연과 중간 및 최종소비자에게 공급하며 이를 통해 기업의 수익성을 극대화하려는 시스템적 작용의 의미로 설명된다.

개방시스템은 조직운영의 효율화와 지속성 유지를 위해 내부적으로는 정교한 조직화를 이루며, 이들 조직에 대한 반복적 평가·관리를 통해 환경변화에 효과적으로 대응할 수 있어야 한다. 목표달성을 위해서는 내부적으로 조직구조와 기능에 대한 조정(coordination)이 이루어져야 하며 이를 통해 기능적으로 분화된 하위조직 간의 상호 연관성에 대한 동태적 균형관리가 조직의 항상성(homeostasis)에 중요한 요인으로 작용하게 된다. 또한, 조직의 엔트로피(entropy) 관리를 통한 생산성의 극대화도 함께 모색하게 되는 데 이러한 과정 전체를 피드백(feed-back)에 의한 내부적 조직운영의 개념으로 설명하며 이를 폐쇄시스템(closed system)이라고 한다.

기업의 경우 '지속가능한 경영(sustainable management)'을 위해서는 개방시스템과 폐쇄시스템의 순환성에 대한 지속적 유지가 중요하며, 이것은 곧 조직의 발전과 성장의 기본적 요인으로 작용하게 된다. 최근 정보통신분야의 비약적인 발전은 네트워크(Network)를 통한 조직내의 의사소통, 정보의 신속한 교환과 공유를 가능하게 함으로써 조직의 시스템화를 더욱 정교하게 가속화시키고 있음을 알 수 있다.

5.2 상황이론(contingency theory)

이제까지의 연구를 통해 알 수 있는 것처럼 그간의 경영이론들은 조직운영에 필연적인 환경변화에 대한 효과적 대응의 적용보다는 특정 조직의 효율적 관계를 위한 보편적이며 거래적인 특성에 의한 '최선의 방법(the best way)'을 모색하기에 전력하였다. 그러나 모든 조직이 직면하고 있는 환경조건은 서로 상이하고 매우 다양하며 시시각각으로 변화하기 때문에 획일적인 관점에 의한 적용이 불가능함을 인식하게 되었다. 따라서 조직마다 당면한 서로 다른 환경조건에 대한 다변적 관점(multilateral view)의 분석에 의한 경영관리의 상황적 접근방법이 필요하게 되었다. 이는 각각의 조직이 직면하고 있는 상황과 그 상황에 의한 결과가 조직에 미치는 영향력의 크기가 분명히 서로 다를 수 있기 때문이며 따라서 보편적 원리원칙의 적용보다는 각각의 서로 다른 상황에 대한 적합하고 정확한 분석과 평가를 통해 조직의 유효성과 효율성을 제고시킬 수 있는 상황이론(contingency theory)이 강조되었다. 상황이론은 '보편적 유일·최선의 방법(the best way)'추구에서 벗어나 상황에 따라 적용가능한 방법과 전략의 '선택과 활용의 유효성(effeciency)'을 강조하는 상황적 조건이론으로 평가되고 있다.

5.3 학습조직이론

최근에 학습조직접근법이 중요한 이론으로 대두되는 이유는 4차산업혁명과 관련이 있다고 볼 수 있다. 과거의 접근법은 조직의 특정 요구에 집중하고 비교적 안정적이고 예측가능한 조직에 적용할 수 있었는데 오늘날 기업환경, 기술발전은 급속도로 변화하고 있고 고객의 욕구도 다양화되고 있기 때문이다. 새로운 현실에 적응하기 위해서는 새로운 지식의 연마가 필요하다. 학습조직은 다음의 세 가지로 구성된다.

- 자율관리팀
- 권한위임 : 구성원들에게 의사결정과 효과적 수행을 위해 재량권, 자원, 정보, 기술 등을 제공함으로써 힘과 창의력을 발휘토록 하는 것
- 정보의 공유 : 정보와 지식의 조직 전체로의 전달

이를 바탕으로 만들어진 것이 지식경영이다. 지식경영은 암묵지를 형식지로 만들어가는 과정이라고 할 수 있다. 다시 말해 조직성원들이 정보기술을 사용하여 체계적으로 새로운 지식을 습득하고 이를 공유함으로써 조직성과를 향상시키는 과정이라고 할 수 있다. 학습조직과 전통적 조직과의 차이점은 바로 혁신의 주체이다. 전통적 조직에서는 혁신을 이끌어가는 특정한 부서가

있었다면 학습조직에서는 모두가 혁신의 주체가 될 수 있다는 것이다.

지금까지 설명한 고전경영이론의 Taylor의 과학적 관리법과 학습조직이론까지 다양한 경영이론에 대한 실험과 연구가 있었고 경영이론의 전환점마다 중요한 계기들이 있었음을 알 수 있다. 특히, 인적자원관리 차원에서 경영이론의 발전에 있어 가장 큰 전환점인 '인적변수'에 대하여 관심을 갖기 시작하면서 중요한 변화들이 나타났다는 것을 다시 한번 인지해야 할 것이다. 사람을 기업이라는 조직의 부품으로 볼 것인가? 또는 기업성과의 중심으로 볼 것인가? 라는 관점이 경영이론 발전의 중요한 계기가 되었다. 즉, 사람을 바라보는 관점이 바뀔 때 경영이론은 발전한다. 그런 까닭에 효과적인 인적자원관리는 기업의 지속적인 성장과 발전에 매우 중요하다고 할 수 있다. 특히 이전과는 다른 기업의 평가방식, 예를 들어, ESG, 지속가능경영 등 기업의 생산성에만 중점을 두던 시대에서 기업이 사회발전에 어떻게 기여할 것인가라는 관점으로 변하고 있는 상황이다. 이러한 기업의 발전방향에 가장 중요한 변수인 사람을 기업이 어떻게 관리하고 지원해야 하는가라는 것은 지금 우리에게 주어진 핵심과제이다.

연습문제

1. 경영이론의 중요성에 대해 설명해 보시오.

2. 고전경영이론에 대해 설명해 보시오. 현대사회와 기업에 주는 시사점은 무엇인지 설명해 보시오.

3. Taylor의 과학적 관리법은 무엇인가?

4. Henry Fayol의 경영관리원칙이란 무엇인가?

5. 고전경영이론이 공헌과 비판에 대해 토의해 보시오.

6. 행동과학이론에 대해 설명해 보시오.

7. Mayo의 호손실험이 주는 시사점은 인간관계형성의 중요성을 강조하고 있다는 주장에 동의하는가?

8. Maslow의 욕구계층설에 대해 설명해 보시오.

9. McGregor의 X-Y이론은 무엇인가?

10. 현대경영이론인 시스템이론, 상황이론에 대해 설명해보시오.

11. 학습조직이론에 대해 논의해 보시오.

미 주

1) 뉴 레너크 https://heritage.unesco.or.kr
2) Charles Babbage. https://ko.wikipedia.org/wiki

제3장

주요 환경변화, 변하는 시대, 변하는 일터

인적자원을 관리함에 있어서는 일정한 프로세스와 그에 영향을 미치는 조직 내, 외의 환경변화를 고려해야 한다. 인적자원은 여러 가지 외부환경변수, 예를 들면, 기술, 노동, 근무형태, 조직형태로부터 영향을 받는다. 또한 조직수준에서의 주요한 내부환경변수인 경영이념이나, 전략, 조직문화, 조직구조, 업무프로세스, 리더십 등과 같은 변수들의 영향도 받는다. 이 장에서는 기술과 환경의 변화가 인적자원에 미칠 수 있는 다양한 상황을 이해하고 효과적인 인적자원관리의 방향에 대해 살펴본다.

제1절 기술의 변화

1.1 4차 산업혁명과 일자리

4차 산업혁명은 Klaus Schwab가 의장으로 있는 세계경제포럼(World Economic Forum, WEF)에서 2016년에 주창된 용어이다. 4차 산업혁명은 물리적, 생물학적, 디지털적 세계를 빅 데이터로 통합시키고 경제 및 산업분야에 영향을 미치는 다양한 신기술로 설명될 수 있다. 물리적, 디지털 관점의 통합은 O2O(online to offline), 가상현실(VR)과 증강현실(AR)을 통해 이루어지고, 생물학적 관점에서는 인체의 정보를 디지털 특성에 접목하는 기술인 스마트워치나 스마트밴드를 이용하여 모바일 헬스케어를 구현할 수 있다.

특히 인공지능과 빅 데이터의 특성은 인적자원관리 차원에서도 매우 중요하고 신중하게 다루어야 할 주제이다. 일본 미쓰비시 종합연구소는 채용 시 서류심사를 인공지능이 대신하는 시스템을 개발했다. 과거 어떤 인재를 선발해 왔는지를 인공지능이 학습한 후 입사지원자 중 가장 적합한 사람을 추천하는 방식이다. 구글과 도이치방크도 신입사원 채용과정에서 서류심사에 인공지능을 도입하였다. 빅 데이터와 설문을 통해 재직중인 우수직원의 특성을 분석해 우수직원 프로파일을 만들고 입사지원자가 설문지를 작성하면 인공지능이 이 프로파일과 비교분석하여 지원자에게 적합도 점수를 부여한다.

일본 오라클은 고객기업의 직원을 대상으로 과거 업무내용, 실적, 역량평가 등을 분석해 해당

Klaus Schwab는 초연결지능(Hyper-connected intelligence) 시대인 4차 산업혁명 시대는 모든 산업분야에서 획기적인 과학기술의 발전을 통해 규모와 속도, 그리고 범위의 측면에서 기존의 1~3차 산업혁명에 비해 상상 이상으로 매우 빠르고 폭넓게 전개될 것이라고 주장한다.

출처 : https://aiguides.co/insights/ai-human-resources/

직원에게 가장 적합한 부서 · 직책 · 업무가 무엇인지 판단해 준다. 세기의 대결로 관심을 모았던 이세돌 9단을 물리친 알파고는 바둑잘두는 법을 컴퓨터에 입력하는 방식 대신에 바둑고수들의 대국데이터를 컴퓨터가 스스로 학습하도록 하여 기본적인 실력을 쌓은 이후에는 자기자신과 수백만 번의 대국과 강화학습(Reinforcement Learning)을 통해서 인간고수를 이길 수 있는 실력을 축적할 수 있었다.

이렇듯 인공지능 등 기술의 획기적인 발전은 인적자원관리와 개발분야에도 많은 변화를 일으켰으며 앞으로 그 영향력은 점점 더 커질 것이다. 이는 앞서 기술한 바와 같이 급진적인 기술적 성과들이 인간의 업무를 대체하며 자동화가 가능한 업무의 경계를 무너뜨리고 확대되고 있기 때문이다.

2020년 세계경제포럼이 발표한 '직업의 미래' 보고서에 따르면, 2025년까지 약 8천 500만개의 일자리가 사라지고, 약 9천 7백만 개의 새로운 일자리가 창출될 것이라고 발표했다. 따라서 인공지능이 인적자원관리에 미칠 영향에 대해 우려의 목소리가 커지고 있고 특히 인공지능이 새로운 일자리를 만들어 내겠지만 기존 일자리가 사라지는 과정에서 직업이동이 어려운 노동자들의 실질적 충격이 발생될 수도 있고 경제 전반의 양극화 문제를 확산시킬 수 있을 것이다. 글로벌 컨설팅기업인 맥킨지(McKinsey)는 2055년 내에 인간업무 활동의 50% 정도가 로봇과 인공지능에 의해 자동화될 수 있다고 주장하였고 한국노동연구원이 2015년에 발간한 보고서에 따르면, 한국의 전체 고용인원의 55~57%는 로봇에 의해 자동화될 가능성이 큰 직업군에서 일하고 있다고 발표하였다.

인공지능 기술의 발전에 따른 고용의 변화는 이미 각 산업군에서 빠르게 일어나고 있다. 예를 들면 금융업계에서는 사람이 하기 어려운 수 백 가지 상품을 동시에 만들고 제안할 수 있는 로봇 어드바이저(Robot advisor)가 생겨났고 의료업계에서는 IBM의 슈퍼컴퓨터 왓슨이 도입되어 질

Amazon은 7억 7,500만 달러(8,750억원)를 들여 키바(Kiva) 도입, 2년 만에 운영비용의 20%를 절감하였다.

출처: http://www.aitimes.com/news/articleView.html?idxno=48062

병진단에 참여하고 있으며, 각 나라의 법조문과 판례를 찾아 특정 케이스를 정확히 분석해 주는 로봇변호사도 등장했다. 아마존(Amazon)은 '키바(Kiva)'라는 로봇을 도입하였다. 이 로봇은 사람보다 네배 빠른 속도로 고객이 주문한 물건을 찾아서 배송하여 도입 2년만에 운영비용의 20%를 절감할 수 있게 하였다. 반복되는 사무 및 행정지원업무는 자동화 프로그래밍에 의해 대체되기 쉬운 일이 될 것이고, 회계관리나 성과관리 분야에서는 이미 다양한 프로그램들이 사무 및 행정지원 일자리를 대체하고 있다.

2013년 인공지능의 발전으로 많은 비정형화된 업무가 컴퓨터로 대체될 수 있다고 주장했던 영국 옥스퍼드(Oxford) 대학의 경제학자 Frey 교수와 인공지능 전문가 Osborne 교수의 연구이후, 인공지능이 일자리에 미칠 영향에 대한 논의가 활발하게 이루어지기 시작하였다. 다만 이들은 10~20년 후에도 인공지능이 대체하기 힘든 업무를 창의적 지능, 사회적 지능, 감지 및 조작 등 세 가지 업무로 국한하여 제시하였고, 미국 노동시장 일자리의 47%가 향후 10~20년 후에 인공지능에 의해서 자동화될 가능성이 큰 고위험군으로 나타난다고 주장하였다. Frey와 Osborne의 연구에서 도출한 직업별 대체 확률을 우리나라 직업별로 변환해 423개 직업에 적용하여 분석한 LG경제연구원(2018)[1)]의 연구에 의하면 사무, 판매, 기계조작 직군 대체 가능성이 큰 것으로 나타났다.

'관리자'와 '전문가 및 관련 종사자'의 경우 대체 확률이 낮은 부분의 직종들이 많이 분포해 있는 것을 알 수 있다. 한편, 인공지능의 일자리 대체가 늘면서 발생하는 잉여인력이 노사 이슈와 연결돼 사회적 갈등으로 비화될 가능성이 커 이에 대한 사전대비가 필요할 것이다. 다만, 이런 갈등이 4차 산업혁명의 속도를 늦추거나 방해할 수는 없을 것으로 보인다. 단순한 재교육을 통한 전환배치 등의 방법에는 한계가 있다. 시간이 경과될수록 잉여인력은 급증하게 되어 경영에 큰 부담이 될 것이므로 이에 대한 대안을 수립해야 할 것이다. 따라서 인공지능과 빅 테이터로 설명되는 곧 다가올 미래에는 노동시장의 충격을 흡수할 수 있는 정책과 제도가 고려됨과 동시에 기술적인 이점을 누릴 수 있는 방향이 연구되어야 할 것이다.

1.2 4차 산업혁명과 인적자원관리

4차 산업혁명의 변화에 대응하기 위해서는 조직 내에도 새로운 변화가 불가피하다. 새로운 플랫폼, 시스템, 제도의 개발, 새로운 가치체계와 조직문화의 정립과 전략적이고 창조적인 업무의 중요성은 더욱 강조될 것이다. 특히 급여와 보상업무는 자동화비율이 가장 높은 영역으로, 높은 연산능력을 가진 인공지능은 급여운영의 알고리즘만 연결하면 급여와 보상에 관한 모든 작업이 실시간으로 자동처리할 것이다. 이때 급여담당자는 기본 데이터의 제공, 운영의 모니터링, 문제

중재자가 될 것이며 인공지능은 급여담당자의 업무를 대신하게 될 것으로 예상한다.

채용분야에서도 인공지능의 활용이 활발해지고 있고 이러한 변화는 앞서 기술한 바와 같이 다양한 국가에서 개발되고 시행되고 있다. 쌍방소통과 대화가 가능하고 사람의 감정을 읽고 느끼는 인공지능이 면접관의 역할을 수행하여 사람의 오류와 실수를 줄여주고, 지원자의 역량과 업무적합성을 논리적으로 판단해 효과적인 채용이 가능해 질 수 있다. 이는 최근 화두인 블라인드 채용에도 최적의 솔루션이 될 수 있을 것이다. 중요한 것은 인공지능채용 시스템과 사람과의 협업을 통해 가장 효과적이고 효율적인 결과를 도출할 수 있는 구체적인 운영방안의 수립이 필요하다.

효과적인 성과관리를 위해서는 리더들의 조직구성원들에 대한 개인적인 관심과 지속적인 면담 등 관리가 필요하지만, 전형적으로 성과관리는 일정한 규칙과 절차에 의해 운영되는 표준 프로세스 영역이다. 물론 현재도 많은 기업들은 e-HR을 통해 평가의 전산화가 운영되고 있지만, 인공지능의 알고리즘이 접목되면 목표설정-중간평가-최종평가-보상연계의 모든 프로세스가 실시간으로 관리될 수 있을 것이다. 인공지능으로 평가에 필요한 핵심 데이터가 실시간 공유가 가능해져 사람의 개입, 조정, 판단의 영역이 줄어드는 반면 평가의 속도나 정확성은 획기적으로 늘어날 것이다. 그러나 평가시스템의 자동화에 따른 역량평가, 운영모니터링, 면담강화 등의 평가정합성을 제고하기 위한 대책들도 필요하다.

4차 산업혁명은 인공지능이 딥러닝으로 자기학습을 통해 알고리즘을 계속 진화시키며 발전되고 있다. 이와 더불어 사물인터넷으로 시공을 초월해 업무를 처리하는 유비쿼터스(Ubiquitous)와 가상 네트워크(Virtual Network)가 인공지능과 융합해 사람을 대체할 가능성이 커지고 있다. 이미 사물인터넷과 인공지능이 융합된 핀테크, 클라우드, 빅 데이터, 드론, 왓슨, 로봇 등의 다양한 애플리케이션들이 경영에 접목되면서 진화를 거듭하고 있다. 특히 빅 데이터의 활용을 통한 초고속 문제해결 능력으로 인공지능에 대한 신뢰도는 급상승하고 있고, 세상의 모든 정보를 연결해 원하는 업무를 처리해내는 능력은 고도화되고 있다.

이처럼 인공지능이 사람의 일자리를 대체하면서 직업과 직무의 상실, 인간과 인공지능이 공존해야 하는 새로운 패러다임, 사물인터넷으로 직장이라는 물리적 공간과 인간관계중심의 일하는 방식과 문화가 시공을 초월하는 가상의 네트워크에서 인공지능과 협업하는 체제로 변화될 것이라는 전망은 인적자원관리 차원에서 각별히 주목해야 할 점이다.

1.3 HR 애널리틱스

HR 애널리틱스는 통계학, 인공지능, 데이터 시각화 기술을 HR 데이터에 적용하여 직원들과 관련한 주요 문제들에 대해 사실과 증거에 기반하여 의사결정을 내리는 것으로 설명할 수 있다. 다시 말해 HR 애널리틱스는 비지니스 성과의 차이를 나타내는 직원들의 특성과 환경적 요인을 발견함으로써 문제를 해결해 나가는 작업이라고 할 수 있다.

기업의 채용담당자가 후보자를 선별함에 있어 인터뷰 결과라는 주관적 판단외에 후보자의 적합성 판단에 컴퓨터 알고리즘을 활용하였을 때 50% 이상의 성과향상을 가져왔다는 보고가 있다. 일반적인 채용과정 상에서 보이는 주관적인 판단에 빅 데이터, 머신러닝, HR 애널리틱스 등 신기술을 접목함으로써 의사결정의 정확성과 효과성을 보다 극대화 한 예라고 할 수 있다. 이미 많은 해외기업에서는 채용과정 외에 정확한 성과평가, 퇴사자 예측, 조직문화개선 등 다양한 HR 분야에 이러한 애널리틱스 등의 신기술을 접목한 사례들을 찾아볼 수 있다.

국내 주요 대기업을 중심으로 '데이터 중심경영'을 목표로 회사의 전략방향에 변화를 모색하고 있으나 어디까지나 전략, 사업, 마케팅부서 등 매출, 영업, 실적 등과 밀접한 부서들의 업무에 해당된다. 이러한 상황에서 HR부서는 업무에 기술을 적용하기보다는 부서들의 변화된 요구사항에 맞도록 빅 데이터, AI, 머신러닝 등에 전문성을 가진 인재확보에만 집중하고 있다. 그 이유는 HR부서에서 애널리틱스를 활용한 데이터경영을 어디서부터 어떻게 활용해야 할지에 대한 구체적인 방법이 명확하지 않기 때문이라고 할 수 있다. 마땅히 부서 내 분석/통계 전문인력도 없고, 방대한 데이터는 있지만 무엇부터 해야할지 막막한 상황, 그리고 적합한 인사시스템도 부재한 상황이 대부분의 HR부서의 현실일 것이다.

해외의 경우 애널리틱스를 인적자원 분야에 효과적으로 적용한 사례가 있다. IBM 호주/뉴질랜드 HR팀은 빅 데이터를 이용해 회사인력의 패턴을 예측해오고 있다. IBM이 애널리틱스를 통해 진행한 실험 가운데 하나로는 인력이 떠나는 이유와 조직 내 갈등에 대한 것이 있었다. IBM 호주/뉴질랜드 HR 담당자는 "인력에 대한 정보와 변인들, 예를 들어 연봉과 같은 정보를 획득하기 위해 '종단(longtitudal) 데이터'라는 이름의 방대한 데이터를 수집한다"고 말했다. 이러한 정보를 모두 수집한 이후 갈등위험이 존재하는 곳은 어디인지, 또는 연봉상승 등이 어떤 변화를 초래하는지를 실험했고, 기술인력에 대한 분석결과를 조합하였다. 이를 위해 조합한 정보로는 이력서, 자격증, 기술수준 외에 다양한 것들이 있다.

GE는 Digital GE를 표방한다는 기조하에 HR 전 영역에 걸쳐 HR 애널리틱스를 활용하기 위해 필요한 시스템을 구축하고 제도를 바꿔 나가고 있다. 우선 임원을 위한 경력 및 승계계획 어플리케이션을 개발하였다. 과거이동, 배치데이터와 직무기술서를 기반으로 특정 사업부나 지역에서 필요한 인력을 탐색할 시, 적합한 사람을 찾도록 추천해 주고 관심있는 사람들도 이런 기회를 발견할 수 있도록 돕는 시스템이다. 육성분야에도 현재의 업무성과 개선과 자기계발을 위해 필요한 훈련과 교육을 추천해 주고, 이와 관련한 실시간 피드백을 상사 및 동료와 주고받을 수 있는 어플리케이션을 도입하였다. 또한, 핵심 인재발굴과 유지를 위해 'Pareto Frontier[2)]'라는 새로운 기술을 적용한 시스템을 도입하였다. 연봉인상, 보너스, 승진율 등의 기본정보를 활용하여 이직가능성 있는 인재를 미리예측하여 사전에 조직적으로 예방할 수 있도록 도와주는 시스템이다. 과거 연례상대평가로 구성원들의 성과를 구분하고, 이에 맞는 육성 및 배치를 지향하던 것에서 앞으로는 다양한 시스템들을 통해 구성원의 성과를 측정하고 최적의 방안으로 인재를 활용하기 위해 데이터의 중요성을 인식하고 근본적인 HR의 모델을 바꿔나가고 있는 것으로 보인다.

1.4 인적자원관리 기능의 변화

인적자원관리부서는 전략적 역할로 변화하기 위해 노력해왔지만 아직까지는 전략의 주 파트너로 자리매김을 완전히 못하고 있는 상황이다. 하지만 4차 산업혁명 시대에는 인적자원관리부서가 전략의 파트너가 아니라 전략 및 사업의 주요한 일부로서 변화의 주체가 되어야 한다. 특히 인공지능과 빅 데이터와의 경쟁에서 인간의 영역을 확보하고, 인간역량발휘를 극대화하고자 하는 인적자원관리의 전략이 필요하다. 이를 위해서는 창의력과 융·복합역량을 갖춘 인재의 확보 및 육성이 무엇보다 중요해질 것이다.

4차 산업혁명은 분명히 혁신적인 변화가 분명하지만 결국 조직, 특히 경영의 핵심차원은 인공지능 로봇이 가질 수 없는 직관과 공감능력을 갖춘 인적자원일 것이다. 결국은 사람의 관점·생각·행동의 변화가 조직의 변화를 이끌어내는 것이다. 따라서 4차 산업혁명 시대가 오더라도 인적자원을 관리하는 담당자들은 직원들을 관리의 대상이 아니라 회사를 이끌어가는 핵심으로 인식해야 한다. 이는 미래사회에서도 역시 끊임없는 학습을 통해 보다 높은 성과창출을 발현하기 위해 업무에 몰입하는 직원들이 회사의 미래를 이끌어 갈 것이기 때문이다.

4차 산업혁명 시대에는 물리적, 조직적인 경계가 모호해지고 일하는 방식 및 사람을 관리하는 방식이 크게 변화할 것으로 보인다. 점진적으로 일하는 장소는 큰 의미가 없게 되고 다양한 공간에 있는 내외부 전문가들과 서로 연결되고 협력하면서 일하게 될 것이다. 인사부서는 직원들에 대한 일방적 관리가 아닌 상호 유기적으로 업무를 할 수 있는 플랫폼을 제공하는 것이 새로운 역할이 될 것이다. 더불어 새로운 노사관계 모델이 출현하게 되어 법규화 되면서 이에 대한 적정한 대응이 필요하다. 근무시간 및 장소의 유연성을 높여 인재의 다양성을 높이기 위한 노력 또한 필요하다. 인사업무는 정성적이고 직관적인 경향이 있으나 향후에는 데이터를 통한 객관성을 확보하고 의사결정을 지원하는 방향이 되어야 할 것이다.

구글의 경우 People Analytics 팀을 만들어 데이터기반의 인사관리를 하고 있고 이러한 결과를 통해 통계적, 분석적 방법으로 경영의사결정을 지원하고 있다. 향후 인적자원관리는 변화하

삼성리서치 승현준 소장은 삼성리서치 주관의 '삼성AI포럼 2020'에서 기조연설을 통해 "인간 중심의 AI는 우리의 삶을 더 풍요롭고 편리하게 해주는 제품과 서비스를 만들자는 삼성전자의 비전과 일맥상통하다"고 말했다.

출처 : https://www.kgnews.co.kr/mobile/article.html?no=610927

는 환경에 대응하기 위해 통계적, 분석적 기법을 활용하여 신규 직무, 예상되는 인력과잉, 변화하는 직무스킬 등을 조기에 파악할 수 있어야 하고 이를 통해 인력계획 및 인재관리계획을 수립할 수 있어야 한다.

4차 산업혁명의 시대, 기업경영의 변화에 대하여 경영자들은 '사람이 더욱 중요해질 것'이라고 답한다. 4차 산업혁명의 시대에는 눈에 보이지 않는 것을 생산해야 하기 때문에 구성원들이 '머리'와 '가슴'을 잘 사용할 수 있게 하는 것이 무엇보다 중요하다. 결국 자율적이고 자발적인 경영환경을 구축하지 않으면 기업이 좋은 성과를 얻기 어려워지리라는 것이다. Peter Drucker는 미래를 가장 잘 예측하는 방법은 미래를 만들어가는 것이라고 했다. 결국 현재 도래하고 있는 4차 산업혁명의 시대에 올바르게 대비하기 위해서는 4차 산업혁명의 본질이 '인간'이라는 것을 이해하면서 미래를 만들어가야 할 것이다.

제2절 노동환경 변화

2.1 베이비부머 세대의 퇴장과 밀레니얼 세대의 등장

우리나라에서 베이비부머 세대(baby-boomer generation)는 1955년부터 1963년까지 태어난 사람들이다. 2016년 통계청의 자료에 의하면 베이비부머 세대는 711만명으로 전체 인구의 14.3%를 차지하고 있다. 이러한 인구분포의 영향으로 1962년생이 65세에 도달하는 2027년이면 우리사회는 초고령사회에 진입하게 되고 이후로는 노령인구가 급격하게 증가하게 될 것이다.

베이비부머 세대는 한국전쟁 후 절대빈곤의 시대에 유년기를, 1960년대 이후에는 권위주의 정치체제와 근대화의 시기를, 1980년대 이후에는 비약적인 경제성장과 민주화를, 1990년대 이후에는 IMF 경제위기를 경험하였다. 그리고 2010년부터 정년퇴직연령에 접어들어 사회의 중심에서 주변부로 이동하고 있다.

한국직업능력개발원(2010)[3)]의 자료에 의하면 베이비붐 세대는 가계경제의 주된 수입원으로 부모와 자식을 모두 부양해야 하는 버팀목역할을 하였고 경제성장의 주역으로서 휴일근무, 초과근무를 당연시하는 '회사맨'으로 본인의 제2의 인생설계에 대한 준비는 제대로 하지 못하는 세대이다. 그러나 학습능력이 뛰어나며, 자신의 경험과 지식을 다음 세대에게 가르치고 싶어 한다. 산업화시대의 주역으로 다양한 제도 및 인프라 혜택을 누림과 동시에 외환위기, 글로벌 금융위기 등 성장에 따른 진통까지 목격하고 체험한 세대로 분명히 그들은 80년대, 90년대 대한민국의 성장의 중심에 있었다는 사실에 대해서 이견이 많지 않을 것이다. 이러한 베이비부머 세대가 퇴장하고 있다.

밀레니얼 세대라는 용어는 미국의 세대 전문가인 Neil Howe와 William Strauss가 1991년에 펴낸 책 '세대들, 미국 미래의 역사'에서 처음 언급되었다.[4)] 이들 세대는 관점에 따라 Y세대, 구글세대, 에코부머(Echo Boomer), 디지털기술과 함께 살아온 첫 세대라는 의미에 '디지털 네이티브(Digital Native), N세대, 넷세대 등으로 표현되고 있다. 한국의 경우에는 2005년 (주)제일기획의 발표보고서에서 '디지털환경과 문화 속에서 자라면서 인간적이고 아날로그적인 감성을 동시에 지닌 세대'라는 의미에서 '포스트 디지털세대'로 표현하기도 하였다. 이처럼 다양한 호칭을 가진 밀레니얼 세대는 정확한 구분기준은 없지만 통상적으로 이들은 베이비붐 세대의 자녀세대이며, X세대의 다음 세대 그리고 디지털매체를 배경으로 성장한 세대라는 점에서 공통적으로 특징지어지고 구분된다.

밀레니얼 세대는 디지털매체를 기반으로 한 생활양식을 가지고 있다. 이 점은 밀레니얼 세대가 베이비붐 세대나 X세대와 가장 뚜렷하게 구분되는 특성이다. 기존 세대들은 디지털기기가 나오기 이전부터 고착되어 있던 생활양식이 존재하고 있었기 때문에 디지털기기는 부가적인 부분으로써 활용됐다. 밀레니얼 세대는 혼자이기를 원하면서도 소통을 원하는 독립적인 특성이 있는 세대로 자발적으로 싱글 라이프를 추구한다. 싱글 라이프란 오직 자기자신만을 위해 투자하는 시간으로 밀레니얼 세대가 타인의 시선보다 자신의 생각을 중요시하는 특성에서 비롯된다고 할 수 있다. 이와 동시에 나타나는 모순적인 특성이 바로 타인과의 소통을 중시하고 있다는 점이다. 베이비부머 세대가 가족부양이나 부의 축적을 위해 절약과 저축을 중시하는 것과 달리, 밀레니얼 세대는 저축보다 소득의 상당비율을 문화생활이나 해외여행·식도락 등 자신이 좋아하는 것에 과감히 소비하는 것으로 나타났다. 밀레니얼 세대는 소유보다는 경험과 공유를 중시한다. 이들은 제품을 구매함에 '경험'에 의존하며 그 경험은 온라인 혹은 소셜 미디어라는 채널을 통해 공유된다. 일에서 뿐만 아니라 모든 일상에서 즐거움을 추구하는 밀레니얼 세대의 감성을 반영하는 것으로 볼 수 있다.

밀레니얼 세대를 요약하면 디지털매체를 기반으로 하는 생활양식을 가지고 있으며, 자발적으로 싱글 라이프를 추구하지만 동시에 소통을 원하는 독립적인 세대이다. 또한 익숙함보다는 비일상적인 새로운 모험소비를 추구하며 개인의 추구가치를 중요한 기준으로 두고 자신만의 가성비를 따지며 소유보다는 공유를 중시하는 세대로 볼 수 있다.

2.2 조직 내 밀레니얼 세대에 대한 선입견

앞서 기술한 다양한 특성이 있는 밀레니얼 세대가 대다수를 차지하고 있는 기업내에서 그들을 인적자원관리 측면에서 어떻게 이해해야 하는가?

1) 밀레니얼은 이중적이다?

취업난이 매우 심각하다는 것은 언급하지 않아도 되는 커다란 사회적 문제 중 하나이다. 그런데 밀레니얼들은 그 힘든 취업관문을 통과한 뒤에도 쉽게 직장을 그만두는 것처럼 보인다. 빨리 취업에 성공해서 '주류'로 편입하고 싶다는 갈망이 높으면서도 본인의 성향과 맞지 않으면 기성세대들에 비해 쉽게 그만두는 것처럼 보인다. 그러한 이유는 밀레니얼들은 그만큼 자신이 하는 일에 대해 '가치'를 높게 추구하고, 자신의 성장에 기초한 '성취감'에 대한 욕구가 크기 때문일 것이다.

그 어려운 취업문을 통과했다 하더라도 막상 그 기업이 내가 추구하는 가치와 다르면 거침없이 그만두는 것도 그 가치를 얼마나 중요하게 여기는지를 보여주는 것이다. 이처럼 높은 가치달

"저 같은 경우에도 그렇고 다른 알바를 하시거나 일을 하시는 분들도 아마 영혼이 없기 전까지 되게 큰 노력이 있었을 것 같아서, 영혼이 없다는 게 최선을 다하지 않는다는 뜻은 아닌 것 같아요. 최적의 효율을 찾아서 일을 한다 라는 뜻이라고 생각합니다."[5)]

출처 : https://www.bbc.com/korean/features-61377063

성을 추구하는 만큼 업무에서도 본인이 만들어 낸 가치있는 성과에 대해 적절한 보상을 요구하는 것도 당연하다고 할 수 있다.

2) 밀레니얼은 개인주의적이다?

밀레니얼 세대는 함께 개인적인 이야기를 나누기를 꺼려하고 조언을 받아들이지 않는다는 점에서 개인주의, 또는 이기적이라고 오해를 불러일으키기도 한다. 그러나 밀레니얼들은 동료 간에 고민을 나눌 수 있는 깊은 관계를 추구하며, 상사와도 심도있는 대화를 통해 본인의 의견을 인정받고자 하는 경향이 높다. 2017년 오라클에서 발표한 '밀레니얼 세대의 직무몰입'이라는 자료에 의하면 91%에 해당되는 밀레니얼이 상사와 자유롭게 자신의 의견을 나누고 싶어하며, 자신들의 업무와 아이디어가 존중받는다고 느꼈을 때 업무에 대한 몰입도가 더욱 높아진다고 밝혔다. 이들은 상사의 역할도 과거에는 업무를 지시하고 성과를 평가하며, 보상을 제공하는 역할이었다면 이제는 멘토로서 올바른 방향을 제시해주고, 자신들의 업무에 대해 의미와 가치를 부여하는 역할이 기대된다고 한다.

3) 밀레니얼은 야근을 싫어한다?

밀레니얼들은 개인과 업무생활의 균형을 맞추는 것을 중요히 여긴다. 이는 업무장소, 시간을 중시한다기보다, 정해진 시간내에 자신들이 정해둔 가치를 달성하는데 집중한다는 것을 의미한다. 본인의 계획에 따른 가치달성을 위해서는 긴 시간 동안 일할 수 있고 업무 외 시간에도 일할 수 있다는 의견이 대부분이다. 다만 이들은 본인업무와 방법에 대해 누가 정해준 장소에서 정해준 방법대로 하기보다는 스스로 설정하고 통제하기를 원한다. 따라서 리더들은 밀레니얼에게 처음부터 명확하고 올바른 방향을 제시해주고 코칭을 해준다면 그들 스스로 성장할 기회를 줄 수 있을 것이다.

2.3 주52시간 근무제

노동시간단축을 통한 일자리 나누기(work sharing)가 저성장시대의 일자리 창출방안으로 떠오른 지 이미 오래되었다. 2020년도 기준으로 우리나라 노동자 1인당 연평균 노동시간은 1,908시간으로, OECD 회원국 34개국 가운데 콜럼비아, 멕시코, 코스타리카 다음으로 네 번째로 가장 길고, 회원국 평균 1,687시간 보다 221시간 더 많은 것으로 나타났다. 이러한 장시간 노동은 국민행복지수 감소, 산업재해 등 각종 사회적 위험을 야기한다.

그림 2-1 2020년 OECD 국가의 근로자당 연평균 근로시간

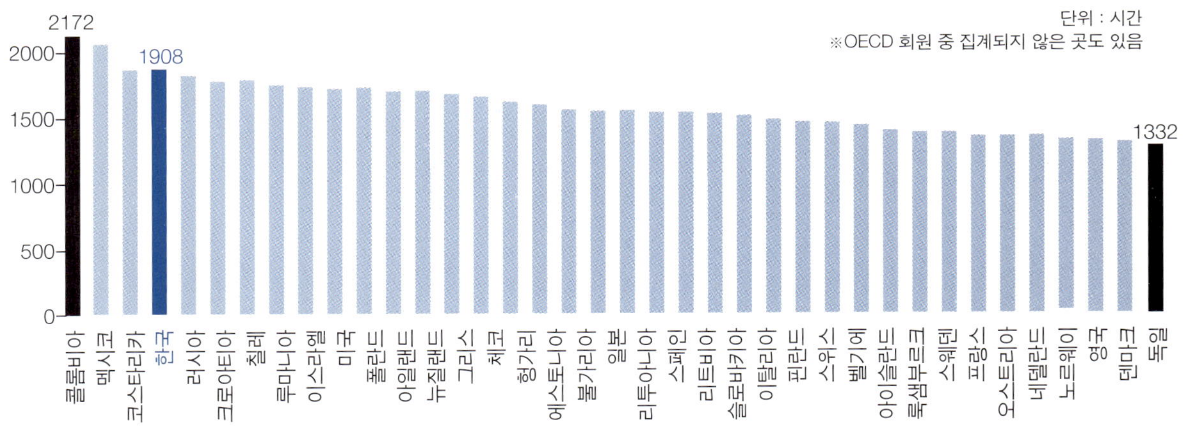

출처 : https://economist.co.kr/2021/11/02/policy/issue/20211102161354888.html

앞서 정부는 노동환경조성을 위해 노동기준법 개정을 추진하여 2018년 7월 1일부터 300인 이상 기업은 주 52시간 상한제(이하, 주 52시간 근무제)를 시행하였다. 법이 적용하는 근무시간은 주 40시간이며, 부득이한 경우 야근, 휴일근무를 포함하여 주 52시간을 초과할 수 없으며 이를 지키지 않으면 불법이 된다. 주 52시간 근무제의 취지는 장시간 노동을 줄이고 이를 통해 '저녁이 있는 인간다운 삶을 보장하겠다'는 바람직한 의도이다. 주 40시간 범위에서 일을 하고, 주 40시간을 초과하는 시간외 근무에 대해서는 보상(수당 또는 휴가 대체)을 해야 한다. 정부는 주 52시간 근무제를 시작으로 2022년까지 '평균노동시간 1,800시간'을 목표로 하고 있다.

주 52시간 근무제를 전면 적용할 경우 노동시간단축에 따른 일자리 창출효과가 59만 ~77만 개에 이르게 될 것이라고 분석한 연구결과도 나오고 있다. 그러나 주 52시간 근무제를 전면 적용하는 문제는 경영계로서는 비용상승(인건비 추가부담) 등으로 인하여 상당한 충격을 받게 될 수 있다. 따라서 1주의 최대 노동시간을 68시간에서 52시간으로 축소하는 과정에서 노동계와 경영계가 서로 상생하기 위한 노력이 필요할 것이다. 노동시간 단축이 기업에 미치는 영향은 다음과 같다.

첫째, 직원 수의 증가와 인건비의 상승을 초래한다. 대기업은 이미 오래전부터 노동시간 단축에 대하여 충분히 준비해온 반면 대부분의 중소기업은 주말에도 근무를 해야 납기를 맞출 수 있는 상황이 여전하다. 이러한 상황에서 노동시간이 단축되면 인원증가는 피할 수 없게 된다. 52시간 근무제로 인하여 기업은 주말근무를 위해 고용형태를 다양화하면서 인원을 추가로 채용해야 하고 이로 인해 인건비는 증가될 수밖에 없다. 기존의 재직중인 직원들은 노동시간이 축소되

어 월소득은 감소될 수밖에 없다. 일과 가정의 양립이 중요시 되는 분위기지만, 아직도 많은 노동자들은 노동시간의 축소보다는 효과적 수행을 통한 일정 수준의 소득확보를 선호하는 현상이 남아 있다. 또한 노동시간이 축소되면 소득의 감소 또한 받아들여야 함에도 불구하고, 일정 수준 이상의 임금이 보전되기를 요구하는 경우도 있다. 노동자의 요구를 일정 부분 반영해 임금수준을 보전함으로써 이직을 방지하고, 필요한 인력을 확보하기 위한 인건비의 증가를 감수해야 한다. 따라서 인원증가에 의한 것이든, 임금보전에 의한 것이든 기업의 인건비 부담은 증가할 것으로 보인다.

둘째, 인원증가에 대한 억제노력이 증가할 것이다. 앞서 기술한 바와 같이 인원증가와 인건비 증가는 눈에 보이는 상황이기 때문에 기업은 인원증가와 인건비 증가를 억제하기 위한 방법을 강구할 것이다. 아마존이나 월마트가 무인쇼핑시대를 시작했고 또한 맥도날드에서는 햄버거를 주문을 받을 때 직원 대신 키오스크를 설치하고 있고 편의점 무인판매시스템도 확대하고 있다. 제조업의 생산현장에서는 4차 산업혁명과 스마트 팩토리의 바람으로 인력의 증가를 억제하고자 하는 노력이 곳곳에서 일어나고 있다. 유튜브를 검색하면 생산현장에서 인력을 대체할 수 있는 다양한 종류의 많은 로봇을 볼 수 있다.

2.4 노동시간 단축과 HR의 과제

노동시간 단축은 조직의 인적자원관리 차원에서 해결해야 할 세 가지 과제를 던져주고 있다.

1) 노동시간을 어떻게 줄일 것인가?

노동시간을 단축하려는 가장 큰 이유가 '일자리 창출'이라고 한다면 기업은 단축되는 시간에 필요한 만큼의 신규인력을 채용해 주는 것이 가장 바람직한 방안이겠으나 기존의 관련 제도를 개편함으로써 노동시간을 줄일 수도 있을 것이다. 탄력근무제, 유연근무제, 그리고 시간선택제 등을 사내에 도입하여 유연하게 대처하는 기업들이 늘고 있다. 더불어 출근과 퇴근만 기록되고 리포팅기능이 없어 따로 엑셀로 가공해야했던 기존의 근태 시스템에서 효과적으로 관리할 수 있는 더 효율적인 근태 시스템의 사용이 늘어나고 있다.

첫째, 의사결정구조와 회의 및 보고절차의 개선이 필요하다. 신속하게 의사결정을 하고 집행함으로써 노동시간을 단축할 수 있다. 의사결정권한이 위임되지 않고 상위계층에 집중되어 있으면 사소한 부분까지 상위계층의 의사결정이 있어야 일이 진행되므로 실무자들은 일일이 의사결정을 받아야 하므로 많은 시간이 소요된다. 경영전략과 경영목표 그리고 핵심가치가 명확하게 공유된다면 실무자들은 자율적으로 의사결정을 하게 되고 업무처리하는 시간도 단축될 수 있을 것이다. 또한 회의와 보고를 간소화하는 것이 필요하다. 회의 및 보고의 종류도 많고 소요되는 시간도 많은 기업을 쉽게 볼 수 있다. 회의나 보고를 간소화해서 준비와 진행시간을 단축할 필요가 있다.

둘째, 조직구조와 업무절차의 개선이 필요하다. 중소기업의 특징 중 하나는 조직과 개개인의 직무가 중복돼 업무진행에 비효율이 발생하고 있는 것이다. 각 조직의 미션과 이를 위한 직무의 목적과 과업을 정의하고 조직과 개인의 역할과 책임을 명확히 해야 한다. 각 조직과 개인의 직무와 과업에 대한 과제를 경영전략과 연계해 목표를 도출하고, 목표달성 여부를 확인할 수 있는 평가지표를 선정해 관리함으로써 성과를 향상시켜야 한다. 또한, 직무분석을 통해 불필요한 프로세스나 업무내용을 개선하거나 제거해 업무량을 줄이는 노력이 필요하다.

2) 임금을 어떻게 조정할 것인가?

노동시간 단축에는 노사 모두 공감하면서도 임금삭감에 대해서는 서로 입장이 다르다. 법 원칙상 줄어드는 시간만큼 임금도 줄어드는 것은 당연하지만 실제 임금을 줄인다는 것이 쉬운 일은 아니다. 과거 2004년 법정기준 노동시간을 주40시간으로 단축했을 때에는 기본급의 인상, 수당의 신설이나 증액 등의 방법으로 기존 임금수준을 어느 정도 보전해 준 사례가 많았다. 만약 휴일노동에 대해 휴일노동수당 외에 연장노동 가산수당까지 지급해야 하는 것으로 입법화된다면 토요일을 휴일로 한 사업장은 다시 휴무일로 전환하는 등 휴일노동을 축소하는 방안도 고려해야 할 것이다.

3) 생산성을 어떻게 올릴 것인가?

노동시간 단축으로 인하여 인력충원이 불가피한 경우를 제외하면 인사담당자가 우선적으로 고민해야 할 부분은 바로 생산성을 향상시키기 위한 방안을 찾는 것이다. 기업에 존재하는 장시간 노동의 근본원인이 어디에 있는지에 대한 분석을 통해 생산설비의 개선이나 업무방식의 혁신 등을 통한 생산성 향상방안을 찾아야 할 것이다. '생산성 자기고백 리포트' 조사결과[6]에 의하면 하루 업무시간 중 개인적 활동시간이 1시간 54분, 하루 업무시간 중 비효율적인 업무시간이 2시간 30분에 달하고, '한국 기업문화진단결과'[7]에 의하면 주5일 기준 3일 이상 야근하는 경우가 43.1%로서 습관적인 야근문화가 존재하는 것으로 나타났다. 노동시간 단축을 통한 일자리 나누기는 전 세계적인 흐름이다. 우리나라도 노동시간 단축을 통해 노동생산성을 높이고 고용창출효과가 제대로 발생될 수 있도록 머리를 맞대야 하며, 이후 확대적용 때까지 경제적 부작용을 최소화할 수 있도록 노사 모두 합리적인 대응방안을 준비해 나아가야 할 것이다.

2.5 기업의 사람중심 경영과 '워라밸'

사람중심 경영이란 '단기이윤·효율' 대신 '구성원 행복·만족'을 목표로 삼는 새로운 경영이론이다. 유럽과 미국 등에서는 이미 기존 경영이론을 대체하는 새 흐름으로 기존 신자유주의 경제가 초래한 양극화 문제를 극복하고 지속가능한 발전을 가져다줄 새로운 경영의 트렌드로 주목받고 있다. 사람중심 경영의 도입방안으로 가장 주목받는 것이 바로 '직원 행복경영'이다. 직원들이 회사를 통해 행복함을 느끼고, 자기생활이 즐거워야 회사를 위해 자발적으로 일에 몰입해 최선을 다해 일하게 된다. 그러면 자연스레 고객만족이 되고 개인과 회사는 어떻게 보면 당연한 이야기이다.

분명한 것은 직원이 행복하다는 것이 복리후생제도만 잘 갖춰진 것을 의미하지는 않는다는 것이다. 일본이나 독일의 세계적인 장수기업들의 사례에서 나타나는 특징 중의 하나는 직원들에 대한 따뜻함과 엄격함이 함께 존재한다는 것이다. 몰입의 저자 Mihaly Csikszentmihalyi에 따르면 직원행복경영이나 일하기 좋은 직장의 핵심은 시켜서가 아니라 직원 스스로 자발적으로 자기가 하는 일에 몰입함으로서 개인이 성장하고 회사도 같이 동반성장해 일에 대한 '자발적 몰입'이 행복으로 연결되어야만 한다.

이러한 인식은 훌륭한 일터만들기(GWP, Great Work Place)가 크게 대두되고, 사람이 중심이 되는 인본주의 경영, 위대한 기업을 넘어 사랑받는 기업이 주목을 받는 이유이다. 미국 캔자스주립대 경영학과 Thomas Wright 박사팀이 노동자의 정신적 웰빙과 직업만족도가 회사의 실적에 미치는 영향을 조사한 결과, 행복하다고 느끼는 노동자가 있는 직장은 생산성이 10~25% 정도 높은 것으로 나타났다. 이러한 연구결과는 직원행복이 결국 회사의 성공 또는 실패에 큰 영향을 미치는 것을 말해주는 것이다.

워라밸은 '일과 삶의 균형'을 뜻하는 '워크 앤 라이프 밸런스(Work and Life Balance)'의 앞글자를 딴 신조어로 이미 널리 알려진 개념으로 회사를 평가하는 새로운 기준이 되고 있다. 워라밸은 기업은 물론, 정부와 공공기관까지 확산되고 있고 분명 개개인의 삶과 라이프 스타일에 변화의 기폭제가 될 것이다. 그렇다면 대기업과 달리 대규모투자나 제도개선이 어려운 중소기업들은 워라밸이 지켜지는 기업문화를 어떻게 준비해야 할까? 최근 워라밸을 통해 직원에게 '저녁이 있는 삶'을 제공하는 강소기업들이 늘어나는 추세이다. 이들 회사는 각기 다른 업종이지만 직원이 행복해야 회사도 행복하다는 공통의 경영철학을 보유하고 있다. 우선 워라밸 기업문화의 핵심은 거창한 제도나 투자가 아니라 사업주의 관심과 사고의 전환이 핵심이다.

한 글로벌 정보분석 기업의 조사에 따르면 한국인 10명 중 7명은 연봉이 적더라도 "일과 삶의 균형"이 중요하다고 응답했다.[8] "근무량이 많지만 연봉이 높은 회사"와 "연봉이 적지만 일과 삶의 균형을 적절하게 지킬 수 있는 회사" 중 어떤 직장을 선택하겠냐는 질문에 응답자의 75.5%가 높은 연봉 대신에 일과 삶의 균형을 택하겠다고 응답했으며, 여성(81.6%)이 남성(69.7%)보다 "일과 삶의 균형"을 더 중요시 여기는 것으로 드러났다. 이는 '돈'보다 '일과 삶의 균형'에 더 높은 가치를 두고있으며 '삶의 질'에 대한 욕구가 매우 중요하다는 것을 말해준다.

국내 대기업들은 워라밸에 맞춰 기존의 경직되고 통제중심의 기업문화를 정비하고 이와 관련된 투자를 지속적으로 하고 있다. 이러한 움직임은 근무시간을 과감하게 주 35시간으로 단축한 신세계백화점, 롯데같은 대형유통업계는 물론이고 신한은행을 비롯한 금융권, 그리고 하나투어나 여행박사같은 여행업계와 다음을 필두로 한 IT 업계가 선도하고 있다. 출퇴근 유연근무제 도입, 연차휴가의무 사용은 물론 특정 시간이 되면 업무용 PC가 자동으로 작동되고 꺼지는 PC 온오프시스템을 도입해 근무시간 단축을 독려하고 있다.

삼성전자의 경우 4차 산업혁명에 적극 대응하기 위해 2017년부터 '스타트업 삼성'의 기업문화 혁신을 추진하면서 주 52시간 근무를 강력하게 시행하고 있는데 과거의 관리통제형의 경직된 조직문화를 수평적이고 자율적인 문화로 과감하게 바꿔나가고 있다. 호칭을 '님'으로 통일하고, 직급을 7단계에서 4단계로 축소하고 회의, 보고문화를 획기적으로 바꿔 강력하게 실천하고 있다. 아모레퍼시픽의 경우 18만평 규모의 신사옥을 건립하면서 사옥 콘셉트로 아예 워라밸을 표방하기도 하였다. 그러나 생산성과 효율을 높이는 것을 전제로 하지 않는 워라밸은 다양한 문제를 야기할 수 있다. 효율과 생산성 향상을 위한 노력없이 단지 '칼퇴근'만을 강조한다면 그 조직은 경쟁력을 잃게 될 것이다.

2.6 노사관계의 변화

앞서 기술한 바와 같이 단축된 노동시간에 기존의 생산성을 유지하거나 더 높이기 위해서는 노동강도가 강해질 수 있다는 것은 사실이다. 이러한 현상은 노동조합입장에서는 저지해야 할 분명한 이슈이다. 따라서 노동조합은 노동시간 단축에 따른 인원채용확대를 요구하는 쪽으로 사측과의 교섭방향을 이끌어 가고자 할 것이다. 이와 더불어 노동시간 단축에 따른 사용자의 임금감소주장에 대응해 월급제 보장 등 임금저하를 방지하고자 하는 전략적 조직활동이 나타날 것이다. 이러한 전략의 연장선에서 법령개정사항이 철저하게 준수되는지를 엄격한 시선으로 감시하며 잘못된 부분에 대한 철저한 개선요구가 노사관계의 중요 현안이 될 것은 자명하다. 이러한 현상은 모든 노조의 공통된 인식이기 때문에 산업-지역단위 연대 또는 이해관계자와의 연대로 강화되어 사측에 대한 집단적 교섭요구와 이를 관철하기 위한 단결권행사는 보다 조직화되고 공론화되어 기업에 대한 압력은 더욱 커질 것이다.

이에 사측은 노조요구의 배경과 진정한 니즈를 파악하는 등 고려범위를 한층 더 넓혀보는 것에서부터 바람직한 노사관계로의 변화 및 발전방향을 모색해야 한다. 시대적 변화의 흐름을 읽지 못하고 단순히 노조의 무리한 활동으로 치부하는 구시대적 접근방식은 강화된 부당노동행위의 형사처벌에 노출된다는 것을 유의해야 한다. 사측은 직원들이 공감할 수 있는 목표를 수립하고 경영상황을 공유하며 설득력 있는 교섭안이나 수정안 제시로 교섭을 준비해야 한다. 예를 들어 노동시간 단축에 따른 변화되어야 할 생산계획과 일정, 그 예상결과, 적정 필요인원과 세부인원 배치현황, 신기술도입에 따른 구체적인 직무중심교육안 마련과 이에 따른 충분한 사전교감으로 노조요구에 명분있고 설득력 있는 대안제시로 접근할 수 있어야 한다.

노동에 관한 인식변화가 경영진에서부터 조직전반에 걸쳐 공감대가 형성되고 인지되었다면 이를 인사제도로 구체화시켜 실천해야 한다. 이때 중요한 것은 다양한 인사제도의 변화가 종업원의 니즈에 맞고 효율적인 생산성에 초점을 맞춰야 한다는 것이다. 단순하게 대외적 이미지를 고려한 경쟁적인 백화점식 제도 시행은 조직의 혼란을 부추기고 제도 간 혼선으로 오히려 운영상의 비효율성을 초래할 수 있다.

기업은 노동시간 단축이 갖는 법률적 의미와 효과와 함께 워라밸이라는 사회적 요구에 대응하기 위하여 근본적인 변화를 모색해야 한다. 변화는 조직문화를 바꿀 수 있도록 목표지향적이어야 하고, 철저한 검증으로 신뢰와 안정성을 담보해야 한다. 그러기 위해서는 무엇보다 조직의 리더가 변화를 인식하고 의지를 갖고 추진해야 한다. 그 바탕 위에서야 비로소 기업의 노사관계는 더욱 강화될 수 있을 것이며, 나아가 기업은 노동시간 단축이라는 새로운 제도적 변화를 위기이자 기회로 삼아 경쟁력을 확보해 갈 수 있을 것이다.

2.7 서구 선진국의 노사관계의 변화

서구 선진국의 노동조합들은 4차 산업혁명이 초래할 수 있는 노동문제에 대처하기 위해 활발한 움직임을 보이고 있다. 제조업 부문의 세계노동조합연합체인 IndustriALL은 “디지털경제로의 공정한 전환(Just Transformation to Digital Economy)”을 통해 지속가능한 산업정책, 튼실한 사회안전망, 창의적 고용조정 등을 정책목표로 내세웠다. 또한, IndustriALL은 2017년 대표자회의에서 4차 산업혁명에 대응하는 “노동조합 4.0” 준비에 대한 필요성을 강조하며 이를 실행하기 위한 액션플랜으로 노조권력의 강화, 글로벌자본의 규제, 노동자권리의 보호, 불안정노동을 위한 연대투쟁, 지속가능한 산업고용의 창출 등을 핵심과제로 선정하였다.

독일의 경우 연합서비스 노동조합(Ver.di)이 디지털화를 통해 얻은 새로운 기술이 ‘공익과 인간 그리고 민주주의’를 위해 활용되라고 요구하는 “좋은 디지털노동”을 공식적 대응방침으로 결

노동조합이 있는 작업장의 근로자는 인체공학적으로 평가된 작업장이든 유해 물질로부터 자신을 보호하기 위한 작업복이든 안전을 위해 필요한 장비를 제공받을 가능성이 더 높기 때문에 상대적으로 사고와 사망자가 적은 것으로 나타났다.

출처 : https://theconversation.com/what-trade-unions-do-and-what-joining-one-means-185450

정하여 단체교섭이나 정책협의에 적용하고 있다. 구체적으로 연합서비스 노동조합은 도이치텔레콤과 모바일노동과 관련된 첫 단체협약을 체결하였는데, 그 협약에는 모바일근무 또는 원격근무의 직원자율결정권 보장, 노동시간 등록/지정의 의무화와 모바일 노동시간의 유급인정, 모바일 근무장소의 노동자선택권 및 사용자 호출권허용 등을 명문화하고 있다. 또한, 도이치텔레콤과의 사업장협약에서는 노동시간의 구체적 설정, 연락받지 않을 권리, 작업장 출근시간, 정보보호, 기술설비 고장의 대처방법, 교육훈련 및 산업안전보건 등에 대해 추가적으로 조율할 수 있는 것으로 명기하고 있다. 광산화학에너지 산별노동조합(IG BCE)는 해당 산업의 사용자 협회와 Work@Industry라는 명칭의 사회적 대화채널을 설치하여 근무시간 · 안전보건 · 경영조직 · 직업능력개발 · 정보보호 · 노동자성 · 접속차단권리 등에 대해 협의해오고 있다. 철도운수 산별노동조합(EVG)은 독일철도(Deutsche Bahn)와 단체협약 4.0의 체결을 위한 노사공동의 작업그룹을 구성하여 가동하고 있는 것으로 보고되고 있다.[9)]

노사관계의 제도와 관행에 있어 유럽국가들과 차별적인 특성이 있는 미국과 영국에서는 디지털기술에 대한 노조의 대응 역시 분명한 차이를 드러내고 있다. 미국과 영국의 노조들은 기존 산업현장에 있어 디지털기술의 도입에 따른 노동문제를 규율하는 것에 주력하기보다는 새롭게 등장하는 디지털(플랫폼) 노동자의 권익대변과 조직화를 위해 적극적인 움직임을 보여주고 있는 것이 특기할 만하다. 영국과 미국의 노동조합들이 주로 문제시했던 플랫폼노동은 모바일웹 중개를 통해 개인적 택시운수 서비스를 제공하는 우버(Uber) 및 리프트(Lyft) 운전기사들이었고 이들의 세 가지의 전략적 접근은 첫째, 노동자 지위인정요구, 둘째, 독립사업자 지위인정과 단체교섭 및 조직화 보장, 셋째, 독립사업자 지위인정과 노동조건개선으로 구분해볼 수 있다.[10)]

독일노조들은 국가차원에서와 산업 및 기업차원에서 디지털기술 혁신에 따른 다양한 파급문제들을 대비하여 사회적 대화와 단체교섭 등을 통해 그 정책결정에 있어 노동자 피해를 최소화하기 위해 사전적 규제력을 행사하는 '형성'전략을 모범적으로 전개했지만, 미국과 영국의 노동조합들은 디지털기술의 전반적 영향을 다루기보다 플랫폼노동의 특수형태인 우버운전기사 등을 대상으로 권익대변과 조직화에 주력하는 '보호' 전략에 치중해오고 있다. 이처럼, 4차 산업혁명 시대를 맞이하여 독일과 미국·영국의 노조들이 보여준 전략적 대응이 상반된 방식으로 전개되고 있는 가운데, 전자(독일 노조)의 경우에는 정부와 사용자단체 그리고 기업경영진과의 실질적인 정책협의를 이뤄내며 이른바 '노동 4.0'의 대안적 노동체제를 구체화하고 있지만, 후자의 영미 노조들은 권익보호와 조직화의 열성적인 활동에도 불구하고 디지털혁신의 거센 변화를 규율치 못하고 뚜렷한 성과도 거두지 못하고 있는 것으로 평가된다.

제3절 근무형태의 변화

3.1 원격근무의 확대

오늘날 전통적인 사무실 환경 이외의 장소에서 수행되는 작업은 빠른 속도로 증가하고 있다. 미국 인구조사 자료를 분석한 결과 1980-2000년[11]에는 재택근무자가 두 배 가까이 늘었고 1997-2011년에는 35% 증가했다. 대다수의 근로자가 2013-2017년 미국시간 사용조사데이터의 평가에서 주로 사무실환경에서 직무를 수행하는 것으로 밝혀졌지만 원격근무는 계속 증가했다.[12] 이러한 맥락에서 원격작업의 개념과 범위를 탐색하고 명확히 하고 직원과 조직에 제공하는 기회와 과제를 파악하는 것이 도움이 된다.

원격근무에 대한 정의는 다양하고 유사한 구성요소가 겹치고 있다. 예를 들어, 원격근무에 대한 의미있는 정의는 노동자들의 근무일정이 적어도 일부 동안 전자매체를 사용하여 다른 사람들과 상호작용하는 것 또는 작업장에서 일반적으로 수행되는 작업을 다른 곳에서 수행하는 대체작업배치이다.[13] 이와 유사하게, Beauregard 등(2019)은 재택근무를 직원이 회사가 아닌 집에서 일상적인 업무관련 작업을 수행하고 업무일정의 정기적인 부분 동안 수행하는 방식으로 미디어를 사용하여 내부 및 외부의 다른 사람과 의사소통하는 방식으로 정의한다.[14] 구체적으로 "집"을 전통적인 사무실 공간의 대안으로 지정하지만 이러한 용어는 다양한 형태의 기술을 사용하여 의사소통하고 직무를 수행하는 전통적인 오프라인 사무실건물과 다른 위치에서 작업한다는 공통된 맥락을 공유한다.

3.2 팬데믹이 조직에 끼친 영향

펜데믹이 진행되는 동안 사람들은 직업, 가족, 사회, 레크리에이션, 정신적 및 일상생활의 신체활동에서 큰 변화를 경험하며 대응하기 위한 방법들을 탐색해 왔다. 이전 연구에서 밝혀진 바와 같이, 직장 이외 생활의 요소는 종업원들의 직무열의에 많은 영향을 미칠 수 있다.[15] 원격근무하는 직원의 경험과 관련하여 팬데믹 기간 동안 원격으로 진행된 직원 커뮤니케이션 패턴을 조사한 연구에 따르면, 팬데믹 이전 근무일에 비해 평균근무일이 크게 증가한 것으로 나타났다.[16] DeFilippis 등(2020)의 연구에서 1인당 회의 횟수가 매일 증가는 했지만 회의가 지속된 횟수는 감소했음을 확인할 수 있었다. 미국, 독일, 인도의 펜데믹 기간 동안 원격근무자 1만 2,000명을 대상으로 한 한 연구에서는 응답자의 75%가 개별업무에 대한 생산성을 유지하거나 향상시킬 수 있었고, 51%는 재택근무 중 협업업무에 대한 생산성을 유지하거나 향상시켰다고 보고하였다.[17] 중국에서 원격근무자들에 대한 연구는 특히 비효율적인 의사소통, 고독을 포함하는 문제를 발견하였으며, 직무자율성, 모니터링, 업무량, 사회적 지원은 업무효율성에 영향을 미치는 업무 특성으로 나타났다.

집에서 일하는 부모 또는 보호자의 경우 전문적인 책임의 균형을 유지하면서 자녀들의 원격학습 및 보육을 수행했던 것으로 나타났다. 부모의 일과 자녀의 학습요구의 균형을 맞추는 것은 펜데믹동안 부모들의 가장 어려웠던 투쟁이었다. 자녀가 있는 미국 성인을 대상으로 한 연구에서 19.6%는 COVID-19로 인해 육아가 중단되고 여성이 COVID-19로 인한 육아요구로 인해 일하지 않을 확률이 남성보다 거의 3배 높기 때문에 일하지 않는다고 보고했다.[18]

원격근무명령, 직장폐쇄 및 사회적 거리두기 조치의 영향으로 많은 사람들이 사회적 고립과 외로움을 경험하게 되었다. 미국의 펜데믹동안 61.5%는 사회적으로 고립된 느낌을 많이 받았으며 외로움이 확대되고 우울증과 자살충동의 비율이 증가되었다고 밝혔다.[19] 또한, 미국 응답자의 40.9%가 대유행과 관련된 정신적 또는 행동적 건강상태를 경험한 것으로 나타났다.[20] 국내에서도 펜데믹의 장기화로 인해 우울증을 느끼는 '코로나 블루'가 사회문제가 되고 있고 직장인 3명 중 1명이 '코로나 블루'로 인해 어려움을 느끼고 있다는 설문결과가 발표되었는데, 303개 기업을 대상으로 진행한 설문조사의 결과, 응답에 참여한 21.8% 기업은 코로나 블루를 경험하는 사람들이 조직내 있는 것으로 파악하였다.[21] 또한 코로나 블루를 겪는 직원의 전체 직원 대비 비율은 평균 34.5%로 나타났다. 이들 기업이 계획하거나 실시중인 코로나 블루관리활동으로는 '자유로운 연차사용 등 워라밸증진'(53.4%, 복수응답), '취미생활지원 등 정서적 리프레시지원'

(32%), '간식, 건강식품 등 전달'(28.2%), '랜선회식 등 비대면 소통활동강화'(28.2%), '전문가 상주 또는 초빙해 심리상담운영'(15.5%), '헬스장 지원 등 신체건강을 위한 복지운영'(14.6%) 등의 순으로 나타났다.

3.3 전 세계를 휩쓴 팬데믹과 근무환경의 변화

COVID-19와 같은 팬데믹은 전 세계적으로 조직운영의 많은 측면에서 빠르고 광범위한 변화를 가져 왔다. 특히 원격근무는 직원들을 보호하고 COVID-19 확산을 늦추기 위한 질병완화전략으로 적용되었고, 효과적인 비즈니스 연속성 계획을 수립하고 운영하기 위해서도 활용되었다. Brynjolfsson et al.(2020)은 미국 노동자의 15%가 COVID-19 이전에도 이미 어느 정도 원격근무를 하고 있었다고 발표하였다.[22]

팬데믹상황에서 원격근무는 더욱 빠르게 확대되고 있다. 미국의 경우, COVID-19 완화조치가 시행된 2020년 5월 미국 노동력의 35.2%가 완전히 원격근무를 시행하는 것으로 연구되었다.[23] 또 다른 미국 노동자를 대상으로 하는 설문조사에 따르면 2020년 5월, 인구의 거의 50%가 원격근무를 하고 있는 것으로 나타났다.[24] Barrero(2021)는 2021년 3월 기준으로 업무의 45%가 원격으로 처리할 수 있는 것으로 보고하였다.[25]

장기적 관점에서 Barrero 등(2021)의 연구는 근무일의 약 20%가 팬데믹 이후에도 지속적으로 원격근무를 할 것이라고 추정했다. 또한 Altig 등(2020)은 건설, 부동산, 광업 및 유틸리티 분야를 포함한 원격작업과 관련이 없는 분야에서도 어느 정도의 원격작업이 팬데믹 이후에도 지속될 것으로 예상하였다. 그들은 팬데믹 이전과 비교하여 건강관리, 교육, 여가 및 기타 서비스에서의 원격근무가 팬데믹 이후 증가할 것으로 예상했다.[26] 그들의 연구결과에 기초하여,

■ 네덜란드 홀란드 주의 교통표지판 "집에 머물라" 네덜란드는 노동자들에 대한 커다란 신뢰와 원격근무에 필요한 디지털환경에 대한 이해를 보여줬다. 그 덕에 코로나19 이후의 미래를 구상중인 많은 국가들이 네덜란드를 눈여겨 보고 있다.

출처 : https://www.bbc.com/korean/features-53189282

Barrero 등(2021)은 COVID-19 동안의 긍정적인 원격근무경험, 물리적 및 인적자본에 대한 새로운 투자, 원격근무에 대한 부정적 인식의 감소, COVID-19의 지속적 위험, 기술혁신으로 인한 원격근무의 채택 가능성을 주장하였다.

COVID-19로 인한 원격근무운영의 결과, 많은 기업에서 직원이 일주일에 하루 또는 이틀정도로 원격근무하는 것이 장기적으로 이점이 있을 것이라는 연구도 있다. 아마존, 페이스북, 마이크로소프트 및 트위터를 비롯한 주요 기업들은 COVID-19로 인한 원격근무의 영향을 평가하고, 원격근무의 빈도 및 업무형태의 유연성을 포함하는 장기적 원격근무 제도를 채택할 계획을 발표하였다. 반대로 넷플릭스의 공동 최고경영자는 원격근무의 이점이 예상보다 더 적기 때문에 조직이 대면업무로 돌아가기를 원한다고 밝힌바 있다. 한편 모든 직업과 산업이 COVID-19에 대응하여 동일한 방법과 수준으로 원격근무로 전환할 수 있는 것은 아닌 것으로 나타났다. 원격근무는 농업, 건설, 제품과 같은 다른 분야의 사람들보다 관리, 전문 및 법률, 금융, 컴퓨터, 교육과 같은 관련 직종에서 일하는 사람들이 더 높은 비율로 증가했다.[27] 그리고 관리분야를 포함하여 전문분야에서 상대적으로 다른 분야와 비교했을 때 해고 또는 일시해고가 적음을 발견했다.

원격근무의 선호는 전 세계적인 현상이다. 세계경제포럼(WEF)은 한국 등 29개국 직장인 1만 2500명을 대상으로 한 설문을 공개했는데 응답자 64%가 "팬데믹제한 조치가 풀린 후에도 사무실출근에 유연성을 부여해야 한다"며 원격근무를 강하게 지지했다.[28] 한국 직장인들은 '팬데믹이 끝난 후에는 일주일에 며칠이나 재택근무를 하고 싶은가'라는 질문에는 평균 2.1일이라고 답했다. 전미경제연구소(NBER)는 2020년 COVID-19 국면이후 미국 노동시장을 분석한 결과 주 2~3일 재택근무를 한 노동자는 통근비 등이 줄며 소득의 5%가 올라가는 효과가 발생했다고 보고하였다.

제4절 조직형태의 변화

4.1 수평적 조직과 수직적 조직

조직구조에 대한 정의는 업무가 서로 다른 단위와 역할 사이에 분배되는 방식과 업무와 역할이 조정되는 방법의 총합이다.[29] 산업혁명과 함께 합리적인 관료구조를 통한 효율성과 통제를 우선시하는 대규모 생산시설들이 생겨났다. 이러한 기계적이고 관료적인 조직의 리더들은 테일러주의, 즉 과학적 관리방법론을 추종했고 노동자들은 효율적으로 반복적이고 단순한 작업을 완료하기 위해 채용된 생산기계의 톱니바퀴처럼 고려되었다. 감독수준의 계층을 통한 노동의 분할, 전문화 및 하향식 통제가 효율적인 운영을 달성하기 위한 최선의 접근법으로 여겨졌다.[30] 이러한 개념의 발전은 조직구조에 대한 초기 연구자들 중 Max Weber가 제안한 이론을 뒷받침했다. Max Weber는 조직이 커질수록 합리화와 루틴화에 기반한 관료주의가 가장 효율적인 조직을 만들 것이라고 주장했다. 과학적 방법론은 또한 대량 생산체제가 노동자들을 독립적인 사고, 공정개선을 위한 상향식 제안, 또는 채택된 합리적이고 체계적인 생산방법에서 벗어나는 것을 방해하는 지배의 형태를 만들었다는 Max Weber의 견해와 일치한다. Taylor와 같은 프로세스관리 시스템과 함께 계층적 관료제는 20세기 중반 이후 오늘날에도 이론과 실무에서 나타난 여러 가지 대안적 구조형태와 함께 존재하고 있다.[31]

Worthy(1950)[32]는 조직을 관리하기 위한 통제적이고 기계적인 접근법을 비판했을 뿐만 아니라 본질적으로 덜 계층적인 대안적 구조를 제공한 최초의 연구자들 중 하나였다. 그는 거대 소매기업인 '시어스 앤 로벅'에서 12년 동안 10만 명 이상의 직원을 대상으로 조직구조가 직원만족도에 어떤 영향을 미치는지를 연구하였다. 그는 "최대한의 행정분권화를 통해 보다 수평적이고 덜 복잡한 구조가 직원들 사이에서 태도개선, 보다 효과적인 감독, 그리고 더 큰 개인의 책임과 진취성을 창출하는 경향이 있다"는 것을 발견하였다. 또한 과잉전문화와 과학이 "본질적인 관심이나 도전"과 "직업의 의미를 파괴하려는 경향"을 초래했다고 주장했다. 조직구조에 대한 이러한 초기의 발견과 논쟁은 많은 후속연구들로 이어졌다. 예를 들어, 학자들은 수평적 조직구조, 직원만족도 및 성과 사이의 관계를 연구했고 많은 연관성이 있는 결과들이 나타났다(Carzo Jr.

〈표 3-1〉 수직적 조직과 수평적 조직의 비교 연구

연구자	연구결과
Carzo, Jr. & Yanouzas(1969)	수직적 조직은 의사결정이 더 오래 걸렸지만, 수평적 조직은 갈등해결 시간이 더 오래 걸렸다.
Ivancevich & Donnelly Jr.(1975)	수직적 조직에 비해 수평적 조직의 영업사원들은 자기실현과 자율성에 대한 직무만족도가 높다고 인식하고 스트레스를 덜 받으며 업무수행을 효율적으로 하는 것으로 나타났다.
Porter & Lawler(1965)	수평적 조직의 형태는 작은 조직에서는 긍정적인 효과가 있었지만 수직적 조직에서는 부정적인 결과가 나타났다.
William C. Ouchi(2006)	의사결정 권한이 집권화 되어 있을 때 보다 자율성 및 통제권을 주는 분권화된 수평적 구조가 더 성과가 높은 것으로 나타났다.

& Yanouzas, 1969;[33] Ivancevich & Donnelly Jr, 1975[34]; Porter & Lawler,1965; William C. Ouchi(2006)). 〈표 3-1 참조〉

1950년대와 1960년대에 합리적 관료주의와 과학적 관리관행에 도전하는 연구가 시작되었고 Burns와 Stalker는 'The Management of Innovation 3판'의 서문에서 조직이론의 전환점은 March와 Simon(1957)이 제한적 합리성의 개념을 도입한 조직이론의 출판과 함께 발생했다고 주장하였다. 관료주의의 효율성에 대한 Max Weber의 주장에도 불구하고, March와 Simon(1957)은 관리자들이 반드시 가장 효율적이고, 수익성이 높거나, 가치있는 행동방침을 추구하지는 않는다고 가정했다. 또한, 인간의 정신이 조직의 가치를 극대화하기 위해 가능한 모든 기회, 위험 및 행동경로를 합리적으로 고려할 수 없다는 것이 명확해지고 있었다. 그러므로 조직의 리더들에 의한 합리적인 의사결정은 이러한 제약조건들에 의해 제한된다. 이러한 발전은 유럽의 연구와 결합되어 전통적, 합리적, 관료적 구조와 과학적 관리에 대한 대안이 조직에 더 도움이 될 수 있음을 시사했다.

1950년대에 Burns와 Stalker(1961)는 관리와 생산에 대한 새로운 접근법을 채택한 영국의 제조회사를 대상으로 연구를 진행하였다.[35] 연구의 대상이 된 회사에는 상임이사만이 직함을 갖고 직원들의 역할과 기능을 정의하는 것은 피했고 최고 경영진은 모든 직원들이 어렵지 않게 접근할 수 있었다. 매주 팀회의를 통해 긴급상황이나 문제를 수용하기 위해 목표와 절차를 지속적으로 수정할 수 있었고, 모든 팀구성원들이 토론에 참여할 수 있도록 장려되었다. 그러나 이러한 구조에는 문제가 있었는데, 자신의 권위 또는 주장에 따라 문제가 해결되고 업무가 진행되는 것이 아니라 집단논리에 의해 해결되고 수행되었다는 것이다. 이 연구를 통해 전통적인 기계주의적 관료주의에서 그들이 유기적이라고 이름붙인 새로운 유형의 조직까지, 다양한 이상적인 조직유형이 존재했다고 결론내렸다. 연구결과 그들은 격동의 환경에 더 반응하고 본질적으로 덜 위계적인 기존의 기계주의적 관료주의를 극복할 수 있는 대안을 발견했다. 그들은 계층화가 유기적인 조직에 존재한다는 것을 발견했지만, 그 계층은 조직 전체에서 이용 가능한 전문지식에 따라 유동적이고 임시적이다. 그들은 기계주의적 관료주의가 안정적인 환경에서는 최고의 접근법일 수 있지만, 복잡한 환경에서의 적응에는 유기적 조직이 더 효과적이라고 제안했다. 유기적인 조직은 또한 협력을 장려하고 직원들의 헌신을 고취하며, 조직에 대한 가치와 신념에 대한 결과를 도출했다.

그들의 기여는 첫째, 당시 일반적으로 받아들여진 이론과 실천에서 진정으로 벗어난 새로운 조직구조와 관리방법론을 관찰하고 문서화할 수 있었고, 두 번째 기여는 기계주의적 관료주의와 유기적 조직 사이의 연속성의 개념이었다. 이러한 조직스펙트럼은 리더들이 환경조건 및 기타 요인에 따라 조직구조와 프로세스를 선택할 수 있다는 아이디어를 도출하는데 촉매로 작용했다.

Lawrence와 Lorsch(1967)는 이 아이디어를 받아들여 공식적으로 상황이론(contingency organization theory)을 도입하였다.[36] 그들의 주장은, 기계시스템의 속성은 역할전문화 경영진과 수직적 상호작용, 공식적인 조직도 및 제어시스템을 포함한다. 의사소통방식은 정보가 더 많은 고위관리자에게 전달되도록 설계되었으며, 결정과 지시는 아래로 전달되었다. 반대로, 유기체계는 작업이나 환경의 특성상 노동자가 조직의 이익을 위해 자신의 고유한 지식을 사용하여 문제에 독립적으로 대응해야 하는 더 불안정한 상황에서 유용하다. 따라서 제어시스템과 수직적 관리구조는 바람직하지 않으며 정형화된 작업정의가 필요하지 않다. 정보는 모든 방향으로 흐르며, 직급이 다른 사람들 간의 소통은 수직적 명령이라기 보다는 수평적 협의와 비슷한 경향이 있다.

Mintzberg(1983)는 작은 조직을 위한 단순한 구조, 산업시대 기업의 전형적인 기계적 관료주의, 의료관행과 로펌에서 흔히 볼 수 있는 전문관료주의, 대기업의 부서규모형태를 포함한 다섯 가지 이상적인 구조구성을 제안함으로써 이러한 선택들 중 많은 부분을 요약한다.[37] 다양한 제품과 지리적 커버리지, 하향식제어를 최소화하고 고도로 숙련된 인력을 통해 혁신을 장려하는 애드호크라시(Adhocracy)가 그것이다. 후자의 형태는 산업시대의 기계주의적 관료주의와는 대조적으로 좀 더 유기적인 조직이 대표적이다. 유기적 조직은 자유로운 정보흐름, 참여적 의사결정, 분산, 혁신, 환경압력에 대한 대응성을 특징으로 한다. 이러한 조직은 공식화된 역할정의와 보고관계를 제한하여 다단계 계층구성을 배제하는 대신, 이러한 유형의 복잡한 팀기반 조직에서 유연하고 동적인 매트릭스보고 방식이 등장하였다. 또한 수평적 조직에는 전략과 관련하여 최고경영자와 함께 "즉시(ad hoc)" 결정을 내리는 다양한 전문가와 지식노동자들이 참여하기도 한다. 최근의 빠른 환경변화에 직면하고 있는 스타트업 및 조직들이 리더들의 관리계층을 줄이고 조직을 더 수평적으로 만들도록 강요하는 유기적이고 애드호크적인 구조의 특성을 수용하는 추세가 증가하고 있다.[38]

4.2 지식사회에서의 수평적 조직

산업시대 동안 기업들은 오늘날의 지식집약적인 산업과는 대조적으로 대체로 자본과 동 집약적이었다. 이 시기에는 대부분의 기업들은 직원들의 기술을 개발과 향상에 관심이 없었고 노동자들은 의미없는 단순화된 작업을 수행하도록 고용되었다.[39] 그러나 지난 수십 년 동안 지식집약적인 기업들의 증가로 인해 물질기반의 경제에서 정보의 흐름을 기반으로 하는 경제로 전환되는 산업화가 가속되고 있다.

하향식권한을 강조하는 전통적인 계층적 조직형태는 급변하는 환경에 적합하지 않으며 탐구적 학습을 촉진하는 우발적이고 우연적이며 창의적인 과정을 억제하는 경향이 있다. 따라서 오늘날 지식집약적 조직의 새로운 시대에 성과 기대치를 충족시키기 위해 계층적이고 관료적인 구조의 문제를 해결해야 하는 "광범위한 도전(widespread challenge)"에 직면해 있다. 이 도전의 시급성은 기업의 장기적인 실적감소를 보여주는 다양한 지표에 반영되어 있으며, 조직이 '수평적으로' 운영되어야 하는 필요성과 당위성을 제시하고 있다.

수평적 조직은 소규모의 관리계층으로 구성되어 있고, 광범위한 통제범위를 가지고 있으며,[40] 창의성을 촉진하기 위한 분산형 조직으로 정의된다. 또한, 수평적 조직은 명확한 역할을 강조하고 고도로 숙련된 노동자들에게 의존한다. 이러한 특성은 유기적이고 애드호크라시적, 지식집약적인 기업의 요구에 매우 적합하다. 이러한 수평적 조직의 특성은 직원들의 기술활용은 물론 주요 인적자원의 유지에도 중요할 수 있다.

일부 비평가들은 수평적 조직구조가 성장을 제한할 수 있으며 강력하고 응집력 있는 조직문화를 구축하기 위한 리더들의 노력을 저해할 수도 있다고 주장한다. 그들은 세계화와 노동시장의 문화적 다양성 증가 등 조직외부의 공유된 가치가 조직구성원을 결속시키는데 어려움을 유발시킨다고 주장한다. 또한 조직구성원들 사이의 다양성과 단편화가 증가하는 상황에서 전략적인 경로를 유지하기 위해 정형화된 구조와 계층구조가 중요할 수 있다고 주장한다. 애드호크라시적이고 수평적 조직은 규모와 전문화된 기능이 등장함에 따라 장기적으로 지속가능하지 않다는 주장도 있다(Alvesson, 1995; Mintzberg, 1980). 조직은 성장함에 따라 업무방식이 차별화되고 역할이 전문화됨에 따라 보다 관료적인 구조로 변형되는 경향이 나타나게 된다.[41]

4.3 애자일 조직구조의 특성

애자일(Agile) 조직이란 변화가 일상이 된 경영환경 속에서 기업이 경쟁력을 유지하고 지속성장하기 위해 조직의 모든 시스템을 변화에 민첩하게 대응하고 빠르게 적응할 수 있도록 재조직화하는 것을 의미한다. 1957년 IBM에서 소프트웨어를 작은 단위로 나눠 점진적으로 구현해 나가는 방식을 처음 시도했다. 이후 다양한 방식으로 발전을 거듭하다가 2001년 애자일 선언문을 통해 명칭이 통합되었다. 애자일 조직의 도입을 희망하는 조직은 상황에 따라 다르기는 하나 의사결정, 커뮤니케이션 등의 효과성을 높이기를 기대한다.

규모가 작은 조직에는 빠른 실행력을 해치지 않으며 체계적인 관리를 하려는 목적으로 애자일이 도입된다. 그 이유는 빠른 결정과 실행이 가능하지만 개인능력에 대한 의존도가 높고 관리가 체계적이지 않아 혼란스러운 상황에 놓이기 쉽기 때문이다. 이와 반대로 프로세스가 복잡한 거대한 조직은 경직성을 해소하고 업무처리속도를 높이려는 목적에서 애자일을 도입하려는 경우가 많다. 복잡한 프로세스는 외부의 변화에 신속하게 대응하기 어렵다. 따라서 애자일을 도입하려면 조직문화가 변해야 하고, 조직원들의 사고방식과 역할이 변경돼야 하며 조직구성원은 새로운 업무역량을 갖춰야 한다. 이러한 노력이 충분하지 않다면 애자일 도입은 성공하기 쉽지 않다.

애자일 조직을 만들어가기 위해서는 역동성과 안정성이라는 상반된 개념을 동시에 충족하는 조직적 시도가 필요하다. 역동성이 조직의 새로운 도전과 기회에 빠르고 유연하게 적응할 수 있도록 하는 것이라면 안정성은 지나치게 자주 바뀌지 않아도 되는 조직의 요소를 확고하게 구축함으로써 조직의 신뢰도와 효율성을 강화해 나가는 것이라고 할 수 있다.

애자일 조직은 보통 수평적인 조직구조를 지향한다. 일반적으로 애자일 조직의 최소단위는 보통 6~8명의 소규모 팀으로 구축된다. 기존의 팀은 소수의 전문성을 가지며 동질성이 높은 구성원으로 구성되어 팀의 기능을 효율적으로 수행할 수 있도록 한다면, 애자일 조직구조에서의 팀은 업무목표를 최소한의 수준에서 완결할 수 있는 다양한 기능을 보유한 구성원으로 구성된다. 그리고 이러한 단위팀들은 다시 업무목적이나 관련성에 따라 본부나 부문과 같은 상위그룹으로 구성된다. 상위그룹은 일반적으로 던바의 법칙(Dunbar's Number)[42]에 근거해 구성원이 서로를 공동체로서 인지할 수 있고, 최소한의 정서적 상호작용이 가능한 최대규모라고 할 수 있는 150명 선을 넘지않도록 한다. 그리고 동일한 상위그룹 내의 팀들은 서로 적극적으로 협력하지만, 각각의 단위팀들은 완벽하게 자율적으로 움직인다. 또한, 단위팀들은 경영환경의 변화나 조직적인 니즈에 따라 상위그룹 내에서 뿐만 아니라 조직 내의 어떠한 팀들과도 필요에 따라 수시로 팀원들의 이동과 재구성이 가능하도록 한다.

애자일 조직에서의 모든 의사결정은 해당 업무에 대한 유관성이 가장 높은 팀원들과 팀들 간의 상호작용에 의해 이뤄질 수 있도록 권한을 최대한 아래로 내려야 한다. 단순히 보고단계를 줄이는 방식의 수평적 조직화는 오히려 리더들에게는 업무적 부담감을 주게 되고, 구성원에게는 의사결정의 지연으로 인한 상실감을 유발시키게 된다. 팀과 팀원들에게 명문화된 의사결정권을 공식화해 구성원에게는 업무주도성을 갖도록 하고, 리더들에게는 리더 본연의 역할인 조직시스템을 디자인하고 방향성을 제시하는 역할에 집중할 수 있도록 해야 한다.

단위조직이 자신의 목적을 실현하는 데 있어서 필요한 아이디어와 기술, 전문성 등을 능동적으로 활용하기 위해서는 구성원들이 활발히 상호작용할 수 있는 내부 네트워크 뿐만 아니라 조직 외부 네트워크로 확장구축될 수 있어야 한다. 이를 통해 구성원 간 그리고 조직 간에 높은 수준의 투명성, 소통, 협력, 우연에 의한 긍정적 충돌을 가능하도록 해야 한다.

4.4 애자일 조직의 프로세스 특성

■ 기획 · 실행 · 학습의 사이클 가속화, 일하는 방식 표준화

전통적인 조직은 리더가 방향을 명확히 제시하고, 철저한 계획과 실행 그리고, 위험를 줄이는 노력을 통해 최고의 성과를 만들어 갈 수 있다고 할 수 있으나 애자일 조직은 변화가 일상이 되어버린 경영환경에서 정확히 예측할 수 없기 때문에 위험를 최소화하고 성과를 낼 수 있는 최고의 방법으로 불확실성을 수용하고 가장 빠르고 생산적인 방법으로 새로운 것들을 시도하는 것이라는 가정에서 모든 프로세스를 정립해야 한다. 따라서 애자일 조직은 기획 · 실행 · 학습의 빠르고 반복적인 사이클을 지속적으로 통합해 나가야 한다.

팀단위에서는 마치 애자일 개발방법론처럼 업무를 최소한 수준에서 완성하고 실행해 가면서 수정보완하는 업무프로세스를 갖춰야 하고 회사차원에서는 새로운 전략의 기획과 실행의 사이클을 가속화해 나갈 수 있도록 하는 사업과 업무모델을 구축해야 한다. 구글이 시행하고 있는 사업계획과 실행의 주기를 기존의 12개월에서 3개월로 줄이는 방법인 OKR(Objective and Key Results)도 예가 될 수 있지만 조직전체가 일괄적으로 캘린더 기준의 분기에 맞춰 실행하는 방법은 진정한 애자일 조직의 업무방식이라고 할 수는 없다. 개별업무의 프로세스가 유기적으로 기획 · 실행 · 학습의 사이클로 빠르게 운영될 수 있도록 해야 한다.

구글 수석디자이너인 Jake Knapp이 저술한 〈스프린트–세상에서 가장 혁신적인 기업 구글벤처스의 기획실행 프로세스〉에서 그가 말한 스프린트가 좋은 예이다. 스프린트는 프로토타입을 제작하고 고객과 함께 아이디어를 테스트하여 중요한 문제들에 대한 답을 찾는 독특한 5일짜리 과정이다. 구글벤처스는 스프린트를 통해 지메일과 크롬, 구글서치 등을 탄생시켰고, 페이스북과 우버, 블루보틀, 슬랙, 에어비앤비 등에서도 그 효과가 입증된 바 있다.

이 기간에 팀원들은 수시로 업무진행 현황을 공유하고 문제를 해결하며 각자의 과제를 한 방향으로 정렬하기 위해서 조정한다. 그리고 각각의 스프린트 사이에서 팀원들은 계획을 리뷰하고, 업무진척상황을 논의하며 다음 단계 스프린트를 위한 목표를 공유한다. 이를 위해 가장 중요한 것은 구성원 개개인이 자신에게 주어진 과제에 대한 충분한 전문성을 보유하고 동시에 성과에 대한 처음과 끝을 완전히 책임질 수 있는 믿음을 서로에게 줄 수 있어야 한다.

또한 애자일 조직은 일하는 방식의 표준화를 적극적으로 활용한다. 이것은 업무상에서의 용어나 프로세스, 회의모델 등을 공통적으로 사용하는 것을 넘어서, 정서적 교류와 업무적 소통의 채널을 일체화하거나 적용기술을 공유하고, 각각의 스프린트의 주기를 맞추고 때로는 개인적인 휴식을 조정하는 것까지도 포함한다. 이러한 일하는 방식의 표준화는 개별적인 단위팀들의 자율적인 실행을 유지하면서도 팀 간 조직 간의 기획 · 실행 · 학습의 사이클을 가속화시키고, 유기적인 협력이 가능하도록 지원하게 된다.

4.5 애자일 조직의 리더십 특성

■ 직원이 주도·협력해 성과내도록 코칭, 직원 참여유도

최고의 성과를 이끌어내기 위해서 리더들은 지속적으로 구성원의 일의 방향성과 구체적인 사항을 조정하고 관리해야 한다는 전통적 리더십의 가정보다는 구성원이 자신업무에 완전한 오너십을 가질 수 있도록 지원해야 한다. 이를 통해 조직의 목적과 비전을 실현하는데 최적화된 조직으로 구성원 스스로 조직을 이끌어갈 수 있다는 자신감을 제공하는 것으로 조직의 리더십을 재정의하고 실행해 나가야 한다.

애자일 조직에서 리더십의 역할은 계획을 수립하고 관리하고 통제하는 대신에 업무에 가장 적합한 역량을 갖춘 구성원이 스스로 주도·협력해 탁월한 성과를 이끌어낼 수 있도록 명확한 목적과 비전을 제시하고, 조직을 설계·코칭하는 것이라고 할 수 있다. 이러한 리더들은 공유된 리더십을 발휘한다. 다시 말하면 리더들은 구성원이 조직의 목적중심적으로 행동하도록 동기 부여해 그들 스스로가 자신과 자기일에 영향을 미치는 모든 업무적, 조직적인 의사결정을 하는 데 적극적으로 참여하도록 유도해야 한다. 공유된 리더십이란 조직내에서 성과달성을 위해 서로를 이끌기 위한 조직 내 개인 간의 역동적이며 상호영향을 미치는 과정으로 정의할 수 있으며 이러한 프로세스는 팀내에 영향을 미치는 것이 한 명의 리더에 의지하지 않으며, 때로는 동등한 위치의 개인들과 리더십을 공유하게 만든다.

결론적으로 성공적인 애자일 조직이 되려면 조직의 사명과 경영환경에 대한 경영진과 구성원의 패러다임을 전환하는 것에서 출발해야 한다. 한정적인 자원과 기회를 놓고 경쟁해야 한다는 기존의 가정에서 벗어나 지금은 자원과 기회가 무한하게 존재하는 시대라는 것을 인식하고 조직 구성원뿐만 아니라 모든 이해관계자, 때로는 경쟁자까지도 포함하는 협력적 관계를 통해 함께 새로운 가치를 창출해야만 한다는 집단의 가정을 만들어가야 한다. 이를 위해서는 기업의 포괄적인 가치창출모델에 다양한 사람들이 개인적으로 그리고 감성적으로 응집될 수 있도록 하는 공유된 목적을 명확히 하는 것이 우선시 되어야 한다.

4.6 애자일 조직의 문화

앞서 살펴본 '워라밸'과 '노동시간 단축'에 대한 사회적 공감대가 높아짐에 따라 짧아지는 근무시간 속 경쟁력 있는 노동을 지향해야 하는 기업의 조직문화는 노사 모두의 합의와 인정을 바탕으로 그 변화를 시작해야 한다. 그리고 이러한 변화에 앞서 기존의 조직문화의 특징과 내재된 구성원 인식을 면밀히 분석하고 구체적인 변화를 안정적으로 이끌어 가야 한다. 변화를 촉진하기 위해서는 명확하고도 지속적인 메시지, 교육, 제도변화추진 외에 관련시스템 및 업무도구의 변화도 수반될 수 있어야 한다. 특히 최고경영자의 반복적이고 지속적인 직원들과의 커뮤니케이션을 위한 노력이 무엇보다 필요하다. GE의 전 CEO였던 Jack Welch는 새로운 조직문화를 전파하고 정착하기 위해서는 적어도 최고경영자가 700번 이상 직원들과 커뮤니케이션을 해야 한다고 주장하기도 하였다.

최근 카드사를 중심으로 하는 몇몇 금융회사들이 애자일 조직으로 조직을 개편하는 시도들이 언론을 통해 많은 관심을 불러일으키고 있다. 애자일은 원래 IT 개발자들 사이에서 폭포수모델과 비교되는 개념으로 흔하게 활용되던 소프트웨어 개발방법론이다. 이것은 사전에 이뤄지는 철저한 기획과 계획을 바탕으로 엄격한 단계에 의해 개발이 진행되어 흠잡을 데 없이 완벽한 서비스를 완성해 출시하는 기존의 방식이 아니라 시장환경에 맞춰 일단 민첩하게 실행한 뒤, 고객의 반응에 따라 지속적으로 수정과 보완을 통해 완성해 나가는 개발방법론이라고 할 수 있다.

단, 간과하지 말아야 할 것은 애자일 개발방법론과 애자일 조직은 민첩성과 적응성이라는 관점에서 유사하지만, 완전히 다른 개념이라는 사실이다. 다시 말하면 애자일 조직으로 변화한다는 것은 애자일 개발방법론을 적용하기 위한 조직을 만들어간다는 뜻이 아니다. 애자일 조직은 그것이 디자인 씽킹이나 린 오퍼레이션, 애자일 개발방법론, 또는 다른 어떤 기법과 관계없이 기획과 실행 그리고 학습의 빠른 반복을 지속하고 통합해나가는 조직적인 역량을 구축하는 것을 말한다.

다시 말하면, 기술적인 면에서의 지속적인 파괴적 혁신뿐만 아니라 모든 분야에서의 가속화된 디지털화, 새로운 국면을 맞이하고 있는 인재전쟁, 그리고 진화하는 사회문화적 환경 등, 변화가 일상이 된 경영환경 속에서 기업이 경쟁력을 유지하고 지속성장하기 위해 조직의 모든 시스템을

〈표 3-2〉 기존 개발방식과 애자일 개발방식과의 주요 차이점

구 분	기존 개발방식	애자일 개발방식
기본 가정	시스템이 예측가능하며, 상세한 계획을 통해 구축됨	소규모 팀에서 지속적인 개선원칙과 빠른 수정으로 적응형 소프트웨어를 개발함
관리방식	명령과 통제중심	리더십과 협업중심
의사소통	공식적 채널중심	비공식적 활동중심
조직구조	공식화가 잘 되어 있는 관료적, 기계론적 접근	유연성, 참여적, 협업적 행동을 촉진하는 민주적, 유기체적 접근

출처: Neur, Mahapatra, & Mangalaraj(2005)에서 일부 수정[43)]

이러한 변화에 민첩하게 대응하고 빠르게 적응할 수 있도록 재조직화하는 것이 바로 애자일 조직이다. 애자일 조직은 기업이 동시 다발적으로 일어나는 경영환경의 변화 속에서 새로운 가치를 창출하거나 자신들의 가치를 지키기 위해 사업전략, 조직구조, 프로세스, 구성원들의 정서와 역량, 기술적 인프라 등을 이러한 변화에 빠르게 적응할 수 있는 상태로 항시적으로 유지시키는 것을 말한다.

Reference

홀라크라시는 '자율적이면서 자급자족적인 결합체'라는 의미의 'holachy'와 '통치'를 뜻하는 'cracy'가 합쳐진 말로, 조직의 위계질서를 완전히 파괴한 형태다. 팀 단위로 운영되며 모든 직원이 동등한 위치에서 같은 책임을 지고 일한다. 홀라크라시에는 기존 조직의 부서와 비슷한 개념의 '서클'이 있는데, 각 서클 구성원들의 직위는 모두 같고, 상하개념도 없다. 모두가 동등한 위치에서 동등한 목소리를 낸다. '조직파괴'라는 별명을 얻을 만큼 파격적인 시도였다. 위계질서를 타파하고 수평적인 문화를 좇고자 하는 경영자라면 자포스(Zappos)의 사례를 살펴볼 필요가 있다. 같은 방향으로 가장 극단적인 변화를 시도했던 기업이기 때문이다. 그들의 행보와 결과를 본다면 조직문화를 변화시키는 데 있어 인사이트를 얻을 수 있을 것이다. 자포스는 미국의 의류, 신발 온라인 판매회사인 자포스는 라스베이거스라는 본사 위치와 함께 독특한 기업문화로 명성이 높아 한국에도 잘 알려져 있다. 대만계 미국인인 Tony Hsieh가 대학 동기생인 Sanjay Madan과 함께 1999년 창업한 자포스는 초창기 신발을 전문적으로 취급하다가 의류와 기타 패션상품 전반으로 영역을 확대했으며, 설립 후 2010년에 이르기까지 연평균 매출성장률 100%를 상회해 명성을 얻었다.[44] 홀라크라시 도입 이후, 자포스는 1,500명이나 되는 직원들의 직위를 없앴다. 회사 내 계층구조는 완전히 사라졌고 모든 직원들이 동등한 입장에서 누구나 자신의 목소리를 낼 수 있게 했다. 하지만 도입 후 현재까지도 자포스는 여전히 진통에 시달리고 있다. 일각에서는 '실패한 시도'라는 평가까지 하고 있는데, 그 이유는 다음과 같다.

1. 조직 내 혼란

자포스의 CEO Tony Hsieh는 홀라크라시를 시행하며 이 같은 변화를 받아들일 수 없는 직원에게 퇴직 장려금을 줄 테니 회사를 떠나라고 했다. 그 결과 약 20%의 직원이 자포스를 떠났다. 게다가 대부분이 수직적 조직문화에 익숙한 관리자급의 숙련된 직원이었다. 과도하게 파격적인 변화는 사람들로 하여금 거부감을 갖게 만든다. 또한 높은 지위와 명예는 인간의 본능이다. 그러니 직위를 없애면 성과를 냈을 때 받을 보상이 사라지며 동기부여에 문제가 생기게 된다. '주인의식을 고취시켜 높은 동기유발을 추구했던' 홀라크라시가 오히려 역효과를 낼 수 있다는 것이다.

2. 직원들은 책임지길 원하지 않는다

홀라크라시 체제하에서의 자포스는 보스를 없애는 대신, 구성원 모두가 주인의식을 가진 리더가 되길 바랐다. 직급 때문에 제한받는 영역이 없는 만큼 누구나 팀장급의 책임을 지니게 됐다. 하지만 일부 주니어 사원들에게 있어 리더가 가지고 있던 책임과 권한을 부여받는 것은 부담되고 감당하기 힘든 일이었다. 많은 조직원들이 본인의 능력을 뛰어넘는 책임을 지기를 원하지 않았다. 가지고 있던 지위를 내려놓는 것도 어려운 일이지만, 과도한 권한을 받는 것도 어려운 일이다.

3. 암묵적인 서열은 사라지지 않는다

어떤 집단에서도, 설령 매니저를 두는 것을 금지한 홀라크라시에서도 조직을 이끄는 사람은 생긴다. 겉으로 보기에만 없을 뿐 사람들은 무의식적으로 누군가의 결정을 따른다. 이러한 현상이 일어나면 문제는 커진다. 제도적으로 리더를 두지 않기에 한 명의 사람이 자신의 판단으로 의사결정을 하는 것은 지양되지만 실질적으로는 그 한 명의 목소리가 가장 클 것이기 때문이다. 이에 반발하는 사람이 생기거나, 결정을 내리는 사람도 뚜렷한 목소리를 내기 어려운 상황이 벌어졌다. 당연히 매끄러운 판단은 더 어려워질 수밖에 없었다.

4. 지연되는 의사결정

민첩하고 유연한 대처를 위해 도입한 홀라크라시였지만, 오히려 미팅이 많아지고 의사결정이 지연되는 현상을 보였다. 분명 관료제 조직에 있었던 불필요한 보고나 절차가 없어졌기에 그 면에서는 시간이 절약됐다. 하지만 책임을 안고 있는 구성원이 자신의 판단으로만 결정을 내려야 하니 시간이 지체되는 현상을 보였다. 모든 것이 본인의 책임으로 귀결되니 보다 신중한 판단이 필요했기 때문이다. 또한 동등한 위치에 있는 팀원들이 중요한 결정을 내려야 할 때도 미팅이 필요 이상으로 많아졌다. 상사가 없으니 그저 '믿고 따를' 판단도 없어진 것이다. 결정에 관여하는 사람 수가 늘어날수록 시간은 더 많이 걸리기 마련이다.

연습문제

1. 4차 산업혁명과 지속가능경영을 위한 인적자원관리에 대해 토의해 보시오.
2. HR 애널리틱스에 대해 설명해 보시오.
3. 인적자원기능의 변화와 노동환경의 변화에 대해 설명해 보시오.
4. 노동시간 단축의 영향에 대해 토의해 보시오.
5. 근무형태의 변화와 MZ세대의 특성에 대해 논의해 보시오.
6. 조직형태의 변화가 가져오는 현상에 대해 설명해 보시오.
7. 애자일 조직이란 무엇인가?
8. 애자일 조직과 리더십의 관계에서 우리가 배울 시사점은 무엇인가?

미 주

1) 김건우 (2018) 인공지능에 의한 일자리 위험진단. LG 경제연구원
2) Trade-off가 존재하는 상황에서 최적의 조건을 찾는 모델링 기법
3) 손유미 (2011). 베이비붐 세대의 일자리 창출 방안. THE HRD REVIEW. 14(1)
4) 한경경제용어사전 참고
5) 에버랜드 아마존 익스프레스에서 근무하는 영상으로 유튜브 1300만 조회수를 기록하여 화제가 된 일명 소울리스좌, 김한나씨
6) Ernst & Young, 2012, 국내 서비스 및 사무직 종사자 3,000명 대상
7) 대한상공회의소 & 맥킨지. (2016).
8) 닐슨코리아의 왓츠넥스트(What's Next) 그룹
9) Eurofound, (2017).
10) Collier, R. B., Dubal, V., & Carter, C. (2017). Labor platforms and gig work: the failure to regulate.
11) Oettinger, G. S. (2011). The incidence and wage consequences of home-based work in the United States, 1980-2000. Journal of Human Resources, 46(2), 237-260.
12) Krantz-Kentkrantz, R. M. (2019). Where did workers perform their jobs in the early 21st century?. Monthly Labor Review, 1-10.
13) Gajendran, R. S., & Harrison, D. A. (2007). The good, the bad, and the unknown about telecommuting: meta-analysis of psychological mediators and individual consequences. Journal of applied psychology, 92(6), 1524.
14) Beauregard, T. A., Basile, K. A., & Canónico, E. (2019). Telework: Outcomes and facilitators for employees.
15) Kahn, W. A. (2010). The essence of engagement: Lessons from the field. In Handbook of employee engagement. Edward Elgar Publishing.
16) DeFilippis, E., Impink, S. M., Singell, M., Polzer, J. T., & Sadun, R. (2020). Collaborating during coronavirus: The impact of COVID-19 on the nature of work (No. w27612). National Bureau of Economic Research.
17) Dahik, A., Lovich, D., Kreafle, C., Bailey, A., Kilmann, J., Kennedy, D., ... & Wenstrup, J. (2020). What 12,000 employees have to say about the future of remote work. Boston Consulting Group.
18) Heggeness, M. L., & Fields, J. M. (2020). Working moms bear brunt of home schooling while working during COVID-19. US Census Bureau. August, 18.
19) Killgore, W. D., Taylor, E. C., Cloonan, S. A., & Dailey, N. S. (2020). Psychological resilience during the COVID-19 lockdown. Psychiatry research, 291, 113216.
20) Czeisler, M. É., Lane, R. I., Petrosky, E., Wiley, J. F., Christensen, A., Njai, R., ... & Rajaratnam, S. M. (2020). Mental health, substance use, and suicidal ideation during the COVID-19 pandemic-United States, June 24-30, 2020. Morbidity and Mortality Weekly Report, 69(32), 1049.
21) 김지원 (2021). 기업 34%, 직원 코로나 블루 관리한다. 더데일리뉴스. http://www.thedailynews.co.kr 에서 인출
22) Brynjolfsson, E., Horton, J. J., Ozimek, A., Rock, D., Sharma, G., & TuYe, H. Y. (2020). COVID-19 and remote work: An early look at US data (No. w27344). National Bureau of Economic Research.

23) Bick, A., Blandin, A., & Mertens, K. (2020). Work from home after the COVID-19 Outbreak.
24) Brynjolfsson, E., Horton, J. J., Ozimek, A., Rock, D., Sharma, G., & TuYe, H. Y. (2020). COVID-19 and remote work: An early look at US data (No. w27344). National Bureau of Economic Research.
25) Barrero, J. M., Bloom, N., & Davis, S. J. (2021). Why working from home will stick (No. w28731). National Bureau of Economic Research.
26) Altig, D., Baker, S., Barrero, J. M., Bloom, N., Bunn, P., Chen, S., ... & Thwaites, G. (2020). Economic uncertainty before and during the COVID-19 pandemic. Journal of Public Economics, 191, 104274.
27) Brynjolfsson, E., Horton, J. J., Ozimek, A., Rock, D., Sharma, G., & TuYe, H. Y. (2020). COVID-19 and remote work: An early look at US data (No. w27344). National Bureau of Economic Research.
28) 김정환 (2021). 아직도 회사 출근하니... 재택근무 50만명 넘었다. 매일경제. https://www.mk.co.kr
29) Alvesson, M. (1995). The meaning and meaninglessness of postmodernism: Some ironic remarks. Organization Studies, 16(6), 1047-1075.
30) Bolman, L. G., & Deal, T. E. (2003). Reframing Organizations: Artistry. Choice, and.
31) Halal, W. E. (1994). From hierarchy to enterprise: Internal markets are the new foundation of management. Academy of Management Perspectives, 8(4), 69-83.
32) Worthy, J. C. (1950). Organizational structure and employe morale. American Sociological Review, 15(2), 169-179.
33) Carzo Jr, R., & Yanouzas, J. N. (1969). Effects of flat and tall organization structure. Administrative science quarterly, 178-191.
34) Ivancevich, J. M., & Donnelly Jr, J. H. (1975). Relation of organizational structure to job satisfaction, anxiety-stress, and performance. Administrative science quarterly, 272-280.
35) Burns, T., & Stalker, G. M. (1961). Mechanistic and organic systems. Classics of organizational theory, 209-214.
36) Lawrence, P. R., & Lorsch, J. W. (1967). Differentiation and integration in complex organizations. Administrative science quarterly, 1-47.
37) Mintzberg, H. (1983). The power game and the players. Classics of organization theory, 6, 334-341.
38) Child, J., & McGrath, R. G. (2001). Organizations unfettered: Organizational form in an information-intensive economy. Academy of management journal, 44(6), 1135-1148.
39) Brown, J. S., & Duguid, P. (1991). Organizational learning and communities-of-practice: Toward a unified view of working, learning, and innovation. Organization science, 2(1), 40-57.
40) Hilmer, F. G., & Donaldson, L. (1998). Management redeemed: Debunking the fads that undermine corporate performance. AUSTRALIAN JOURNAL OF MANAGEMENT.
41) Astley, W. G. (1985). The two ecologies: Population and community perspectives on organizational evolution. Administrative science quarterly, 224-241.
42) 인류학자 로빈 던바(Robin Dunbar)가 주장한 것으로, 진정한 사회적 관계를 맺을 수 있는 최대치는 150명이라는 주장
43) Nerur, S., Sikora, R., Mangalaraj, G., & Balijepally, V. (2005). Assessing the relative influence of journals in a citation network. Communications of the ACM, 48(11), 71-74.
44) http://www.economyf.com/m/view.asp?idx=5878

제4장

경영의 틀 - 비전하우스 (Vision House)

지속가능경영을 위한 전략적 인적자원관리는 기업의 경영목표와 전략에 따라 인사제도와 방향이 다양한 방법으로 실행된다. 전략적 인적자원관리를 실행하기 이전에 중요하게 살펴봐야 하는 기업의 경영목표 설정과 전략에 대해 학습하고, 경영의 틀을 구성하기 위한 방법으로 비전하우스에 대해 알아본다. 비전하우스는 경영목표를 달성하기 위해 제시한 은유법적 접근법으로 기초단계를 건축에 비유하여 기업의 지속가능한 성장을 위한 핵심가치, 기업문화 등을 정의하는 것으로부터 시작하여 최종적으로 달성하고자 하는 비전(목표, 사명)을 제시하고 있다. 이번 장에서는 비전하우스가 어떻게 전략적 인적자원 제도를 수립하는데 도움을 주는지 학습한다.

제1절 경영의 틀 - 비전하우스 (Vision House)의 개념

비전하우스는 경영에 필요한 요소들을 은유법으로 접근하여 설명하는데 유용한 틀로써 조직의 지속성장을 위한 경영의 요소를 집을 짓는 과정에 비유하여 설명하는 구조라고 할 수 있다. 비전하우스의 목표는 조직의 경영을 누구나 알기 쉽게 이해하고 한 방향으로 실천할 수 있게 도움을 주는 데 목적이 있다.

비전하우스는 시스템적인 관점으로 이해해야 하는데, 이는 비전하우스를 구성하는 각각의 요소가 유기적으로 연결되어 있기 때문이다. 비전하우스를 만들고 비전하우스 내의 세부사항을 정의함에 있어 정확한 용어와 언어로 표현하는 것이 매우 중요하고, 비전하우스를 구성하고 있는 개별 요소 하나하나를 정확하게 정의하고 이것을 모든 구성원이 공유해 나가는 것이 성공의 원칙이다.[1)] 이러한 맥락에서 비전하우스는 구성원들에게 경영체계의 개별적인 요소들이 유기적으로 연결되는 그림과 경영체계를 전체적 맥락에서 볼 수 있는 시스템적인 관점으로 쉽게 설명하기 위한 적절한 방법이다.

비전하우스는 각각의 구성요소들의 유기적인 결합으로 지속적인 비교우위를 갖게 해 준다. 제품, 상품, 서비스 등 눈에 보이는 것보다는 기업의 자원을 어떻게 활용할 것인가, 얼마나 자원을 효율적으로, 효과적으로 활용할 수 있는 관점에서의 접근이기 때문에 비전하우스라는 체계는 경영에 있어 매우 중요하다. 집은 지반이 약하거나 기둥이 약하면 무너질 수 있듯이 비전하우스의 체계 또한 하나의 요소가 약하거나 없을 때 기업은 무너질 수 있기에 유기적이라고 설명하는 것이 적절하다.

비전하우스는 크게 목적(Vision, Objectives), 전략(Strategy), 방법(Way; Core Purpose & Value, Culture, Principle) 3개의 부분으로 구성되어 이 세 부분이 모두 유기적으로 연결되어 있다.

비전하우스의 핵심요소는 집을 짓는 과정의 핵심요소와 일맥상통한다. 먼저 전체적인 집의 모양을 구상하듯 비전을 설정한다. 그다음 가장 기본이 되는 지반을 다지고 말뚝을 박듯이 사명과 가치를 마음속 깊이 새긴다. 그리고 지반위에 바닥을 깔듯 사명과 가치(Core Purpose & Value) 위에 기업문화를 공고히 한다. 그다음 주춧돌을 놓는 것처럼 경영원칙을 만들고, 기둥을 세우듯 경영전략을 사명과 가치-문화-경영원칙 위에 수립해서 실행한다. 그리고 대들보를 올려 모든 힘을 결구시키듯이, 경영의 모든 목표관리(Objectives)를 한 방향으로 정렬하면 비전하우스를

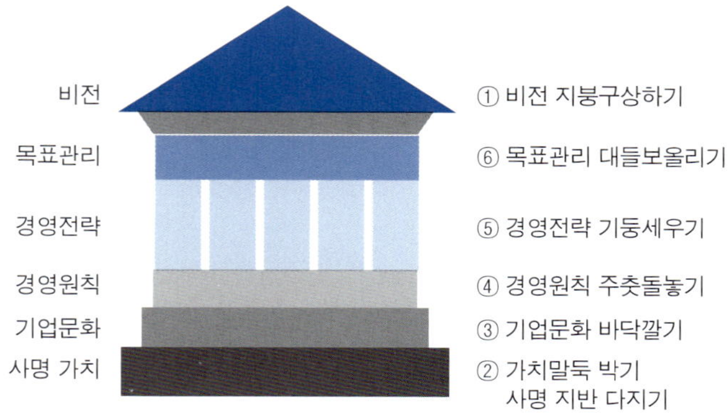

집은 지반이 약하거나 기둥이 약하면 무너질 수 있듯이 비전하우스의 체계 또한 하나의 요소가 약하거나 없을 때 기업은 무너질 수 있기에 유기적이라고 설명하는 것이 적절하다. 비전하우스는 크게 목적(비전 목표관리), 전략, Way(원칙, 문화, 사명과 가치) 3개의 부분으로 구성되어 이 세 부분이 모두 유기적으로 연결되어 있다.

〈표 4-1〉 홈플러스 비전하우스 구성 요소

비전하우스(Vision House)	홈플러스
1. Vision (비전) 지붕구상하기	고객에게 가장 사랑받는 기업
2. Core Purpose (사명) 지반 다지기/Value(가치) 말뚝 박기	우리는 무엇이든 다 함께 더 좋게 만듭니다.
3. Culture(기업문화) 바닥 깔기	신바레이션[2]
4. Principle(경영원칙) 주춧돌 놓기	Better, Simpler, Cheaper, Faster
5. Strategy(경영전략) 기둥 세우기	창조, 차별화, 혁신, 기여, 협력, 역량
6. Objectives (목표관리) 대들보 올리기	스티어링휠

완성할 수 있다.

상단의 그림은 비전하우스를 설명하기 위한 그림으로 비전하우스를 구성하고 있는 요소들을 나타내고 있다. 조금 더 자세한 설명을 하기 위해 홈플러스의 비전하우스의 구성요소를 예시로 제시하였다. 다른 기업의 비전하우스도 좋은 예시가 많지만, 본 장에서는 홈플러스의 비전하우스를 다루고 있는데, 이는 비전하우스의 전체적인 개념을 포괄적으로 자세히 포함하고 있기에 비전하우스의 사례로 기술하고 있다.(표 4-1 참조)

제2절 비전하우스(Vision House)의 구성요소

2.1 비전하우스의 첫 번째 요소 - 비전(Vision)

비전에 대해서 El-Namaki (1992)은 다음과 같이 정의한다. 비전이란 개인이나 조직이 이루고자 하는 환경에 대한 정신적인 자각을 말하는 것으로 이러한 자각을 현실화하기 위한 조건들을 포함하고 있다. 비전에 대한 방향성을 세우기 위해서는 일반적인 통념을 깨야 하고 현재 위치한 비즈니스에 대한 기본적인 질문들에 답을 하며 분석하는 것으로 시작해야 한다.[3)]

■ 비전이 필요한 이유……

비전은 조직의 운명을 제어하고 창의적인 전략을 수립하고 전환점과 회복에 대한 수요에 부응하고자 기업문화의 변화를 위하여 필요하다. 비전은 현실적이고 타당성이 있어야 하며, 조직전체에 도전이 되어야 한다. 또한 구성원들의 목표와 열망을 반영해야 하고, 시간상으로는 장기적이지만 곧바로 몰입할 수 있도록 진행해야 한다. 범위와 시간을 지켜 집중할 수 있도록 목적과 전략으로 적용가능해야 하며, 경영진들이 계속해서 강조하고 홍보해야 한다.

기업의 비전은 일반적으로 이를 구현하는 데 필요한 사람들의 약속과 조직비전의 형태를 설명하는 데 사용된다. 기업비전은 한 단체가 다른 사람들의 이익을 위해 공동으로 만든 미래목표에 대한 명확한 그림으로, 그 목표에 대한 지지가 필요한 사람들에게 영감을 주고 동기를 부여할 수 있다.

비전이란 사전적으로 내다보이는 장래의 상황, 되고자 하는 미래상으로 정의할 수 있다. 기업이 미래에 궁극적으로 이루고자 하는 목표이자 기업이 존속하기 위한 기업이 나아가고자 하는 방향을 간결하고 명확하게 정의한 문장이다. 비전이 있는 기업은 비전이 없는 기업에 비해 더 추진력이 있으며 일에 대한 책임을 가지고 있다. 구성원들이 비전에 따라 열성적으로 참여하는 기업은 성공가능성이 크다. 비전은 상당부분 중장기적인 달성목표와 관련이 있다. 흔히 '매출 얼마를 달성하겠다, 1등을 하겠다, 혹은 품질과 관련해 이렇게 하겠다 등' 미래 회사의 모습을 그림 그리듯이 말하는 것이 비전이다. 따라서 비전은 미래에 대한 청사진이라고 할 수 있다. 비전은 기업의 이념을 기초로 '마땅히 있어야 할 모습과 거기에 도달하는 시나리오'를 그린 것이다. 따라서 비전은 장기적 관점에서 조직구성원들에게 미래의 이상향 꿈을 제시해야 한다. 비전에 담긴 미래는 현재 존재하지 않고 불확실하지만 믿음을 가지고 추구하면 언젠가는 도달할 가능성을 내포해야 한다.

비전은 등대처럼 길잡이 역할을 하며 조직의 추진력의 원천이 된다. 현재와 같이 불확실한 미래에서 우리는 더욱더 비전이 필요하다. 경영자는 미래를 희망적으로 예측하고 그것을 통해 현실에 충실할 수 있는 신념을 조직구성원에게 심어주어야 한다. Jim Collins는 회사의 비전과 핵심이념을 사업의 지속성에서 중요한 요소로 손꼽았다. 핵심이념은 핵심가치와 핵심목표를 가진다는 의미이다. 대부분의 글로벌기업들은 비전을 제시하고 있다. 아래의 사례는 글로벌 기업들이 비전을 공표하고 이를 실행하기 위해 어떠한 노력을 했는지에 대한 간략한 사례이다.

■ 비전의 사례연구

대부분의 글로벌기업들은 비전을 제시하고 있다. 아래의 사례는 유사한 산업군에 있는 글로벌 기업들이 비전을 공표하고 이를 실행하기 위해 어떠한 노력을 했는지에 대한 간략한 사례이다. 유통서비스 산업군에 있는 기업들이지만, 본인들의 경영철학과 목표에 따라서 비전을 달리하고 있다.

• Wal-Mart

Wal-Mart는 1962년 아칸소에 1호 점을 개점한 후 명확한 비전과 철학으로 무장하여 미국 제일의 소매점 기업이 되었고, 다음과 같은 구체적인 비전을 통해 구성원들의 열정을 이끌어 내어 유통업계의 초일류기업으로 성장하였다.

· '5년 이내에 아칸소주에서 수익성이 가장 높은 회사가 된다'(1965)
· '4년 이내에 10억 달러 짜리 회사가 된다'(1977)
· '2000년까지 점포 수를 2배로 늘리고 제곱 피트 당 매출액을 60% 증대시킨다'(1990)
· 'Save money, Live better'(2013)

• Whole Foods Market

유기농식품시장이 커짐에 따라 유기농식품을 전문적으로 판매하는 슈퍼마켓이 빠른 속도로 성장하고 있다. 그 중 대표적인 기업의 하나가 바로 미국의 홀푸드마켓이다. 이들의 비전은 'Whole Foods, Whole People, Whole Planet(완전한 식품, 완전한 사람, 완전한 지구)'이다. 비전만 봐도 이 기업이 무엇을 위한 기업인지 알 수 있을 정도로 명확하다. 짐 콜린스가 비전기업의 하나로 꼽았던 월마트가 내수시장에서의 매출감소에 대응하기 위해 뉴욕에 점포를 개설하려고 하자 소상인들을 중심으로 반대운동이 일어났다. 워싱턴에서는 집단소송을 준비하기도 하였다. 이와는 정반대로 고객들이 자신이 사는 동네에 점포를 개설해 달라고 청원하는 기업이 바로 홀푸드마켓이다.

- Homeplus-Tesco

1999년 5월 홈플러스 창립 이래로 홈플러스의 비전은 'World Best Value Retailer' 세계 최고가 되는 것이었다. 세계 최고와 동시에 '가치', 즉 고객가치를 기반으로 한 소매업자가 되는 것이다. 기업의 목적은 시장을 창조하는 것이고, 고객에게 새로운 가치를 제공함으로써 고객만족으로 귀결된다고 본다. 따라서 고객이 가치있다고 여기는 것이 무엇인지, 고객의 니즈, 바람, 염원 혹은 고객조차 인지하지 못하는 그러나 고객이 필요로 하는 그 무엇(hidden needs)를 제공하는 것이 홈플러스의 목적이기 때문에 홈플러스의 비전은 고객가치를 기반으로 되어 있다. 어떤 조직이든 리더가 세운 비전과 목표 이상의 성과를 내기는 어렵지만, 리더가 낮은 비전을 세웠음에도 불구하고 세계 최고가 된 회사는 없다. 만약 홈플러스가 12번째로 시장에 진입하면서 4위나 5위가 되겠다고 비전을 잡았다면 지금과 같은 기업의 반열에 올라 설 수 없었을 것이다. 홈플러스는 한국 1등이 아닌 세계 1등을 선택했다. 비전달성을 위하여 홈플러스는 한국시장과 고객에 맞는 창의적인 아이디어를 실현할 수 있도록 경영의 현지화를 이루었다.

2.2 비전하우스의 두 번째 요소 - 사명과 가치(Core Purpose & Value)

사명은 존재의 이유이며 기업이 왜 사업을 하는가에 대한 대답이다. 조직에서의 가치는 구성원 간 공유된 신념으로서 행동과 판단의 기준이다. 반석위에 집을 짓기 위하여 지반을 다지듯이, 지반은 기업경영에서 사명이며 사업을 수행하고, 직원들을 대하는 기준이며 기업의 존재 이유를 밝히는 것이다. 잘 다져진 사명과 가치위에 집을 지어야 무너지지 않는다. 이러한 이유로 사명과 가치는 비전하우스의 6가지 요소 중에서 가장 중요한 것 중 하나이다. 사명은 기업이 존재하기 위한 가장 기본요소이므로 가장 견고한 부분이어야 한다. 지붕의 크기에 따라 지반공사의 중요성을 알고 반석위에 집을 지어야 한다. 사업은 이름이나 법령, 법인문서 등으로 정의되어지는 것이 아니라 사명에 의해 정의된다. 사명과 기업의 설립목적이 분명히 정의되어야 현실적인 비즈니스 목표달성이 가능하다.[4)]

효과적인 사명은 다른 기업들과 구별되는 근본적이고 고유한 목적을 포함하며, 제품과 시장의 관점에서 기업운영의 범위를 파악하게 해준다. 또한, 기업의 존재 이유를 분명하게 한다. 공유된 가치는 조직문화를 분석하는 프레임워크로 활용가능하며[5)] 핵심가치는 기업문화와 사회적 시스템 사이에 중요한 연결고리를 하기 때문에 꼭 필요한 것이다.[6)] 가치(Value)가 말뚝에 비유되는 이유는 말뚝이 깊게 박혀있으면 경영상 어려움이 있어도 지탱할 수 있음을 의미한다. 우리는 다음과 같은 질문을 통해 사명이 무엇인가를 생각해 볼 수 있다.

하는 모든 일의 이유는 무엇인가? Reason for all that we do
어떻게 기억되기를 바라는가? What you want to be remembered for
기업이 존재하는 이유는 무엇인가? Organization's purpose

이러한 방법으로 만들어진 사명과 가치(Core Purpose & Value)는 다음의 방법을 통해 조직 구성원들에게 공유시켜야 한다.

기업가치가 무엇인지 인식해라 – Awareness
최소 700번 이상 언급하라 – Commitment
가르치며 배워라 – Teaching
성공사례를 만들어 공유하라 – Storytelling
기업가치를 기업이미지로 만들어라 – Embedding
모든 활동을 기업가치와 같은 방향으로 정렬시켜라 – Alignment

1) 사명과 가치(Core Purpose & Value)의 이론적 고찰

사명(Core Purpose)의 정의와 필요성에 대하여 많은 학자들은 다음과 같이 주장하고 있다.

비즈니스는 이름이나 법령, 법인문서 등으로 정의되어지는 것이 아니라 미션에 의해 정의되어진다. 미션과 기업의 설립목적이 분명히 정의되어야 현실적인 비즈니스 목표달성이 가능하다 – Peter Drucker, 1973

효과적인 미션은 다른 기업들과 구별되는 근본적이고 고유한 목적을 포함하며, 제품과 시장이 관점에서 기업운영의 범위를 파악하게 해준다. 또한 기업의 존재 이유를 분명하게 한다. – Fred David, 1987[7)]

모든 조직은 고유의 목적이나 존재의 이유가 있다. 이러한 고유성이 미션을 통해 드러나야 한다. – Fred R. David, 1989[8)]

공유된 가치는 조직문화를 분석하는 프레임워크로 활용가능하다. – Yoash Wiener, 1988[9)]

핵심가치는 기업문화와 사회적 시스템 사이에 중요한 연결고리를 하기 때문에 꼭 필요한 것이다 – Jerzy Smolicz, 1981[10)]

핵심가치(Core values)는 기업의 전략이나 임직원의 행동을 규율하는 원칙 및 신념으로서, 사명(Mission)과 비전(Vision)을 달성하기 위해 조직문화 속에 내재되어야 할 가치 중 핵심적인 요소들을 추출한 것으로 정의한다. 핵심가치는 전체조직이 일관성 있게 움직일 수 있는 가이드라인의 역할을 하며 핵심가치란 조직 내에서 바람직한 행동들을 제시하는 기본적인 규범이자 최종적인 목표이다. 핵심가치는 운영방식, 사업전략, 문화 등과 혼동되어서는 안 된다. 운영방식과 전략 그리고 문화는 시간과 상황에 따라 변하지만 핵심가치는 오랜 시간이 흘러도 거의 변하지 않는다. 핵심가치는 조직 내에서 사고와 행동의 기준을 제공하는 가치들 중에서도 가장 중심이 되는 가치인 동시에 대다수 구성원들이 공유하고 있는 가치이다. 이는 외부적 환경변화와 무관하게 조직이 지켜나가는 본질적이고 지속적인 요소를 말한다.

2) 핵심가치(Core values)의 역할

(1) 나침반의 역할

풍랑을 만난 항해사가 북극성을 보고 항로를 찾듯이 기업이 생존을 위협받는 어려움 속에서도 기업의 항해 방향을 알려주는 내부나침반이 필요한데 그것이 바로 핵심가치이며, 구성원들이 공유하는 원칙과 믿음이다.

(2) 구성원 몰입유도

기업의 성패는 기업이 직원들의 재능과 열의를 얼마나 잘 이끌어 내느냐에 달려 있다. 그 힘은 바로 그 기업의 핵심가치, 즉 신념에 있으며 이 신념이 얼마나 직원들에게 설득있게 전달되는가의 여부에 달려 있다.

3) 팀워크 강화

동일한 가치를 추구함에 따라 구성원들은 감정적인 유대감을 가질뿐만 아니라 서로 간 기대하는 바를 암묵적으로 알 수 있게 되어 인적구성이 다양한 조직에서 핵심가치는 구성원들을 정신적으로 묶어주는 구심점 역할을 한다.

시대적 변화에 따라 핵심가치의 필요성은 더욱 강조되고 있다. 80년대 '사람에게서 기업경쟁력을 찾자'는 주장이 대두되면서 핵심가치의 중요성이 기업들에게 광범위하게 확산되었고, 90년대 들어 다운사이징이 일상화되면서 핵심가치가 최고기업들이 보유한 차별적 우위요소로 인식되었다. 2000년대 글로벌화의 개념이 시장확장에서 최우선 순위에의 도전으로 바뀌면서 핵심가치가 다양성 관리, 윤리성 확보 등의 기초요소로 정착하였다. 현재, 지속가능경영과 기업의 사회적 책임의 핵심가치는 윤리와 경쟁력을 포괄하는 사업의 토대이자 성공 유전자로 이해되고 있다. 그런 까닭에 지속적인 성공을 이루고 있는 기업에서는 예외없이 핵심가치가 발견된다. 일반적으로 창업자의 신조, 혹은 창업자에 의해 실제로 구현된 경영철학이 핵심가치로 연결되는 경우가 대부분이다. 기업들은 핵심가치를 '발굴'하여 문자화하는 것은 물론이고, 그것을 행동요소로 구체화시킨 후 개인을 평가하는데도 활용한다. 핵심가치가 행동의 구체적인 모습에 반영되고 제도가 그 행동요소의 유발을 촉진할 때, 전략과 비전을 효과적으로 지원할 수 있다.

행동요소로 구체화된 핵심가치는 개인과 조직역량을 평가하는 잣대로 사용되는 등 제도에 정렬됨으로써 조직에 정착된다. 체계화와 제도와의 연계를 통해 핵심가치가 실제로 작동할 때, 기업의 경쟁력은 상승하게 된다. 우선 핵심가치가 왜 필요한지를 명확히 하고, 일반적 논리가 아닌 자사에 특화된 맞춤형으로 개발하는 것이 중요하며 CEO의 방향성과 의지를 바탕으로 도출되어야 하며, 특히 전 직원이 참여하고 공유할 수 있도록 하는 것이 바람직하다. 짐 콜린스에 따르면 훌륭한 기업들은 오랜시간 변화하지 않는 명확한 핵심이념(Core identity)을 가진다. 잘 정비된 핵심이념은 우리는 누구인가에 대한 핵심목적(Core purpose)과 무엇을 지향하는지에 대한 핵심가치(Core values)로 구성되어 있다. 구체적으로 핵심목적은 조직의 존재 이유 '우리는 누구인가?'에 대한 것이고, 핵심가치는 조직의 본질적이고 영속적인 신념을 찾기 위한 '우리는 무엇을 지향하는가?'에 대한 것이다. 두 가지 모두 오랫동안 변하지 않는 것으로 조직에 질서를 부여해주는 동시에 발전의 원동력이 된다. 기업의 전략과 전술은 환경과 상황, 고객의 요구에 따라 바뀌어야 하는 대목이지만 기업의 이념은 거의 변화하지 않는다. 그리고 이 두 가지 요소는 변화속에서 변화하지 않는 질서를 부여한다.

3) 사명과 가치(Core Purpose & Value)의 사례연구

■ Tesla

Tesla의 사명은 지속가능한 에너지로의 전 세계적 전환을 가속화하는 것이다. 이 목표를 달성하기 위해, Tesla는 지구 최대 오염원을 대체할 수 있는 제품을 만드는 한편, 그 과정에서도 올바른 일을 하기 위해 존재한다. 사명을 달성하기 위한 구체적인 요소들로 직원, 환경, 공급망, 제품으로 세분화하고 있다. 직원들은 Tesla의 사명을 달성하는 데 매우 중요한 역할을 수행하며 환경적 측면에서 10년간 Tesla 태양광 패널은 그 기간 동안 모든 기가 팩토리(Giga Factory)와 차량에 전력을 공급할 만큼 충분한 청정에너지를 생산하였다. 또한 인권을 존중하고 환경을 보호하는 공급업체로부터 원료를 조달하며 Tesla는 사람들이 원하는 제품을 설계하고 생산한다.

■ Whole Foods Markets 〈Green Mission〉

미국 슈퍼마켓 기업인 홀푸드마켓은 '사람들의 건강을 개선하고 질병으로부터 예방한다'라는 의미가 부여된 기업의 목적을 제시하고 이에 따라 직원들의 자부심을 고취시키며 회사에 대한 애착을 형성하였다. 고객의 증가하는 친환경상품에 대한 니즈를 반영하여 친환경상품을 고객에게 제공하는 비즈니스 활동에 그치지 않고, 친환경경영을 기업의 핵심가치 및 비즈니스 미션으로 발전시켜 전사적인 기업이념의 공유를 통해 고객가치를 창출하였다. 공유된 친환경 경영철학에 기반을 두어 고객신뢰 뿐만 아니라 개개인이 성과에 대한 책임과 동시에 권한을 갖는 조직운영으로 내부 구성원의 신뢰 및 책임의식을 확보할 수 있었다.

■ 삼성〈삼위일체 가치체계〉

삼성은 경영이념(Philosophy), 핵심가치(Value), 행동원칙(Principles)의 3단계의 가치체계를 구성하고 있다.

- **핵심가치**

① 인재제일 : '기업은 사람이다'라는 신념을 바탕으로 인재를 소중히 여기고 마음껏 능력을 발휘할 수 있는 기회의 장을 만든다.

② 최고지향 : 끊임없는 열정과 도전정신으로 모든 면에서 세계 최고가 되기 위해 최선을 다

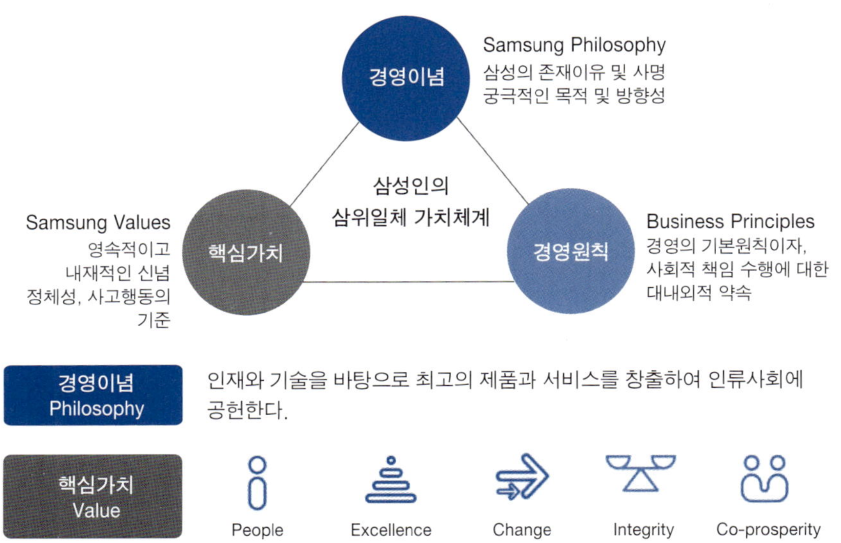

출처 : www.samsung.com에서 인출

한다.

③ 변화선도 : 변하지 않으면 살아 남을 수 없다는 위기의식을 가지고 신속하고 주도적으로 변화와 혁신을 실행한다.

④ 정도경영 : 곧은 마음과 진실되고 바른 행동으로 명예와 품위를 지키며 모든 일에 있어서 항상 정도를 추구한다.

⑤ 상생경영 : 우리는 사회의 일원으로서 더불어 살아간다는 마음을 가지고 지역사회, 국가, 인류의 공동번영을 위해 노력한다.

- **경영원칙**

① 법과 윤리를 준수한다

② 글로벌 기업시민으로서 사회적 책임을 다한다

③ 고객, 주주, 종업원을 존중한다.

④ 환경, 안전, 건강을 중시한다

⑤ 깨끗한 조직문화를 유지한다.

이상의 5대 원칙을 제시하고 이를 구체화한 15개의 세부원칙과 42개의 행동세칙을 담고 있다.

■ 홈플러스

홈플러스의 사명인 'We make what matters better, together(우리는 어떤 일이든 다 함께 더 좋게 합니다)'에 따라서 고객, 직원, 지역사회, 협력회사, 국가, 주주에 따라 우리의 행동수칙(Code of Business Conduct)을 정하고 가치를 명문화하여 직원들이 실천해야하는 기준으로 삼고 있다. 홈플러스의 36가지 행동수칙은 관념적인 가치를 구체적인 행동 수칙으로 명시한다.

2.3 비전하우스의 세 번째 요소 – 기업문화

기업문화(Corporate Culture)란 구성원의 다양한 행동 특성을 서로가 공유하는 하나의 가치관과 행동양식으로 만들어내는 것으로 정의할 수 있으며, 기업의 마지막 경쟁력이라 정의한다.

문화는 업의 특성을 담아야 하는데, 업의 개념이 무엇인지, 업의 특징과 본질이 무엇인지를 잘 짚어서 업에 맞는 문화를 만들어야 한다. 업의 특성을 담지 않으면 문화는 정체성을 만들지 못하기 때문에 업의 고유한 특징을 문화에 담아야 한다. 문화를 결정하고 그에 맞춰 환경과 시스템을 형성하여 문화를 만든다.

한번 잘못 낀 옷의 단추는 모두 풀고 다시 끼워야 하듯이, 조직문화를 바꾸는 것도 이와 마찬가지다. 비전하우스는 기업문화를 집의 기틀이 되는 바닥에 비유하고 있다. 콘크리트 지반과 말뚝을 더욱 공고히 하는 '바닥(Bottom)'을 만드는 것이다. 즉, 기업문화가 사명(Core Purpose)과 가치(Value)를 공고히 하는 역할(Consolidation)을 하는 것이다. 집에서 분위기를 결정하는 것은 바닥의 자재이다. 즉, 기업의 분위기는 문화로 결정된다고 볼 수 있다. 문화는 환경적으로만 형성되는 것이 아니다. 관념적으로 공중에 떠다니는 것이 아닌 리더가 특정 환경을 조성해야 하므로 문화의 형성에는 리더의 역할이 중요하다.

1) 기업문화의 이론적 고찰

문화란 사전적으로 자연상태에서 벗어나 일정한 목적 또는 생활 이상을 실현하고자 사회구성원에 의하여 습득, 공유, 전달되는 행동양식이나 생활양식의 과정 및 그 과정에서 이룩해 낸 물질적·정신적 소득을 통틀어 이르는 말로서, 의식주를 비롯하여 언어, 풍습, 종교, 학문, 예술, 제도 따위를 모두 포함한다고 정의하고 있다. 문화는 몇 가지 속성을 지닌다. 첫째, 문화는 집단구성원에 의하여 공유된다. 사회구성원 각 개인의 독특한 취향이나 버릇은 문화가 아닌 개성에 속한다. 한 사회의 구성원들이 다른 사회에서와 구분되는 어떤 행위·관습·경향 등을 공유 할 때 그것이 비로소 문화가 되는 것이다. 하위문화가 그 좋은 예이다. 둘째, 한 사회의 문화는 학습된다. 인간의 생리적 현상은 문화가 아니다. 인간은 태어나서 한 사회에서 자라면서 그 공유된 문화를 사회화를 통하여 배우게 마련이다. 셋째, 축적성을 들 수 있다. 인간의 지식은 한 세대에서 다음 세대로 전해지고 그 세대에 새로 이루어진 내용이 또 거기에 더해진다. 문화는 이처럼 시간이 흐르면서 축척되는 것이다. 넷째, 체계성을 들 수 있다. 문화의 요소는 많고 다양하다. 이들 요소는 결코 홀로 존재하지 못한다. 그들은 서로 긴밀한 관계를 맺고 있으면서 하나의 체계를 구성하고 있다. 다섯째, 문화는 변화하는 속성을 지닌다. 문화는 끝없는 변화생성의 과정을 겪는다. 외부로부터 한 사회로 유입된 문화는 그 사회의 배경과 문화접변을 통하여 변한다. 또한, 도입되었거나 개발된 새로운 지식이 유용한 것으로 판명되면 전체 사회에 확산되어 혁신이 일어난다. 그런 과정에서 기능을 상실한 낡은 문화요소들은 사멸된다. 문화는 이처럼 정지된 상태로 존재하지 않고 부단히 진화 또는 퇴화의 길을 밟는다. 문화 인류학자들은 문화의 이러한 성격을 초유기체성이라 부르기도 한다. 한 사회의 문화를 이해하기 위해서는 이들 문화의 성격에

〈표 4-2〉 기업문화/조직문화의 기능

첫 째	기업구성원에게 정체성을 확립하게 해준다.
둘 째	구성원 개인의 이익보다 기업전체의 이익을 우선시하도록 유도하며
셋 째	전체체계의 안정성을 증진하며
넷 째	행위규범을 제시하고 형성하는 것 등이 있다.

대한 바른 이해가 전제된다.

기업문화/조직문화(Corporate Culture)란 기업에서 조직구성원의 활동의 지침이 되는 행동규범을 창출하는 공유된 가치, 신념의 체계이다. 기업문화/조직문화는 수면밑의 눈에 보이지 않는 빙산과도 같다. 한 기업이 성장과 발전을 거듭하는 과정에서 형성하는 전통적 가치관 또는 신념, 의식구조 등 이것이 바로 눈에 보이지 않는 기업문화이다. 문화는 추상적인 개념이지만, 기업의 문화는 일하는 방식이기 때문에 사실 매우 구체적이고 사실적이다. 그러므로 가장 기본적이어야 하고, 가장 단순해야 하며 실행할 수 있도록 실천적이어야 한다. 즉 핵심가치를 기반으로 행동양식을 만들고 문화로 정착시켜야 한다.

기업성공을 위하여 갖추어야 할 핵심성공요인은 무엇인가? 많은 전문가는 흔히 언급되는 적절한 사업전략, 높은 기술력, 시장 내 위치상의 강점 등 하드웨어적인 요소들뿐 아니라 해당 기업고유의 강한 기업문화/조직문화를 꼽는다. Tom Peters와 Robert Waterman은 초우량 기업의 조건 중 하나로 "가치에 근거해 실천하라"는 명제를 정의했고,[11] Jim Collins는 '성공하는 기업의 8가지 습관' 중 하나로 "강하고 끈끈한 기업문화 구축"을 들었다.[12]

무형의 가치인 기업문화/조직문화를 조직성공의 핵심 키워드로 꼽는 이유는 무엇인가? 첫째, 기업고유의 강한 조직문화는 구성원들을 하나의 구심점으로 결집시키고 조직에 몰입할 수 있도록 하기 때문이다. 둘째, 조직문화는 사업전략 및 시장환경에 바람직한 행동을 지속적이고 안정적으로 유도하는 역할을 한다. 이를 통해 장기적 관점에서 기업의 탁월한 성과를 창출하는 데 조직적인 기반으로 활용할 수 있다. 또한, 기업의 문화는 타 하드웨어적인 요인에 비하여 경쟁기업에서 모방하기 어려운 특성이 있으므로 중요한 경쟁우위요소로 활용가능하다는 장점이 있다.

조직문화의 계층 단계는 일반적으로 3단계로 정의된다. 첫째 '인위적인 요소들(Artifacts & Behavior)'은 눈으로 보여지는 조직 구성원들의 구체적인 행동패턴 및 물질적인 요소들을 말한다. 둘째 '추구하는 가치(Values)'는 조직구성원들의 행위를 정당화하고 규범을 설명할 수 있는 구성원들 간 공유하고 있는 믿음이다. 셋째 '공유되는 암묵적인 가정(Assumption)'은 무의식적인 믿음, 신뢰, 사고, 느낌 등과 같은 기본적인 가정을 의미한다.

일반적으로 문화에서 전략을 분리해 낼 수 있다고 생각하는 경향이 있지만, 대부분 조직에서

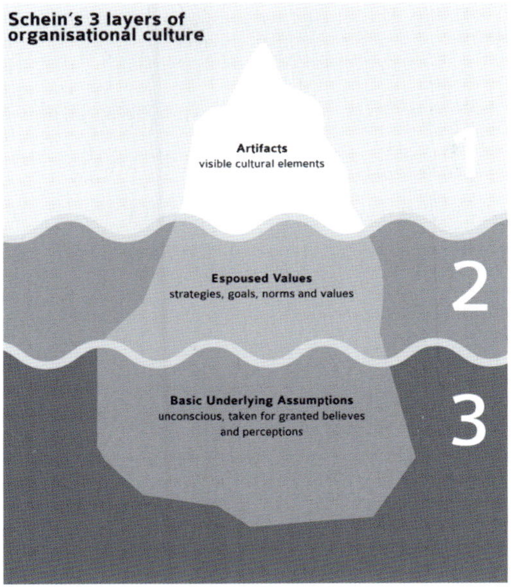

Edgar Schein(1999)은 기업문화/조직문화를 "조직 혹은 조직의 구성원들이 환경에 적응하여 성장함에 따라 확립되는 공유된 기본 가정"이라고 정의했다.[13] 또한 문화가 여러 '단계'로 구성되어 각 단계의 문화에 대해 이해하고 관리할 수 있어야 한다고 보았다.

전략은 조직의 정체성과 사명에 관한 암묵적 가정의 영향을 받는다. 조직은 역사를 통해 어떤 전략이 성공적이고 그렇지 않은가를 잘 알고 있다. 문화의 가장 확실한 증거는 공통의 언어와 사고방식이다. 이는 새로 들어온 직원들의 복장, 상사와의 커뮤니케이션 방법, 그룹회의에서의 행동, 다른 직원들이 사용하는 모든 직업적인 언어와 용어를 이해하는 방식, 자신감 있게 의견을 주장하는 방법 등을 배워가고 있을 때 일어난다.

2) '무엇이 강한 기업문화를 만드는가'

많은 기업이 강한 기업문화를 만들기 위해 각종 이벤트나 간담회, 워크샵 등 다양한 노력을 기울이고 있다. 그러나 이러한 노력들은 구성원들의 호응을 얻지 못하고 시작한 지 얼마 안 되어 소리소문 없이 사라지는 경우를 종종 볼 수 있다. 이러한 문제의 원인은 근본적인 문화변혁이 아닌, 제도나 시스템 변화만을 중심으로 시도되었기 때문이다. 이러한 활동들은 일시적인 사기 진작이나 분위기 쇄신은 할 수 있어도, 구성원들의 가치관이나 마인드를 근본적으로 개혁하기는 어렵다. 1980년 초기 GM의 경우가 대표적 사례이다. 당시 높은 결근, 태업, 불만 등으로 경영상태가 악화하자 GM은 TQM, 다운사이징 등 경영혁신 활동을 통해 성과를 개선하고자 하였으나 실패하였다. 변화를 위한 명확한 청사진 없이 산발적으로 이루어진 개혁프로그램들이 그 방향을 잃게 되어 혼란만 가져오는 결과를 낳은 것이다. 그렇다면 구성원들의 가치관과 마인드를 근본적으로 개혁하고 전체 조직을 한 방향으로 이끌어 갈 수 있는 강한 기업문화를 어떻게 구축해야 하는가?

첫째, 기업가치가 구성원의 행동양식에 스며들 수 있도록 시스템을 정렬해야 한다. IBM의 Louis Gerstner 회장은 '변화란 문서를 주고 받음으로써 이뤄지는 게 아니다. 구성원의 몸과 마음이 함께 해야만 가능한 일이다'라고 말한 바 있다. 기업문화의 변화란 일종의 경영패러다임이 변화하는 것으로 과거의 경영시스템 중에서 새로운 문화에 맞지 않는 것들은 과감히 버려야 한다. 이 단계는 기업구조나 의사결정체계를 손보는 것을 의미할 수 있다. 관리구조에서 단계를 축소하거나 구축할 수 있고, 본사와 지역센터 간의 권한을 조정할 수 있다. 측정지표 및 보상체계도 기업문화를 기반으로 정렬할 수 있다. 예를 들어 팀워크를 강조하면서 인사고과, 보상, 진급 등이 개인 성적만으로 평가된다면 기업문화 개혁의 의미가 상실된다.

둘째, 상징적 행동을 통해 자연스럽게 기업가치를 전달할 수 있도록 해야 한다. 상징적 행동은 기업가치를 구성원에게 알리는 효과적인 전달수단으로 회사가 기업문화의 개혁을 심각하게 생각하고 있다는 것을 의미한다. 임원들이 자신들을 위한 전용기를 매각하거나 자신들의 전용 주차공간을 없애버리는 것 등은 좋은 상징적 행동의 예이다. 아니면 사무실 구조를 개혁하거나 직무의 명칭을 개명하는 일도 가능하다. 기업문화 개혁의 주체는 이러한 행위를 대대적으로 홍보할 수 있으며, 성공사례를 자축할 수 있고 변화에 대한 직원들의 적극적인 동참을 유도할 수 있다.

셋째, 기업문화 개혁은 CEO의 강력한 리더십과 지속적 실행력에 달려 있다. 기업문화에 가장 큰 영향을 주는 요인은 리더의 행동양식과 의사결정이며, 임원들의 80%가 리더십의 중요성을 지적했고, 이는 70%가 선택한 인력자원의 구성, 56%가 선택한 인사고과, 44%가 선택한 보상체계나 41%가 선택한 해고직원의 선별과정보다 중요한 것으로 나타났다.[14] 비가 오면 잠시 물이 고였다가 비가 그치면 말라버리는 웅덩이 기업은 구성원의 헌신을 끌어내지 못하고 사라져 버리지만, 비가 그쳐도 지속해서 흐르는 강물기업은 분명한 기업가치·신념을 바탕으로 기업의 정체성은 계속 유지된다. 이러한 강물기업을 만드는 데에는 아주 오랜시간이 걸린다. 처음에는 여러 기업문화 개혁시도들이 제대로 작동되지 않는 것으로 보일 수 있다. 그러나 여기서 쉽게 단념하고 포기해서는 결코 문화변혁을 이룰 수 없다. 기업문화 변혁을 위한 체계적인 노력을 지속해서 실천할 때, 비로소 그 결실을 얻을 수 있을 것이다.

3) 기업문화의 사례연구

- Homeplus

합작회사인 홈플러스가 '테스코-삼성'이 아닌 '삼성테스코'라는 사명으로 새롭게 시작한 것이 GloCal의 시작이었다. 우선 한국시장에서의 잠재력과 '삼성'이라는 브랜드가치가 얼마나 한국시장에서 기업이미지에 이득이 될 것인지, 점포네트워크를 얼마나 빠르게 형성할 수 있을지에 대한 홈플러스의 현지화전략이었다. Global Standard + Local Practices는, 세계적인 유통기업 테스코의 경영원칙과 유통노하우, 운영시스템 등 글로벌 스탠다드는 그대로 적용하되, 상품과 서비스, 마케팅재고, 점포구성은 한국의 시장과 문화에 맞게 적용하는 현지화 전략이다. 홈플러스는 동서양의 합작인데, 동양의 삼성과 서양의 Tesco가 합쳐져 홈플러스로 새로 태어나기까지 홈플러스만의 바닥이 필요하다고 생각했다. 문화는 기계적 메커니즘이 아니라 화학적 결합으로 홈플러스에서는 동서양의 문화가 합쳐져 홈플러스의 문화가 재탄생되는 사례를 보여주고 있다. 재탄생된 홈플러스 문화를 확실하게 보여주는 단어는 '신바레이션(Synbaration)'이다. 신바레이션이란 한국의 신바람(Synbaram) 문화와 영국의 합리적인(Rational) 문화를 결합해 홈플러스만의 새로운 기업문화를 칭하는 말이다.

창립 초기 홈플러스에는 할인점 비즈니스에 대한 전문지식을 가진 사람은 거의 없었다. 스타플레이어가 없는 상황에서 시장에서 이길 수 있는 해법을 팀워크, 즉 문화에서 찾았다. 신바레이션 문화의 근간은 '신뢰'이다. 최고 경영자가 직원들에게 모든 일을 '믿고 맡기는' 권한이양의 분위기가 조성되어야 직원들도 신바람나게 일 할 수 있기 때문이며 사람들은 권한이 부여될수록 더 큰 책임감을 가지고 더 정직하게 더 열심히 일하기 마련이기 때문이다. 홈플러스의 신바레이션의 시작은 동서양의 사람들이 같이 일하게 됨으로써 일어나는 마찰을 해결하기 위하여 생겨났다. 즉, 영국과 한국의 연합군을 만들기 위한 일종의 '작전'이었다. 함께 일하기 위하여 문화적 결합. 문화의 화학적 결합이 필요했고 신바레이션으로 해결할 수 있었다.

신바람문화는 홈플러스의 정책에 반영되어 직원들에게 동기를 부여할 수 있는 다양한 제도로 정착되었다. 유통업계 최초로 주5일 근무제를 시행하는 한편 동종업계 최고 수준의 급여와 복리후생을 제공하였으며 가치 마일리지(Value Mileage) 및 고객 · 운영 · 재무 · 인재육성 · 지역사회 부문에서 Golden Value Award 등 다양한 포상제도를 실시하였다. 또한, 신바람 문화조성을 위

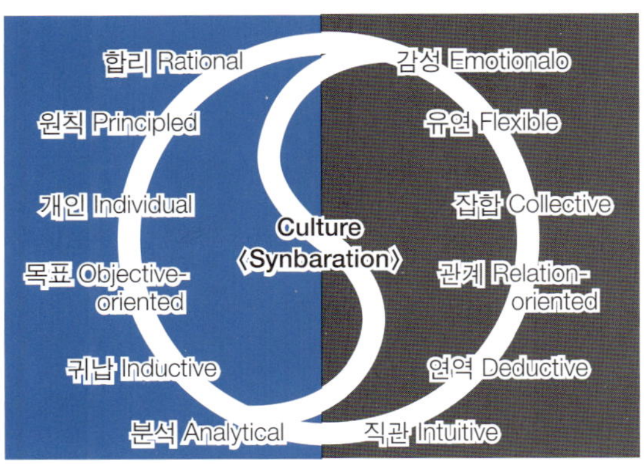

기업에서 신바람 나는 팀워크를 다지면서 동시에 직원 개개인의 합리성과 유통전문가로서의 역량을 개발하는 환경이 필요했고, 그 환경이 신바레이션 문화이다. 신바레이션은 현재 홈플러스의 일하는 방법(Way of working)이다.

해 매년 전 임직원을 대상으로 한 컴퍼니 컨퍼런스(Company Conference)를 개최하여 경영성과를 축하하고 경영목표와 계획도 공유하였다.

홈플러스 전반에 자리잡고 있는 합리주의 문화는 직원들의 역량개발 및 의사결정제도에도 반영되었다. 리더십과 직무역량 등에 대한 다양한 교육프로그램, 직원들의 경력개발 지원을 위한 인재만들기 제도(Talent Spotting), 직책별 업무방식 및 핵심역량을 규정해 놓은 직무기술서(My Job), 회의방법 등 모든 직원에게 필요한 기본적인 업무방법을 교육하는 기본 업무교육(Core Skill), 체계적인 개인별 역량개발계획 제도인 PDP(Personal Development Plan) 등을 통해 최고의 인재를 양성하고자 하였다. 홈플러스만의 업무분장규정인 R.A.C.I(Responsible-해당 업무의 시행책임자, Accountable-전결권한, Consulted-해당 업무수행상 필요한 협의부서, Informed-업무통보부서)를 통해 사내 모든 업무에 대한 권한과 책임을 명확히 하였다.

- Apple

Apple은 전통적인 제조업 및 소프트웨어기반 기업문화를 가지고 있다. 구글이나 페이스북과는 다른 기업문화로 Steve Jobs 중심체제로 하위조직에서 전략적인 신동향을 찾아내 이것을 Steve Jobs가 기업의 비전을 제시해가는 도구로써 활용해 왔는데, 한국의 삼성이나 LG와 같은 대기업보다는 자유롭고 혁신적인 기업문화를 가지고 있지만, Steve Jobs의 애플에서는 '1인 CEO 중심체제'로 운영이 되었던 것은 사실이다. Apple의 기업문화는 상하(Top-down)식 의사결정이다. CEO나 임원 또는 위원회가 어떤 목표를 정하면 Apple의 임직원 모두가 그 목표를 향해 일사불란하게 움직이는 구조이다. 반면에, Apple과 함께 많이 언급되는 구글은 직원들 각자가 창의적인 혁신활동을 하는 구조이다. Google의 직원들은 1주일에 하루씩은 자신이 하고 싶은 자유로운 주제로 각자의 프로젝트를 진행하고, 초기단계에서의 아이디어로 시작해 프로젝트를 진행하다가 일정수준에서 다른 직원들의 피드백을 받아 좋은 평가를 얻으면 이후에는 실제 서비스개발로 이어지는 구조로 되어 있다.

구글에는 회사내에 조그마한 회사들이 존재하는, 직원들 각자가 기업가 마인드를 갖고 있는 분화된 조직문화이다. 애플은 Steve Jobs와 같은 천재형 기획자가 있었기 때문에 현재까지 그런 체제가 가능하였지만, Steve Jobs가 사라진 지금 CEO Tim Cook은 사내문화개선을 위해 '블루스카이(Blue sky)'라는 제도도입을 시도했다. Blue Sky 프로그램의 핵심은 Apple 직원 중 일부가 2주간 본업에서 떠나, 회사 내 특별프로젝트 활동을 하거나 다른 프로젝트에 참여하는 것이라고 한다. 일주일에 하루의 시간을 자신이 원하는 일에 투자할 수 있는 Google식 20% 시간제와 유사한 제도로 평가받는다. 이는 Steve Jobs가 없는 현 상태에서 기존 조직은 불완전성을 만들 수 있다고 보고, 경영층의 창의적 경영능력을 보완할 수 있는 형태로 조직을 변화시키려고 한다고 보인다. 하지만 수십 년간 고착화되어 있던 문화가 쉽게 바뀌진 않을 것이다. 따라서 Apple

의 CEO Tim Cook은 Blue Sky라는 제도를 통해 점진적으로 문화개선의 발판으로 삼으려하는 것이다.

2.4 비전하우스의 네 번째 요소 – 경영원칙(Principle)

경영원칙이란 핵심가치 실행을 위한 구체적인 행동기준이며 일상의 업무를 수행해 가는 방식이며, 추상적인 문화를 구체적인 행동방식으로 정의하는 것이다. 비전하우스에서는 경영원칙을 집의 주춧돌에 비유하고 있다. 주춧돌은 바닥과 기둥을 연결하는 역할을 하며, 건물에서 눈에 보이지 않는 기초의 구조물과 건물의 외관으로 드러나는 기둥을 연결하는 역할이 주춧돌이다.

주춧돌은 나무기둥을 받쳐주는 역할을 하여, 나무의 부식을 방지해 준다. 경영원칙도 경영의 기반인 사명가치와 기업문화를 경영전략 실행과 직접적으로 연결하는 역할을 하며, 구성원에게 내재되어 있는 사명가치, 기업문화를 구체적으로 일하는 방식으로 표현하는 것이다. 원칙을 기준으로 기업의 대표활동인 전략을 수립하고 실행해야 하며, 경영원칙은 경영전략으로 실천되는 행동의 근간을 마련해 준다. 주춧돌이 잘 놓여야, 그 위로 기둥이 올라갈 수 있다. 각이 틀어지면 기둥이 흔들리는데, 즉, 원칙이 흔들리면 기업의 전략수행이 일관성 없이 단발성으로 이루어질 수밖에 없다.

1) 경영원칙의 이론적 고찰

원칙이란 사전적으로 어떤 행동이나 이론따위에서 일관되게 지켜야 하는 기본적인 규칙이나 법칙을 의미한다. 기업이 경영에 있어 원칙(Principles)에 둔다면 기업의 정체성은 경쟁사나 그 밖의 다른 외적조건에 의해 위협받지 않으며 그 기업은 주어진 역할들을 균형감 있게 수행해 갈 수 있다. 왜냐하면, 아무리 외부환경이 급변하더라도 기업의 내부에 원칙이라는 나침반이 있어 스스로 기업을 운영하는 관점과 판단력을 갖게 되기 때문이다. 따라서 원칙중심으로 운영되는 조직은 균형감을 갖고 고객이나 종업원중시, 단기이익 및 장기이익의 조화 등을 적절히 이루어 나갈 수 있게 된다. 특히 지속가능경영이 중요한 현 시대에는 기업의 경영원칙이 더욱더 중요한 기틀이 된다.

경영원칙이란 행동법칙 및 활동방식 등을 나타내는 것으로서 기업에게 헌법과 같은 역할을 한다. 또한, 기업의 비전과 가치관을 담고 있으며 기업활동에 있어서 모든 것을 판단하는 기준이 된다. 이렇게 경영에 있어 기준과 법칙이 되는 경영원칙은 어떤 내용을 원칙으로 삼는가도 중요하지만, 설정된 원칙들을 실현하기 위해 얼마나 노력하고 있으며 이를 조직운영제도 속에 얼마나 체화시켜 나가고 있는가도 매우 중요하다. 만약 기업이 명확한 원칙을 설정해 놓았다고 하더라도 급속도로 변화하는 대·내외환경에 신속하게 대응하지 못한다면 결국 일등기업으로 성장할 수는 없을 것이다. 따라서 일등기업이 되기 위해서는 원칙을 끝까지 고수하고 유지하는 반면에 원칙이 아닌 것들, 즉 원칙의 구체적인 표현방식들인 조직운영제도들은 끝없이 변화시켜 나가야 한다.

경영원칙을 기반으로 경영전략을 수립하여야 한다. 여기에서 경영원칙은 전략의 기본원칙으로 볼 수 있으며 기본원칙없이 경영전략을 수립하게 되면 시간도 많이 소요되고 혼란도 야기될 수 있기 때문이다. 과거에 많은 기업이 이러한 기본원칙의 수립없이 단순히 경쟁업체의 경영전략을 따라가다 실패한 경우도 많았다.

2) 경영원칙의 사례연구

- **Homeplus 원칙**

홈플러스의 경영원칙은 삼성의 경영원칙과 상통하는 부분이 많다. 삼성에서 퍼포먼스의 의미는 비용의 효율성(cost efficiency)을 높여보다 싸게(Cheaper) 투입(input)해서, 보다 빨리 먼저 속도를 내고 제때 타이밍을 잡아서 프로세스를 운영하여, 보다 좋은(better) 품질 효과성을 산출해 내는 것이다. 일을 잘한다는 것, 성과를 창출한다는 것은 '보다 빨리', '보다 잘', '보다 싸게' 하는 것이다(Faster, Better, Cheaper). 이것은 신경영의 철학이자 일하는 방식이며 조직의 경쟁력을 확보하는 핵심이다. 홈플러스의 경영원칙은 'Better, Simpler, Cheaper, Faster'이다.

- **P&G 원칙**

피앤지가 업계에서 존경받는 기업으로 자리잡은 데에는 불순물없는 깨끗한 원료는 양질의 제품 그리고 윤리적 가치를 추구하는 경영원칙에 있다고 할 수 있다. 설립자였던 William Procter와 James Gamble은 강직한 성품으로, 회사의 핵심가치인 정직, 성실, 공평성을 바탕으로 명성을 쌓았으며, 1980년대에 들어서면서는 조직의 모든 활동과 운영의 기초를 이루는 목표, 가치,

〈표 4-3〉 홈플러스의 경영원칙

Better, 최고를 선택해 그보다 더 좋게 한다.	'Take the Best and make it better, When it does not exist, create it(최고를 택하여 그 보다 더 낫게하라 최고가 없으면 스스로 창조하라!)'.
Simpler, 모든 프로세스 및 업무를 간결하고 명확하게 한다.	가치없는 80% 일을 가차없이 제거하고, 핵심적인 20%에 집중한다.
Cheaper, 아주 작은 것이라도 낭비요소를 없앤다.	운영효율 증대를 통해 비용감축한다.
Faster, 한발 앞서 빨리 움직인다.	속도가 따르지 않는 혁신은 진정한 혁신이 아니다.

원칙을 공식적으로 천명하고 이를 실천에 옮겼다. 피앤지는 원칙을 지키지 않는 직원들을 교육하고, 투명하지 않은 거래에 대한 계약은 피하며, 회사의 명성을 더럽힐 소지가 있는 제품은 자발적으로 폐기한다. 또한, 회사가 활동하는 지역사회에 봉사하고 발전을 도모하며, 지역복지에 기여하고 있다. 피앤지는 자사가 수행하는 모든 비즈니스의 밑바탕이 되는 다음과 같은 기본 원칙들이 있다.

- 고객은 왕이다.
- 뛰어난 제품을 만들어라.
- 독특한 브랜드를 개발하라.
- 장기적인 관점을 가져라

이 원칙들은 피앤지의 마케팅방법론, 의식, 문화, 스타일, 사업방식의 기반이 된다. 피앤지에서 배워야 할 점은 원칙 그 자체가 아니라 소비자를 이해하려는 강도 높은 노력과 회사의 모든 일에 엄격하게 기본 원칙을 적용하려는 자세이다. 이것은 단지 하나의 방법론이 아니라 고객에 대한 태도를 말하는 것이다. 이러한 원칙이 고객신뢰 확보에 뿌리를 깊게 내리고 있고 하나의 기업문화로 자리 잡고 있다.

• Amazon의 철저한 고객중심

아마존의 Jeff Bezos는 미국 IT업계에서 애플의 Steve Jobs에 이을 인물이라 말하는 사람이다. Jeff Bezos가 아마존을 세계 최대 전자 상거래 기업으로 성장시킨 배경에는 무엇이 있는가? 바로 경영철학이다. 아마존은 고객의 마음을 사로잡는 경영을 선택했다는 것이다.

- 불변의 가치를 원칙으로 삼아라
- 장기간 오해받을 각오를 하라
- 우리 몫을 소비자에게 많이 돌려주라
- 기술자가 아닌 소비자가 원하는 것을 만들어라
- 모든 사원이 콜센터에서 일할 수 있어야 한다

이렇게 다섯 가지의 '고객중심' 경영원칙에 따라 아마존은 인터넷쇼핑의 최종 종착지가 되겠다는 목표를 세웠고 이를 달성했다. 아마존에는 주주를 위한 대량의 이익배당도 없으며 직원을 위한 고급스러운 책상도 없다. 고객이 중심이다. 그러면서도 고객, 주주, 직원들 간의 밸런스에 대해 끊임없이 고민하고 있다. 불필요한 비용은 최대한 절약하면서도 임직원들에게는 파격적인 급여를 지급하고 있으며 주주와 직원들의 이해를 일치시키기 위해 주식 인센티브(stock incentive plan)를 제공하고 있는 것이 그 증거이다.

2.5 비전하우스의 다섯번째 요소 – 경영전략

경영전략(Management Strategy)이란, 경쟁에서 이기는 방법으로 희소한 경영자원을 배분해서 경쟁우위창출을 유지해주는 주요 의사결정으로 정의한다. 목표달성을 위한 구체적인 방법으로 As-is를 To-be로 끌고 가는 방법의 선택과 집중이라고 할 수 있다. 전략적 실패는 전술적 성공으로 만회할 수 없다. 전략(어떤 길을 가야 하는가, 즉 기획&계획단계) 방향이 잘못되면 아무리 전술(어떻게 가야 하는가, 즉 실행과정)이 좋아도 승리하기 어려우므로 전략은 중요하다.

비전하우스에서의 경영전략은 집의 기둥에 비유한다. 기둥이 건물에서 수평의 힘과 수직의 힘을 연결시키는 역할을 한다. 또한, 기둥은 주춧돌과 대들보를 잇는다. 다시 말해 기업에서 '사명 가치-문화-원칙'의 일하는 방식(Way)만으로는 성과가 나지 못한다. 성과로 연결하는 전략적 접근이 요구된다. 기둥이 주춧돌을 토대로 대들보를 세우듯 전략이 원칙을 토대로 목표를 세운다. 기둥이 잘못 세워지면 집은 무너진다. 이 역시 전략이 잘못 세워지면 회사가 망한다. 비전하우스의 강점은 사업부별로 전략을 세울 수 있다는 것이다. 전략기둥 6개를 토대로 가로로 사업부를 배열하면, 기능별 사업부전략을 전략기둥 6개 토대로 세울 수 있게 설계되어 있다(사업부문들은 건물에서는 층에 해당하며, 사업부별로 다른 세부전략의 적용이 가능하다).

1) 경영전략의 이론적 고찰

경영전략에 대해서 학자들은 다음과 같이 정의한다. 손자병법에 따르면 전략이란, 생존에 중요한 역할을 하는 것으로서 삶과 죽음의 문제이기도 하며 안전과 존망에 영향을 미치는 것이다. 어떠한 경우라도 전략을 소홀히 여겨서는 안 된다. 전략은 기업의 성과를 미리 정확히 예측하는 것이 중요하다. 또한, 전략이 만들어지는 과정은 비교우위를 위한 잠재력이 있다.[15] Michael Porter는 경쟁전략은 다르게 되는 것에 관한 것(Competitive strategy is about being different)이라고 정의한다. 경쟁전략은 가치의 독특한 배합(unique mix of value)을 전달하기 위해 활동들의 다른 집합을 신중하게 선택하는 것을 의미한다고 정의한다. 또한, 전략적 포지션은 다른 포지션들과 상쇄관계(Trade off)를 가지고 있지 않으면 유지할 수 없다고 정의한다. 상쇄관계는 활동들이 서로 양립할 수 없을 때 발생한다. 단순히 말해 한 가지를 더 가지려면 하나를 포기해야 하는 관계를 말한다고 한다. 마지막으로 전략의 정의를 말하면서 적합성(fit)이 경쟁우위와 유지가능성을 이끌어낸다고 한다. 적합성이란 대부분 사람이 인식하는 것보다 더 경쟁우위의 중심요소이다. 적합성은 개개의 활동들이 가끔 서로에게 영향을 주기 때문에 중요하다. 비록 활동들 사이의 어떤 적합성은 일반적이고 많은 회사에 적용되지만, 가장 가치있는 적합성은 포지션의 독특함을 높이고 상쇄관계를 증폭시키기 때문에 전략 특유의 것이라고 말한다.

Michael Porter에 따르면, '독특하고' '가치있는' 위치를 만들어 내는 것, 이것이 전략이다. 즉, 전략은 우리의 포지션을 정하는 것이다. 위치선정을 하되, 고유한 특성이 있어야 한다는 것이다. 모두 다 생산성 프론티어 선상에 있는 상황에서 품질개선, 공정개선을 하는 것은 잠시 프론티어 바깥쪽에 머물며 좋은 결과를 즐길 수 있을지 모르지만 금세 4경쟁 기업이 모방하며 따라오기 때문에 독특한 위치를 점유하는 것이 효과가 없다. 전략의 핵심은 남들과 '다른 자리'를 차지하는 데 있다. 그리고 그 자리가 쉽게 모방하기 힘든, 지속가능한 자리여야 한다는 것이다. Michael Porter는 제품다양성, 고객의 니즈, 고객접근성 등으로부터 독특한 위치가 나온다고 얘기하고 있다.

전략을 세운다는 것은 무엇을 포기할 것인가를 묻는 과정이다. 거의 모든 기업이 생산성 프론티어 근처에 와있는 현재 전략을 세운다는 것은 '무엇을 하지 않을 것인가'를 결정하는 것이다. 오직 Trade off를 통해서만 유니크한 위치를 만들어 낼 수 있으며, 오래 그 위치를 유지할 수 있다. 중요한 것은, 이렇게 전략적 위치를 노리는 것이 가급적 많은 활동으로 뒷받침되어야 한다는 것이다. Michael Porter의 정의는 모든 활동이 전략적으로 선택된 위치에 맞게 조화되어 있어야 한다는 것이다. 즉 활동으로 뒷받침되어 있지 않은 포지셔닝은 마케팅 슬로건에 불과하다.

2) 전략의 수준

전략의 수준은 사업영역과 사업 간의 자원배분을 다루는 전체(기업)전략(Corporate strategy)과 구체적으로 어떻게 경쟁할 것인가를 다루는 사업전략(Business strategy), 자원활용을 극대화하는 기능별 전략(Functional strategy)으로 구분해 볼 수 있다.

(1) 전체(기업)전략

전체전략은 기업의 전체적인 관점에서 비전과 목표 및 사업영역의 책정, 사업 간의 우선 순위 결정과 자원배분을 어떻게 효율적으로 하느냐의 문제를 다룬다. 따라서 전체전략은 기업의 비전과 목표를 설정하고, 이를 달성하기 위한 사업영역을 선택하고, 여러 사업부문을 효과적으로 관리하기 위한 전략이다. 또한, 각 사업부문에 제한된 경영자원을 어떻게 배분할 것인가 하는 경영자원의 배분에 관한 전략이다.

(2) 사업전략

각각의 사업분야에 있어서 획득·배분된 자원을 기초로 어떻게 경쟁우위를 확보할 것인가의 결정이다. 시장에서 경쟁상태와 자사의 경쟁적 지위에 관한 기본적인 인식을 확인·공유하고, 그것을 기초로 한 경영자원의 조합을 통해서 경쟁자보다 차별적 경쟁우위를 확보하기 위한 전략을 마련하는 것이 경쟁전략의 핵심적인 과제이다. 비유적으로 표현하면 전체 전략은 항해를 왜 해야 하는지와 항해에 목적지를 선택하는 전략에 해당하며, 사업전략은 목적지에 도착하는 항로를 결정하는 전략이라고 할 수 있다.

(3) 기능전략

사업전략을 구체화하기 위해서는 생산 및 기술, 인사조직, 재무, 마케팅 등의 기능분야별로 전략을 마련해야 한다. 따라서, 기능분야별로 배분된 자원의 생산성을 극대화하고 기능별 전략 간의 유기적 통합을 이루기 위한 조정과 통합이 이루어져야 한다. 기능전략은 일반적으로 사업전략으로부터 도출되며 상위의 전략을 효과적으로 실행하기 위한 수단의 역할을 한다는 점에서 전략의 실행과 밀접한 관계가 있다.

3) 경쟁우위전략

(1) 경쟁우위의 필요성

기업이 사업영역이 확정되면 그 사업영역 내의 기업 간 경쟁에서 승리하여야 한다. 경쟁자에 대하여 경쟁우위(competitive advantage)를 가져야 한다는 것인데 경쟁우위가 창출되려면 기업이 보유하고 있는 경영자원이나 핵심역량이 독특하여 경쟁기업이 가지고 있지 않은 것이어야 하며 산업 내의 성공요인과 일치해야 한다. 남들이 다 가지고 있는 기술이나 자원만 가지고 있다면 남들 만큼 할 수 있을지 몰라도 남들보다 더 잘할 수는 없다. 설령 경쟁우위를 창출하는 경영자원을 가지고 있다고 하더라도 경쟁기업이 쉽게 모방해서 가지게 된다면 경쟁우위는 오래 지속될 수 없을 것이다. 그리고 산업 내의 주요 성공요인과 일치해야 한다.

산업 내 주요 성공요인(key success factor)은 한 산업내에서 이윤을 창출하고 성공하기 위해서 기업들이 갖추어야 할 조건을 뜻한다. 주요 성공요인은 산업별로 소비자들이 원하는 것을 파악하고 산업구조와 경쟁구조를 분석함으로써 도출된다. 가령 할인점의 경우 소비자들은 저렴한 가격, 편리한 장소, 빠른 계산, 다양한 제품구색을 요구하고 있다. 시장은 밀집된 주거지역으로 인하여 집중도가 매우 높으며 가격경쟁이 극심하여 대규모구매는 비용절감에 필수적이다. 소규모 개인상점의 경쟁력은 떨어지고 슈퍼마켓이 발달하지 않아 식품류의 수요가 많다. 이러한 소비자의 요구와 시장과 경쟁상의 특징을 볼 때 할인점의 주요 성공요인은 대규모점포를 주거밀집지역을 중심으로 많이 설립함으로써 구매력을 극대화하여 가격을 낮출 수 있는 능력이다. 또한 편리한 장소에 넓은 주차공간을 확보하고 식품류까지 포함한 다양한 제품구색을 갖추고 인접 주민들을 매장으로 유도할 수 있는 능력도 중요하다. 기업은 경쟁사와 동일한 제품이나 서비스를 저렴한 가격으로 제공하거나 혹은 차별화된 제품이나 서비스를 제공하여 고객이 비싼 가격을 마다하고 구매하게 함으로써 경쟁사보다 높은 이윤을 얻을 수 있다. 전자의 경우를 원가우위, 후자의 경우를 차별화우위라고 한다.

원가우위는 생산, 판매, A/S 등 기업의 제반활동에서의 비용이 다른 기업보다 저렴한 데서 오는 우위를 의미한다. 반면, 차별화우위는 경쟁상품과 구별될 수 있는 가격 이외의 제품의 질, 기업 이미지, 브랜드 이미지 등에서 오는 우위를 뜻한다. 기업은 원가우위 혹은 차별화우위를 획득함으로써 경쟁력을 확보할 수 있다. 원가우위는 생산규모, 경험에 의한 학습, 공정기술, 저렴한 생산요소의 확보능력, 엄격한 관리와 비용통제, 조직의 효율적 관리 등을 통하여 얻어지며 차별화우위는 널리 알려진 상표, 혁신적 기술, 기초연구능력, 질적인 관리, 마케팅능력 등에서 나온다.

차별화우위는 기본적으로 제품의 특성에 의해서 창출된다. 기술적 혹은 물리적으로 매우 단순한 제품들은 차별화하기 매우 어렵다. 시멘트, 벽돌, 양말, 전선, 남성용내의 등은 기술적·형태적으로 매우 단순하여 차별화하기 매우 어렵다. 이러한 제품들은 또한 소비자의 단순한 욕구를 만족시키기 위한 제품이기도 하다. 골프용 양말과 같은 특수한 양말들이 판매되기도 하나 대부분 크게 성공하지 못하였다. 이는 매우 단순한 욕구를 만족시켜 주기 위한 제품이기 때문일 것이다. 그렇지만 상당히 단순한 제품인 비누에는 많은 브랜드가 있으며 '좋은 사람들'이라는 기업은 남성용 속옷을 차별화하여 크게 성공하기도 하였다. 이는 제품의 물리적 특성뿐 아니라 소비자의 욕구나 소비자의 심리적 측면을 잘 만족시키는 방법에서 차별화가 가능하다는 것을 말해 준다. 이를 위해서는 소비자의 특성을 잘 분석하여 파악하고 있어야 한다. 소비자의 욕구를 정확히 파악함과 동시에 기업은 자신만의 독특한 것을 소비자에게 제공하여야 한다. 제품의 속성과 제품의 성능이 좋다든가, 남들이 할 수 없는 서비스를 제공한다든가, 광고를 멋있게 한다든가 아니면 편리한 장소에서 구매할 수 있도록 하여야 한다. 이러한 방법은 마케팅변수와 관련된 것이기에 마케팅과의 연관성도 중요하다.

(2) 원가주도 전략과 차별화 전략

Michael Porter는 원가우위를 통하여 경쟁력을 확보하는 방안을 원가주도 전략(cost-leadership strategy), 차별화우위를 통하여 경쟁력을 확보하는 것을 차별화 전략(differentiation strategy)이라고 불렀다. 그는 또한 목표로 하는 시장의 크기에 따라 전략을 구분하였다. 원가우위전략이나 차별화 전략은 산업전반을 목표로 하며, 산업전체가 아닌 특정 부문을 목표로 하는 전략은 집중화전략(focus strategy)이라고 하였다. 세분시장을 표적으로 하는 집중화전략은 원가우위를 기초로 저가시장에서 경쟁력을 확보할 수도 있고 차별화우위를 가지고 고급 세분시장에서 경쟁할 수도 있다. 전자를 원가우위를 통한 집중화전략, 후자를 차별화우위를 통한 집중화전략이라고 한다. 이러한 전략은 특정산업에 국한되는 전략이 아니라 모든 산업부문에 적용 가능하므로 본원적 전략이라고 한다.

4) 다각화 전략

대부분 제품은 마치 살아있는 생물처럼 태어나서 성장하고 소멸하는 라이프 사이클이 있다. 즉 '새로운 제품의 탄생 → 구매고객이 늘어나면서 시장의 성장 → 시장의 포화 또는 신제품등장으로 인한 매출감소 → 시장에서 제품이 소멸'의 과정을 거친다. 하나의 제품만 생산하는 기업은 그 제품의 라이프 사이클과 함께 운명을 같이 한다. 하지만 다른 대안이 마련되어 있다면 기업 전체의 리스크를 그만큼 줄일 수 있다. 그래서 기업을 성장시키는 방법의 하나로 여러 사업을 경영하는 다각화 전략이 채택되는 것이다. Ansoff(1957)은 다각화 전략의 유형을 〈표 4-4〉와 같이 분류하였다.[16)]

Ansoff는 이와 같은 다각화 전략에는 시너지(synergy)라는 사고법이 중요하다고 보았다. 의미 없이 여러 사업에 진출하는 것이 아니라 시너지 있는 분야에 집중투자하는 쪽이 리스크를 줄일 수 있다. 그런 의미에서 복합형 다각화는 기존에 경험해 보지 않은 사업에 진출하는 것이기 때문에 시너지가 적고 리스크도 높은 다각화 전략이라고 할 수 있다.

오늘날 기업은 국제화, 지식·정보화, 기술혁명, 탄소중립, 에너지 절감이라는 환경 아래 지속가능경영을 위한 활동이 이루어지고 있어서 과거 답습적이거나 또는 단기적이고 즉흥적인 경영으로는 생존해 나갈 수가 없다. 이러한 환경 하에서는 사전에 변화의 추세와 그 구조를 통찰하고 그에 슬기롭게 대응할 수 있는 중·장기전략을 중심으로 활동을 전개해 나가는 체계를 확립해 나아가야 하기 때문이다.

〈표 4-4〉 4가지 다각화 유형

구 분	세부내용
수평적 다각화	현재의 고객과 같은 유형의 사람들을 대상으로 하는 새로운 사업에 진출 (예: 자동차 회사가 오토바이 사업을 시작)
수직적 다각화	현재의 제품을 생산하기 위해 필요한 재료와 부품을 만드는 사업이나 그 재료의 도·소매 사업에 진출 (예: 자동차 회사가 도료사업이나 타이어사업을 진출하거나, 자동차 판매점 시작)
동심원형 다각화	기업의 기술이나 마케팅능력을 활용해 현재와 다른 사업에 진출 (예: 자동차회사가 엔진기술을 활용해 발전소 사업진출. 자동차의 브랜드명을 이용해 카 액세서리 사업진출. 엔진기술과 브랜드명을 활용해 트랙터나 보트제조)
복합형 다각화	회사가 지금까지 다루지 않았던 새로운 분야에 진출 (예: 자동차 회사가 제약 사업 개시)

특히 탄소중립, 에너절감, 윤리경영 환경에 대한 국제적 기준이 마련되고 ESG 가이드라인에 따른 평가가 강화되는 시점에, 기업들은 중장기의 경영전략 계획을 마련하여 급변하는 환경 속에서 비전과 목표달성을 위해 기업내부의 강점과 약점, 그리고 외부환경의 기회와 위협요인을 인식하고, 그에 따른 적절한 경영전략 및 행동방향을 명백히 밝혀야만 성장 발전할 수 있다. 오늘날과 같이 기업의 경영환경이 광범위하고도 급속하게 변화할수록 지속가능경영을 전략적으로 추진하느냐의 여부는 곧 기업의 흥망성쇠와 직결되고 있다는 것이 많은 전문가들의 공통된 주장이다.

5) 경영전략의 사례연구

- **Costco의 선택과 집중, 차별화 전략**

Costco는 고급 브랜드제품을 할인가격에 파는 전략으로 최대 경쟁상대인 Wal-mart와의 차별화에 성공했다. 미국의 소비자들은 Costco의 마케팅과 매장관리 전략이 Wal-mart보다 한걸음 앞서 간다는 평가를 하고 있다. 보물찾기(The treasure hunts)라고도 불리는 Costco의 판매전략은 유명 고급브랜드 가운데 재고과다가 된 제품이나, 생산중단된 제품을 사들여 엄청나게 할인된 가격에 판매하는 것이다. 고급소비에 대한 소비자들의 욕구는 높아졌으나, 합리적인 측면도 포기할 수 없었던 소비자들에게 “최저 가격이 아닌 최고 가치”로 다가간 Costco의 차별화 전략인 것이다. Costco는 규모면에서는 Wal-mart 소유의 Sam's Club에 비해서 떨어지지만 4,000개의 품목만 판매하여, 품목당 가지수를 최소화하고 있었다(Wal-mart는 150,000 품목을 판매함). 그리고 비용절감을 위해서 모든 상품들이 대량포장되고, 가정으로 직접 발송되는 광고 이외에는 TV나 신문, 잡지에 광고도 하지 않는다. 또한, Costco에서는 쇼핑백도 제공하지 않는다. 그리고 상품들은 운반트럭에서 바로 매장내의 진열대로 박스채로 옮겨진다. Costco는 최소한의 이윤인 10%만을 남기고, 직원들의 임금과 복지향상, 그리고 고객들을 위해 좋은 상품을 저렴한 가격으로 공급하는데 이윤을 돌린다. 백화점이 50%의 이윤을 남기고, 경쟁업체인 Wal-mart가 20%의 이윤을 남기지만, Costco의 판매전략에는 변함이 없다. 이러한 Costco의 차별화 전략으로 고객들은 다시 Costco를 찾게 되고, 구성원들도 자부심과 책임감을 가지고 계속해서 열심히 일 할 수 있는 것이다.

- **Target의 차별화 전략**

타겟은 가치창출(Creating Value)이라는 비전을 가지고, 가격은 비록 조금 더 비쌀지라도 품질과 서비스에서 우위를 점한다는 핵심목적과 가치(Core purpose& Value)를 가지고 있다. 타겟은 이름뿐만 아니라 그것을 상징하는 트레이드 마크인 불스아이(Bulls eye) 또한 유명하다. 이

마크는 미국인의 96%가 타겟의 브랜드를 인지할 정도로 강력한 브랜드파워를 가지고 있으며 폴로, 나이키에 비해서도 인지도가 높다. 타겟은 조금 비싼 가격이라 할지라도 백화점과 대비해서는 확실한 가격경쟁력을 내세우고 있다. 즉 백화점과 할인점의 중간지점에 있는 고급할인점을 목표로 하고 있다. 따라서 타겟의 매장은 마치 백화점같이 고급스럽다는 느낌이 든다. 타겟의 매장에는 스타벅스, 스시바 등이 있는데 특히 스시바는 상류층 문화를 표방하는 아이템일 뿐만 아니라 신선식품을 취급한다는 인식을 주기 때문에 매장이미지 고급화의 중요한 수단이 된다. 또한, 다른 유통업체와는 다르게 패션잡지 등에 광고를 함으로써 'Cheap and Chic(싸고 세련된 물건을 파는 쇼핑장소)'라는 차별화된 이미지가 생겼다. 전략적으로 고급스러운 이미지를 한층 끌어올렸다. 이러한 전략은 매장뿐만 아니라 독특한 상품군, 즉 Private Brand를 통해서도 구현된다. 특히 패션부문에서의 강점이 잘 나타난다. 타겟은 뉴욕출신의 유명 패션디자이너의 브랜드를 독점 유치하여 품격있는 매장의 이미지를 유지하고 있다. 패션디자이너 아이작 마즈라히, 아동용상품으로 유명한 에이미 코어, 가정용 소품의 마이클 그레이브즈 등을 그들만의 유명 브랜드로 내세우고 있다.

- **3M 구성원들의 창의력을 자극하여 혁신하라**

15% 룰로 유명한 3M. 3M의 15% 룰은 근무시간의 15%를 새로운 아이디어 및 제품개발에 쓰도록 한 것을 말한다. 하지만 2000년 새로운 CEO로 취임한 GE출신의 Jim McNerney가 보기에는 3M이 많은 약점을 가지고 있었다. 조직이 세분화되어 규모의 경제를 추구할 수 없었고, 성과평가와 책임소재가 체계화되지 않아 나눠먹기식으로 보상이 돌아가고 있었다. Jim McNerney는 3M의 가장 큰 장점인 조직혁신을 강화하는 데 초점을 맞췄다. 따라서, 기존 방식의 파괴보다는 혁신의 체질화에 중점을 두었고, 그 일환으로 3M의 '가속 (Acceleration)'프로젝트가 시작되었다. '3M 가속(Acceleration)' 프로젝트의 핵심은 구성원들의 창의력을 극대화하여 신제품개발 프로세스를 가속화하는 것이었다. 당시 3M의 새로운 아이디어 중에서 실제 신제품개발로 이어지는 아이디어는 10%가 채 되지 않았다. 이에 McNerney는 먼저 개발자가 명확한 인센티브를 가질 수 있도록 보상시스템을 재설계하였다. 그리고, 1년 안에 새로운 아이디어의 수를 2배로 늘리고, 실제로 출시되는 신제품의 수를 3배로 늘린다는 구체적인 목표를 제시했다. 게다가 분산된 조직에 동일한 기준으로 할당되던 자원배분 방식에서 탈피하여 시장기회를 기준으로 자원배분을 재조정하였다. 그 결과 높은 시장기회를 가지고 있던 의료부문에 보다 많은 연구개발 자원이 할당되었고, 의료부문의 매출과 수익을 5% 이상 제고할 수 있었다. 전사적으로는 신제품개발 주기가 과거보다 1년 이상 앞당겨졌고 매출은 10% 이상 향상되었다.

- **Homeplus**

비전하우스에서의 경영전략이란, 경쟁에서 이기는 방법으로 희소한 경영자원을 배분해서 경쟁우위 창출을 유지하게 시켜주는 주요 의사결정으로 정의한다. 전략적 실패는 전술적 성공으로 만회할 수 없다. 전략방향이 잘못되면 아무리 전술이 좋아도 승리하기 어려우므로 전략은 중요하다.

홈플러스는 경영전략을 집의 기둥에 비유했는데, 기둥이 건물에서 수평의 힘과 수직의 힘을 연결시키는 역할을 하는 것으로 기둥은 주춧돌과 대들보를 잇는다. 다시 말해 기업에서 '사명가치 – 문화 – 원칙'의 일하는 방식(Way)만으로는 성과가 나지 못한다. 기둥이 잘못 세워지면 집은 무너지듯이, 전략이 잘못 세워지면, 회사의 존립 자체가 어려워질 수도 있다. 경영전략은 조직내부의 학습능력이라는 새로운 관점의 요인을 적극적으로 도입하기 시작하여 연역적으로 계획된 전략뿐만 아니라 현장을 통해서 서서히 형성되는 창발적인 전략(Emergent Strategy)에 대해서도 초점이 맞추어지게 되었다.[17] 홈플러스의 전략은 크게 두 개의 분야로 구분된다. 하나

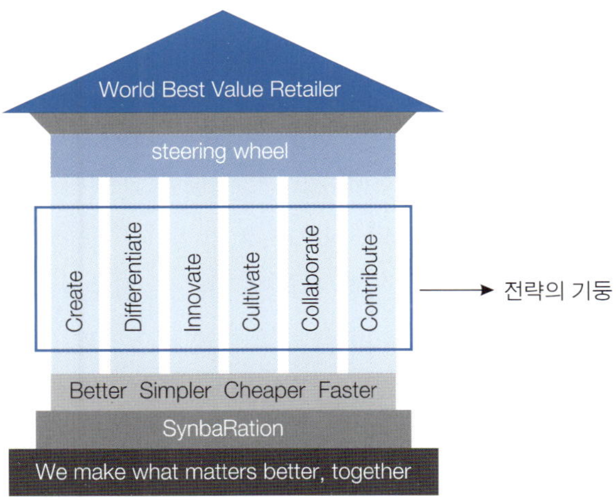

기둥이 주춧돌을 토대로 대들보를 세우듯, 전략이 원칙을 토대로 목표를 세운다. 기둥이 잘못 세워지면 집은 무너지듯이, 전략이 잘못 세워지면, 회사의 존립 자체가 어려워질 수도 있다.

3사 3도 전략

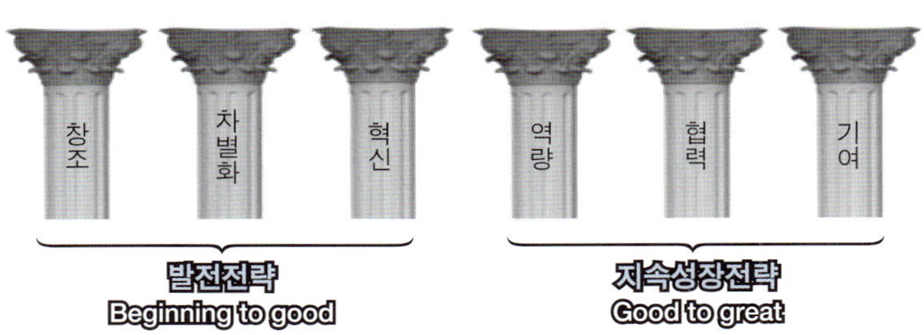

는 Becoming Good or die, 즉 실천하지 않으며 회사가 망하는 전략, 또 하나는 Good to great, 즉 지속가능성장을 위해 실천해야 하는 전략으로 설명할 수 있다. 이것을 홈플러스에서는 그림과 같이 3사 3도(3死3跳) 전략이라고 명명하였다.

2.6 비전하우스의 여섯번째 요소 – 목표관리

비전하우스에서는 목표관리를 집의 대들보에 비유한다. 비전달성을 위하여 전략들이 올바른 방향으로 가고 있는지를 측정하고 관리하는 것으로 목표관리의 측면이다. 대들보는 지붕을 받쳐주고 기둥을 잡아주는 건축요소로서 집의 모든 힘을 한 방향으로 결구시키는 역할을 한다.

이처럼 목표관리도 경영의 모든 활동을 비전을 향해 한 방향으로 정렬시킨다. 즉 전략의 방향을 잡아주어 비전달성을 구체화한다. 대들보는 기둥과 지붕을 잇는다. 목표관리는 전략과 비전을 잇는다. 따라서 목표를 어떻게 관리하느냐에 따라 비전성취 여부가 결정된다.

1) 목표관리의 이론적 고찰

목표란 '어떤 목적을 이루려고 지향하는 실제적 대상으로 삼음. 또는 그 대상'이라고 사전적으로 정의하고 있다. 또한, 조직이 달성하고자 하는 바람직한 장래의 상태를 의미하며 영어로는 'goal'이라는 말로 가장 많이 쓰이나 때로는 purpose, end, object, target 등으로 쓰이고 있다. 목표설정이란 기업이 지니고 있는 유한한 경영자원을 일정한 목표를 향하여 집중적으로 투하함으로써 최대한의 능력을 도출하고 장애와 제약을 돌파하려고 하는 노력을 의미한다.

목표에는 달성을 향한 노력의 과정자체가 기업과 개인의 능력과 힘을 증대시키는 효과 및 목

비전하우스에서는 목표관리를 집의 대들보에 비유한다. 대들보는 지붕을 받쳐주고 기둥을 잡아 주는 건축요소로서 집의 모든 힘을 한 방향으로 결구시키는 역할을 한다.

출처 : http://news.kmib.co.kr/article/view.asp?arcid=0006327381에서 인출

표와 노력의 결과를 비교함으로써 더욱 명확한 형태로 노력의 성과를 측정할 수 있고 다음 목표에의 의욕을 환기시키는 효과가 있다. 목표에는 구성원을 분발시키고 달성을 향하여 매진시키는 힘이 있다. 그러기 위해서 목표는 그 담당자의 주체적 의사가 반영되어 있어야 한다. 특히 조직에 있어서 목표란 그 조직의 구성원 전원에게 진정한 의미로 공유되지 않는다면 목표가 지닌 위와 같은 힘이 발휘되지 않는다. 목표는 달성가능 목표가 되고 따라서 현실적인 목표가 되어야만 달성할 가능성이 커진다. 표적이 분명하지 못하면 사수는 어디에다 화살을 쏠지 몰라 당황하게 된다. 결승점이 분명하지 못하면 마라톤선수는 어느 방향으로 가야 할지 허둥댄다. 목표가 분명하지 못하면 힘, 시간, 돈을 분산시켜 버리고 만다.

목표에 의한 관리(management by objectives, MBO)는 경영자와 근로자가 직무성과의 향상 및 개인의 능력개발을 위한 목표를 설정하고 개인적·조직적 목표를 달성하도록 경영자와 근로자가 함께 참여하여 조직에 대해서 적극적인 공헌활동을 유발하기 위한 경영관리시스템이다. 즉 회사의 경영목표를 달성하기 위해서 MBO는 상사와 부하 간의 협의로 업무목표와 달성기준을 설정하고 상호역할을 분담하여 자율적으로 업무를 수행하도록 하고, 기말에 업무달성 실적을 평가하도록 하는 제도로서 개인의 자주성과 성취동기에 기초를 둔 자기관리방식이다.

2) 목표에 의한 관리(Management By Objectives, MBO)

목표에 의한 관리는 Peter Drucker가 1954년에 최초로 제안한 관리기법이다. MBO는 생산성의 시대에 주목받았던 Taylor의 과학적 관리법이 Mayo의 호손실험에 의해 비판받은 뒤 이를 더욱 발전시킨 행동과학론 중 McGregor의 XY이론에서 Y이론을 발전시킨 개념이다. 1950년 미국에서는 좋은 급료와 작업환경, 복리후생, 노사관계에서도 최소한의 일만하려는 직원에 대해 문제의식을 가지게 되었고 이를 극복하기 위해 등장한 것이 목표관리법이다. 즉, Drucker는 기업의 목표와 개인의 목표를 합치 시키도록 하여 직원의 근로의욕을 향상하고 기업목표를 달성할 수 있도록 해야 함을 강조하였다. MBO는 조직의 상위경영자와 하위경영자가 공동으로 그들의 공동목표를 각 개인의 결과에 대한 주요 책임영역을 규정하며, 각 단위집단 운영과 각 개인의 공헌도를 평가하는 과정이다.[18)]

경영활동이란 목표의 설정에서부터 시작된다. 목표는 달성을 향한 노력의 과정 자체가 기업과 개인의 능력과 힘을 증대시키는 효과 및 목표와 노력의 결과를 비교함으로써 더욱 명확한 형태로 노력의 성과를 측정할 수 있고 다음 목표에의 의욕을 환기시키는 효과가 있다. MBO란 회사의 비전과 중장기 경영전략, 연간 사업계획을 달성하기 위하여 본부 → 부문 → 팀 → 팀원에 이르기까지 상사와 부하가 사전에 협의하여 업무목표와 달성기준(평가지표)을 명확히 설정하고, 상호역할을 분담하여 자율적으로 업무를 수행하며, 반기말에 업무추진 실적에 대하여 평가하는 제도로서, 근본적으로 인간의 자주성과 성취동기에 의한 자기관리에 기초를 두고 있다.

MBO의 실시목적은 회사목표와 개인목표와의 연계를 통한 경영목표의 효율적 달성과 참여에 의한 목표설정과 자율적인 업무수행으로, 동기부여를 통한 업적향상과 권한과 책임의 명확화와 자율경영체계의 정착해 갈 수 있다. 목표란 개인 또는 조직이 일정 기간 내에 달성해야 할 골(goal)이고 표적이며 기대되는 성과이다. 또한, 목표는 '일정기간 각 개인에게 기대하는 일정한 성과를 나타낸 것'이며 개인에게는 개인목표가 조직에는 조직목표가 세워져 있다. 목표란 언제까지(기한), 어떠한 상태로 하겠다(도달수준), 자기의 결심(의사결정), 이 세 가지를 결합시킬 때 목표는 성립되며, 이 중 어느 하나라도 빠지면 목표라고 말할 수 없다.

목표를 설정할 때 혹은 그 목표를 달성하려는 방법을 선택할 때에도 달성을 예측하기 위한 전략적 사고가 필요하다. 목표란 기대되는 성과의 수준 또는 자기가 지향하는 성과의 수준이라고 할 수 있으며, 방침이란 목표를 달성하기 위한 '지켜야 할 조건' 및 '힘을 쏟을 곳'이다. 이 목표와 방침은 어느 편이 상위이고 어느 편이 하위라는 관계가 아닌 상호성을 가진 관계로 이해해 두어야 한다. 목표의 네트워크 시스템을 구축하기 위해서는 경영자와 관리자, 부문과 부문, 관리자와 멤버 사이에 긴밀하고 유기적인 커뮤니케이션 프로세스를 형성하는 것이 필요하다.

목표설정절차는 회사목표 → 본부목표 → 팀목표 → 개인목표 순으로 정한다. 회사목표와 본부목표는 경영방침을 먼저 제시하고, 제시된 경영방침을 달성하기 위하여 추진해야 할 핵심목표와 전략을 수립하여, 협의, 조정을 거친 후 합의회의(consensus meeting)를 통하여 확정한다. 부문장, 팀장, 팀원의 목표는 상사가 먼저 목표를 제시하고, 부하는 상사가 제시한 목표를 달성하기 위하여 자신이 추진해야 할 목표를 설정한다. 상위조직의 목표는 하위조직으로 내려갈수록 보다 세분화, 구체화되고 목표는 분명해야 한다. 목표가 분명치 못하면 계획을 세울 수가 없다. 목표는 "어디에서", "무엇을"에 관심을 둔다면 계획은 "어떻게"에 관심을 두는 것이다.

'성공한 기업은 목표가 있고, 실패한 기업은 목표가 없다.'라는 말이 있다. 그리고 '성공한 사람은 목표가 있고 실패한 사람은 목표가 없다'라는 말이 있다. 이런 말은 성공한 기업이나 성공한 사람은 항상 뚜렷한 목표를 설정하고, 뜨거운 열정으로 그 목표를 달성한다는 것이다. 즉, 성공한 기업과 사람들은 명확하게 목표관리를 실천한다는 것이다. 특히, 거시적인 관점에서 기업의 목표관리제도는 왜 필요할까? 바로 기업은 사회의 여러 가지 책임가운데 '계속기업 (Going-concern)'의 책임을 실현하기 위해서 기업은 목표를 수립하고, 그 목표를 달성해야 기업이 쇠퇴하지 않고 계속적인 기업으로 발전할 수가 있기 때문이다. 목표관리제도는 개인의 자율적인 목표달성을 통해서 기업이 계속적으로 성장, 발전하는데 밑거름이 되기 때문에 필요하다.

3) 균형성과지표(Balanced Score Card, BSC)'

균형성과지표(BSC)는 기존의 재무지표 중심의 성과관리시스템에 대한 개선책을 마련하는 과정에서 Kaplan과 Norton이 개발한 것이다. BSC는 경영자에게 기업의 전략적 목표를 일관된 성과측정치들로 전환시킬 수 종합적인 틀을 제공한다는 점에서 중요하다. BSC를 수립하는 과정은 조직의 여러 가지 변혁프로그램을 관리할 수 있는 틀을 제공한다.[19] BSC는 기업의 전략을 실행하기 위해서 기업의 경영성과를 재무적인 관점뿐만 아니라 고객관점, 내부 비즈니스 프로세스 관점, 학습 및 성장관점 등 비재무적인 지표를 균형있게 활용하는 성과관리시스템이다. 재무적인 관점에서는 전략수행의 결과 자기자본 이익률이나 순이익 등 재무적 지표가 어떻게 개선되었는가를 측정한다는 점에서 주주들에 의한 평가를 중시한다. 내부 비즈니스 프로세스 관점(internal business process perspective)에서는 조직이 고객을 만족시키고 재무적 목표를 달성하는 데 필요한 핵심적인 내부 비즈니스 프로세스를 규명하고 이를 개선시키는 관점에서 경영성과를 측정하는 것이다. 고객관점(customer perspective)에서는 시장을 세분화하여 목표시장을 설정하는 것이다. 이러한 목표시장에서 측정지표인 고객만족, 고객유지, 신규 고객확보, 고객수익성 그리고 시장점유율 등으로 기업의 성과를 측정하는 것이다. 학습 및 성장관점(learning and growth perspective)에서는 직원들을 다시 훈련하고, 정보기술과 시스템을 강화하며 조직의 절차를 전략에 부합되도록 정렬시킬 뿐만 아니라 기업의 장기적 전략과 성장을 이루고자 한다.

4) KPI(Key Performance Indicator)

BSC(균형성과관리)는 기존의 성과지표들이 주로 재무적인 분야에만 초점을 두고 있는 데 비해 성과지표를 재무, 고객, 내부 프로세스, 학습 및 성장관점의 네 가지 카테고리에 맞춰 KPI(핵심지표)를 균형있게 선정하고, 그 선정된 지표 간의 인과관계를 파악하여 전략지도로 구성한다. 이렇게 선정된 지표를 관리함으로써 어느 한곳에 치우치지 않고 기업의 성과향상에 핵심적인 성과요인들을 향상시키는 기법이다.

이러한 BSC의 네 가지 영역 중 고객과 내부 프로세스라는 영역에 대해 고객의 만족도를 높이고 고객과 관련된 성과요인을 관리실행하기 위해서는 CRM적인 접근법이 필요하며, 내부 프로세스에서 프로세스를 효율화시키고 품질을 향상하는 방법에 6-sigma를 적용할 수 있다.

'측정하지 않으면, 행해지지 않고 고쳐지지도 않는다'는 말과 같이 기업, 부서, 개인의 성과개선을 위해 활동결과를 측정하는 것으로 무엇을 측정할 것인가(What to manage)의 문제가 제기된다. 핵심 성과지표는 목표달성을 위한 세부적 전략의 추진정도나 수준을 측정평가할 수 있는 척도라고 할 수 있으며, 개인 또는 프로세스가 얼마만큼이나 기여하는 지에 대한 평가방법이라 할 수 있다. KPI와 기존의 성과지표와의 차이는 다음과 같다.

- 핵심 성과지표에는 기업의 전략적 의미가 담겨 있어 전략적 의사결정에 핵심적인 역할을 한다. 핵심 성과지표에서 보이는 수치들은 조직의 비전과 전략들과의 밀접히 연관되어 있으므로, 조직의 핵심적인 부분들이 어떤 상태에 놓여있는지 극명하게 보여주며, 어떻게 의사결정에 반영해야 하는지를 직접 설명한다.
- 핵심 성과지표란 성과에 대한 책임을 분명히 한다. 핵심 성과지표는 선정당시 지표에 대한 정확한 정의와 책임자 및 책임조직을 분명히 하기 때문에 성과책임에 대한 갈등의 소지가 줄어든다. 즉, 성과결과에 대한 분명한 규명은 객관적인 성과평가를 촉진하며 이를 통해 책임경영을 추진하도록 한다.
- 핵심 성과지표는 미래 예측을 가능하게 하는 정보를 제공한다. 핵심 성과지표는 기업의 비전 및 전략달성, 기업의 본원적인 가치증대 등의 미래 예측정보를 제공한다. 핵심 성과지표는 기업의 전략달성을 가늠할 수 있는 정보를 담고 있으므로, 과거를 반영하는 관리지표의 성격을 벗어나 기업의 잠재적 가치를 반영하고 있다.

5) 목표관리의 사례연구

■ GE의 성과주의 제도가 아닌 프로세스의 체화

다른 기업과 차별화되는 GE의 가장 강력한 무기는 성과주의 제도 자체에 있는 것이 아니라, 이러한 것들이 일상적인 프로세스로 정착되어 있다는 데 있다. 어떻게 보면 GE가 자랑하는 '프로세스'에는 특별한 것이 숨겨져 있는 것이 아니다. 단지 'What'이 아니라 'How'에 집중한 결과로 나름의 성과주의 노하우를 축적하고 있다. GE는 성과주의를 이끄는 원동력으로써 리더십을 가장 중요한 요소로 생각한다. GE에게 있어 리더십이란 직원에게 명령하고 직원을 부리는 통상적인 개념이 아니라, '자신의 일에 대한 책임감(Accountability)'을 의미한다. GE가 바라는 리더십은 'What'의 관점보다는 'How'의 개념에 집중한다. 직원들이 주어진 과제를 행하는 방법에는 개인마다 차이가 있게 마련이지만, GE에서는 모든 업무가 매뉴얼화 되어 있고, 리더가 직원들의 일하는 방식을 끊임없이 챙기게 된다. 프로세스가 직원들 하나하나의 행동양식에 암묵적으로 체화된 데에는 이러한 리더십이 크게 기여하고 있다. GE는 다양한 피드백을 반영해 가장 합리적인 평가결과를 도출하고자 'Session C'를 운영하고 있다. Session C는 인사조직 검토 프로세스를 통해 직원의 능력과 업적을 종합적으로 평가하고 이를 바탕으로 급여인상, 승진, 리더십 교육, 파견, 직무와 직책부여, 승계 가능성 등을 검토한다. 또한, 이를 통해 조직이 현재 나아가고 있는 방향이 옳은지 여부를 검토하게 된다. GE는 일년 내내 Session C를 진행한다고 할 수 있을 정도로 매우 정교한 과정을 연중운영하고 있다. Session C 프로세스의 주요 과정은 360° 평가, EMS(Employee Management System), Session C Review, Session C Wrap-Up으로 구성되어 있다.

■ Google의 Objectives and Key Results; OKR

Google의 성과관리 운영방식은 첫째, 되도록 자주 둘째, 동료평가를 중심으로 셋째, 매우 공개적으로 이루어진다는 데에 특징이 있다. 구체적으로는 우선 분기단위의 목표관리제도(Objectives and Key Results; OKR)를 통해 경영의 스피드와 환경변화에 대한 유연성을 높이고 있다. 또한 전 직원이 인터넷을 이용해 OKR공유 미팅에 참여하는 등 오픈 커뮤니케이션을 통해 수시로 목표에 대한 공감대를 형성한다. 그리고 개인의 목표와 실적은 해당 부서동료들에게 공개하여 평가의 공정성과 객관성을 높이고 있다. 목표설정 및 중간점검 프로세스는 목표관리제도를 기반으로 하여 운영된다.

전사목표가 수립된 뒤에는 3개월마다 Cascading을 통해 개인의 목표와 실적을 직원들끼리 공유하게 된다. 평가도 1년에 네 번 시행된다. 먼저 본인이 자기평가를 에세이로 작성하면, 이에 대해 함께 일한 동료들(보통 5~6명)이 사업목표 기여도, 문화 적합성 등을 중심으로 평가 에세이를 작성한다. 개인별 자기평가 및 동료평가를 근거로 매니저가 평가 대상자에 대한 종합에세이를 작성하고 절대평가방식에 따른 등급을 부여하고 나면, 다시 지역단위의 평가위원회에서 한 번 더 평가등급을 조율하고 모든 평가근거자료를 공개하게 된다. 그러면 사업부 단위에서 최종적으로 상위 5%와 하위 5%를 분류하고 보너스지급 또는 퇴출여부를 검토하게 된다.

■ Homeplus

홈플러스는 기업의 경영방향을 결정하고 목표를 관리하기 위하여 자동차의 운전대에 비유한 'Steering Wheel'[20] 목표관리시스템을 운영하였다. Steering Wheel은 5가지 경영의 주요 영역 (Customer, Community, Operations, People, Finance)을 균형있게 관리하고자 하는데 의미가 있고, 회사의 목표대비 성과 진척도를 시각적으로 표현하여 임직원의 성과보상을 결정하였다. Steering Wheel 목표관리제도는 고객, 지역사회, 운영, 인력, 재무 등 5개 영역에서 추진과제를 수립하고, 과제별 목표관리지표(KPI)를 설정해 실행하여 매분기 평가를 실시한다.

모든 직원은 회사의 사업전략이 본인의 부서에 어떻게 적용되고, 왜 중요한지를 이해할 수 있다. 또한, 회사의 목표대비 성과진척도를 시각적으로 표현하여 현재 우리가 잘하고 있는지, 어디에 주력해야 하는지를 보여준다. 이를 통하여 구체적인 목표설정이 가능하고, 구체적인 세부목표에 따른 평가를 볼 수 있어 개선활동에도 용이하다. 직원들 또한 우리가 무엇을 달성해야 하는

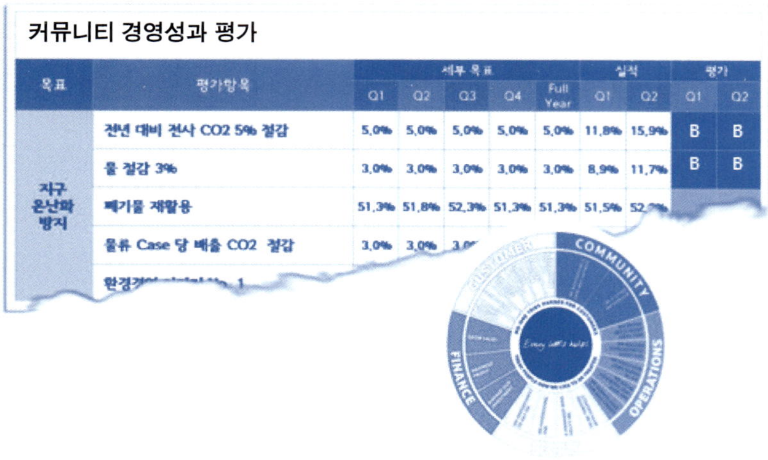

커뮤니티 경영성과 평가

목표	평가항목	세부 목표					실적		평가	
		Q1	Q2	Q3	Q4	Full Year	Q1	Q2	Q1	Q2
지구 온난화 방지	전년 대비 전사 CO2 5% 절감	5,0%	5,0%	5,0%	5,0%	5,0%	11,8%	15,9%	B	B
	물 절감 3%	3,0%	3,0%	3,0%	3,0%	3,0%	8,9%	11,7%	B	B
	폐기물 재활용	51,3%	51,8%	52,3%	51,3%	51,3%	51,5%	[illegible]	[illegible]	[illegible]
	물류 Case 당 배출 CO2 절감	3,0%	3,0%	[illegible]						
	환경경[illegible]									

목표대비 실적진척도는 신호등 색깔을 활용해서 한 눈에 알 수 있는데, 녹색(Green)은 목표가 달성되고 있음을, 적색(Red)은 목표대비 미달상황을 의미한다.

지, 나의 업무가 어떻게 목표 수준으로 설정되는지, 목표대비 실적은 어느 정도인지 쉽게 이해할 수 있다.

연습문제

1. 비전하우스에 대해 설명하시오.
2. 비전하우스의 핵심요소는 무엇인가?
3. 사례연구에서 주는 시사점에 대해 설명해 보시오.
4. 비전하우스의 두 번째 요소인 사명과 가치가 주는 의의는 무엇인가?
5. 핵심가치의 역할은 무엇인가?
6. 경영전략에 대해 설명하시오,
7. 경쟁우위전략과 필요성에 대해 논의하시오.
8. 다각화 전략이란 무엇인가?
9. 목표에 의한 관리(MBO)에 대해 설명하시오.
10. 균형성과지표(BSC)에 대해 설명하시오.

미 주

1) Leontiades, M. (1982). Choosing the right manager to fit the strategy. Journal of Business strategy.

2) 신바레이션이란 한국의 신바람과 서양의 Rational(이성적)이라는 단어의 합성어로 한국 기업과 영국 기업의 합작회사였던 홈플러스의 독특한 기업문화를 설명한다.

3) El-Namaki, M. S. S. (1992). Creating a corporate vision. Long Range Planning, 25(6), 25-29.

4) Drucker, P. F. (1973). Managing the public service institution. The public interest, 33, 43.

5) Wiener, Y. (1988). Forms of value systems: Focus on organizational effectiveness and cultural change and maintenance. Academy of management Review, 13(4), 534-545.

6) Smolicz, J. (1981). Core values and cultural identity. Ethnic and racial studies, 4(1), 75-90.

7) David, J. A. P. I. F. (1987). Corporate Mission Statements.

8) David, F. R. (1989). How companies define their mission. Long range planning, 22(1), 90-97.

9) Wiener, Y. (1988). Forms of value systems: Focus on organizational effectiveness and cultural change and maintenance. Academy of management Review, 13(4), 534-545.

10) Smolicz, J. (1981). Core values and cultural identity. Ethnic and racial studies, 4(1), 75-90.

11) 톰피터스, 로버트 워터맨 (2005). 초유량 기업의 조건. 서울: 더난출판사

12) 제리 포라스, 짐 콜린스 (2002). 성공하는 기업들의 8가지 습관 서울:김영사

13) Schein, E. H. (1999). Sense and nonsense about culture and climate.

14) Meehan, P., Gadiesh, O., & Hori, S. (2006). Culture as competitive advantage. Leader to Leader, 2006(39), 55-61.

15) Hart, S., & Banbury, C. (1994). How strategy-making processes can make a difference. Strategic management journal, 15(4), 251-269.

16) Ansoff, H. I. (1957). Strategies for diversification. Harvard business review, 35(5), 113-124.

17) 임상혁, & 임병준. (2016). 쿠쿠 (CUCKOO) 전자 구본학의 경영이념과경영전략에 관한 연구. 경영사연구, 31(2), 79-100.

18) Odiorne, G. S. (1965). Management by objectives: A system of managerial leadership. Pitman Publishing Corporation.

19) Kaplan, R. S., & Norton, D. P. (1996). Linking the balanced scorecard to strategy. California management review, 39(1), 53-79.

20) 자동차 운전대와 같은 역할로 방향을 잡는다는 의미

제5장

직무분석과 역량모델링

본 장은 조직에서 특정직무에 관한 정보를 체계적으로 수집하는 방법인 직무분석과, 직무분석의 한 가지 방법이라고 할 수 있는 역량모델에 대한 이해를 목표로 한다. 또한 직무분석과 인적자원관리 활동 간의 관련성 및 직무정보수집방법, 직무기술서와 직무명세서의 내용, 직위분석설문지(PAQ)의 내용, 직무분석의 동향, 역량(competency)과 역량모델의 개념, 역량모델의 활용영역 등에 대해 학습함으로써 인적자원관리 시스템의 기초를 제공하는 직무분석의 전략적 중요성을 이해한다.

제1절 직무분석의 의의와 전략적 중요성

1.1 직무분석의 의의

직무분석은 조직내에서 이루어지는 일을 체계적으로 이해하기 위한 작업을 가르킨다. 이 작업의 일차적 목표는 사람들이 무엇을 하는지, 어떻게 하는지, 그리고 그것을 하기 위해 어떤 능력들이 필요한지를 이해하는 것이다.

인적자원관리 종사자들 사이에는 과연 직무분석과 역량모델링(competency modeling)이 별개의 공정인지, 아니면 같은 주제에 대한 서로 다른 변형인지에 대하여 논란이 있다. 우리의 관점은 역량모델링은 직무분석에 대한 하나의 접근방법이라는 것이다. 다시 말해서, 직무분석은 더 광범위하고 일반적인 개념이며, 역량모델링은 직무분석의 한 가지 방법이다. 역량모델에 대해서는 이 장의 후반부에 보다 상세히 기술할 것이다.

어떤 특정한 공정을 사용하여 직무분석을 하든지 간에 직무분석의 결과는 직무기술서를 작성하기 위해서 사용된다. 직무기술서는 필수 직능을 열거하고, 직무환경을 설명하고, 직무가 요구

그림 5-1 통합된 인적자원관리 시스템 내에서의 직무분석

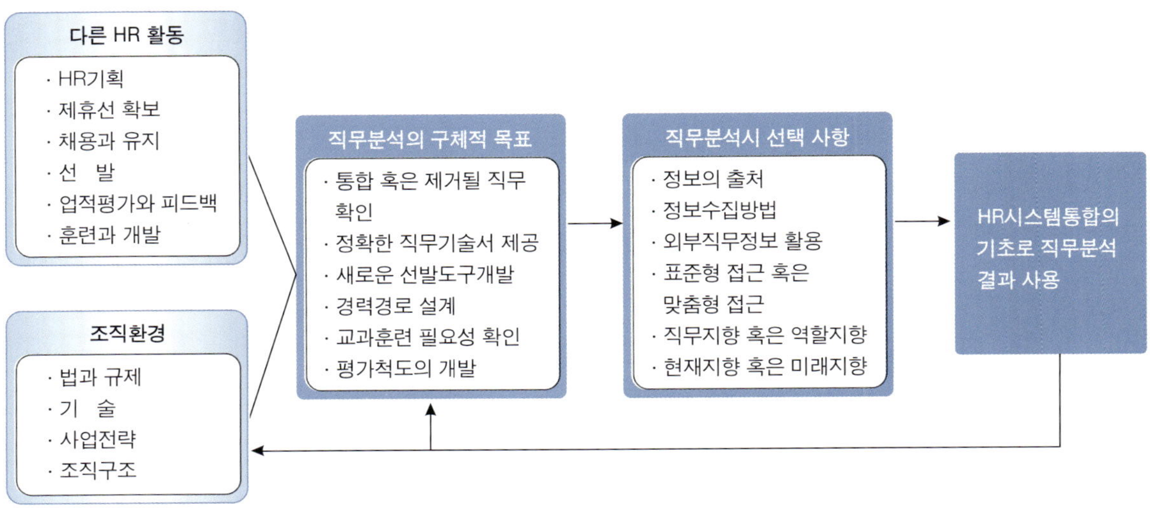

자료 : Jackson, S. and Schuler, R.(2003), *Managing Human Resources Through Strategic Partnerships* (8th ed.), Thompson, p.209.

하는 특별한 교육이나 인증사항을 명시한다.

직무분석을 통해 만들어진 직무기술서는 직원들을 위해서는 업무행위의 지침이 되고 관리자와 감독자들을 위해서는 업무평가와 피드백의 지침이 된다. 직무기술서는 또한 급여정책과 교육프로그램을 만드는 근거자료가 되기도 한다. 다시 말해서, 직무분석은 사실상 인적자원관리 시스템의 기초를 제공한다고 할 수 있다. 이것은 조직 전체의 인적자원관리 시스템이 일관성이 있고 조직의 목적에 맞는지를 점검하는데 사용될 수 있다(그림 5-1 참조).

1.2 직무분석의 전략적 중요성

직무분석의 전략적 중요성은 먼저 인적자원관리 시스템의 합리적인 근거를 제공하는 체계적 작업으로서의 유용성에 기초한다. 직무분석과 역량모델링의 역할은 조직내 직무가 갑자기 바뀌는 전략적 변화의 시기에 극명하게 나타난다.

조직이 핵심공정을 중심으로 구조조정을 할 때와 같은 전략적 변화를 겪을 때 직무의 성격은 급격하게 변할 수 있다. 조직내에서 직무의 성격이 바뀔때 인적자원관리 시스템의 여러 측면들도 영향을 받게 된다. 구조조정시 더 넓어진 직무와 간소화된 관리위계는 곧 승진기회의 감소를 의미한다. 직무분석은 인적자원관리 전문가들이 새로운 조직구조 내에서 경력을 개발할 수 있도록 도와주기도 한다.

많은 조직들에서 구조조정은 인수합병의 과정에서 일어나게 된다. 인수합병은 직무분석의 중요성을 보여주는 또 하나의 전략적 변화의 형태이다. 인수합병시 직무분석은 두 개의 회사에 존재했던 직무들의 내용을 비교할 수 있는 체계적 기초를 제공한다. 두 회사가 합쳐질 때, 핵심문제는 사람들을 공정하게 대우하는 것이다. 예를 들어 만약 두 사람이 실질적으로 같은 일을 하고 있다면 그들의 실제 보수도 합병후에는 동일해야 할 것이다. 직무분석은 합병된 회사에서 어떤 직무들이 실질적으로 필요한지를 결정할 근거를 제공한다. 합병시 직무분석은 또한 정리의 대상이 될 수 있는 중복된 직무를 확인하는 데 사용될 수도 있다. 인수합병시의 직무분석의 또 다른 사용예로는 직무수행을 위한 능력을 명시하거나, 신체적 장애를 가진 직원들을 위해 직무를 재설계한다거나, 직무수행 평가기준을 개발한다거나, 교육프로그램을 설계하는 것 등이 있다.

예를 들면, 휴렛패커드(HP)에서 직무분석은 새로운 환경에서 직원들이 필요로 할 특정 역할, 행위, 그리고 능력들을 얻기 위한 회사의 새로운 전략의 의미에 대한 관리자들의 이해를 돕기 위하여 사용되었다. HP에 있어서 이 새로운 전략이란 기존의 제조업에서 서비스업으로의 전환을 의미하였다. 변화과정의 전략기획 단계에서 관리자들은 업무활동에 필요하게 될 핵심 변화들을 명시한 비젼표를 작성하였다. 그 다음에 직무분석 절차가 적용되어 관리자들이 새로운 업무를 수행하기 위해 필요한 역할, 행위 그리고 능력들을 정의하도록 도와주었다. 분석의 결과들은 새로운 사업전략에 맞추어진 직무기술서와 상벌기준을 작성하는데 기반이 되었다. 직무분석은 조직의 새로운 직무에 걸맞는 새로운 인적자원관리 정책과 실천방안들을 개발하는데 필요한 정보를 제공한다. 최근 William M. Mercer社의 조사보고서에 따르면 많은 조직들이 역량기반 직무분석으로 전환하는 이유는 전략적 변화에 적응하기 위해서라고 밝히고 있다. 예를 들어, 한 기업이 새로운 시장이나 사업영역에 뛰어들 때 직무분석은 새로운 모험이 성공하기 위한 새로운 기술과 역량들을 확인하는데 사용될 수 있다.

법률적 고려사항 역시 직무분석의 전략적 수행에 매우 중요한 역할을 한다. 노동법규제에 대한 적절한 대응은 여러 효율적 조직들의 목표 중 하나이다.

또한 직무분석은 채용, 평가, 보상, 교육의 기반을 제공하기 때문에 법률 및 규제기관의 관심의 대상이 된다.

정기적으로 직무분석 연구를 수행하고 결과를 직무기술서의 형태로 기록함으로써, 고용주들은 직원들의 부당대우 주장이나 동일노동 동일임금 혹은 남녀고용평등법의 압력에 더 잘 대처할 수 있게 된다.

제2절 직무분석에서의 역할분담

직무분석은 많은 종류의 사람들과 연관이 된다. 인적자원관리 전문가들이 거의 항상 전체 작업에 대한 1차적 책임을 지지만 그들만으로는 적절한 분석을 수행할 수 없다. 실제 직무를 수행하는 사람들과 매일 그 직무를 관찰하는 사람들이 직무를 설명하는데 전문가들이 되므로 그들의 참여는 필수적이다. '인적자원관리의 3요소: 직무분석에서의 역할과 책임'은 전문가, 관리자 그리고 직무를 담당하고 있는 직원들이 직무분석에 어떻게 관련되는지를 요약하고 있다. 〈표 5-1 참조〉

〈표 5-1〉 직무분석에서의 역할과 책임

라인 매니저	인적자원관리 전문가	종업원
• 전략기획과 조직변화에 참여 • 전문가와 토의하여 직무들이 분석, 재분석되어야 하는지 결정 • 직무분석 수행자와 목적결정 • 직무분석에 참여할 현업 직원선발 • 기술적 문서제공 • 인터뷰와 설문지를 통해 직무분석에 참여 • 현업 직원들의 참여 동기부여	• 전략기획과 조직변화에 참여 • 관리자와 직원들에게 직무분석의 중요성 강조 • 관리자와 토의하여 직무들이 분석, 재분석 되어야 하는지 결정 • 직무분석 전문가로서 업무수행 또는 외부업체 발주 • 관리자와 직원들에게 법적 고려사항들 교육 • 직무기술서 작성 및 업데이트 • 직무분석 및 역량모델링 최신기법인지	• 전략기획과 조직변화에 참여 • 직무분석의 필요성과 목적이해 • 직무의 변화로 인한 직무분석의 필요를 관리자에게 알림 • 직무분석 작업에 필요한 정확한 정보제공 • 새로운 직무성격에 적응하고 새로운 과업에 대한 적극적이고 융통성 있는 자세표시 • 직무분석 결과를 경력 계획과 직무선택결정에 이용 • 직무분석, 역량모델링 및 기타 인적자원관리 기법들 간의 관계이해

자료 : Jackson, S. and Schuler, R.(2003), *Managing Human Resources Through Strategic Partnerships*(8th ed.), Thompson, p.213.

2.1 기본개념들(Basic Terminology)

일상대화에서 사람들은 직업을 고용사항과 관련해서 총체적으로 사용한다. 하지만 인적자원관리 시스템에 있어서는 조금 더 자세한 개념정의가 필요하다. 개념의 엄밀한 사용은 명확한 의사소통을 원활하게 한다.

■ 직위, 직무, 직군(Positions, Jobs, and Job Families)

인적자원관리 전문가들은 한 개인이 수행하는 활동들을 직위라고 부른다. 직무는 조직내에서 기능적으로 상호교환 가능한 직위를 말할 때 사용한다. 작은 조직에 있어서 한 개의 직무는 한 개의 직위를 가질 것이다. 어느 두 직원도 같은 활동을 하는 것을 기대하지는 않을 것이다. 이런 경우의 예는 '갑'이 금전관리자 직위를 맡고있고 오직 '갑'만이 그 직무를 담당하고 있을 때이다. 조직이 성장함에 따라 어떤 직무들과 연결된 직위들이 늘어나게 된다. 가족끼리 운영하던 제과점에서 더 많은 제빵사들이나 판매사원들을 고용할 수 있다. 제과점의 성장이 직무의 수는 늘리지 않고 직위의 수만 늘리는 것을 요구하고 있다. 그러나 제과점이 계속 성장하게 되면 새로운 직무가 발생할 수 있다. 만약 제과점이 앉아서 커피를 마실 수 있는 서비스를 제공하게 된다면 웨이터라는 직무가 발생될 것이다. 새로운 직무는 전문화를 통해서도 발생할 수 있다. 작은 제과점에서는 제빵사의 직무는 빵도 만들고 과자도 만드는 것이지만, 조직이 성장함에 따라 제빵사의 직무는 제빵사와 제과사로 나뉠 수 있다.

직군은 관리상 비슷하다고 취급될 수 있는 직무들의 묶음이다. 같은 직군의 직무들은 비록 서로 다른 과업을 수행하더라도 대체적으로 비슷한 역량을 요구한다.

직군은 일반인들이 생각하는 직업분류와 밀접한 관련을 갖는다. 위의 제과점 예에서 제빵사와 제과사는 같은 직군에 들어 간다.

2.2 직무분석(Job Analysis)

직무분석은 직무수행활동 그리고 직원명세에 대한 정보를 설명하고 기록하는 체계적 작업이다. 일반적으로 직무분석에 의해 설명되고 기록되어지는 정보는 다음과 같다.

- 직무의 목적
- 직무수행자의 주 책임과 활동
- 직무환경
- 역량들(예: 직무수행을 가능케 하고 성과를 올릴 수 있는 기술, 지식, 능력, 그 외 다른 특성)

인적자원관리 전문가들은 직무분석기법을 개발하는 데 많은 관심을 기울였으며, 현재는 많은 종류의 기법들이 존재한다. 최근의 한 보고서에 따르면 적어도 15개 이상의 직무분석접근 방법이 있는 것으로 보고되고 있다. 이는 직무분석의 초점이 각각 다르기 때문에 나타나는 현상이다. 대부분의 방법들은 과업지향적(Task-Oriented job analysis)이거나 직무담당자 지향적(Worker-Oriented job analysis)이다. 전통적 접근법들은 주로 과업에 초점을 맞춘다. 과업지향적 직무분석에서는 직무가 활동과 산출에 있어서 무엇과 관계되는지에 초점을 맞춘다. 대부분의 전통적 접근법과 마찬가지로 시간과 행동연구법은 과업지향적 직무분석방법이다.

직무담당자 지향적 직무분석은 직무를 성공적으로 수행하기 위해 현업 직무담당자에게 요구되는 특성에 초점을 맞춘다. 그 목적은 성공적 업무성과에 이르기 위한 기술, 능력, 태도, 성격 등을 기술하는 것이다. 여기서 주 관심사는 누가 직무를 수행할 수 있는가에 있다. 역량모델링은 직무담당자 지향적 직무분석접근법이다.

각각의 직무분석기법들은 강점과 약점이 있다. 물론 현실적으로 어느 한 기법이 완벽하다고 말할 수 없다. 한 특정한 기법의 유용성은 주로 직무분석의 목적에 의해 결정될 때가 많다. 예를 들어, 새로운 채용과정을 개발하기 위한 직무분석이라면 직무담당자 지향적 접근방식이 가장 좋을 것이다. 다른 한편으로는, 직무교육프로그램 설계를 위해서라면 과업지향적 직무분석이 좋을 수도 있다. 이러한 이유로 인적자원관리 전문가들은 한 조직의 인적자원관리 정책과 내규를 정할 때 종종 여러 기법의 결합에 의해 얻어진 정보들을 활용한다.

■ 역량모델링(Competency Modeling)

앞서 말했듯이, 우리는 역량모델링을 직무분석에 대한 하나의 접근법으로 생각하고 있다. 비록 어떤 컨설턴트는 자신들의 서비스를 설명하기 위하여 역량모델링이라는 새로운 개념을 사용하고 싶어 하지만, 역량모델링의 기본절차와 목적은 전통적 직무분석절차에 의거하고 있다. 역량모델링접근법을 구별짓는 것은 그것이 효율적 성과와 관련된 개인적 특성을 기술하는데 더 많은 중점을 두고 있다는 것이다. 즉, 역량모델링의 1차적 목적은 고성과자의 기술, 지식, 능력, 가치관, 관심분야 그리고 성격을 상술하는 것이다. 역량모델링에 대해서는 이 장의 뒷부분에서 상술하기로 한다.

브리티시 항공의 구인광고

호의적이고 친절한 성격. 어려운 상황을 처리할 역량. 세계 각지 사람들과 효율적으로 소통할 능력. 동료에 대해 협력적임. 긴급상황에서도 차분함과 효율성을 유지할 수 있음. 자립성과 독립성. 모든 사람을 인격적으로 대할 자세가 되어 있음.

2.3 직무기술서(Job Discriptions)

보통 직무분석결과의 가장 직접적 사용처는 직무담당자에게 요구되는 행위와 역량을 자세히 설명하는 직무기술서의 작성분야이다. 직무기술서는 고용관계를 규정하는 고용계약서의 일부분이다. 〈표 5-2〉는 직무기술서의 한 예이다. 채용에 있어서 명확한 직무기술서는 지원자들에게 실제적 정보를 제공한다.

〈표 5-2〉 사우스웨스트 항공의 승무원 모집광고

승무원들은 손님들의 안전과 편안함을 최우선적으로 약속드리며, 기억에 남는 여행이 되기 위하여 친절하고, 적극적이며, 예의 바른 그리고 재미있는 서비스를 제공한다.

일단 직무를 시작한 상태에서는 직원들은 행위의 조정자로서 직무기술서를 이용한다. 좋은 직무기술서는 그 직무의 가장 중요한 측면에 역량을 집중할 수 있게 지도한다. 감독자들은 직무기술서를 성과평가 및 피드백제공에 이용한다. 또한 잘 쓰여진 직무기술서는 감독자들이 평가서를 쓰거나 직원들이 이력서를 쓰는데 도움을 준다. 일반적으로 잘 쓰여진 직무기술서는 〈표 5-3〉에 나타난 요소들을 포함한다.

〈표 5-3〉 직무기술서의 요소들과 해당 명세사항들

요 소	명세사항
직무명	• 중요한 과업을 기준으로 상호 교환가능한 직위들을 정의
소속 부서	• 조직 내에서 직무의 위치를 나타냄
직무분석이 실시된 날짜	• 본 기술서가 언제 만들어졌으며 업데이트가 필요한지 표시 (대규모 변화가 있기 이전의 직무분석에 의한 직무기술서는 가치가 떨어짐)
직무요약	• 직무에 대한 요약 • 주로 채용공고 및 보수결정에 이용됨
감독기준	상하 보고관계를 표시. 만약 감독이 주어진다면 그것에 관한 과업들은 수행과업밑에 표시
수행과업	직무를 이루는 과업과 임무를 표시. 과업은 직무담당자가 제품이나 용역을 생산하기 위해 수행하는 행위를 말함. 임무는 각각의 중요성과 소요시간에 의해 우선순위를 매겨야함. 명시된 임무는 1. 직무환경이 장애인법에 저촉되는지 2. 초과근무 수당이 근로기준법에 저촉되는지 3. 두 직무가 동일 임금법에 의해서 동일하게 취급되어야 하는지 를 결정할 수 있다.
직무환경	직무가 수행되는 물리적 환경(예: 야외, 폐소, 외지, 극온 지방, 화학가스-질병 노출지역 등) 뿐만 아니라 사회적 환경 (팀웍, 융통성, 재교육)을 표시. 점차적으로, 직무의 안정성과 변화정도, 기업문화, 조직의 미션 또는 비젼을 표시하기도 한다.

자료 : Jackson, S. and Schuler, R.(2003), *Managing Human Resources Through Strategic Partnerships* (8th ed.), Thompson, p.217.

2.4 직무명세서

직무기술서가 해당 직무의 과업, 의무, 책임을 포함한 직무요건(job requirements)에 초점을 맞추었다면 직무명세서(job specification)는 직무를 수행하는 담당자가 갖추어야 할 인적요건(human requirements)에 초점을 맞추고 있다. 즉 직무명세서는 직무담당자가 갖추어야 하는 지식, 기술, 능력, 기타 특성(KSAOs)을 포함한다. 지식(knowledge)은 과업을 성공적으로 수행하기 위해 필요한 실질적 정보 혹은 절차적 정보를 의미한다. 기술(skill)은 특정 과업을 수행할 때 개인의 숙련수준, 즉 업무를 잘 수행할 가능성을 말한다. 기술과 달리 능력(ability)은 개개인이 가지고 있는 보다 일반적인 역량을 말한다. 어떤 사람은 다른 사람들과 협력하는 능력과 분명하고 정교하게 기록하는 능력을 가지고 있을 수 있다. 마지막으로 기타 특성으로는 인내력 혹은 성취동기와 같은 성격 특성이 포함된다. 어떤 직무들은 면허나 자격증과 같은 법적자격요건이 필요한 경우도 있다.

KSAOs에 대한 정확한 정보는 누가 그 일을 담당하는데 적임자인지를 결정하는 데 매우 중요하다. 직무배치를 하는 관리자는 직무가 요구하는 자격요건과 지원자 각각의 특징에 대한 정보를 가지고 있어야 한다. 인터뷰와 선발 의사결정 역시 KSAOs에 초점을 맞추어야 한다.

제3절 직무정보수집의 주체

1) 직무담당자들(Job Incumbents)

현 직무담당자는 일에 대한 가장 직접적인 지식과 그 일과 연관된 적합성을 가지고 있는 사람으로서 인터뷰에 참석하거나 질문에 응답함으로써 정보를 제공한다.

직무분석의 한 가지 관점은 특정한 직무담당자를 선택하는 것이다. 만약 당신의 출판사가 30명의 출판편집자를 고용하고 있다면 당신은 출판편집에 관하여 알기 위해 그들 모두로부터 정보를 얻어야만 할까? 많은 회사들은 모든 직원들의 직무를 조사하는 것은 비효율적이라 생각하므로 대개 하나의 표본을 선택한다. 한 표본이 선택될 때 그는 반드시 대표적인 표본이 되어야 한다. 이는 남성과 여성, 각각의 인종과 국가, 청년층은 물론 장년층 또한, 각자의 지역과 구역 등을 모두 대표해야 한다는 것이다. 대표적 표본은 그 일에 종사하는 다양한 관점들을 모두 수용하게 된다.

직계간부들과 담당자들은 대체적으로 담당자들이 어떠한 일을 수행할지에 관하여 합의를 이룬다. 하지만 재직자들은 그들이 하는 일을 직계간부들이나 외부 직무분석가들이 생각하는 것보다 더 많은 기술과 지식을 요구하는 것으로 보기 쉽다. 이러한 견해 차이의 한 이유는 일에 관련된 특정 정보는 외부인들보다는 재직자들에게 더 두드러지게 나타나기 때문이다. 그 차이는 또한 자아고취 때문이라 할 수도 있다. 직무분석은 많은 인적자원관리의 결과물들에 기인하기 때문에-예를 들면 업무인정과 보상- 재직자들, 그리고 더 적은 정도이긴 하나 그들의 관리자들은 조직의 보상이나 자존감을 높이기 위해 그들이 하는 일을 과장할 수 있다.

2) 관리자들(Supervisors)

재직자들과 같이 관리자들 또한 그 직무와 관련된 직접적인 정보들을 가지고 있다. 그러나 그들은 현재 그 일을 직접 수행하지는 않으므로 관리자들은 그 일에 관련된 모든 것을 설명하기가 더 힘들 수도 있다. 이것은 특히 관리자들이 정신적 노동업무나 외부에서 벌어지는 노동과 같이 직접적으로 관찰할 수 없을 때 더욱 그러하다. 반면, 한 재직자가 수행하는 작업보다 더욱 많은 것을 보아온 관리자는 보다 넓은 관점의 직무분석결과를 이끌어 낸다. 관리자들은 또한 그 일에 어떠한 작업이 포함되어야 하는가와 만약 그 일이 새로 고안된다면 어떠한 작업들이 포함되어야 하는가에 관하여 기술하기에 더 좋은 입장에 있다고 할 수 있다.

3) 숙달된 직무분석가들(Trained Job Analysts)

직무분석의 몇몇 방법들은 숙달된 직무분석가들의 도움을 요구한다. 관리자들 또는 재직자들은 직무분석가들을 돕도록 권고되는데 이러한 역할은 외부 컨설턴트나 회사의 인사부에서 한다.

숙달된 직무분석가들이 참석하여 도울 경우의 장점으로는 그들은 여러 다른 지역에서 각각의 관리자들 밑에서 일하는 재직자들을 관찰할 수 있다는 것이다. 숙달된 직무분석가들은 또한 조직의 기록과 기술적 문서 그리고 제공된 정보를 이러한 간접적인 소스들로부터 선별할 수 있다는 점이다. 더 나아가, 숙달된 전문가들은 직무정보를 이끌어냄과 동시에 충분히 연관된 법률적 안건들을 감별해 내기가 더 쉽다는 점이다. 그럼에도 불구하고 모든 다른 정보의 출처와 같이, 숙련된 직무분석가들도 불완전할 수 있다. 이 방법을 사용함에 있어 한 가지 결점이란, 관리자들과 같이 그들은 그 일에 관하여 모든 관점에서 파악할 수 없다는 것이다. 그들은 물리적 관점은 볼 수 있지만 정신적 그리고 감정적 관점에서는 볼 수 없다. 또한 그들은 가능한 모든 정보에 귀 기울이기 보다는 너무나 많이 그들의 그 직업타이틀에 관련된 정형화된 관점 혹은 선입견에 의지할 수가 있다. 끝으로 특히 외부 컨설턴트의 경우 비용이 너무 많이 드는 단점이 있다.

4) 고객들(Customers)

만약 만족하는 고객의 관점이 전략적으로 꼭 필요하다면 고객들 또한 평가고려항목에 포함되어야 할 것이다. 사실은 이런 경우는 거의 없다. 고객들로부터 정보를 얻어내는 것은 인적자원분야보다는 시장판매분야로 여겨왔기 때문이다. 그러나 몇몇 일에서는 고객들 또한 분명히 그 일에 관련된 훌륭한 정보의 소스가 된다. 예를 들면 할인점의 계산원은 그들 시간의 78%를 고객들과 대하는데 사용하고 오직 13%만을 관리자와 대하는데 사용한다. 이와 같은 직종에서는 일을 고안하고 업무능력을 평가함에 있어 고객과의 보다 협력적인 면을 고려하는 것을 직무분석에 포함시켜야 함은 당연할 것이다.

제4절 정보수집방법

일과 조직에 관한 정보가 많은 경로로 전달되듯 전체적으로 많은 방법들이 정보를 얻기 위해 사용된다. 직무와 조직분석에 관한 정보를 수집하기 위한 가장 대표적인 세 가지 방법은 관찰, 인터뷰, 그리고 질문이다.

1) 관찰(Obervations)

사원들이 일하고 있는 것을 관찰하는 것은 그 일에 관련된 풍부한 정보를 제공하여 준다. 관찰은 단순히 사람들이 일하는 것을 지켜보며 비디오로 녹화하고 컴퓨터로 모니터링하는 것을 포함한다. 작업활동을 물리적으로 측정하는 것, 측정하는 물체의 움직임과 어떻게 기기가 작동하는가는 수행되는 일을 관찰하는데 종종 사용된다.

관찰은 매우 시간 소비적인 일이 될 수 있다. 특히 그 일과 조건의 변화가 하루나 계절의 시간적 배경을 기준으로 변화할 때 더욱 그러하다. 실제의 관찰방법은 일반적으로 표본화를 요구한다. 일의 표본화(Work sampling)는 개인이나 그룹내의 개인의 생산활동의 즉각적인 표본들을 취하는 것을 의미한다. 임의적으로 일을 표본화하는 것은 단순히 직무분석가가 편리한 때에 관찰한 것일 뿐이다. 조직적인 일의 표본화는 보다 나은 정보를 내놓는다. 조직적이 되기 위해서는 직무분석가는 재직자들을 미리 예정한 시간내내 관찰하여야 한다.

직무분석을 하는데 있어 관찰의 한 가지 단점은 직무담당자들이 감시를 받고 있다고 생각할 수 있다는 점이다. 그들의 프라이버시는 밀접한 관찰에 의해 침해당하게 되며 그들의 정직성이 의심받고 있다고 생각하게 할 수 있다.

2) 인터뷰(Interviews)

어떤 직업들은 관찰하기가 어렵다. 더 커진 조직체제의 구성요소들-구조, 문화, 그리고 전략-은 단순한 관찰로는 분별하기가 어렵다. 이러한 일들과 조직적 내용들을 이해하기 위해서는 다양한 사람들과 인터뷰하는 방법이 있다. 예를 들면, 상업적 인쇄물을 위한 그래픽 프로그램을 상업화하는 소프트웨어 디자이너의 일을 제대로 알기 위해서는 현장 재직자들이나, 그 일의 감독관들, 제품디자인 팀의 멤버, 컴퓨터 코드제작자 또는 그 프로그램을 사용하려는 고객과 인터뷰할 수 있다.

3) 설문지(Questionnaires)

설문지는 인터뷰 또는 관찰보다 더 효율적이기 때문에 각계 각층의 많은 사람들로부터 정보를 모으는데 유용하게 사용된다. 이것은 특히 인터넷과 같은 전자적 방법으로 진행될 때 더욱 그러하다. 설문지는 특정한 상황 또는 외부고객들을 위한 특정 기준에 의해 고안될 수 있다. 표준화된 질문들은 더욱 효율적이다. 설문지의 또 하나의 장점은 축적된 데이터베이스를 통해 유용한 정보를 제공한다는 것이다. 한편 정형화된 질문들은 특별한 직군을 위해 특별하게 고안될 수 있다. 이러한 특성은 글쓰는 직업이나 작품측정 직업류에 특히 유용할 수 있다.

제5절 표준화된 직무분석 설문

표준화된 직무분석 설문들은 재직자, 관리자 또는 인사담당자에 의해 작성된다. 이러한 접근방법의 장점으로는 이 일은 숙달된 직무분석가를 필요치 않는다는 점이다.

표준화된 설문들의 대상은 폭넓고 다양한 직종들에 적용 가능하도록 고안되었다. 아이스크림 판매원의 경우를 생각해 보자. 표준화된 설문의 내용은 '추운 곳에서 일하는 직무' 그리고 '다양한 색깔의 아이스크림 중 주문된 것을 선택한다' 등으로 구성된다. 이와 같은 일반적 분석항목의 이용이 가진 장점으로는 같은 분석항목을 이용하여 여러 종류의 직무를 분석할 수 있다는 것이다. 당신은 같은 설문지를 아이스크림 제조자, 포장자, 선적자, 배송자 그리고 판매자 모두에게 활용할 수 있다. 표준화된 직무분석 설문들의 가장 주요한 두 가지 형태로는 직위분석 설문과 관리직용 조사설문이 있다.

1) 직위분석 설문지(Position Analysis Questionnaire)

직위분석 설문지(PAQ)는 모든 사원들의 행동과 행위에 그들이 수행하는 특별 업무와 상관없이 적용될 수 있다. PAQ의 창시자인 Ernest J. McCormick은 두 가정하에 출발했다: ① 관련된 자잘한 업무활동들은 모든 작업에 동일하다. ② 모든 직무는 이러한 활동들의 조합에 의해 규정지어진다. 이러한 가정에 입각하여 그는 사원들의 행위에 관한 194가지 조항이 기록된 설문집을 고안하였다. 각각의 문장은 사용의 정도, 작업의 중요성, 업무수행의 시간 등과 연관되어 있다. 이러한 설문집은 [그림 5-2]에서 보는 바와 같이 6개의 영역으로 나뉘어져 있다.

PAQ는 수많은 사람들의 직무를 분석하는데 사용되어 왔다. 이러한 조사결과는 여러 다른 조직들내의 유사직무들을 대상으로 종합적으로 저장되어 왔다. PAQ 데이터베이스에는 또한 PAQ 반응, 작업태도, 임금수준 등의 정보도 포함되어 있다. 그러므로 PAQ는 시장에서의 고용결정을 할 때 선택기준을 결정하는데 사용되며 임금테이블을 만들 때 사용된다. 그러나 PAQ는 반드시 컨설팅회사로부터 도입되어야 하기 때문에 비용이 많이 든다. PAQ를 사용함에 있어 또 다른 결점으로는 PAQ를 보려면 대학원 수준의 판독력을 요구한다는 점이다. 그러므로 PAQ는 그 정도 수준이 되지 않는 사람에게는 주어져서는 안 된다.

그림 5-2 PAQ에서 구분하는 6개의 업무행위

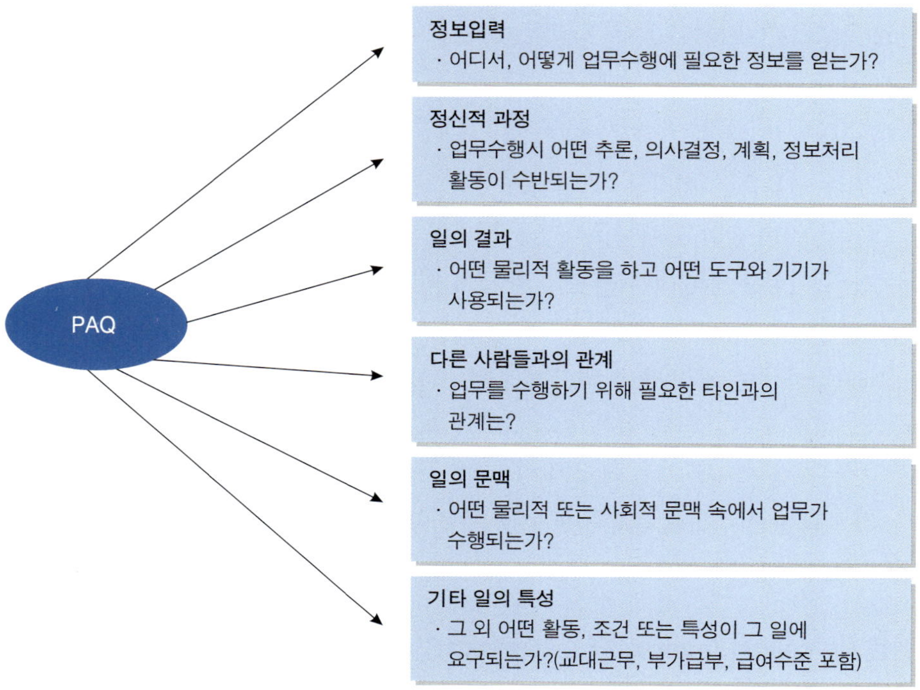

자료 : Jackson, S. and Schuler, R.(2003), *Managing Human Resources Through Strategic Partnerships*(8th ed.), Thompson, p.226.

2) 관리직용 평가설문지(Management Position Description Questionnaire)

관리직용 평가설문(MPDQ)은 관리자의 관점, 책임, 요구, 제한 그리고 기타 197가지 아이템이 포함된 기본 설문집이다. 이 아이템들은 13개의 필수적인 요소로 구성되어 있는데 그 구성요소는 [그림 5-3]과 같다

MPDQ는 모든 관리직을 분석하기 위해 고안되었으므로 그 결과는 관리직위와 조직의 종류 등에 의해 매우 달라질 것으로 여겨진다. MPDQ는 새로운 관리직 위치를 적합한 직무군에 배치하게 하고, 부서에 필요한 과정과 요소들을 밝혀주며 그 부서의 구성에 필요한 사원들을 파악하고 그 위치에 적합한 임금을 설정하는 일에 적절히 사용될 수 있다.

그림 5-3 관리직용 기록설문지의 내용

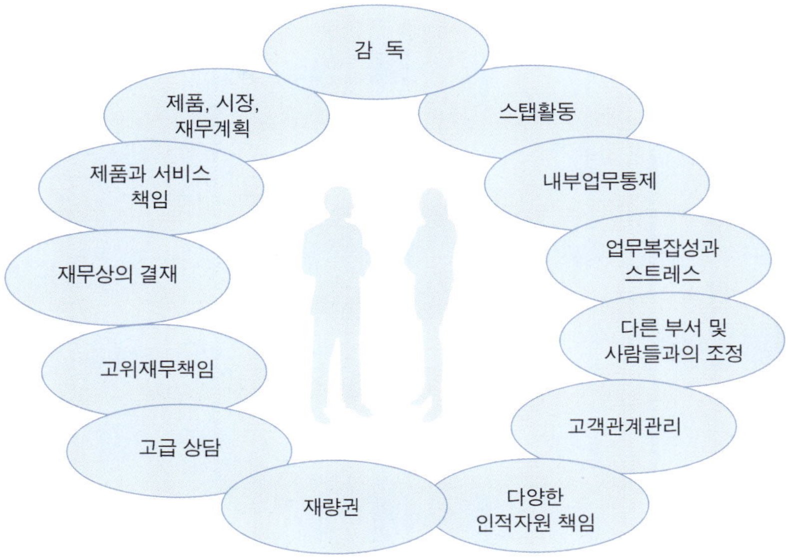

자료 : Jackson, S. and Schuler, R.(2003), *Managing Human Resources Through Strategic Partnerships*(8th ed.), Thompson, p.227

제6절 맞춤형 업무기록

맞춤형 업무기록(Customized Task Inventories)이란 분석될 업무의 아이템이라 불리는 행위들이 기록된 것을 의미한다. 이 기록상의 아이템들은 표준적인 아이템들이 아니라, 각각의 분석과정에서 연구될 업무에 따라 특수하게 고안된 것이다. 이 기록들은 각각의 직무에 맞게 고안된 것들로써 새로운 고객들을 위해 즉, 새로운 회사나 관리를 위해 새로 만들어진 것이다.

초창기 맞춤형 업무기록은 대개 미 공군이나 AT&T사에 의해 개발실행되었다. 맞춤형 업무기록의 작성은 사원의 협조여부에 의해 크게 좌우된다. 직원들은 기꺼이 그들의 행위를 내보이고 인터뷰에 동참하며 장시간의 인터뷰에 응해야 한다. 더욱이 그 결과물에 대한 분석은 복잡한 통계적 분석을 요구한다. 따라서 이 기법의 사용은 경찰관이나 소방수 등 대규모 집단에서만 사용된다. 이 방법은 정부기관, 군대, 그리고 대기업 등에서 널리 이용된다.

맞춤형 업무기록을 활용한 직무분석과정으로는 폭넓은 자료정보와 자료수집방법을 포함한다. 대개 분석하고자 하는 일에 관하여서는 관찰과 인터뷰가 이용된다. 그 다음 더욱 상세한 정보를 구축하기 위해 질문을 하게 된다. 마지막 완성을 위해 분석하고자 하는 업무에 관한 전반적인 이해를 시행한다. [그림 5-4]는 맞춤형 기록에 의해 어떻게 경영진 보좌직의 업무가 평가기술되는지를 보여주고 있다.

그림 5-4 경영진 보좌직의 맞춤형 업무기록

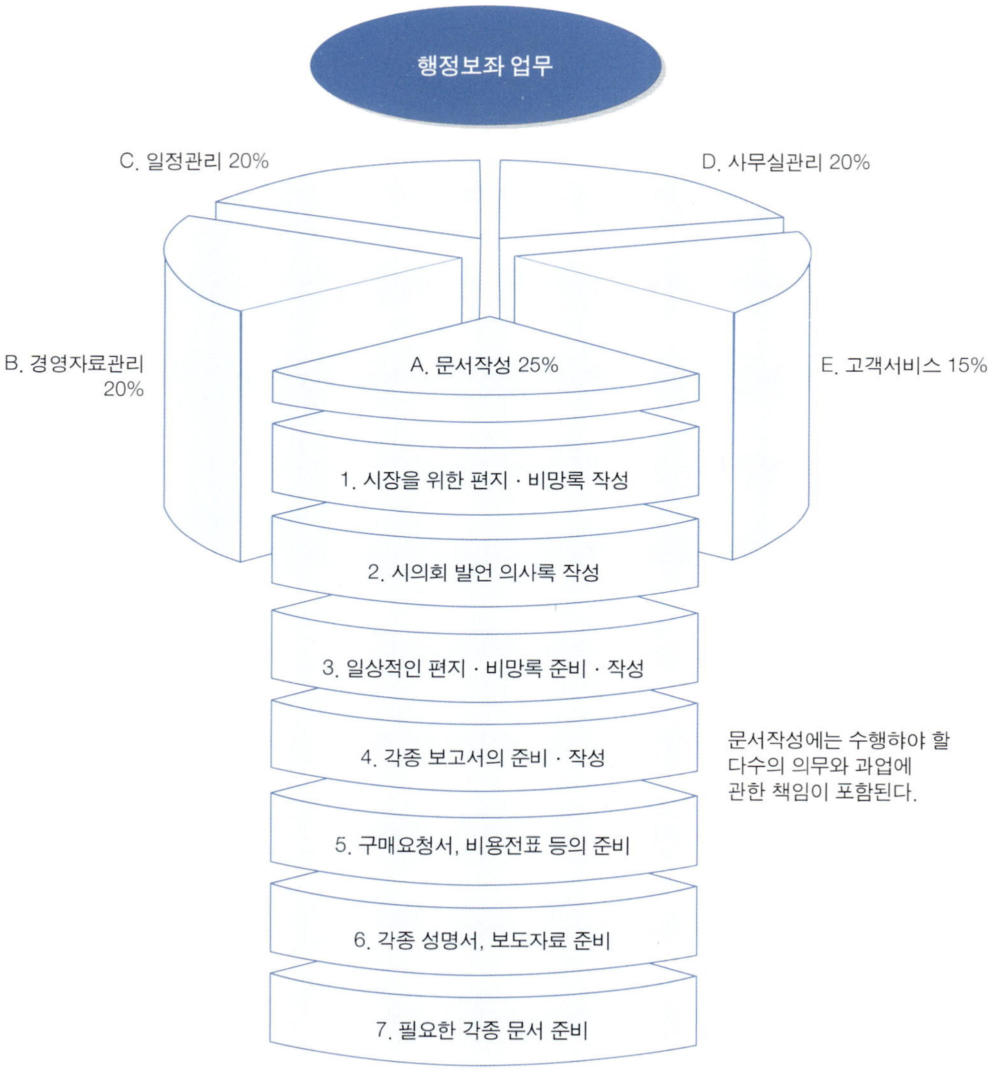

자료 : Source J. A, Buford Jr., and J. R. Lindner, *Human Resource Management in Local Govemment Concepts and Applications for HRM Students and Proctitioners*(Cincinnati, OH: South-Western, 2001).

1) 맞춤형 기록의 평가항목개발(Developing the Customized Inventory)

맞춤형 업무기록상의 평가항목은 다양한 방법에 의해 개발될 수 있다. 대개 분석가는 재직자에 의해 진행되는 업무를 관찰함으로써 시작하고 업무에 사용되는 자재들과 기기들을 재검토한다. 필요하다면 간단한 비형식적 인터뷰가 이 과정중에 사원들이 진행하는 바를 명확히 하기 위해 수행되어질 수 있다. 이러한 과정들은 업무에 관한 다양한 관점의 분석이 가능토록 한다.

이러한 과정중에 분석가는 재직자나 관리자에게 업무과정의 대표적인 효율적, 비효율적 요소들을 묻기도 한다. 이러한 기술로써 어떠한 사건이 어떠한 동기에 의해 전개되는지, 그리고 그 통제가능성 여부가 밝혀진다.

예를 들어 도서관 사서에 의해 작성된 사고기록이 효과적 업무수행방법의 한 예로 나타나 있다.

몹시 화가 난 사람이 도서관에 들어와 욕설을 해대기 시작했다. 이 사건을 접하게 되었을 때, 나는 사무실에서 뛰쳐나와 그를 진정시키려고 노력했다. 나는 그가 사람들을 다치게 하거나 도서관기물을 파괴할까 걱정이 됐다. 나는 10여 분 간 이야기한 끝에 그를 밖으로 나가게끔 하였다. 그가 나가자마자 나는 또 다른 직원에게 경찰에 전화를 걸도록 하였다. 다행히도 더 이상은 아무 일도 일어나지 않았다. 그런데 다음날 TV기자가 와서 이 사건에 관하여 알고자 했다. 하지만 나는 도서관에 끼칠 나쁜 영향을 고려하여 그 침입자에게 해를 끼칠 만한 것은 아무것도 이야기하지 않았다. 그 이야기가 그날 저녁 10시 뉴스에 방영되지 않은 것은 다행한 일이었다.

관찰과 인터뷰 그리고 결정적 사건리포트에 근거하여 직무분석가는 내용을 기술한다. 예를 들면, 사서의 중요한 사건리포트는 다음과 같이 업무기술에 쓰여질 수 있다.

- 도서관 이용자에 의해 생겨난 문제를 처리함
- 언론매체에 도서관 이용자들을 대표함

전형적으로 이 단계에서 여러 줄의 평가항목들이 생겨난다. 이러한 평가항목들은 업무분석을 위한 질문들을 만드는데 이용된다.

2) 데이터 분석(Analyzing the Data)

맞춤형으로 고안된 질문들은 업무기술 항목에 산술적으로 포함되어진다. 최종적으로 이 항목에 근로행위가 포함되어 순서가 매겨진다. 각각의 근로행위는 업무기술에 표준화되기 위하여 반드시 최소한의 표준을 지니고 있어야 한다. 예를 들면, 표준업무행위는 업무 재직자의 다수에 의해 행해지는 행위이어야 할 것이다.

3) 장점과 단점(Advantage and Disadvantages)

맞춤형 업무기록의 가장 큰 장점은 이것이 생생한 기록을 나타낸다는 점이다. 이 방법으로 작성된 기록을 읽고 있으면 그 직무에 관하여 그림을 그리기가 쉬워진다. 다른 어떠한 추상적이고 정형적인 표현보다 이 방법에 의해서 명백한 아웃라인이 만들어진다. 이러한 장점은 또한 이 일을 하려는 사람을 훈련시키는 프로그램 작성을 용이하게 만든다.

이 방법의 주된 단점으로는 각각의 자료를 작성하는데 시간이 많이 들고 작성된 데이터를 분석하는 방법도 복잡하다는 점이다.

제7절 직무분석의 동향(Trends In Job Analysis)

구글이나 마이크로소프트와 같은 조직에서는 기술적 변화가 너무나 빨리 일어남으로 직무분석 자체가 전형적으로 불가능할 수가 있다. 그리고 점진적으로 업무요건을 구분하기가 어려워지는데 이는 기업이 고객이 원하는 것은 무엇이든 하기를 원하기 때문이다. 이와 같은 상황에서 직무분석은 다분히 동적이며 유동적이어야 한다. 빠르게 변화하는 21세기에는 더욱이 유연한 직무분석을 필요로 한다.

1) 직무분석의 쇠퇴?

직무구분의 감소와 업무분담의 증가, 그리고 만연해진 부서간 모임 등의 사람들이 전통적 직무분석기술의 효용성을 의심하게끔 하는 몇 가지 이유들이다. 전통적 직무분석은 직무 간의 구분을 전제로 하는데 반해 직종간 그리고 계층간의 직무구분이 모호해지는 현상을 감안하면 실효성이 떨어지는 면이 없지 않다.

이 전통적 직무분석의 가정과 현실의 경향간의 명백한 불일치는 너무나 명확해서 더 이상의 직무분류가 과연 필요할까라는 의구심마저 들게 한다. 우리는 이 물음에 대하여는 분명히 필요하다라는 답을 할 수 있다. 변하고 있는 것처럼 보이는 것은 실은 전통적인 접근법을 초월한 역량에 기반을 둔 접근법의 선호추세이다. 우리가 이 장의 서두에서 논의한 바와 같이 직무분석과 역량모델링은 전략적 변화에 유용한 도구가 될 수 있다. 또한 직무분석은 법적 적합성과 회사의 고용규칙의 준수를 염두에 둔 조직에겐 필수적이다.

분명 직무분석은 없어지지는 않을 것이다. 직무분석에 사용된 과정들은 조직의 새로운 요구를 충족시키기 위하여 진화와 변화를 이뤄낼 것이다. 증가하는 역량모델링의 인기는 어떻게 직무분석이 진화할 수 있는가를 보여주는 한 가지 좋은 예이다. 역량모델링의 강점은 이것이 직무의 핵심역량과 행위를 식별하는데 아주 유용하다는 것인데 이것들이 직원의 직무기술을 포함할 때, 역량모델은 직무분석의 매우 중요한 도구로서의 역할을 수행하게 될 것이다.

2) 나의 직무에서 나의 역할로 (From "My Job" to "My Role")

전통적 직무분석기술은 조직과 일이 보다 안정적이고 예측 가능할 때에 개발되었다. 사람들은 특정 일을 하기 위하여 고용되었고, 그들은 기본적으로 같은 일을 같은 방법으로 몇 개월에서 몇 년간 하게 될 것으로 기대되었다. 이러한 구분법은 경영진에게나 구성원들에게 편리한 것이긴 하였지만 현재의 경영진은 직원들에게 기술된 것 이외의 일을 하길 바란다.

오늘날의 환경은 조직에 적합하고 유연한 인재들을 원한다. 조직은 어떻게 사원들의 저항없이 유연한 조직을 이끌어 나가면서 동시에 사원들에게 편의를 제공할지를 생각한다. 도요타나 혼다와 같은 기업은 특정 업무를 위해서가 아니라 회사를 위해 사원을 채용한다. 사우스웨스트 항공사의 부사장 Libby Sartain은 사람을 채용함에 있어 직종이 아니라 다양한 업무수행을 위해 고용한다고 말한다. 그러므로 우리는 사원의 사고방식이 오직 '나의 일'을 하는 것에서부터 어떤 일이든 간에 해야 할 일을 하는 것으로 바뀌져야 한다는 것을 알 수 있다. 이에 따라 몇몇 인적자원부서 사람들은 이제는 직무분석이란 용어대신 역할분석이란 용어가 사용되어야 한다고 주장하기도 한다.

3) 팀워크(Teamwork)

직무에서 역할로의 이동은 업무자체가 개인위주가 아닌 팀별로 주어진 조직인 경우 더욱 분명해진다. 이러한 팀별환경에서는 특정 개인에 의해 이루어진 업무 또한 팀의 재능과 관점에 의해 크게 좌우될 것이다. 그 팀은 의무가 전체적으로 지워져 있고, 특정 업무에 관하여 개인의 역할이 논의될 수 있다. 만약 팀이 자체적으로 운영된다면 구성원들은 그 업무를 원하는 데로 조직할 수 있다. 이와 같은 상황에서는 각각의 개인에게 팀 구성원으로서의 역할을 묻는 것이 각자의 직무를 묻는 것보다 더 나을 것이다.

> 일이란 단지 사회적 인공물이다. 대부분의 과학자들은 일이라는 개념없이도 그들의 일들을 잘 수행해 왔다. 산업시대 이전에는 사람들은 매우 열심히 일했지만 그들에게 직업이라는 것은 없었다.
>
> — William Bridge(1600~1670)

4) 미래 지향적 직무분석과 역량모델링

지속적으로 변화하는 현실을 고려한다면 전통적 직무분석법과 역량모델링 절차는 앞으로의 모두 업무의 본질을 제공하거나 새로운 일을 수행함에 있어 필요한 역량에 관한 정보를 제공하는 모습으로 변화할지 모른다. 미래 지향적 직무분석에서 강조되는 것은 현재 직무의 묘사에서 미래 직무의 예측으로 변화될 것이다.

예를 들면, 한 조직이 규모를 축소하기로 결정했다고 하자. 전통적 직무분석은 현재 모든 직원에 의해 수행되는 업무를 모두 분석하려 하지만, 미래 지향적 직무분석에서는 어떠한 업무를 조직이 계속 진행할 것이며, 어떠한 일이 외부로 아웃소싱 될 것인지를 살핀다. 그러므로 위의 예와 같이 미래 지향적 직무분석은 조직의 전략적 계획과정을 담고 있다고 할 수 있다. 미래 지향적 직무분석의 결과는 새로운 인적자원정책을 설립하고 그에 따른 충원과 훈련 그리고 평가와 급여설정 등을 실행할 수 있도록 한다.

5) 고객을 위한 직무분석

고객의 만족을 최대화 하겠다는 열망은 많은 조직들로 하여금 새로운 경영기법으로 다가서게끔 하였다. 이와 관련하여 몇몇 진보적인 회사들은 고객관리와 사원관리 간에 많은 유사점이 있다는 점을 인식했다. 경영학 교수이자 서비스관리 전문가인 Peter Mills 교수는 심지어 말하기를 고객들을 그 조직의 잠재적 사원으로 대해야 한다고 하고 있다.

만약 고객을 잠재적 사원으로 생각한다면 그 다음 단계에서는 인적자원관리 과정에서 직원을 대하듯 고객을 대할 것이다. Benjamin Schneider 교수와 David E. Bowen 교수는 기업들에게 권고하기를 현재 고객들의 역할을 평가하고 고객이 행할 수 있는 역할을 파악하여 증진시키라고 말했다.

많은 조직들에게는 고객이 현장에 도착하기 전에 할 업무가 주어져 있다. 현장에서는 조직은 고객들이 어떤 행동은 하고 어떤 행동은 삼가기를 원한다. 직무분석의 절차들은 그 조직으로 하여금 고객에 대한 성공적인 서비스제공의 가능성을 높이거나 낮추게 하는 행위와 적합성을 식별하는 것을 도와준다. 고안된 직무분석결과들은 고객에게 요구되는 행위와 자질을 기술한다. 그에 따라 조직은 고객의 행위가 다음의 기준에 얼마나 잘 부합하는지를 파악할 수 있다.

- 고객을 구분하여 선택함
- 고객을 훈련시킴
- 바라는 바를 실행시키기 위해 동기를 고취시킴

6) 직무분석과 직무재설계에 대한 인간공학적 접근법

인간적 요소접근법은 인간공학적 접근이라고 언급되기도 하는데, 그 목적은 직무를 분석함에 있어 업무의 결과로 발생하는 스트레스와 피로를 최소화하는데 있다. 인간공학적 분석이란 어떻게 일이 사람의 육체적 운동과 정신적 반응에 영향을 미치는가에 초점을 둔 것이다. 예를 들면, 손목, 팔, 그리고 어깨의 생체역학의 이해와 함께, 인간공학적 분석으로 사무실 업무가 어떻게 불필요한 장애의 근원이 되는가를 파헤친다. 불필요한 장애를 유발하는 사무기기들은 대체되어야 하고, 직원들의 업무처리방식은 장애를 최소화하는 방향으로 조정되거나 그들의 건강상태를 지키기 위해 필요한 조치들이 취해져야 할 것이다.

제8절 인적자원관리에서 역량개념의 활용

이 절에서는 역량개념의 생성배경과 역량모델, 역량기반 경영의 사고방식에 대해 기술한다.

8.1 역량개념의 성립

미국에서는 1990년대 초 이래 인적자원관리 영역에 역량(Competency)개념이 도입되기 시작하였다. 이는 1996년의 American Compensation Study에 참가한 217개의 북미 대기업 중 이미 40%가 역량에 기초한 인적자원 프로그램을 개발중에 있다는 조사에서 드러난 바와 같이 1990년대 후반에는 미국의 대기업에서 광범위하게 활용되고 있음을 알 수 있다.

역량에 기초한 경영이 미국에서 성립, 보급되게 된 것에는 크게 두 가지 요인을 들 수 있다. 우선 미국에서 과거의 인사관리가 전제로 한 '직무'(job)의 개념이 1980년대부터 바뀌기 시작했으며 그러한 사태에 대응하기 위한 새로운 경영관리기법이 필요하게 되었다는 점을 들 수 있다. 다음으로는 그러한 사태와 병행하여 미국 심리학분야에서 그와 같은 새로운 경영수단으로 응용될 수 있는 '역량'개념을 발전시켰다는 점이다.

(1) 세분화된 '직무'의 변화

직무란 개별적 분업을 인간의 주체적 활동의 측면에서 정의한 개념으로 '직업'(occupation),

'직종'(trades)의 하위단위이다. 직무는 개별노동자에게 분담된 노동자 1인분의 노동력을 필요로 하는 것으로 일군의 '과업'(tasks)으로 구성된 '직위'에 대해 그 수행에 필요한 지식, 숙련, 노력, 책임, 의무 등의 요인을 기준으로 유사하거나 혹은 사실상 동일한 종류나 정도의 것을 한 단위로 편성한 관리노동단위이다. 이는 직무분석, 직무기술서, 직무명세서, 직무평가 등 인사관리의 여러 기법에 의해 보다 엄격히 정의되었고 나아가 노조와의 단체교섭에 의해 엄밀히 규정되었다.

직무세분화는 '테일러시스템'(Taylor system of management=Scientific Management)과 '포드시스템'(Ford system)이란 이름으로 기업경영에 구체화된 개별적 분업의 연장선상에 있는 직무설계원리이다. 노동생산성의 관점에서 혹은 그것을 기반으로 형성된 조직효율의 관점에서, 나아가 노동력의 유동성을 전제로 한 미국산업사회에서의 세분화되고 한정된 직무는 거기에 포함되는 정보량을 제약하기 때문에 노동의 호환성 측면에서 노동자의 교육훈련시간과 비용이 절약될뿐더러 임률을 엄밀하게 설정할 수 있다는 관점에서 기업경영 상의 유효성이 인정되어 왔다. 또한 노동조합도 이를 통해 임금, 노동시간, 노동내용 등에 대한 경영측의 재량의 여지를 배제할 수 있다고 생각하였다. 그러므로 직무의 세분화는 노사쌍방에 의해 용인되어왔다고 볼 수 있다.

그러나 이와 같은 세분화된 직무는 지나친 단순화, 반복성, 지루함 등으로 인해 1960년대 후반부터 1970년대 초에 걸쳐 심각한 노동소외문제를 야기시켰다. 이에 대한 대책으로 QWL(Quality of Working Life=노동생활의 질 개선)이나 '노동의 인간화'(Humanization of work)로 알려진 '직무교대'(job rotation), '직무확대'(horizontal job enlargement or job enlargement), '직무충실'(Vertical job enlargement or job enrichment) 등의 '직무재설계'(job redesign)나, '반자율적 작업집단'(semi-autonomous work group)과 같은 팀 노동제 등의 여러 시책이 많은 기업에서 도입되게 되었다.

1980년대부터 1990년대에 걸쳐서는 공장에서의 생산기술직과 같은 정형적인 직무가 감소하고 노동에 유연성이 요구되면서 컴퓨터나 정보기술을 매개로 다양한 내용의 일을 한 사람의 구성원이 수행하거나 팀워 등에 기초하여 집단으로 수행하게 하는 등 직무가 크게 변하게 되었다. 이러한 변화로 인해 세분화된 직무를 전제로 확립된 경영기법인 테일러시스템 혹은 포드시스템은 재편될 수밖에 없는 처지에 놓이게 되었다. 이에 따라 직원들에 대한 임금체계도 '직무급'(job evaluation wage system)체계에서 '능력급'(skill-based-pay)체계로 전환되게 되었으며, 이는 임금결정요소가 직무요소에서 인간적 측면, 즉 인간의 능력이라는 요인으로 전환되고 있음을 보여주고 있다.

(2) 역량개념과 심리학의 성과

심리학의 성과가 인사관리에 응용된 예는 인사관리가 성립될 무렵의 '산업능률의 심리학'(Munsterberg, H., 1913)을 들 수 있으며, 인적자원관리의 성립에는 앞의 제2장에서 본 것처럼 행동과학의 성과가 크게 기여하였다.

역량은 심리학의 영역중에서도 인간행동의 '동기'(Motive)에 관한 연구에서 개념화된 것이다. 동기에 관한 연구는 Maslow나 Herzberg에 의한 욕구이론이 일찍부터 인사관리 영역에 응용되어 왔으며, 역량과 관련해서는 1950년대부터 1960년대에 걸친 MaClelland와 Atkinson에 의한 '성취동기'(Achievement Motive)연구, 특히 전자의 연구가 크게 기여하였다. 성취동기란 곤란을 극복하고 보다 고도의 문제에 도전하며 높은 업적을 올리고자 하는 동기로서 MaClelland는 성취동기가 높은 사람일수록 항상 높은 업적으로 연결되는 행동을 통해 실제 고업적을 올리고 있음을 밝혀냈다. 이처럼 높은 업적으로 연결되는 행동특성을 개념화한 능력개념이 역량으로 인식되고 있다. 1970년대에 MaClelland가 미국 국무성의 직원채용의 선발기준에 역량개념을 도입한 이래 1980년대 말에는 미국기업들이 이 개념을 인적자원관리 시스템에 적용하기 시작하였다.

8.2 역량모델과 활용영역

(1) 역량모델

역량은 일반적으로 지속적으로 고업적을 올리고 있는 사람의 능력을 의미하는 '고성과자의 행동특성'(high performer's behavioral characteristics)으로 이해되고 있다. 역량에 기초한 경영은 각 기업에서 고성과자를 선별하여 지속적으로 고성과를 이끌어내는 행동특성을 파악하고 그것을 모델화한 역량모델을 개발하는 것으로부터 시작된다. 이 경우 역량에 대응하는 스킬이나 지식을 중심으로 명확히 정의하는 예도 있고, 동기나 성격특성까지 포함하여 역량을 광범위하게 이해하는 예도 있다. 이런 점에서 역량은 아직까지는 엄밀하게 정의된 개념은 아니라 할 수 있다.

또한 고성과자라고 하면 조직내에서는 흔히 매니저(=관리자)를 의미하며 그것을 기초로 하여 확립된 체계적인 경영도 매니저를 대상으로 하는 경우가 일반적이지만 역량의 경우 반드시 그런 것은 아니다. 오히려 고성과자를 매니저에 한정하지 않고 직장의 리더, 숙련공(expert), 전문가(specialist) 등 다양한 고성과자의 행동특성을 모델화하고 거기에 기초하여 경영하고자 하는 점에 역량경영의 특징이 있다고 하겠다. 이처럼 새로운 능력개념을 기반으로 경영을 전개하고자 하는 점에서 구성원의 능력개발을 중시하는 인적자원관리의 이념적 측면의 특징을 찾아볼 수 있다. 더구나 그 적용이 조직내 전 구성원 및 경영층까지도 예외로 하지 않는다는 점에서도 인적자원관리의 특질을 반영하고 있다.

(2) 역량의 활용영역

역량모델을 개발하면 그 다음 단계는 목적에 따른 양식을 작성하여 그것을 활용할 수 있도록 만드는 것이다. 〈표 5-4〉는 역량모델이 인적자원관리 시스템의 선발(selection), 교육훈련·능력개발(Training and Development), 업적평가(Performance Appraisal), 후계자 육성계획(Succession Planning) 별로 활용되는 경우의 모델이 취하고 있는 양식을 간략히 정리한 것이다.

그러나 미국 대기업에서도 역량에 전면적으로 의거한 보상시스템을 실시하고 있는 경우는 많지 않다. 즉 미국에서는 이러한 역량경영 도입의 확산에도 불구하고 '직무급'이 여전히 주류로 기능하고 있기 때문이다. 따라서 〈표 5-4〉에서는 보상시스템을 적용한 예는 찾아볼 수 없다. 그러나 기업에서는 외부노동시장에서 주류를 이루고 있는 직무급을 전제로 한 직무분석을 실시할 경우 직무분석요소에 역량개념을 이용한다거나 직무등급의 일정한 범위내에서의 승급을 결정할 때 컴피턴시 개념을 이용하거나 하는 부분적인 활용예는 증가하고 있다. 이런 점에서 역량모델링을 직무급을 전제로 한 직무분석의 한 접근방법으로 이해할 수 있다.

〈표 5-4〉 역량모델의 양식과 인적자원관리 시스템

활용영역	양 식
선 발	• 해당 직무에서 필요한 역량 • 면접에서 적절한 행동에 대한 정보를 도출하기 위한 질문항목 리스트 • 용인될 수 있는 행동과 용인될 수 없는 행동의 범위를 나타내는 피면접자 평가표
교육훈련·능력개발	• 각 역량마다 고업적을 설명하기 위한 3~5개의 구체적인 행동예 • 역량의 활용가능성 혹은 유효성을 평가하는 기준 • 스킬개선에 유효한 직장경험 혹은 개발경험 리스트
업적평가	• 상위 표준에서 하위표준까지 각 역량의 유효성에 관한 3~5개 수준의 설명 • 각 역량별로 특정한 행동례가 있는 첵크리스트
후계자 육성계획	• 구체적 행동에 대한 설명이 있는 역량/직무수행에 필요한 능력 • 역량개발의 방법에 관한 지시

자료 : Lucia, A. and Lepsinger, R.(1999), *The Art and Science of Competency Models,-Pinpointing Critical Success Factors in Organizations-*, Jossey-Bass, p.114.

8.3 역량경영의 특징

(1) 직무세분화와 역량

역량경영(competency based management)의 성립과 보급은 1990년대이지만 그것은 이미 1980년부터 현저하게 드러난 직무세분화의 붕괴와 밀접한 관련이 있다. 세분화된 직무가 가진 문제는 전술한 바와 같이 1960년대 후반부터 1970년대 초에 걸쳐 심각한 노동의 소외문제를 야기시켰고 1980년에 들어와서는 경영환경의 변화에 대한 대응을 저해하는 요소로 간주되었다. 즉 세분화된 직무아래서는 배치전환이 곤란할 뿐만 아니라 능력개발에도 한계가 있어 단능공양성에 치중함으로써 변화에 대한 유연한 대응이 어려울 수밖에 없다. 이러한 문제에 대응하기 위해 유사한 직무를 크게 묶은 '브로드 밴드'(broad band)나 '팀작업'(team working)같은 것이 보급되기 시작하였다. 이러한 상황속에서 인사상의 기준으로서 직무를 대신하여 등장한 것이 속인적 요소에 초점을 맞춘 역량개념이다.

이와 같이 역량은 테일러시스템에 기초한 직무세분화의 붕괴를 단적으로 보여주는 개념이며 그러한 사태에 대처하기 위한 구체적인 관리실천(management practice)으로 이해할 수 있다. 이런 의미에서 '테일러주의'가 종언을 고했다고 말할 수도 있을 것이다. 그러나 테일러시스템이 '일류노동자'의 노동내용을 객관화·표준화를 통해(표준과업량의 설정; a fair daily work) 일반노동자를 통제하고자 한 것과 마찬가지로(차별적 성과급제의 도입; differential piece-rate pay system), 역량은 고성과자의 행동특성에 대한 연구를 통해 그것을 객관화·표준화함으로써 일반노동자 뿐만 아니라 화이트칼라 노동자, 나아가 경영층까지도 통제하는데 이용하고 있다는 점에 유의해야 할 것이다. 역량에 기초한 경영은 '테일러주의'의 한층 더 강화된 전개를 보이는 측면이 내포되어 있다는 점을 지적할 수 있다.

나아가 역량경영의 성립과 보급이 미국 노동조합운동의 정체와 그 궤를 같이 하고 있음에 유의해야 한다. 이는 직무변화에 따른 새로운 사태의 전개에 노조가 충분히 대응하지 못하고 있다는 것을 의미하고 이는 향후 노동조건이 악화될 가능성이 더 높다는 것을 의미한다. 즉 1970년대까지 지속된 미국의 전통적인 대항·교섭형의 노사관계의 특징은 노사관계의 중심에 '단체교섭'(뉴딜식 단체교섭)이 자리잡고 있었으며 이는 바로 직무통제조합주의(job control unionism)라는 노조의 운동원리이기도 하였다. 그것은 경영자가 엄격하게 정의한 직무내용을 단체교섭을 통해 재정의하고 각 직무담당자의 의무와 책임의 범위를 명확하게 함과 동시에 각 직무에 대한 임금을 설정함으로써 각 노동자 간의 배분의 원칙을 확립하게 해주었다. 특히 후자는 '선임권원칙'(principle of seniority)으로 자리매김하였다. 이처럼 고용으로부터 일시해고, 해고, 재고용에 이르기까지 엄격하게 규정화되어 있었으므로 노사관계는 이 룰을 둘러싼 단체교섭에 의해 대항적으로 전개될 수밖에 없었다. 이러한 룰은 일반적으로 '제한적 노동관행'(restrictive work rule)이라 불리어졌다.

그런데 단체교섭제도를 중심으로 거대기업과 약 반세기에 걸쳐 대립적 교섭을 전개해온 뉴딜기에 형성된 미국의 산별노조는 1980년대에 들어 역사적 전환을 맞게 되었다. 이 시기 제조기업들에 의해 배제의 대상이 된 것은 경영자와 적대적 입장을 견지해온 전통적 노조였지만 실제로 배제의 대상이 된 것은 노조의 조직형성 기반이었던 '제한적 노동관행' 그 자체였다. 이로 인해 노조에 의한 직무규제는 완화될 수밖에 없는 처지가 된 것이다.

(2) 직능자격제도와 역량

역량은 1970년대 말부터 일본을 필두로 우리나라 기업에 보급되기 시작한 '직능자격제도'와 매우 유사한 것으로 인식되고 있다. 1970년대부터 1980년대에 걸쳐 미국기업은 일본기업의 높은 경쟁력을 분석하는 과정에서 직능자격제도에 대해서도 많은 검토가 이루어졌을 것으로 생각되지만 여기서는 양자 간의 차이를 파악하는데 초점을 두고자 한다.

직능자격제도의 '직능'이란 직무수행능력을 의미하며 이는 잠재적인 능력의 보유상태를 의미하고 있으며, 역량의 경우는 실제 드러난 발휘능력을 의미한다는 점에서 커다란 차이가 있다. 이는 직능자격제도에서는 능력요건으로 표현될 경우 '~를 할 수 있다'로 표현되는 것이 일반적인데 반해 역량에서는 실제로 발휘하고 있는 행동특성을 기준으로 하기 때문에 '~를 하고 있다'로 표현되고 있다는 점에서 전형적으로 드러난다. 따라서 매우 정치하게 구상된 직능자격제도에서조차도 앞에서 지적된 발휘능력이 아닌 잠재적인 보유능력을 기준으로 삼음으로써 근무년수나 직장경험 등과 같은 연공적 요소가 안이하게 그 운용상의 기준으로 채택되고 있다는 점이 이 제도의 커다란 약점으로 지적되고 있다. 이런 점에서 업적평가 등에 역량개념을 도입하는 등 직능자격제도가 지닌 약점을 보완하기 위해 역량개념을 부분적으로 활용하는 예는 앞으로 우리 기업들에서도 증가할 가능성이 크다고 생각된다.

연습문제

1. 직무분석의 목적, 직무분석과 다른 인적자원관리 활동과의 관련성에 대해 설명해 보시오.

2. 직무분석의 절차에 대해 설명해 보시오.

3. 직무기술서와 직무명세서의 내용에 대해 설명해 보시오.

4. 표준화된 직위분석 설문지(PAQ)의 구성내용에 대해 설명해 보시오.

5. 직무분석의 새로운 동향에 대해 설명해 보시오.

6. 기업경영의 중점이 역량중심으로 전개되면서 제기되는 직무분석 무용론에 대한 당신의 생각을 정리해 보시오.

7. 테일러식의 직무세분화 원리와 역량경영 간의 차이에 대해 설명해 보시오.

8. 직능자격제도의 직능과 역량 간의 차이에 대해 설명해 보시오.

제6장

직무설계와 작업조직

산업화가 고도로 진전됨에 따라 직장에서 보내는 시간이 커다란 비중을 차지하게 되었다. 이에 따라 노동에서 발생하는 문제를 직무수행과정 자체의 변화로 해결하고자 하는 노력이 대두되고 있다. 본 장에서는 인적자원관리 활동 전체와 밀접하게 연관되어 있는 직무설계 및 조직설계에 대해 살펴본다. 또한 비지니스 프로세스 리엔지니어링(Business process reengineering), 포디즘(Fordism), 인간관계운동, 재패나이제이션(Japanization), 직무특성모델(Job characteristic model), 직무설계(Job design), 직무확대(Job enlargement), 직무충실(Job enrichment)의 개념에 대해 학습한다.

제1절 들어가는 말

인적자원관리와 조직형태의 연구에는 긴 역사가 있다. 18세기 산업화 이전의 전통적인 작업속도와 작업관행은 분업과 공장시스템 원리의 작업조직이었으며, 20세기의 과학적 관리운동은 노동자의 노력의 통제와 협업을 강화하는데 중점을 두었다고 볼 수 있다. 1960년대에 생산성의 저하와 관련해서 생긴 노동자불만의 고조는 노동자의 자율성과 참가를 강조한 새로운 직무구조로의 변화를 유도하고 직무충실을 통해서 다양한 기능적 과업이 탄생했다. 1990년대에는 기술혁신과 세계화의 진전에 따라 새로운 작업조직시스템이 출현했다. 1990년대에 유행한 경영슬로건은 유연성으로 유연한 전문화, 셀생산, 린생산, 팀기반의 수평적 직무구조, 리엔지니어링, 가상조직 등의 조직 이노베이션 연구가 많은 문헌에서 검증되고 있다. 새로운 직무설계와 직무구조의 이론적 근거의 대부분은 당초에는 미국을 중심으로 발전하여 북미와 유럽경제에서 일반화되었다. 이를 테면 Hammer와 Champy는, 세계는 서로 다른 지역으로 이루어져 있기 때문에 리엔지니어링은 없으면 안 되는 것이라고 주장했다. 세계적인 변화에 따라 빠르게 대응하기 위해, 세계시장에서 보다 적극적으로 경쟁할 수 있는 조직을 만들기 위해, 그리고 보다 유연하고 고객의 요구에 순응할 수 있는 종업원을 획득하기 위해 경영자는 비지니스 프로세스를 근본적으로 재구축해야만 한다는 것이다.

노동은 크게 나누어 두 가지 학술적인 관점인 사회학적인 측면과 심리학적인 측면에서 연구할 수 있다. 노동의 사회학적 관점은 사람들의 노동경험에 영향을 주는 폭넓은 상황적 요인과 구조적 요인에 관심을 갖는다. 사회학자에게 있어서 중요한 테마의 하나로서 분업이 있는데, 그것은 사람들이 특정 타입의 직무에 전문적으로 대처할 수 있는 방법을 다루는 것이다. 조직수준에서 내적분업은 효율성과 노동자의 통제기준을 제공한다. 사회수준에서 분업은 프로페셔널, 경영, 사무, 숙련공이나 미숙련공 등의 직업구조를 산출한다. 그밖에 노동의 사회학에 있어서의 중요한 토픽으로서 노동에 있어서의 불평등이라는 테마가 있으며, 여기에는 조직에 있어서의 성적차별구조, 성별역할에 관한 관심의 확대, 또는 성별과 권력과의 관계 등이 포함되어 있다.

노동에 있어서의 인간의 심리학적 연구는 개인행동을 이해하는 시도로서 모티베이션, 직무만족, 업무스트레스, 직무설계, 기타 직무의 수행을 저해하는 노동환경에 관련된 요인 등을 다룬다. 여기에는 조직행동론의 한 분야로서 방대한 문헌이 있다. 개인의 직무행동에 관한 초기의 이론은 인간이 경험하는 욕구의 타입이라는 관점에서 모티베이션의 본질을 설명하고자 하였다.

McGregor의 X-Y이론, Herzberg의 동기부여-위생이론, Vroom의 기대이론 등 행동과학자들의 일련의 이론적 공헌은 관리자가 직무구조와 보상을 어떻게 설계하면 좋은가라는 점에서 실천적인 시사점을 제공한 데 있다. Hackman과 Oldham 모델은 노동의 핵심이 되는 특징과 개인이나 작업집단에 작용하는 중요한 심리적 프로세스 사이에 있는 상호작용을 진단하는 것을 목적으로 만들어지고 있다.

노동의 본질과 관리자가 어떤 식으로 노동을 조직화하는가 하는 것은 인사활동에 영향을 미치는 내적인 상황요인이다. 작업팀에 관한 새로운 스킬과 분권화, 조직구조에 관한 의사결정은 사람들에게 필요한 학습이나 훈련에 영향을 미친다. 부연하면 새로운 직무의 편성은 보상시스템 설계에도 영향을 준다.

탈관료제 조직에 관한 논의(의사결정의 분권화, 관리계층의 소수화, 유연한 직무수행 등에 의해 관료제의 원리를 뒤엎는 작업시스템의 채용 등)는 새로운 작업조직의 형태가 직무충실로 연결되는 것인지 직무의 퇴폐로 연결되는 것인지의 논쟁을 불러일으키고 있다. 한편 낙관주의자들은 새로운 직무구조가 종업원의 재량권을 강화(empowerment)하고 경영행동이 통제의 매니지먼트에서 커미트먼트의 매니지먼트로 이행하고 있는 것을 높이 칭찬하고 있다. 또 몇 가지 새로운 노동방식은 전자적인 착취공장에 의해 성립하고 있다는 주장과 근로자 임파워먼트에 기초한 노동시스템은 기본적으로 노동강화를 완곡하게 표현한 것이라는 주장도 있다. 최신 노동현장의 현실을 파악하기 위해 평론가는 맥월드라는 용어를 자주 사용한다. 이것은 특히 젊은 사람이나 여성, 유색인종들이 경험하는 수준낮은 일, 파트타임 계약, 성과달성에 대한 엄격한 감시, 상시적인 고용불안 등 노동에 있어서의 여러 가지 체험을 의미하고 있다.

몇 가지 실증적인 문헌에서는 직무재구축 프로세스를 상황에 의존해서 이해하려는 시도가 이루어지고 있다. 상황의존 시각은 새로운 직무구조는 균일한 결과를 가져오는 것이 아니라 사업전략이나 변혁 프로세스에 대한 노조의 관여여부, 일련의 인사정책과 새로운 일의 구조와의 일관성 여부 등 여러 가지 변수에 의해 상황이 달라진다고 주장하고 있다. 조직혁신의 결과로 생기는 잠재적인 이익과 비용에 대한 직원들의 인식은 보다 복잡한 상황파악으로 연결되어 조직에 있어서의 직무의 변화가 심리적 계약을 강화하거나 약화시킬 수 있다는 가설을 지지하는 사람도 있다.

본 장은 사회학자와 산업심리학자에 의해 연구되고 있는 모티베이션, 직무만족, 직무설계의 관계를 살펴봄으로써 직무설계의 전략과 새로운 조직형태를 밝혀보고자 한다. 여기서는 현대사회에 있어서의 일의 의미(meaning of work)에 대해 생각해 본다. 일에 관한 보다 넓은 상황구조는 최근의 직무설계기술과 새로운 조직패러다임에 관하여 관리자와 인사담당자에게 중요한 예비지식을 제공할 것이다. 우리는 테일러리즘과 포스트포디즘, 유연한 전문화, 일본적 직무설계, 리엔지니어링, 학습하는 조직 등의 직무설계전략을 검토하고 고용관계관리와 관련된 직무구조의 시사점에 대해 살펴보려고 한다.

제2절 노동의 본질

학생이 장학금 응모서류를 쓰는 것은 노동으로 간주되지 않지만, 서류를 작성하는 것은 사무원의 노동의 일부이다. 동시에 학생이 자신의 아이를 돌보는 일은 노동으로 간주되지 않지만, 그 학생이 베이비시터를 고용하면 베이비시터에게는 유급의 노동이 된다. 이들 사례에서도 알 수 있는 것처럼 노동이란 단순히 활동의 내용으로 정의할 수 있는 것이 아니다. 우리는 노동이라는 말을 사용할 때 어떤 의미로 사용하고 있는 것일까. 여기서는 이 문제에 관한 의미와 사회가 노동을 어떻게 이해하고 있는가 하는 점에 대하여 아래와 같이 노동의 정의를 검토하는 것부터 시작하고자 한다.

> 노동이란 금전을 보상으로 해서 고용주의 지시에 따라 특정의 장소에서 특정의 시간에 이루어지는 육체적·정신적 활동이다.

이 정의는 노동의 핵심적인 특징에 유의해서 내려지고 있다. 첫째로, 육체적·정신적이라는 의미는 건축업자의 활동도 컴퓨터시스템 분석가의 활동도 명확히 노동으로 간주된다. 둘째로, 특정한 장소에서 낮이든 밤이든 시간을 정하고 활동하는 것, 즉 장소와 시간은 노동을 사회적 구조안에서 파악하고 있다고 할 수 있다. 셋째로, 사회적 구조에는 활동이 이루어지는 사회적 관계 등도 포함된다. 어머니나 아버지가 가족을 위해 저녁을 준비할 경우, 활동의 내용자체는 병원에서 고용되어 있는 요리사가 환자를 위해 식사를 준비하는 것과 비슷할지 모르지만 그 활동이 이루어지고 있는 사회적 관계는 매우 다르다. 병원 요리사의 활동은 규정, 즉 고용주와 그 대리인으로부터의 명령에 구속되어 있는 것이다. 이 점에서 이것이 노동인지 아닌지를 결정하는 것은 활동 그것이 아니라 오히려 그 활동에 내재되어 있는 사회적 관계라는 것은 분명할 것이다. 넷째로, 육체와 정신을 쓰는 것, 피로와 개인의 자율성 상실 등의 보상으로 노동자는 금전과 지위 등 일련의 보상을 받는다. Watson은 이 일련의 인풋(육체적·정신적 활동 등)과 아웃풋(보상 등)의 교환관계를 고용주와 구성원 간의 암묵의 계약이라 부르고 있다.

그러나 이 정의는 고용관계에 대하여 열쇠가 되는 특징을 인식하는 데에는 도움이 되지만 너무 한정적이고 엄밀한 면이 있다. 첫째, 육체적·정신적 활동이라 하더라도 모든 활동이 돈을 받고하는 것은 아니다. 이를 테면 시민단체(예를 들면 법률상담 등을 무료로 행하는 단체)에서 일하는 자원봉사자나 육아같은 임금이 발생하지 않는 힘든 노동의 대부분은 기쁘게 받아들이는 경우도 있지만, 심하게 기력이 소모되는 활동이다. 그러나 이와 똑같은 활동도 예컨대 사람들에게 법률에 대해 어드바이스해서 보상을 받거나 보육원에서 고용되어 보수를 받고하는 일은 사회관계나 금전적 보상면에서 모두 노동으로 인식할 수 있을 것이다. 둘째, 노동의 보상과 만족, 위험 등은 매우 불평등하게 분배되어 있다. 현대 사회에서는 사람들이 누구인지, 어떤 일을 하고 있는지에 따라 보상이 결정된다. 역사적으로 보면 여성은 남성과 비교하면 같은 일을 해도 보상이 낮다. 노동은 위험하고 건강을 해치는 경우도 있지만 위험이 평등하게 부담되는 것은 아니다. 흔히 경영상의 스트레스에 대해서는 사회적인 이목이 집중되고 있지만 실제로 노동과 관련된 위험은 육체노동자의 현장에 많이 분포되어 있다. 나아가 산재의 불균등한 분포는 사회적 가치나 경제적인 압력의 체계적인 결과라는 주장도 있다.

노동의 성격과 경험이 변화하는 것은 틀림없다. 세계화의 광범한 진전과 새로운 경영전략의 실행으로 유상노동이 서비스분야로 이동하고 있고, 정보기술이 보급되어 많은 여성이 임금노동자로 전환하고 있다. 특히 개발도상국에서의 임금노동의 최근형태는 노동과 가정의 통합에 의존하고 있다. 마찬가지로, 노동의 성격은 인적자원관리 활동에 영향을 미친다. 이를 테면 직원이 받는 급여는 실제의 활동내용이라기보다는 오히려 사회적 태도나 전통과 관계되어 있다. 임금의 결정에는 노동자의 사회적 분업, 특히 성적역할분업에 대한 이해가 필요하다. 경영자는 과업을 어떤 종류의 직무로 나눌 것인가, 그것들을 다른 과업이나 직무와 어떻게 관련지을 것인가 하는 것을 생산방법이나 기술에 맞추어 결정해야만 한다. 결정은 통제시스템, 즉 상사가 관리해야 할 부하의 수, 직원 훈련, 보상시스템의 특징 등에 대해서도 이루어진다. 인적자원관리는 개인의 업무경험에 대해서 영향을 주기도 하고 받기도 한다. 직무가 설계되는 방법은 조직의 유효성에 대해서 뿐만 아니라 개인이나 집단의 경험과 모티베이션에 대해서도 영향을 준다. 우리가 검토하는 직무설계의 프로세스는 이 점에 주목하고 있다.

제3절 직무설계

기업조직은 혁신적인 방법으로 인적자원을 활용하여 경쟁우위를 확보하기 위해 직무설계문제에 주목해 왔다. 이는 다음과 같이 정의할 수 있다.

조직에 있어 직무와 직무 간의 관계를 형성하기 위해 과업과 책임을 결합하는 프로세스

3.1 초기의 전개

직무와 관련된 혁신은 수백년에 걸쳐 학자와 관리자의 관심을 모아 왔다. 근대경제학의 창시자인 Adam Smith는 18세기 영국에서 출현한 분업에 주목했다. Adam Smith에게 있어 육체노동의 분해는 경제성장 이론의 핵심이었다. Adam Smith는 다음의 세 가지 점에서 분업이 경제성장을 촉진한다고 주장했다.

① 숙련의 증대에 의한 1인당 생산고의 증가
② 작업의 준비와 교체에 걸리는 시간의 감소
③ 전문화에 의한 새로운 기계발명의 촉진

Adam Smith는 자신의 저서 국부론에서 핀의제조를 상술하고 직무설계의 초보적인 예를 명시했다.

철사를 편다, 곧게 한다, 자른다, 뾰족하게 한다, 머리를 붙이기 위해 끝부분을 간다, 이 외에도 머리를 만드는 데도 두 세 가지 다른 공정이 필요하며, 핀을 하얗게 도금하는 작업도 있다. 마지막으로 종이에 포장을 해야 한다. 핀을 제조하는 중요한 작업은 이처럼 18가지 작업으로 나뉘어지는 것이다.

이 모든 작업을 한 사람이 수행할 경우 하루에 몇 개의 핀을 만들 수 있을까? 아마도 한 개를 만드는 것도 쉽지 않을 것이며, 20개를 만드는 것은 분명히 힘들 것이다.

Adam Smith는 자신이 직접 보았다는 핀 제작소의 생산량을 예시하고 있다. 이 제작소에서는 10명의 노동자가 고용되어 있었고, 따라서 그 중 몇 사람은 두 세 가지 작업을 혼자서 하고 있

었다. 매우 척박한 제작소였으며, 기계설비도 제대로 갖추지 못하고 있었으나 그래도 열심히 하면 하루에 12파운드의 핀을 만들 수 있었다.

"1파운드면 중형핀이 4천 개가 넘는다. 그러므로 이 열명은 하루에 4만 8천개 이상의 핀을 만들 수 있는 셈이다. 따라서 1인 당 4만 8천 개의 10분의 1, 즉 하루에 4,800개의 핀을 만든다고 보아도 될 것이다. 그러나 만일 그들이 각자 독립적으로 따로 따로 모든 일을 하고, 또 아무도 이런 특정한 일을 위한 교육을 받지 않았다면 그들은 틀림없이 혼자서 하루에 20개의 핀은 커녕 한 개의 핀도 제대로 만들 수 없을 것이다. 다시 말해 그들은 현재 여러 작업의 적당한 분할과 결합으로 수행할 수 있는 일의 2,400분의 1은 커녕 4,800분의 1도 못할 것이라는 점은 분명하다."

19세기 Charles Babbage도 분업이 고용주에게 이익을 가져다준다고 주장하고 있다. 과업을 단순화해서 미숙련 노동자에게 세분화된 과업을 할당함으로써 고용주는 저임금을 실현할 수 있다. 노동력의 거래를 기초로 하는 사회에서 기능을 분할하는 것은 개인별 노동의 가격을 낮추는 것으로 연결된다.

산업에 있어서의 분업의 출현은 직무설계에 있어 보다 급진적인 연구를 촉진했다. Karl Marx는 새로운 노동방식이 체계적인 착취의 형태로 구성되어 있고 자본주의적 고용관계와 노동에 있어서의 자율성 상실로 인하여 노동자가 스스로의 생산물로부터 소외되어 있다고 주장했다.

20세기 초두 Frederick Taylor의 저작인 과학적 관리법에 의해 직무설계에 대한 관심은 더욱 높아졌다. 1908년부터 1929년 사이에 Henry Ford는 테일러리즘의 원리를 발전시켜 조립작업의 컨베이어시스템 생산원리를 바탕으로 한 직무구조를 개발했다. 1920년대에는 인간관계론이 성행하여 작업집단의 성과에 대한 영향에 관심이 쏠렸다. 그리고 1960년대 후반 생산성의 저하와 과학적 관리법의 결점에 대한 관심이 높아지면서 직무재설계운동으로 연결되어 갔다. 직무설계에 대한 관심과 논의는 일본적 경영으로 옮아갔다. 일본적 경영에 있어서의 직무설계는 경영스타일, 스킬, 가치 등을 강조하고 직무설계를 조직의 고용전략의 일환으로 편성해 가는 것을 목적으로 하고 있다. 이하에서 이들 어프로치에 대하여 좀 더 자세히 살펴보기로 한다.

3.2 과학적 관리법

미국의 Frederick Taylor는 과학적 관리운동의 개척자이다. 직무설계에 대한 이 어프로치는 테일러리즘이라 불리우며, Henry Gantt와 Frank Gilbreth 등의 영향도 컸다. Taylor는 종업원의 모티베이션과 직무설계기법에 관한 아이디어를 자신이 공장장으로 일한 펜실바니아의 미드벨 제철소에서 실현시켰다. Littler는 테일러리즘은 이데올로기 상의 주장이기도 하고 경영상의 일련의 시책이기도 했다고 주장하고 있다. Taylor는 비효율적인 노동정책과 노동자가 열심히 일하지 않는 모습(Taylor는 이것을 자연태업(natural soldering)이라 불렀다)에 놀라게 되었다. Taylor는 육체노동자를 금전에 의해 동기부여되는 탐욕스런 로봇으로 인식하면서, 그들을 과업수행을 위한 최선의 방법(one best way)을 개발할 능력이 없는 멍청한 존재로 간주하고 있었다. 경영의 역할은 수행되어야 할 과업을 과학적으로 분석하여 시간단축과 불필요한 동작을 제거할 수 있도록 직무를 설계하는 것이었다.

직무설계에 대한 Taylor의 어프로치는 다섯 가지 주요 원리에 의거하고 있다.

① 직무는 최대한 세분화한다.
② 계획과 실시를 분리한다.
③ 직접노동과 간접노동을 분리한다.
④ 필요로 하는 스킬과 직무훈련시간을 최소화한다.
⑤ 기계작업의 가동률저하를 최소한으로 할 것

과학적 관리의 가장 중요한 것은 과업을 가장 심플한 구성요소로 나누는 것이었다(제1원리). 대부분의 육체노동자는 게으르고 어리석다고 간주되었기 때문에 모든 의사결정기능을 그들에게서 박탈해야 한다고 주장되었다(제2원리). 모든 준비작업이나 서비스 직무는 숙련공(직접 노동)으로부터 분리하여 미숙련 또는 저가의 노동력(제3원리에 있어서의 간접노동)에 맡겨야 한다고 주장되었다. Littler에 의하면 이것이 Taylorist와 Babbage 원리의 공통점으로 노동강화의 본질적인 요인이 되었다. 과업수행에 필요한 스킬을 최소화하는 것은 노동과정에 대한 노동자의 통제권한을 저하시키며(제4원리), 최종적으로는 시간을 절약하기 위해 경영은 인간과 재료의 움직임을 최소화하는 기계의 배치를 하게 된다(제5원리). Littler에 의하면 Taylor의 직무설계 어프로치는 단순화의 역학을 구현한 것으로, 조직에 새로운 통제구조를 제공했다고 주장하고 있다.

테일러리즘은 1930년대의 경기 후퇴로 사라져 비교적 수명이 짧았다고 하는 논자도 많다. Rose는 과학적 관리는 대부분의 고용주에게 어필하지 못하고 있으며, Taylorist 중 몇 명은 미국의 고용주에게 그것이 받아들여지도록 노력했으나 수포로 돌아갔다고 말하고 있지만, 이는 직무설계에 대한 Taylor 원리의 보급과 영향을 과소평가하고 있다. Rose와는 대조적으로 Braverman은 테일러리즘은 그후의 인간관계 학파로 대체되었다고 하는 통설은 잘못된 것이며…실제 경영발전의 변천을 몹시 왜곡하고 있다고 말하고 있다. 마찬가지로 Littler와 Sara Mann은 공장노동에 대한 테일러리즘의 직접적·간접적인 영향은 매우 광범위하고 산업조직에 있어서의 직무설계와 기술설계는 네오테일러리즘으로 물들어 있다고 말하고 있다.

3.3 포디즘

Henry Ford는 테일러리즘의 주요 원리를 적용했을 뿐만 아니라 전문기계를 도입하여 조립작업에 컨베이어시스템 원리를 확립했다. 이후 이런 종류의 직무설계는 포디즘이라 불리우게 되었다. 고전적인 조립라인의 원리에서는 직무세분화와 과업수행시간(task-cycle)의 단축이 진행되는 등 직원통제기술 또는 노동생산성 증가를 위한 직무설계 등이 검토되어 왔다. 포디즘은 이밖에도 두 가지 특징이 있다.

- 서로 다른 작업을 담당하는 각각의 부서에 부품을 운반하기 위해 연결한 컨베이어 시스템을 도입
- 규모의 경제를 획득하기 위한 표준화된 상품

포디즘은 표준화된 상품을 저비용으로 대량 생산하는 장기적인 방침을 확립했다. 조립라인의 작업속도는 일련의 지시에 의해서가 아니라 오히려 기술에 의해 결정된다. Taylor가 행한 상세한 시간연구와 동작연구에 의해 직무프로세스의 매니지먼트에 의한 통제가 강화되었다. 직무연구의 기술자들은 가장 짧은 태스크 사이클 시간을 발견하기 위해 시행착오를 거듭했다. 사람들을 매니지먼트하는 Ford의 컨셉은 매우 단순하였다. 사람은 단 1초라도 불필요한 시간을 없애고 정해진 1초 1초를 보내야 한다는 것이다. 작업시간을 기록한다고 하는 것은 매니저가 부하의 노력이나 성과를 보다 밀접하게 감시할 수 있다는 것을 의미한다. 과업관리는 새로운 통제구조의 기초로서 기능했던 것이다.

그러나 포드 생산시스템에는 문제가 있었다. 노동자는 반복적인 일이 지루하고 보람이 없다고 느끼기 시작하면서 점점 결근률이나 이직률이 높아지는 등 직무불만족이 나타나게 되었다. 이를테면 포드공장에서는 평상시 조업에 필요한 인원이 1만 3천 5백명이었지만, 1913년 한해 동안 5만명 이상이 퇴직했다. 이들 인사문제에 대응하여 Ford에 의해 개발된 매니지먼트 기법은 포디즘과 테일러리즘의 명확한 차이가 되었다. Ford는 자격을 부여받은 자에 대하여 보다 짧은 노동시간으로 2배의 임금을 제공하는 일급 5달러제를 도입했다. 이러한 보상은 알콜을 자제하는 등 공장노동자의 라이프스타일이 만족할 수 있는 것인지 아닌지를 조건으로 삼고 있었다. Ford의 가부장적 스타일은 작업성과를 높이기 위해 새로운 노동습관뿐만 아니라 새로운 사회적인 습관을 체득시키고자 하는 것이었다. 테일러리즘과 포디즘은 미국과 캐나다, 영국에서는 자동차나 전기공학같은 대규모 일괄생산에 있어서의 직무설계의 유력한 어프로치가 되었다.

직무설계와 노무관리전략이라는 점에서 보면 과학적 관리법과 포드주의적 사고방식은 노동자가 그것을 받아들인다 하더라도 일정한 한계를 노정시키고 있다. 첫째, 작업의 단순화는 지루함

과 불만족을 초래하고 적대적인 노사관계 분위기를 양성하는 경향이 있다. 둘째, 테일러적인 직무설계기법은 통제와 협업의 비용이 많이 든다. 전문화가 진전되면 생산계획, 통제, 감독, 검사 등의 담당자가 늘고 간접 노동비용이 증가한다. 분업의 이익은 지나치면 관리통제구조의 비경제성에 의해 상쇄되는 경향이 있다. 셋째, 협업의 비용이라 불리우는 것이 있다. 테일러리즘은 노동자의 성과에 대해 질적으로나 양적으로 매니지먼트의 통제가 증가하지만, 그 결과 욕구불만이나 불만족이 높아지고 일부 노동자는 커미트먼트가 저하된다. 이렇게 되면 관리자의 입장에서 볼 때 품질관리 측면에서 커다란 문제를 초래할 수 있다. 관리자와 직원들의 관계는 악화되고 이는 다시 매니지먼트의 통제를 더욱 강화하게 하는 결과를 초래하게 된다. 테일러리즘과 포디즘의 기본 원리는 직원들을 강하게 통제하면 할수록 보다 강한 통제가 필요하다고 하는 근본적인 패러독스를 보여주었다. 이들 문제를 명확히 파악하고 지나친 분업에 대한 대응으로서 새로운 직무설계 어프로치인 인간관계론이 개발되었다.

3.4 인간관계운동

인간관계운동은 매니저의 관심을 노동자의 지각된 욕구로 이동시켜 직무설계는 직무의 심리적·사회적 측면을 고려해야만 한다는 점을 강조하였다. 이 움직임은 1920년대에 Elton Mayo의 호손(Hawthorne)실험으로 시작되었다. Mayo는 시카고에 있는 호손공장의 계전기조립실에서 실험을 시작했지만, 그 목적은 작업환경의 변화(조명, 실온, 환기 등)가 생산성에 주는 영향을 밝히기 위한 것이었다(자세한 내용은 2장 [호손연구]부분 참조할 것). 호손연구팀은 이들 요인과 생산성 간에 명확한 관계를 발견하지 못했다. 연구자들은 오히려 단순한 경제적 인센티브나 노동환경이 노동자를 동기부여하는 것이 아니라는 것을 제시하고, 인식이나 사회적 응집성 등 노동자의 모티베이션을 설명할 수 있는 요인을 밝혀냈다. 경영에 대한 메시지는 매우 명확했다. 그것은 매니지먼트 컨트롤이나 경제적 인센티브에 의존하는 것이 아니라 구성원의 사회적 욕구를 충족하는 분위기를 양성함으로써 작업집단에 영향을 주는 것이 필요하다는 것이었다. 인간관계론은 직원 참여, 제일선의 비권위주의적 감독 등 여러 가지 기술적인 관리방식을 제창했는데, 이것들이 결국은 경영의 질적·양적욕구를 충족하는데 기여하는 인간관계가 좋은 풍토를 만든다고 생각했던 것이다.

직무설계에 대한 인간관계론적 어프로치의 비판점은 많은 논자에 의해 제기되어 왔다. 인간관계론 비판자는 인간관계론이 고용주와 직원 사이에 기본적으로 존재하고 있는 경제적 갈등을 경시하는 경향이 있다는 점을 비판하고 있다. 또 이들 관리기술을 적용한다 하더라도 구성원들이 반드시 예상된 반응을 보여주는 것은 아니라는 것이 밝혀진 점도 비판의 대상이 되었다. 마지막으로, 인간관계 어프로치는 보다 전체적인 사회경제적 요인을 무시하고 있다는 점에서 비판되고 있다. 그러나 이들 비판에도 불구하고 직무설계에 대한 인간관계 어프로치는 제2차 세계대전 후의 완전고용환경 하에서는 경영정책의 입안에 일정한 영향을 주었다고 할 수 있을 것이다. 직무재설계로의 움직임을 이끌어낸 것은 오히려 인간관계학파와 병행해서 연구된 직무에 관한 새로운 개념이었다.

제4절 직무재설계운동

1960년대에서 1970년대 초두에 걸쳐 직무설계는 Rose가 말하는 신인간관계론 학파와 보다 폭넓은 관점에 의한 노동생활의 질(QWL : Quality of working life)에 의해 도입되었다. 직무설계에 대한 신인간관계론 어프로치는 단편화된 직무를 재구성함으로써 사회적 욕구를 충족하는 것을 강조했다. 한편 QWL운동에 대해서는 미국에 있어서의 노동과 직업생활의 질에 대하여라는 2개의 보고서로 거슬러 올라갈 수 있다.

Littler와 Sara Mann은 과학적 관리법원리에 도전하는 QWL운동에 전형적으로 나타나는 다섯 가지 좋은 직무설계원리를 제시했다.

① 통합의 법칙(Principle of closure)으로, 생산이나 프로세스를 완성시키는 모든 과업을 통합한다고 하는 직무관리이며, 성취라는 사회적 욕구를 만족시킨다.
② 좋은 설계는 개인 혹은 집단이 품질관리책임을 짐으로써 통제와 감시를 그 안에 포함시킨다.
③ 노동자가 직무의 유연성을 실현하기 위해 다양한 기능을 획득함으로써 과업다양성이 있다.
④ 작업속도의 자기조정이 가능하다.
⑤ 노동자 간의 사회적 상호작용이나 협업을 가능케하는 직무구조를 가져오는 설계

1970년대 후반 경쟁압력에 의해 점차 많은 서양의 기업들이 자사의 직무설계전략을 재평가하지 않을 수 없게 되었다. 대부분의 학자들이(예를 들면 Kelly) 직무설계에 관한 최근의 발전은 동종의 것이 아니라 세 가지 타입으로 나눌 수 있다고 주장했다.

- 직무충실

- 조립라인의 재조직화
- 일본적 직무설계

이하에서는 이들에 대해 검토하기로 한다.

4.1 직무충실

직무충실이라는 용어는 과업을 교대하고 확대하며 집합하는 여러 가지 프로세스를 가리킨다. 이 프로세스의 초기사례는 직무교대(job rotation)의 활용으로, 단순화된 어떤 과업에서 다른 과업으로 노동자를 정기적으로 이동하는 것이었다(그림 6-1). 직무교대의 장점은 노동자의 활동을 다양화함으로써 단순화된 과업의 실행에서 오는 지루함과 단조로움을 경감시킬 수 있다는 점에 있다.

이밖에 직무재설계에는 과업을 수평적으로 확대하는 직무확대(job enlargement)가 있다(그림 6-2). 예를 들면 햄버거굽기 전담자의 일은 햄버거를 굽는 일뿐만 아니라 버거를 위한 고기를 빚거나 혹은 주문에 따라 샐러드를 준비하는 등 여러 가지로 확대된다. 직원들에게 할당된 과업이 많아지면 작업사이클 시간이 길어지고 반복과 단조로움이 감소한다.

테일러리즘과 포디즘의 한계에 대응하기 위한 보다 세련된 처방으로서 조직행동론 텍스트에

그림 6-1 직무교대

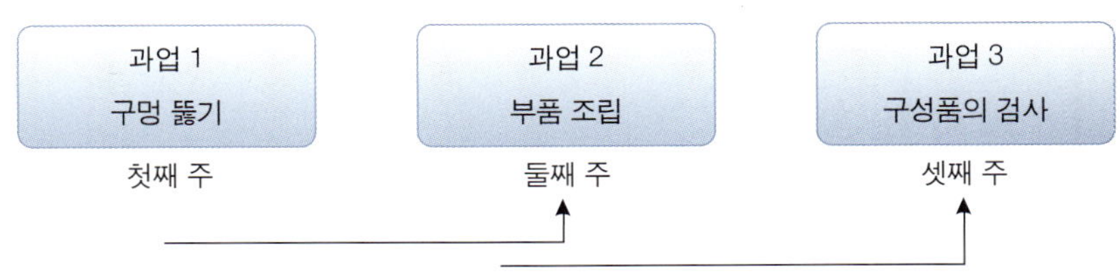

그림 6-2 직무확대

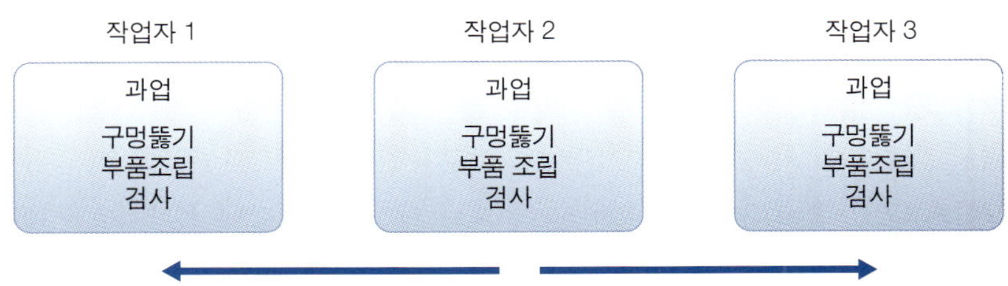

그림 6-3 직무충실화

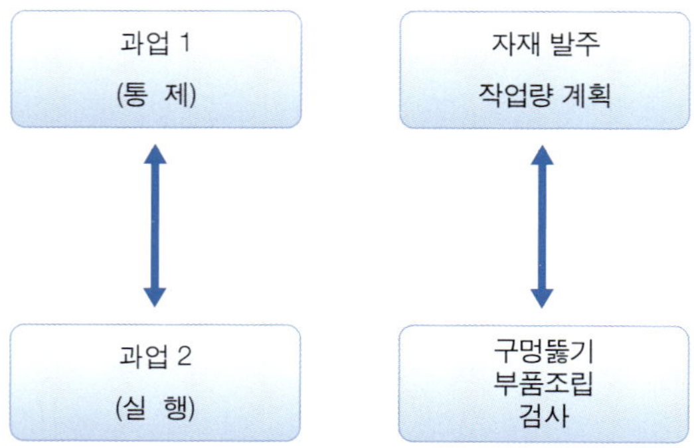

서도 자주 언급되고 있는 직무충실(job enrichment)이라 불리우는 직무의 수직적 확대가 있다. 이 어프로치는 감독자로부터 몇 가지 권한을 제외한 나머지를 직무담당자에게 부여하는 것이다(그림 6-3). 수직적인 범위가 부가됨으로써 직원들은 계획이나 품질관리 등 추가적인 책임을 지게 된다. 이를 테면 전술한 패스트푸드 노동자의 경우, 햄버거를 굽고 샐러드를 준비하는 것 뿐만 아니라 도매업자로부터 재료를 사들이는 일이나 품질유지를 위한 납품검사를 하는 것도 담당하게 되는 것이다.

Hackman과 Oldham의 직무충실모델은 직무설계에 대한 영향력 있는 어프로치로서 직무특성 모델이라 불리운다. 이 모델에 의하면 노동자는 다섯 가지 핵심적인 직무특성에 따라 세 개의 바람직한 심리적 상태를 경험하고, 그 결과 명확한 성과가 생긴다고 주장하고 있다(그림 6-4). 다섯 가지 핵심적인 직무특성이란 다음과 같다.

- **기능다양성** : 일을 실행함에 있어 그 직무에 필요한 활동의 다양성의 정도와 거기에 필요한 노동자의 기능과 재능의 수
- **과업정체성**(task identity) : 그 직무가 단편적인 것이 아닌 전체를 마무리 하는 것
- **과업중요성** : 그 직무가 다른 사람들의 생활이나 일에 대해 갖는 중요성(의미) 정도
- **자율성** : 작업스케쥴과 절차의 결정, 그 직무가 노동자에게 허용하고 있는 자유, 독립성, 재량의 정도
- **피드백** : 노동자가 자신의 성과의 실제결과에 대한 정보를 얻을 수 있는 정도

이를 테면 작은 레스토랑의 조리사나 매니저의 일은 높은 기능다양성(요리에 관한 기능외에 장부를 기입한다고 하는 비지니스 상의 기능 등), 높은 과업정체성(재료로부터 시작해서 맛있는 요리로 끝나는), 높은 과업중요성(식사는 고객에게 기쁨을 제공한다고 하는 마음가짐), 높은 자

그림 6-4 직무특성 모델

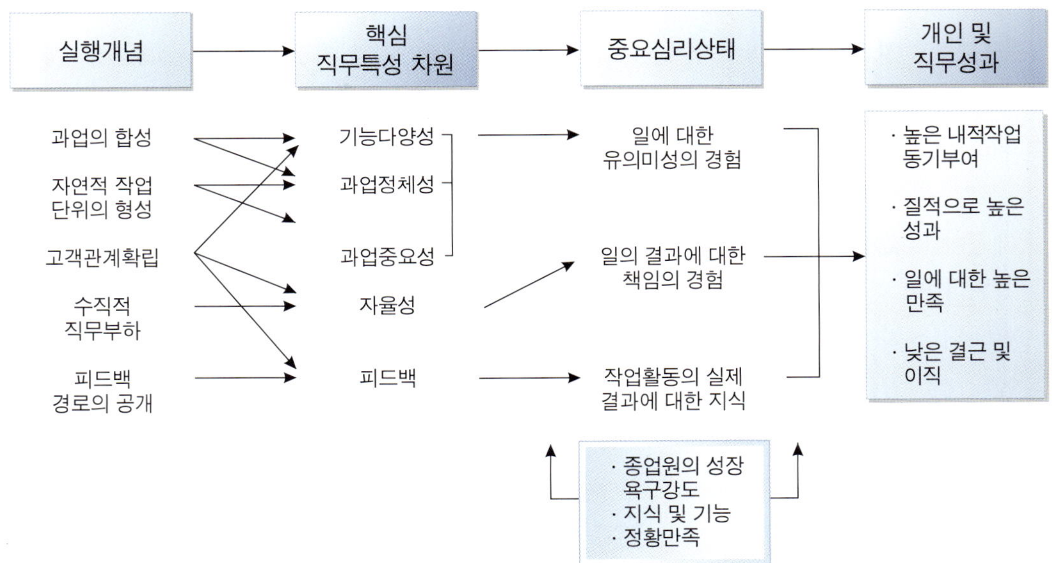

자료 : Hackman, J. Richard and Oldham, Greg R.(1980), *Work Redesign*, Addison-Wesley, p.95.

율성(공급업자의 결정이나 메뉴를 결정하는), 높은 피드백(식후에 고객에게 찾아가 입맛에 맞는지 어떤지를 확인하는 작업)이 가능하도록 설계할 수 있다. 한편 패스트푸드의 체인점에서 햄버거를 굽고 있는 사람의 직무는 아마 낮은 스킬 다양성(시프트 내내 햄버거만 굽고 있다), 낮은 과업정체성(단순히 햄버거를 굽는 것 뿐이고 다른 식사를 준비하는 일은 전혀 없다), 낮은 과업중요성(어떤 방법으로 햄버거에 케첩을 묻혀도 큰 차이가 생기는 것은 아니라는 자세), 낮은 자율성(고도로 규칙화된 루틴에 따라서 햄버거를 굽는다)으로 설계되어 있을 수 있다.

이 모델은 직무에 있어서 다섯 가지 중심적인 직무특성이 높아지면 높아질수록 잠재적인 동기부여 효과가 높아진다는 것을 시사하고 있다. 지식과 스킬, 성장욕구의 강도, 상황여건의 만족이라는 조절변수(moderators)가 존재하고 있는 것은 이론적으로 동기부여 효과가 높은 직무가 자동적으로 모든 노동자의 모티베이션과 만족을 높이는 것은 아니라는 것을 의미하고 있다. 이것은 약한 성장욕구밖에 없는 직원에게는 직무충실에 의해 플러스효과를 얻기 어렵다는 것을 의미하고 있다. 로빈스에 의하면 직무특성 모델은 많은 연구자에 의해 검증되어왔지만 대부분의 증거가 이 이론을 지지하고 있다고 한다.

일부 연구자는 직무충실에 대해서 보다 본질적이고 관념적인 평가를 하고 있다. 예를 들어 Bosquet은 직무충실은 모든 계층에 있어서 상사의 권위와 전제적인 권력의 종언을 초래하는 것이라 주장한다. 이는 노동자를 지루하고 따분한 직무에서 해방하는 것과 연결된다. Friedman은 직무충실기법은 직무만족이나 커미트먼트를 높일지도 모르지만, 초점은 여전히 경영측의 통제에 있다고 지적하고 있다. 그는 직무충실 등의 직무설계전략은 개인 혹은 집단에 대해서 최소한의 감독하에 보다 많은 재량권을 부여하지만, 이 책임있는 자율성(responsible autonomy)전략은 노동자에 대한 경영상의 권위를 유지하고 증대시키는 수단 또는 노동자의 자기 규제수단이 되고 있다고 주장하고 있다.

Thompson(1989)은 직무재설계기법에 대해 대부분의 직무충실화 의도가 새로운 것을 거의 제공하고 있지 않고, 도리어 경영측의 통제를 강화하는 형태로 될 수가 있다고 지적하고 있다. 과거 10년 간의 콜센터 보급에 대한 비판적 연구는 사용자통제의 새로운 형태에 주목하고 있다. 세련된 온라인 커뮤니케이션과 종업원 감시시스템, 판매담당자와 고객과의 대화를 전자적으로(디지털기기를 이용해서) 엿듣는 것, 동료집단의 감시 등은 전자적인 착취공장 혹은 전자적인 테일러리즘의 형태를 취하고 있다고 지적하고 있다.

4.2 조립라인의 재편성 : 포디즘을 넘어

Cloke & Goldsmith는 새로운 조직패러다임 하에서 조직구조의 기초단위는 개인이 아니라 협업적인 자기관리팀이 된다고 말하고 있다. 이를 테면 영국에서는 1998년에 실시된 직장인 관계조사(WERS)에서 생산에 있어서도 상사와의 커뮤니케이션 방법으로서도 작업팀의 채용이 증가하고 있다는 것이 밝혀졌다. 포드주의의 합리적 모델과는 다른 이들 새로운 조직형태에 대해서는 본 절과 다음 절에서 다루기로 한다.

매니저에 의해 설계된 직무구조에 대해 검토하기 전에 분석적인 유의점에 대해 언급해 두고자 한다. 새로운 조직형태에 관한 연구의 대부분은 전통적 포디즘과 포스트포디즘이라는 정반대의 두 가지에 대해 노동과 조직의 특징을 비교함으로서 분석을 단순화하고 있다. 직무설계에 관한 이들 두 가지 어프로치의 비교가 [그림 6-5]에 예시되고 있다. 그러나 Jaffee가 논하고 있는 것처럼 두 개의 상반된 특징의 일람표는 경험적인 현실이라기보다 개념적인 간결함을 추구한 것이다. 현실에서의 조직재설계는 하나의 관념적 타입에서 다른 것으로 유연하게 이행하는 것이 아니라 새로운 조직형태는 낡은 조직설계의 구성요소에 새로운 부품을 결합한 하이브리드 형태가 되기 쉽다.

Henry Ford의 유명한 마케팅 슬로건인 '당신이 원하는 색이 검정색인 한 어떤 차라도 구입할 수 있다'라는 말에서 알 수 있는 것처럼 Ford가 대량 생산모델이라면 도요타는 조립라인의 재구축모델이 된다.

포디즘의 한계에 관한 초기 논의는 Michael Piore와 Charles Sabel의 저서인 제2의 산업분수

그림 6-5 포디즘과 포스트포디즘 생산시스템의 비교

	포디즘	포스트포디즘
1. 기술	· 고정적, 전용기계 · 수직적으로 통합된 생산 · 대량생산	· 극소전자기술로 통제된 다목적 기계 · 하청 · 배치(batch) 생산
2. 제품	· 대량소비시장 지향 · 비교적 저렴	· 다양한 제품 · 고품질
3. 노동과정	· 단편적 · 좁은 업무범위 · 적은 재량권 · 계층적 권위와 기술적 통제	· 다양한 노동자의 풍부한 과업 · 일정한 자율성 부여 · 집단적 통제
4. 계약	· 단체교섭에 의한 임률 · 비교적 안정	· 개인업적에 따른 보상 · 이중시장 : 핵심 인력안정, 주변부 인력불안

출처 : Warde(1990).

령(The Second Iudustsial Divide, 1984)에서 잘 파악되어 있다. 이들에 의하면 포드주의 모델은 고도로 경쟁적인 소비재산업에서 기민하게 대응할 수가 없다. 포디즘을 대신할 수 있는 것은 유연한 전문화와 장인적 패러다임의 부활이라고 할 수 있을 것이다. 조직변혁에 관한 이러한 신낭만주의적 관점은 다음과 같이 기술되어 있다.

Henry Ford의 마케팅 슬로건

"우리는 대중을 위한 자동차를 만들겠습니다. 가족 또는 개인이 운전이든 정비든 손쉽게 할 수 있는 자동차입니다. 현대기술을 총동원하여 가장 단순하면서도 최고의 성능과 재질을 가진 차를 만들겠습니다. 그 가격은 어지간한 봉급생활자라면 누구나 구입할 수 있을 만큼 쌉니다."

1908년, Henry Ford가 'T형' 자동차생산에 들어가면서 내세운 광고였다. 그리고 Ford는 앞으로 포드사에서 오직 T형 하나만을 생산할 것이라고 선언했다. 앞으로 포드라는 상표를 붙인 자동차는 모두 똑같은 모양, 똑같은 성능을 갖게 될 것이다. 단 색깔만은 고객이 원하는대로 선택할 수 있다-검은색이기만 한다면!

■ 지속적 혁신전략

끊임없는 변화를 통제한다기 보다는 오히려 거기에 적응한다고 하는 것이다. 유연하고 다용도적(multi-use)인 설비와 숙련공을 기초로 한다. 그리고 전략을 통해서 경쟁을 자신있는 혁신분야에 한정하는 산업커뮤니티를 형성한다.

유연한 전문화모델은 다음과 같은 특징이 있다.

- 세분화된 시장에 대한 다품종 소량생산
- 노동프로세스에 대해 상당한 통제와 자율성을 행사하는 고도의 숙련공 활용
- 프로세스 기술과 정보기술의 이용
- 협업을 통한 유연하고 효율적인 소규모 생산자의 강력한 네트워크

유럽의 정책담당자, 경영학자, 실무가는 이러한 의도에 따라 개발된 유연한 기업모델에 강한 관심을 지녔다. 1980년대 후반부터 90년에 걸친 유연한 기업모델에 관한 분석은 사실상 영국정부의 정책이 되었다. 유연한 기업모델은 이중노동시장 어프로치의 다른 형태로서 유연한 고용형태에 이론적 타당성을 부여하고 비정규노동을 증가시켰다는 점에서 중요한 포인트가 되고 있다. 유연한 기업모델에는 중요한 구성요소로서 세 가지 유연성이 있다.

① 기능적 유연성
② 재무적 유연성
③ 수량적 유연성

유럽, 특히 영국에서의 유연한 기업모델은 국외자가 보다 수월하게 조직에 참가할 수 있도록 수용성을 높여 주는 완만한 조직의 경계선에 의해 유동성을 촉진한다고 하는 탈관료주의적인 목표와 밀접하게 관련되어 있다.

4.3 일본형 작업설계

1980년대 일본의 위협은 전통적인 마케팅과 제조전략에 대한 도전이고, 또 그것에 의해 조직 리스트럭처링과 노동프로세스 관리에 새로운 변화를 가져왔다. 일본적 직무설계전략의 기본원리는 미국에서 「린(군살이 없는)」 생산으로 알려져 있다.

생산과 고용관계에 대한 일본적인 어프로치는 연구자나 실무가의 강한 관심을 불러일으키고 있어 상세히 검토할 가치가 있다. 여기서는 두 가지 중요한 의문점을 거론해 보기로 한다.

- 컨셉에 대하여 : 일본적 경영의 주요한 특징은 무엇인가?
- 영향에 대하여 : 이들 특징은 직무설계와 조직설계를 새로운 단계로 이끌 정도의 독자성을 갖춘 것인가, 그리고 그러한 관리방식의 인적자원관리에 대한 시사점은 무엇인가?

이 절에서는 우선 두 가지 의문에 대한 답을 제시하고, 그 다음에 일본적 경영에 관한 문헌을 리뷰한다.

1986년 영국 노사관계 연구자인 Peter Turnbull은 영국의 루카스전기(Lucas Electrical(UK)) 사의 새로운 생산시스템을 상세히 소개했다. 동사는 노동생산성이 급격히 향상되고 제품의 품질도 개선되고 있었으며, 모듈생산시스템 도입으로 폭넓은 스킬에 숙달된 초숙련공(super-craftsman) 육성을 꾀하고 있었다. Turnbull은 영국의 루카스전기사가 일본의 많은 대기업이 채용하고 있는 생산방법을 채용하고 있었던 점에서 동사의 조직적 변화를 재패나이제이션(일본화)이라 불렀다.

첫 번째 의문점인 일본적 경영의 특징과 관련하여 우리는 일본적 생산모델에는 다음과 같은 주목할 만한 세 가지 요소가 있다고 생각하고 있다.

- 유연성(flexibility)
- 품질관리(quality control)
- 낭비의 최소화(minimum waste)

유연성은 모듈 또는 셀생산을 채용함으로써 달성된다. 이 시스템은 두 가지 방법으로 유연성을 얻고 있다. 첫째, 기계를 그룹 또는 셀(셀기술)로 배치하는 것이며, 둘째는 유연한 다능공을 활용하는 것이다. 기계설비는 노동자가 전체의 구성요소를 마무리할 수 있도록 U자형으로 배치되었고, 이것은 1970년대 초두의 구미 자동차업계에 있어서의 그룹 테크놀로지(유사부품가공법) 원리와 유사한 것이다. 셀방식의 노동구조(cellular work structure)를 뒷받침하는 직무설계는 테일러리즘과는 정반대의 것이다. 직무의 경계가 애매한 제네럴리스트인 숙련기계공이 하나의 특정한 직장에서 하나의 기계를 조작하는 전문화된 기계공을 대체한 것이다.

품질관리는 일본적 생산시스템의 제2의 구성요소이다. TQC(Total Quality Control, 전사적 품질관리)의 경영철학은 모든 작업자가 품질에 관심을 갖고 책임을 짐으로써 제조공정에서 품질에 관한 표준을 확립하는 시도라고 할 수 있다. TQC는 셀작업의 담당자가 새로 자기점검이라는 과제를 맡아 품질개선활동에 참가하기 때문에 결과적으로 직무확대로 연결된다. TQC는 노무비나 원부자재비의 절감으로도 연결된다. 즉 품질검사요원과 재작업시간이 감축되고 원부자재의 낭비도 감소하게 되는 것이다.

일본적 생산모델의 세 번째 요소는 낭비의 최소화이다. 낭비는 적기 공급방식(JIT; Just In Time) 생산에 의해 제거되거나 혹은 적어도 최소화된다. 이것은 말 그대로 필요한 구성요소를 필요할 때 필요한 품질로 필요한 양만큼 생산하는 것을 목적으로 한 (단기간에 결산을 맞추는) 생산방식이다. 이 시스템에서는 부품이나 원자재의 재고는 최소한으로 억제되고 제조공정에서 필요한 시점의 며칠 전이나 몇 시간 전에 도착하는 것이 이상적이다. JIT생산의 가장 중요한 성과는 재고와 낭비의 감소에 있다고 할 수 있다.

두 번째 의문점으로는 이러한 일본적인 직무설계와 고용관계가 테일러리즘이나 인간관계론 같은 종래의 직무설계 원리와 크게 다른 것인지 어떤지에 대해 많은 연구가 수행되었다(이를 테면 Elger와 Smith, 참조). 일본적 모델의 다양한 구성요소와 그것을 둘러싼 논의를 이해하기 위해 Bratton은 일본화(Japanization) 개념을 검토하는 이론적인 분석틀을 개발하였다. 이 모델은 일본적 경영에 관한 논의에 있어 두 가지 중요한 공헌에 의거하고 있다. 하나는 Oliver와 Wilkinson의 높은 의존관계, 또 하나는 Guest의 인적자원관리 모델이다. [그림 6-6]과 같이 이 모델은 다음과 같은 여섯 가지 구성요소로 이루어져 있다.

① 일련의 제조기술
② 일련의 의존관계
③ 일련의 인적자원관리 방침
④ 일련의 공급자(협력업체)정책
⑤ 경영이념
⑥ 일련의 성과

일련의 제조기술(a set of manufacturing techniques)이란 셀기술(CT), JIT생산, TQC로 이루어지며 각각의 원리에 대해서는 전술한 대로이다. 일본적 제조공정은 거미줄 모양으로 복잡한 의존관계를 형성하여 고도의 관리가 요구된다. 셀시스템은 노동자의 대체성이 낮고 다능공에 대한 의존률은 점점 높아지게 되었다. 더구나 안전검사요원의 안전망(safety net)이 제거되었을

그림 6-6 일본적 생산시스템 모델

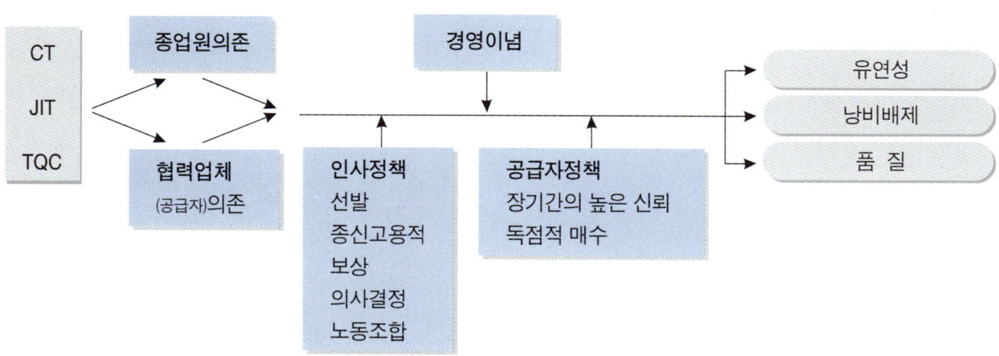

출처 : Bratton(1992).

경우, TQC는 이들에 대한 의존성을 높이게 된다. 게다가 JIT는 공급의 지연과 정지에 약하다. 기업이 재고 제로 혹은 최소한의 재고로 조업할 경우, 스트라이크 등에 의한 부품공급의 지연이나 공급정지는 제조공정에 즉각 영향을 미치게 된다. Oliver와 Wilkinson이 지적하는 것처럼 「JIT방식을 채용하고 있는 기업에서 준법투쟁이나 시간외 노동의 거부는 일반기업으로 말하면 스트라이크와 동급의 파괴력을 지닌다.」

Bratton 모델은 구성원과 공급자에 대한 기업 의존성의 균형을 맞추기 위해 일련의 매개변수가 필요하다는 것을 보여주고 있다. 조직은 고용관계에 있어서의 불균형을 해소하기 위해 직원들의 심리적 계약에 대해 충분한 영향력을 발휘하기 위한 사회적 매카니즘을 개발할 필요가 있다. 인적자원관리 방침과 시책은 금전적인 연결을 기초에 둔 전통적인 고용관계를 넘어 구성원의 기대감과 의무감을 형성하도록 설계되어 있다. 마찬가지로, 바이어의 독특한 일련의 공급자(협력 업체)정책은 바이어와 공급자 간에 호혜적인 의무를 발생시키는 데 목적이 있다. 경영이념과 리더십행동도 매개변수로서 기능하고 있다. 마지막으로, 시스템의 성과목표 혹은 업적은 종업원의 스킬과 과업이라는 측면에서나 생산상의 낭비 최소화와 품질결함의 최소화라는 측면에서도 유연성을 가진다.

이 모델은 팀웍을 뒷받침한다고 생각되는 기술(과업유연성), 지배구조(governance, 위양적 임파워먼트), 문화라는 세 가지 차원을 채용하고 있다. 일본적 팀작업의 문화적 또는 규범적 차원은 사회적 응집성이라든가 조직목적에 대한 도덕적 커미트먼트를 산출하는 고용관계의 사회적 측면과 심리적 측면에 주목한 것이다. 문화적 관점에서 보면 이러한 작업조직은 노동프로세스의 사용자 통제를 저하시키지 않고 창조성, 시너지, 커미트먼트를 해방한다고 하는 권한위양에 관한 고전적인 관리문제를 해결하는 것을 목표로 하는 사회적 장치라고 할 수 있을 것이다. 일본의 대기업을 대상으로 한 분석에서는 기업을 커뮤니티로 개념화해 왔다. 연구자는 직원들이 어떻게 해서 기업커뮤니티 혹은 문화의 규칙이나 규범에 따르도록 사회화되는 것인가라는 점에 주목해 왔다. 이를 테면 일본의 매니저는 항상 자신의 부하들에게 시장고유의 경쟁을 의식하도록 주문하고 있다. 기업경쟁이라는 개념은 기업외부에 있는 현실의 시장상황에 대해 구성원들이 자주적으로 행동을 조정한다는 개념을 의미하고 있다. 작업조직에 대한 일본적인 어프로치는 협조, 집단적 문제해결, 태도의 컨트롤(노동의 사회조직으로서 논의되고 있는) 등에 의해 특징지을 수 있고, 그 시스템은 세련된 생산계획에 의해 특징지어진다. JIT생산은 생산에 있어서의 실수를 피하고 신속히 불량품을 발견하는 절박감으로 유인함으로써 직원들의 행동을 수정하고 있다.

노동의 사회조직은 형식적인 노력-보상계약을 넘어 기대와 의무에 영향을 주도록 설계된 정교한 통제시스템을 구성한다. 이를 테면 선행연구에서는 자율적 작업팀의 노동자가 어떤 식으로 자율적 통제의 작업문화를 창조하고 있는가를 밝히기도 하고, 팀베이스의 작업체제가 동료에 의한 압박(peer pressure)이나 집단적 통제에 의해 하루종일 일한다고 하는 것처럼 힘들게 일하는 도덕적 의무가 존재하는 문화시스템을 어떻게 해서 산출하는가를 보여주기도 한다. 또한 작업팀에 관한 또 다른 연구에서는 직원들 간의 규율은 매니저의 것보다 더 징벌적이라고 주장하고 있다. 「집단에 있어 동료압력은 매우 중요하다. 팀구성원의 동료에 대한 압력은 상사의 부하에 대한 것보다 더 엄격하다」고 말하고 있다.

[그림 6-6]의 일본적 경영모델의 개요를 의문시하는 사람도 있을 것이다. 이것은 정말 일본의 실정을 나타낸 것일까. 혹은 일련의 생산시책이나 고용시책은 실제로 이루어지고 있는 것일까. 또 이것은 일본적 경영이라는 복잡한 사회상황을 조직화하는데 도움이 되는 방법과 이론인가.

많은 관찰자가 제조방식이나 고용정책의 일본적 모델이 신화에 의거하고 있을 것이라는 점을 인식하고 있다. Whittaker는 일본적 고용에 대해서는 복수의 과제가 있다고 주장하고 있다. 이를 테면 종신고용과 연공적 임금시스템은 일본에서도 개혁이 진행중이며 최근 10년 간 일본경제의 침체로 인해 변화의 속도가 빨라지고 있다. 그러나 조직설계를 파악하기 위한 용어는 바뀌어도 Jurgens나 Murakami 등의 미국, 영국, 독일의 자동차산업에 대한 연구나 Malloch과 Jones에 의한 카이젠(개선)이나 TQM기술에 관한 사례연구를 보면 일본적 팀작업은 경영사상에 있어 일과성의 관심에 머무는 것이 아니라는 것을 보여주고 있다.

[그림 6-6]에서 본 모델은 직무 및 조직설계와 경영행동에 대한 특정 어프로치의 복잡성을 보여주기 위한 유용한 프레임웍이다. 이 모델은 모델의 모든 요소가 많은 직장에 적용할 만한, 혹은 적용할 수 있다는 점에서 이상형으로 잘 개념화되어 있다. 이 모델은 자율적 작업조직의 본질(기술, 거버넌스, 문화의 측면)과 권한 위양된 작업체제를 사회화하기 위해 필요한 일련의 인사정책의 묶음과의 체계적인 연계를 잘 묘사하고 있다. 일본적 경영을 영국이나 북미의 조직으로 이전할 경우 상당히 주의깊게 선택되고 있음을 보여주는 연구가 있다.[1)] 그리고 수평적인 작업팀에 관하여 직무를 재설계한 많은 영국기업은 고도로 자립적인 관계를 완전히 적용한 것이 아니라 전통적으로 대립적인 문화가 있는 조합과 경영의 관계에 이들 새로운 조직형태를 도입하기도 하였다.[2)]

제5절 지식노동과 탈관료제적 설계

20세기의 마지막 25년 간은 조직, 매니저, 노동자에게 있어서 전통적인 노동과 지식노동출현과의 사이에 있는 갭을 메꾸기 위한 전환기였다. 노동은 이미 실체가 있는 제품의 대량생산을 위해 존재하는 것이 아니라 조직의 보이지 않는 자산인 지식에 관한 것이 되고, 지식은 기업이나 국가에 있어서 본질적인 자산이 되었다. 지식노동의 본질은 전통적인 기계세대에서 다루어 온 것이나 대량생산, 매스마케팅과는 근본적으로 다르다. 전통적인 노동과 지식노동의 차이는 〈표 6-1〉과 같다.

조직이 경쟁하기 위한 재화나 능력은 대개 직원들의 머리속에 있고, 또 그것들은 실제로 그들과 함께 매일 출근하고 퇴근하는 것으로 인식되고 있기 때문에 전통적인 노동에서 지식노동으로의 이행은 인적자원관리에 대해 중요한 변화를 초래한다. 이와 마찬가지로, Quah는 지속적 경쟁우위는 최대의 공장을 건설하는 데 있는 것이 아니라… 단편적인 중요한 정보를 입수하고 정리하는 방법을 알고 있는 것이라든가 또는 이해한 것을 타자가 이해할 수 있는 형태로 잘 정리(문서화/도식화)하는 데 있다고 주장하고 있다. 지식노동은 과거와 근본적으로 다르다는 인식에

〈표 6-1〉 전통적 노동과 지식노동의 비교

	전통적 노동	지식노동
노동의 장소	개인의 주변	집단, 프로젝트
노동의 초점	과업, 목표, 업적	고객, 과제, 이슈
스킬의 진부화	점진적	급속
일련의 스킬 · 지식	좁고 자주 기능적	전문화 되고 깊음 점점 주변적인 초점을 가짐
활동 · 피드백 사이클	초보적, 즉시적 성질	사업의 시점에서 장기적
업적척도	과업수행 적고, 정기적, 고신뢰	프로세스의 유효성 잠재적이고 큼 자주 불규칙
종업원의 충성심	조직, 개인의 경력시스템	직업이나 네트워크, 동료
기업업적에의 영향	마스터플랜을 지원하는 다수의 작은 공헌	전략적이고 장기적으로 중요한 소수의 커다란 공헌

출처 : Boud and Garrick(1999).

서게 되면 매니저는 전략, 상호작용의 패턴, 인사정책, 새로운 조직구조 등을 변경하지 않을 수 없게 된다.

5.1 탈관료제적 작업설계

후술하는 바와 같이 탈관료제적 조직에 관한 논의를 뒷받침하고 있는 암묵적인 가정은 첫째, 정보화시대의 노동의 본질이 급속히 변화하고 있다는 점이고, 둘째로 조직의 전형적인 관료제적 피라미드 모델이 경영구조의 재구축과 의사결정의 현장이동에 의해 조직은 보다 높은 업적을 올릴 수 있을 것이라는 점이다. 몇몇 연구자들은 조직설계에 있어서의 이들 안티계층적 특징을 모더니즘에서 포스트모던한 조직관행으로의 변화로 받아들이고 있다.

탈관료제는 작업조직에 대해 일원성과 질서정연한 성격, 전체성과 장대한 역사적 성격을 부여함으로써 기능주의를 강조하는 경향이 있는 모더니즘에 대한 반감을 포함한 포스트모더니즘에 대한 논의가 발전된 것으로 볼 수 있다. 모던한 조직의 관료제적인 특징은 형식파괴와 평면(flat)화, 유연하고 권한 이양된(empowered) 포스트모던한 조직형태로 전환되었다. Clegg는 모더니즘에 대한 포스트모더니즘의 주된 특징을 다음과 같이 요약하고 있다.

모던한 조직은 엄격하고 포스트모던한 조직은 유연하다… 모더니즘 조직은 기술결정론을 전제로 하고 있으며, 포스트모더니즘은 마이크로 일렉트로닉스 설비를 통해서 기술적인 선택이 가능해지는 것을 전제로 하고 있다. 모던한 조직이나 직무는 고도로 특수화되고 분리되며 저숙련으로 되어 있었지만, 포스트모던한 조직과 직무는 고도로 특수화되고 분리되며 다숙련(multi-skilled)으로 되어 있다.

외부로 눈을 돌리면 탈관료제적 조직의 경계는 모호하거나 유동적이고, 매니저는 외부의 독립기업과 일시적인 전략적 제휴를 형성한다. 그들 기업은 정보기술에 의해 서로 연결되고 네트워크 구조 또는 가상(virtual)조직이라 불린다. 내부에서는 이들 새로운 조직의 형태는 유연한 직무관련 학습이나 보다 급진적인 혁신과 협력적인 사회적 상호작용의 기회를 제공하여 조직이 미래를 재발명하는 것을 가능케 한다고 되어 있다. 직장학습이나 조직학습이라는 개념은 지식과 정보의 처리라는 점에 있어 조직에 관한 포스트모더니즘 논의를 가열시키는 대화의 일부가 되고 있다. 조직이 정보를 처리함으로써 학습한다고 하는 생각은 작업조직의 뇌의 메타포로써 적용된다.[3)]

Heckscher의 탈관료제적 조직의 이상형과 관련된 다섯 가지 특징은 이들 새로운 조직형태에서 볼 수 있는 사회적 상호작용의 내적실천과 패턴에 대해 흥미깊은 통찰을 제공하고 있다.

그림 6-7 전통적인 계층조직과 수평적 팀 기반조직

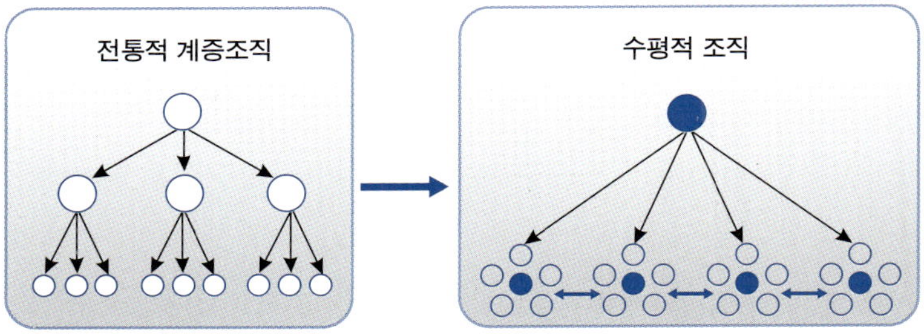

- 조직적 대화, 설득과 신뢰
- 정보공유
- 원리에 의거한 행동
- 문제해결에 기초를 둔 커뮤니케이션
- 동료에 의한 평가

관찰자에 의하면 경영의 명령과 통제는 대화, 설득, 신뢰로 전환되고 이로써 계층의 상층부에서가 아니라 오히려 하층부에서 혹은 상하 양쪽을 모두 포함하는 폭넓은 분야에서 인풋의 투입이 가능해진다. 대화, 설득, 신뢰의 유효성은 조직경영에의 참가와 정보공유에 달려 있다. 매니저와 종업원의 행동이나 행위에는 공식적인 계약상의 규칙이나 문서화된 절차가 아니라 유연성, 재량, 적응을 촉진하는 일반원리가 필요하다. 조직내 커뮤니케이션과 의사결정은 명령의 계층적인 연쇄에 의해서가 아니라 과제나 프로젝트에 의해 촉진된다. 탈관료제적 조직에서 사람들의 업적은 직속상사나 연공, 공식적인 자격이 아니라 동료에 의한 평가라든가 협의해서 결정된 표준적 업적에 의존하고 있다. 전체적으로 보면 Heckscher의 이상형은 주요한 개념, 모든 사람이 전체의 성공에 책임을 갖는 조직을 산출한다는 점에 주목하고 있다. 탈관료제적 조직이라 부를 수 있는 조직은 거의없는 것처럼 생각되지만, Heckscher는 캐나다의 온타리오주에 있는 Shell-Sarnia사의 화학공장을 이 노동체제의 가장 선진적인 모범사례로 소개하고 있다.

탈관료제나 포스트모던적인 조직에 대한 비판을 보면 예를 들어 Tompson은 포스트모던 조직론자는 기술결정론의 희생자이며 작업조직의 외형과 본질을 혼동하고 있다고 비판하고 있다. Tompson은 보다 린(군살이 없는)한 조직이 가져다주는 것은 별로없다고 말하고 있다. 조직의 미들레벨계층을 제거하는 것이 기본적인 권력구조를 바꾸는 것은 아니며… 중간관리직 레벨을 제거함으로써… 톱레벨에 있어서의 권력의 원천이 증가할 수 있다고 주장하고 있다. 이를 실행하는 방법은 다음 절에서 논하기로 한다.

5.2 비지니스 프로세스 리엔지니어링

조직설계의 커다란 발전의 하나인 비지니스 프로세스 리엔지니어링(BPR)은 수평적 구조(자율팀(self-managed team))에 의한 노동의 조직화 프로세스를 강조하는 탈관료주의의 하나로 받아들여지고 있다. BPR에서는 조직구조와 구조화된 작업방식은 근본적으로 변화해야만 하고, 리엔지니어링한 기업은 끊임없는 변화와 재생을 향해 적응할 수 있게 된다고 보고 있다. 리엔지니어링의 교조적인 존재인 James Champy에 의하면 BPR은 '관리업무와 조직화, 격려, 배치, 권한의 부여, 측정, 보상에 대한 우리의 사고방식을 바꾸는 것, 즉 경영 그 자체를 바꾸는 것'이라고 말했다. 리엔지니어링된 조직은 몇 가지 공통점이 있다고 한다(표 6-2). Willmott에 의하면 이들 조직형태의 핵심은 핵심 종업원의 재개념화에 있고, 그것은 핵심 종업원을 변동비로 파악하는 것이 아니고 명령과 통제형의 리더십을 필요로 하지 않으며 고객의 힘(도움)이 될 수 있는 가치있는 자산으로 이해하도록 하는 것이다. 고객 민주주의의 융성하에 직원들은 고객가치의 창조를 위해 독창력을 발휘하도록 요구되며 그것이 회사의 이익으로 연결되는 것이다. Hammer는 다음과 같이 기술하고 있다.

> 순종과 근면은 현재는 무의미하다. 명령에 따르는 것은 성공의 보장이 안 된다. 잘못된 방식으로 열심히 일하는 것은 미덕이 아니다. 고객이 왕이라면 이해·유연성·열정이 없는 고된 노동으로는 어디에도 도달할 수 없다. 일(작업)은 스마트하게, 적절한 목표를 정하여 특정 프로세스와 고객의 상황에 적응해서 수행해야만 한다…충성심과 하드워크는 과거의 유물이고…현재

〈표 6-2〉 리엔지니어링된 조직

특 징	전통적 모델	리엔지니어링 모델
시 장	국내	글로벌
경쟁우위	코스트	스피드와 품질
자 원	자본	정보
품 질	가능한 범위	타협없음
초 점	이익	고객
구조설계	계층적	플랫화
통 제	집권화	비집권화
리더십	독재적	공유
노 동	동질적	문화적 다양성
일의 조직화	전문화와 개인	유연성과 팀
커뮤니케이션	수직적	수평적

출처 : Bratton & Gold(2003).

는 조직은 종업원에 대해 회사에 대한 충성심 이상으로 고객에 대해 충성심을 갖도록 그 태도를 바꾸지 않으면 안 된다. 그것이 회사가 살아 남는 유일한 길이다.

이 말이 던지는 의미는 첫째로, 구성원의 커미트먼트, 책임의 공유(shared commitment), 상호작용에 대해 다른 시점에서 논의를 불러일으킨다. 둘째로는 리엔지니어링된 조직에서는 구성원들의 운명을 쥐고 있는 것은 매니저에서 고객으로 변화한다. Hammer에 의하면 기업이 공장을 폐쇄하거나 노동자를 해고하는 것이 아니라 고객이 행하는 것이다.

QWL 운동같은 초기의 직무설계 운동과는 달리 리엔지니어링은 시장주도형이다. 고용주와 직원의 관계가 아니라 구매자와 판매자의 서비스나 상품과의 관계에 주목한다. 해머와 챔피는 3C(customers, competition, change)를 강조하고 비지니스에 대한 정부의 정책을 사랑의 채찍으로 바꾸는 것이 비지니스 프로세스 리엔지니어링에 대한 필요성을 촉진한다고 주장했다. Champy는 구좌익에 의한 구식용어와 신좌익의 용어를 혼합해서 고객계급(customariat)의 독재성 혹은 … 시장민주주의는… 전통적이고 기계와 같은 회사에 있어서의 전체적인 혁명의 원인이 된다고 말하고 있다.

그러나 실무가와 학자들 간에는 리엔지니어링에 대한 비판이 적지 않다. 어떤 경영컨설턴트는 BPR의 부정확한 의미를 비판하고 시니어 매니저는 그밖의 다른 목적을 정당화하기 위해 BPR이라는 용어를 사용하고 있다고 지적했다(Management Today, 1995). Grint와 Willcocks는 BPR에 대해 그 수사적 주장도 실천적 주장도 본질적으로 정치적이라는 점을 지적하고 새로운 것이 아니라고 주장하고 있다. 마찬가지로 Willmott은 BPR을 경멸하고 리엔지니어링은 고도의 톱다운방식으로서, 정보기술을 이용한 리엔지니어링 기업에서 비계층구조의 형성은 별 의미가 없는 프로세스로서…특히 계층구조의 통제우선과 기계의 부품같은 종업원을 산출한다고 지적하고 있다. Buchanan은 병원에 있어서의 BPR의 케이스 스터디분석에서 BPR의 용어와 방법론의 불명확함 때문에 정치적으로 동기부여된 자들에 의한 상당한 정치적 책략의 여지가 발생했다고 주장하고 있다. 공공부문에 있어서의 BPR의 사례연구에서는 새로운 조직에서 자신의 역할을 정당화하고자 하는 인간적 욕구와 조직내에서 권력기반을 유지하고자 하는 매니저의 욕구 간에 갈등이 발생하였다고 보고한다. 게다가 고용관계의 맥락에서 BPR은 고용주와 직원이라는 두 입장에 있는 이해관계의 대립을 제거할 수는 없다. 고용관계라는 맥락에서 생각하면 BPR은 직원들의 협력·생산성·적응능력을 높이기 위한 일련의 대응의 마지막 물결로 해석할 수 있다.

제6절 지속가능경영을 위한 인적자원관리와 조직설계

지속가능경영에 있어서도 조직구조의 설계와 작업방식은 인적자원관리 형성의 중요한 특징이다. Guest는 인적자원관리 모델을 뒷받침하는 것은 변화의 필요성이고, 변화로 인해서 일어나는 직무설계는 변화를 강조하고 인적자원관리는 McGregor의 Y이론 가설을 기초로 설계된 조직을 기반으로해야 한다는 것을 주장했다. McGregor는 인간은 일하지 않으면 안 되기 때문이 아니라 일하고 싶기 때문에 일한다고 하였고, Y이론에서는 노동자는 도전적인 일을 할당받고 그 일에 대한 자율성이 있을 때 높은 모티베이션, 높은 커미트먼트, 높은 업적이라는 반응을 보인다고 보고 있다.

직무설계와 조직설계는 모집과 선발, 학습과 개발, 보상과 노사관계 등 핵심적인 인적자원관리 활동전체와 밀접하게 관련되어 있다. 직무설계는 모집과 선발의 기초가 된다. 팀기반의 조직환경에서 숙련공을 활용한 소규모의 일괄생산(small-batch)으로 고부가가치 제품을 생산하고 있는 기업에서는 피라미드형 계층조직으로 관리되고 있는 비숙련공에 의한 대규모 일괄생산에 특화한 기업에 비하면 분명히 보다 엄격한 모집과 선발을 할 것이다. 직무설계는 직장에서의 학습과 직원의 훈련·개발에 영향을 준다.

예컨대, 유연적 전문화란 다양한 개인의 기호와 필요를 충족시킬 수 있는 주문생산방식으로 대규모 기업에 의해서가 아닌 10명 안팎으로 구성된 소규모 기업들에 의해 채용되고 있는 방식이다. 유연적 전문화 체제하의 장인적 생산방식은 기존의 대량생산체제하의 노동조직과는 근본적으로 상이한 특징을 보여준다. 기존의 대량생산체제하에서는 미숙련공과 반숙련공이 압도적인 다수를 차지하고 있었지만, 장인적 생산방식 하에서는 고도의 지식과 기능, 기술을 가진 숙련노동자들에 의해 생산이 담당된다. 따라서 이들 숙련노동자들은 '구상' 기능과 '실행' 기능을 모두 담당함으로써 대량생산체제 하에서와 같은 노동의 세분화 파편화로 인한 소외감 노동의욕 상실 등으로부터 해방되어 보다 적극적이고 능동적으로 업무를 수행한다.

최근에는 직무구조를 바꾸는 것이 심리적 계약에 공헌한다는 점이 강조되고 있다. 특히 지속가능경영을 추구하는 기업에 있어서는 직원들이 동기부여된 상황에서 직무에 충실하면서 창의적인 업무를 할 수 있도록 조직의 구조적 특징(공식적인 칙이나 절차, 의사결정과 거버넌스의 프로세스)에 대해 본질적으로 살펴봐야 한다. 이를 테면 Beer 등의 인적자원관리 모델에서는 구성원의 책임을 확대하고 커미트먼트, 역량, 비용효율성, 노사조화의 4C를 크게 개선하는 직무설계를 제안하고 있다. 그러나 실제로는 리스트럭처링, 특히 고용조정, 계층축소, 다운사이징에 의해 심리적 계약이 파기되는 것에 대해 많은 관심이 쏠리고 있다. Edwards에 의하면 다운사이징은 계획적이고 의도적인 인원정리이다. 인원정리의 대상이 된 직원에게는 명확한 고용계약의 해제이며, 남겨진 직원에게는 두 가지 점에서 심리적 계약상의 변화가 발생한다. 첫째, 남겨진 직원은 의리를 저버린 조직에 대한 믿음이 없어진다. 둘째, 남겨진 직원은 노동강화에 수반해서 빈번하게 추가적인 일을 떠맡게 된다. 요컨대 고용보장은 구성원의 지식이나 스킬, 커미트먼트, 충성심과의 교환이며, 다운사이징이나 노동강화를 초래하는 작업의 재설계는 작업조직에 대한 감정적인 애착을 없애고 커미트먼트와 충성심의 저하, 심리적 계약의 일방적인 파괴라는 결과로 연결되는 것이다.

심리적 계약에 있어 중요한 논점은 고용관계의 복잡성에 초점을 맞추고 있는 것이지만, 작업조직형태의 차이가 어떻게 긴장과 대립, 변혁을 가져오는가라는 점에 대해 충분한 관심을 기울이지 않으면 인적자원관리 상의 긴장과 패러독스를 놓치게 된다.

제7절 직무설계에 있어서의 긴장과 패러독스

직무설계에 있어 패러독스의 사고방식이나 개념화에는 많은 시각이 있으나 여기서는 [그림 6-8]에서 보는 바와 같이 Jaffee가 제시한 심플한 모델을 살펴보고자 한다. 이 모델에서는 패러독스가 분화–통합의 긴장이라 불리우는 것에서 발생한다. 이것은 경제활동에 있어서의 합리적

그림 6-8 직무설계-인적요인의 패러독스

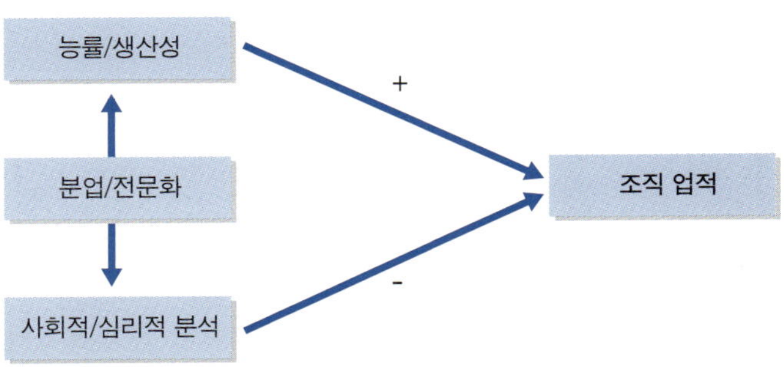

출처 : Jaffeec 2001).

분업을 달성하기 위한 경영전략과 함께 이들 활동을 통합하는 것 사이에 있는 고유의 긴장에 대해 서술한 것이다. 노동의 분화와 분업은 기본적인 경영원리로서, 제품이나 서비스의 비용과 품질관리 목표가 강조된다. 반면에 조직이 커지고 복잡성이 증가하면 통합의 문제가 대두된다. 여러 노동자, 부문, 매니저가 어떻게 협력하고 서로 다른 활동을 통합시켜갈 것인가 라는 문제이다. 노동의 조직화 양식은 분명 개별노동의 한계를 극복하면서 생산의 효율성을 증진시킨다. 분업적인 노동의 조직화 양식이 작업흐름의 연속성을 보장하고, 그에 따라 작업연결시의 매개시간을 절약함으로써 생산의 효율성을 증대시킬 수 있다는 Adam Smith의 주장은 개인에 의한 전문화와 마찬가지로 기업에게도 해당되는 개념이다.

산업의 부가가치사슬 내에서 기업의 역할을 결정짓는 기본적인 요소는 200년 전 Adam Smith의 유명한 이론인 "노동의 분배는 시장크기에 의해 제한된다"라는 것으로 제시되었다. 일반적으로 시장이 양적으로 성장함에 따라 사람들은 특별분야를 전문화하거나 좀 더 큰 경영 규모에 적합한 생산기술을 받아들이게 된다. 산업사회를 뒷받침하는 세 개의 기둥은 소위 3S 이다. 표준화(standardization), 전문화(specialization), 단순화(simplification)이다. 몇 가지 기술에 집중하면 해당 업종의 업무에서 주도적인 입지를 차지할 수 있으며 어떤 단일한 전문분야에서 최고가 되면 기업과 관련된 사항들을 잠재고객들에게 보다 능숙하게 전달할 수 있다. 일본의 전자·시계·자동차업체가 단일업종에 집중적으로 투자를 하여 세계적인 기업으로 성장한 것은 전문화가 성공한 단적인 예로 볼 수 있다.

조직에 있어서의 분화와 통합간의 긴장은 엄격한 분업과 고도로 전문화된 태스크(이를 테면 포디즘) 등의 직무재설계에서 시작되는 제조전략에 의해 설명된다. 이러한 재설계의 의도된 결과는 조직합리화를 통해 노동자를 보다 효율적이고 생산적으로 만든다는 것이다. 의도하지 못한 결과는 상호 커뮤니케이션과 직무만족, 모티베이션, 조직 커미트먼트의 수준이 저하하는 말하자면 사회적으로 붕괴된 작업경험으로 연결된다는 것이다. 다시 말하면 새로운 작업환경은 사람들의 경영에 대한 커미트먼트와 기대감을 변화시켜 심리적 계약에 영향을 주게 된다.

매니지먼트는 단순히 노동과정을 통제하는 것이 아니라 노동자의 지식, 창조성, 노력을 끌어내는 것이기도 하다. 인적자원관리 측면에서 보면 경영자는 지금 상반된 두 가지 요구에 직면해 있다. 그것은 구성원들의 창의성과 경영목표에 대한 커미트먼트를 위태롭게 할 만큼 통제를 강화하는 정책과, 또 하나는 경영에 의한 관리통제를 감소시킬 수 있는 위험을 무릅쓰고 감행하는 직원들의 재량권 강화(empowerment)이다.

매니저가 노동자의 참가와 자유재량을 강화하는 쪽으로 조직구조와 환경을 재설계한 경우라도 고용관계의 중심에 있는 근본적인 패러독스는 제거되지 않는다. 많은 조직학자들은 자율적 작업팀은 Taylor류의 스킬을 빼앗는 경향과는 반대의 기능을 갖는다고 주장한다. 예를 들면

Piore와 Sabel은 새로운 유연한 작업환경은 장인적 패러다임의 재출현이라고 단정하고 있지만, 이 일본모델의 해석에도 비판은 있다. 직무구조에 있어서의 변화를 비판적으로 보는 관찰자는 팀에 의한 작업방법은 노동자의 이익에 손해를 가한다고 주장하고 한정적인 재량권 강화는 일반적인 스킬의 저하경향을 역전시키는 것이 아니라 도리어 노동강화로 연결되는 경향이 있다고 지적하면서 경영은 약속된 노력이상으로 엄격한 통제를 가한다고 말하고 있다.

Piore와 Sabel에 따르면 1970년대와 80년대의 세계적인 경제위기는 대량생산에 기초한 생산방식의 한계에 기인하는 것이었다. 따라서 이러한 경제위기로부터 탈출하기 위해서는 생산체제가 표준화된 제품을 생산하는 데 이용된 반숙련노동자들로 구성된 경직된 대량 생산라인에서 벗어나 끊임없는 시장변화에 능동적으로 대응할 수 있는 다목적 기계와 숙련노동자들로 구성되는 좀 더 혁신적이고 유연한 생산체제로 변화해야 한다. 즉 앞으로의 자본주의 경제의 열쇠는 대량생산방식이 아니라 '유연한 전문화'에 있다는 것이다. 이는 하나의 기술 '패러다임'의 변화이다. 즉 대량생산방식이라는 제2차 세계대전 이후의 기술 패러다임은 이제 종말을 맞이하고 있고 극소전자기술에 기초한 새로운 기술패러다임인 '유연전문화' 생산방식이 대두하고 있다는 것이다. 예컨대, 제3이탈리아 산업지구, 또는 북유럽 노르웨이, 덴마크 강소기업의 높은 숙련수준을 가진 노동자들은 지속적으로 노조와 사용자 간의 협력에 의해 지원되는 각종 교육훈련프로그램을 통해 양성된다.

본 장 서두에서 서술한 것처럼 새로운 작업체제가 어떠한 결과를 가져올지에 대해서는 단정적으로 말하기 힘들다. 비전통적인 직무설계가 노동자의 스킬향상으로 연결될 것인지 스킬저하로 끝날 것인지는 배치사이즈나 경영의 판단, 교섭 등 기타 요인에 의존하고 있다. 작업팀을 모니터링하는 경영기법은 아직 초기단계이지만, 팀의 자율성이 노동자의 저항을 제거한 것은 아니므로 경영측의 통제강화에 대한 논의는 계속될 것이다. 마찬가지로 BPR에 관한 논의는 새로운 직무구조가 테일러리즘의 원리(전문화의 원리에 따른 분업의 극단적인 진행, 상사에 의한 엄격한 통제)에 따르는 경우보다도 과연 직원들에 대한 임파워먼트가 제대로 되는 것인지에 대해 초점이 모아져 있다. 이를 테면 Willmott은 극소전자기술(microtechnology)의 지원을 받으면서 리엔지니어링은 풍습이나 습관에 대한 Taylor의 개혁운동의 최신판으로, 과학적 관리법에 있어서의 스톱워치가 수행한 역할을 리엔지니어링에서는 실리콘칩이 똑같은 역할을 수행하고 있다고 말하고 있다.

조직이 새로운 직무구조를 채용했을 때 일어나는 변화는 일의 성질, 관리자와 비관리자, 인적자원관리의 전개에 커다란 영향을 미친다. 그러나 이들 직무설계전략의 정확한 영향은 일본적 경영, BPR, 학습조직과 같은 미성숙한 조직 패러다임들처럼 많은 논의가 필요한 부분이다.

연습문제

1. 당신과 주위사람들은 「뇌를 입구에서 맡기기를」 요구하는 일을 경험한 적이 있는가? 또 팀에서 행하는 일을 경험한 적이 있는가? 자택에서 일하는 것에 대해 어떻게 생각하고 있는가? 새로운 노동방식의 ① 젊은층, 여성, ② 인적자원관리에 대한 시사점은 무엇인가?

2. 직무를 활동의 내용이 아니라 사회적 문맥에 의해 정의하는 이유는 무엇인가?

3. 직무설계전략이라는 점에서 테일러리즘의 한계를 설명해 보시오.

4. '직무교대, 직무확대, 직무충실은 매니저가 작업에 있어서 단순히 개인을 통제하기 위한 시도'라는 주장에 대해 당신은 찬성하는가? 찬성 혹은 반대의 논거는?

5. 학생들은 팀 프로젝트를 하는 것에 대해 자주 불만을 토로하는 경우가 있다. 그 이유는 무엇일까? 자율적 작업팀과 관련지어 대답해 보시오. 당신은 이런 작업집단의 멤버가 되고 싶은가? 그 이유는?

6. 「재패나이제이션이라는 개념은 혼동된 개념이다」. 「재패나이제이션은 일본적 경영시책의 복잡성을 체계화하기 위한 유효한 프레임웍이다」. 이들 2가지 의견을 비판적으로 평가해 보시오. 그리고 그 논거는?

7. 긱워크는 오늘날 젊은이들이 직면한 현실을 잘 포착한 것으로, 프라이스워터하우스쿠퍼스(PwC)에서 2020년에 발표한 ''노동의 미래' 보고서에 따르면 2027년까지 미국의 50%프리랜서로 일하게 될 것이라고 전망하였다. 긱워크란 어떤 종류의 일이며, 오늘날의 고용을 정확히 표현한 것일까?

8. 소매나 서비스분야에서 현대직장의 노동시스템은 네오테일러리즘에 계속 물든다고 하는 주장에 대한 자신의 생각을 말해 보시오.

미 주

1) Demes, H., & Jürgens, U. (1989). Skill Formation in the Automobile Industry-A Comparison between West German, British, American and Japanese Enterprises. In Employer and Employee in Japan and Europe, The Humphrey Institute for Social Ecology, Employer and Employee in Japan and Europe-Conference Proceedings, Beer-Sheva.

2) Bratton, J. (1993). Cellular manufacturing: some human resource implications. International Journal of Human Factors in Manufacturing, 3(4), 381-399.

3) Knights, D., & Morgan, G. (1993). Organization theory and consumption in a post-modern era. Organization studies, 14(2), 211-234.

제7장

지속가능경영을 위한 인적자원 확보활동

고용관리의 중심활동이라고 할 수 있는 인적자원 확보활동에는 신규로 필요한 인력을 결정한 후 적합한 지원자를 확보하고, 지원자 중에서 우수한 자질을 갖춘 사람을 선발하는 활동을 포함한다. 본 장에서는 적극적 확보활동, 소극적 확보활동, 하향식 인력계획, 상향식 인력계획, 인력소요량의 산정방법, 델파이기법, 사내모집방법과 사외모집방법, 사내공모제도, 선발의 단계적 접근방법과 종합적 접근방법 및 그 장·단점, 선발도구의 요건(신뢰성과 타당성), 평가센터에 대해 살펴본다.

제1절 인적자원 확보활동의 의의

기업은 이익사회를 대표하는 조직으로 인적자원과 물적자원을 사용하여 성과를 창출하는 것을 기본목표로 하고 있다. 이 중 인적자원은 물적자원과는 기본적으로 다른 성격을 가지고 있으며, 지속가능경영의 주체인 동시에 객체가 되기 때문에 성과를 창출하는 과정에서 중요한 역할을 하게 된다. 채용관리는 인적자원관리에서 개인과 기업이 서로 간의 관계를 시작하는 단계에서 필요한 모든 업무를 내용으로 하고 있다. 따라서 채용과정에서 입사 후 기업에 기여하는 정도가 높은 사람을 잘 선별하여 채용하는 것은 마치 옷을 입을 때 첫 단추를 잘 채워야 하는 것과 비슷한 이치라하겠다.

인적자원 확보는 전통적으로 조직의 빈자리를 채우기 위해 자질을 갖춘 우수한 사람을 선발하는 과정으로 정의되어 왔다. 그러나 지난 몇 년 동안 인적자원 확보의 중요성이 점차 커지게 되어 채용은 기업이 필요로 하는 사람에 대한 정보의 수집과 분석, 외부 노동시장에서 선발되는 신입사원과 경력사원, 조직 내 내부 노동시장을 통한 배치전환과 공모제도(job posting), 법률적 규제와 환경적 제약의 정확한 이해 등을 포함하게 되었다.

인적자원의 확보에서 항상 염두에 두어야 할 것은 노동시장의 여건변화를 충분하게 파악하고, 노동의 수요자인 회사입장에서만 접근할 것이 아니라 노동의 공급자인 근로자 입장에서도 접근하는 자세를 가지는 것이 바람직하다.

인적자원 확보의 목표는 아주 단순하다. 인적자원의 확보는 우수한 인적자원의 확보를 목표로 하고 있다. 여기서 우수한 인적자원이란 입사 후 뛰어난 직무성과를 내어 회사에 많은 기여를 할 수 있는 사람을 의미한다. 기업은 단순히 우수한 사람을 확보하는 것만으로는 부족하고, 시간적으로 적기에 경쟁사보다 빨리 접근하여 채용결정을 내리는 것까지 목표로 하고 있다. 기업들이 4차 산업혁명시대의 다양한 분야, 예를 들면 인공지능, 스타트업, 빅데이터, IT, 바이오 등 현 시대에 중요한 산업분야를 이끌어갈 수 있는 우수 인력의 채용을 놓고 경쟁하는 것을 보면, 이들을 채용하는 업무가 이미 일년내내 진행되는 상설업무로 변하여 채용의 개념이 크게 달라지고 있음을 알 수 있다.

인적자원 확보가 가지고 있는 이러한 기본적인 목표 때문에 인적자원 확보의 효율성 여부를 판단하기 위해서는 개인의 직무성과와 기여도를 평가하는 정확하고 공정한 인사고과가 반드시 전제되어야 한다. 확보관리의 목표를 보다 구체적으로 세분해 보면 다음과 같다.

- 회사가 필요로 하는 우수한 인적자원을 놓치지 않고 선발할 수 있어야 한다.
- 회사가 선발해서는 안 될 사람은 채용하지 않아야 한다.
- 회사가 원하는 능력을 가진 사람들을 보다 많이 지원하도록 해야 한다.
- 시간과 비용이 적게 들어야 한다.
- 정부가 규정하고 있는 기준을 만족시킬 수 있어야 한다.

인적자원의 확보활동에는 적극적인 확보활동(positive procurement)과 소극적인 확보활동(negative procurement)이 있다. 전자는 우수한 인재들이 채용과정에서 보다 많이 지원하도록 유인하는 모집활동을 말하고, 후자는 모집된 지원자를 대상으로 조직이 원하는 인재를 가려뽑는 선발활동을 말한다. 먼저 모집활동부터 보기로 하자.

제2절 모집관리

모집관리는 [그림 7-1]과 같은 과정을 거쳐 이루어진다.

[그림 7-1]과 같이 기업조직의 모집활동은 인력계획에서부터 시작한다. 즉 현재 우리 회사가 보유하고 있는 인적자원의 현황이 질적·양적 측면에서 적정수준인가, 아닌가를 회사의 전략적 목표와 업무량 등을 기준으로 먼저 판단해야 한다. 이 판단의 결과 인적자원이 부족하다는 판단

그림 7-1 모집활동의 접근방법

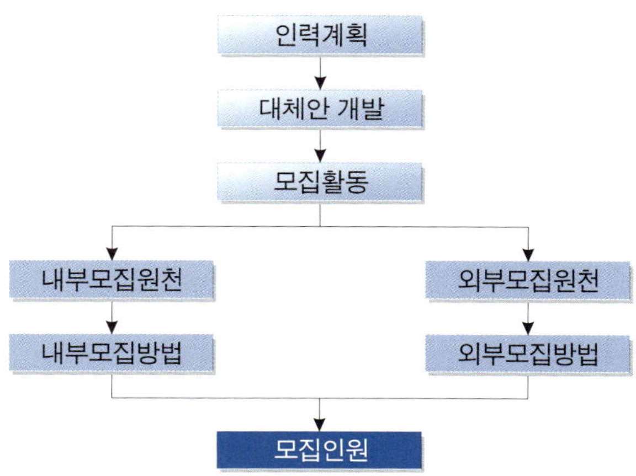

이 섰을 때 모집활동이 개시될 수 있다. 다만 모집활동비용이 많이 드는 까닭에 외부에서 충원하기 전에 좀 더 적은 비용으로 인력부족분을 채울 수 있는 방법을 찾아보는 것이 우선 필요한 절차라 하겠다.

여기서는 모집활동의 출발점인 인력계획에 대해 먼저 간략히 정리해 보기로 하자.

2.1 인력계획

인력계획의 흐름을 보면 [그림 7-2]와 같다. 여기서 조직목표는 경영전략과의 상호 관련성하에 단기목표와 중장기 목표가 설정되며, 이어서 이 목표달성을 뒷받침할 수 있는 인력목표가 설정된다. 인력목표의 질적측면은 개별기업의 구체적인 상황에 따라서 천차만별일 수 있어 일률적으로 말하기는 힘들다. 그러나 인력목표의 양적 측면은 몇 가지 구체적인 접근방법을 생각할 수 있다.

(1) 인력소요량의 산정방법

■ **하향식 접근방법(top down approach)**

이는 정책적 접근방법이라고도 하는데, 주로 미래의 목표부가가치 대비 인건비비율을 근거로

그림 7-2 인력계획의 접근방법

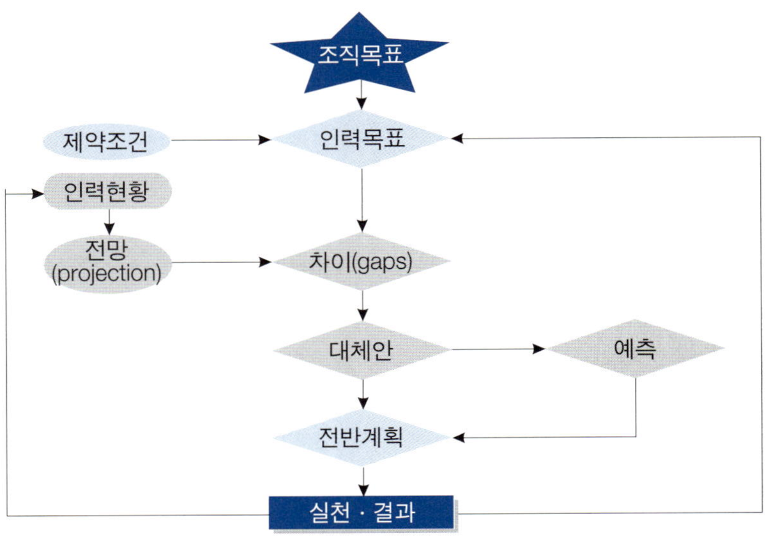

하여 산출되는 인력량이다.

이 방식에 의한 인력량 산출절차는 다음과 같다.

i) 먼저 목표연도의 목표매출액 대비 부가가치율을 설정하여 부가가치액을 산출한다.

ii) 목표연도의 부가가치분배율(부가가치 대비 인건비 비율)을 설정하여 노동분배분을 산출한다.

iii) 위의 노동분배분이 목표연도의 인건비 총액이 되며, 이를 목표연도의 평균임금으로 나누면 목표연도의 인력량이 산출된다.

인건비 총액 ÷ 임금수준(평균임금) = 인력량 ------ ①

위의 등식을 인력량을 중심으로 다시 전개하면 아래와 같다.

임금수준(평균임금) × 인력량 = 인건비 총액 ------ ②

위의 등식 ②와 같이 인력량은 인적자원관리에 있어 매우 중요한 위치를 차지하고 있다. 즉 기업의 임금수준은 유능한 인재를 확보할 수 있도록 경쟁력 있는 임금수준이 설정되어야 한다. 또한 인건비 총액은 기업의 지불능력범위를 벗어나서는 곤란하다. 이렇게 보면 적정수준의 인력량을 유지하는 것이 기업경쟁력의 유지를 위한 중요한 관건이 되고 있음을 알 수 있다. 여기서 만약 적정수준을 벗어난 과잉인력을 보유할 경우 경쟁력 있는 임금수준의 설정으로 말미암아 자칫 인건비 총액이 기업의 지불능력범위를 벗어날 수 있다. 또는 그 반대로 기업의 지불능력범위 내의 인건비 총액을 설정하였다 하더라도 과잉인력으로 인해 임금수준이 낮은 수준으로 밖에 설정될 수 없는 상황이 올 수도 있다. 이런 의미에서 등식 ②는 기업의 적정수준의 정원개념을 상기시키는 주요한 등식이라 하겠다.

■ 상향식 접근방법(bottom up approach)

이는 업무량 분석접근법이라고도 하는데, 주로 직무분석에 기초한 각 부서별 업무량 분석을 통해 필요한 인력을 산정하는 방식이다. 대부분의 부서가 피크 시의 업무량을 고려하여 여유분까지 포함한 인력량을 산정하는 경우가 많음으로 인해 앞의 정책적 접근방법에 의해 산정된 인력량보다 더 많게 나타나는 것이 일반적이다. 따라서 적정인력량을 산정하기 위해서는 업무량 접근방법에 의해 산정된 인력량을 정책적 접근방법에 의해 산정된 인력량의 규모와 비교하면서 적절하게 조정할 필요가 있다.

■ 정성적 접근방법(qualitative approach)

이는 미래의 목표인력량을 산정하는 데 있어 양화할 수 없는 질적변수까지를 모두 고려한 산정방식으로서 델파이기법(Delphi method)이 그 대표적인 방법이다. 델파이기법은 원래 해외 투자시 투자대상국의 위험도를 분석(country risk analysis)할 때 주로 사용되는 방식으로서 해당

그림 7-3 인력량 산정의 접근방법

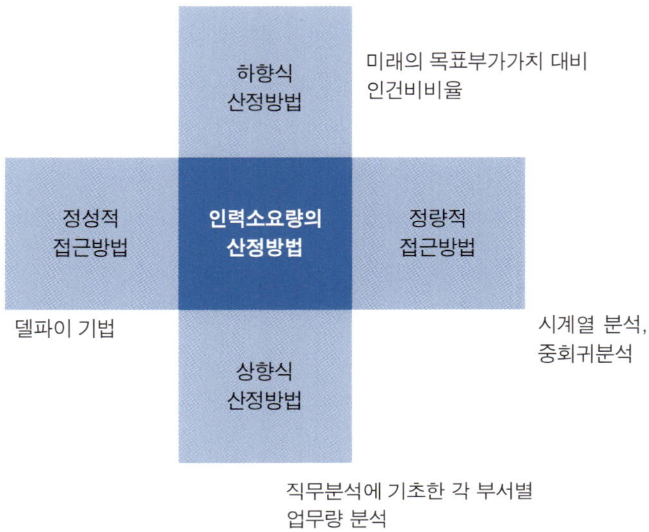

분야의 전문가들을 동원하여 정치, 경제, 군사 등의 여러 측면을 고려하여 각국의 투자위험도를 예측하게 하는 방법이다. 이 방법을 활용하면 양적 접근방법에서 취급할 수 없는 여러 가지 정성적인 요인(예를 들면 경영자의 동향, 경영자의 리더십, 조직문화, 해당 업종의 매력도 등)까지를 모두 고려한 인력예측이 가능하다는 이점을 얻을 수 있다.

■ **양적 접근방법(quantitative approach)**

이는 미래의 목표인력량을 양화할 수 있는 변수들을 중심으로 시계열분석이나 중회귀분석 등을 통해 산정하는 방법이다. 여기에는 과거의 직급별 인력이동상황을 확률치로 변환하여 이러한 확률치가 미래에도 그대로 적용된다는 가정하에 미래의 직급별 인력량을 예측하는 마코브체인 기법(Marcov chain method)도 포함된다.

(2) 대체안개발

앞의 인력계획을 바탕으로 인력부족분이 발생할 경우 바로 비용이 많이 소요되는 모집활동으로 들어가기 보다는 부족분을 채울 수 있는 대체안을 개발하여 검토할 필요가 있다.

모집의 대체안으로 다음과 같은 것을 들 수 있다.

- 기존 구성원에 의한 연장근무(이 경우는 초과근로수당의 크기와 직원의 정서가 고려되어야

할 것임)

- 임시직(아르바이트생이나 파트타이머 등)의 고용(이 경우에는 산출품의 품질이 고려되어야 할 것임)
- 아웃소싱을 포함한 외주(여기서는 노조가 있을 경우 노조와의 사전협의가 중요한 고려요인이 될 것임)

위와 같은 대체안을 고려했음에도 불구하고 마땅한 대안이 없을 경우 모집활동에 들어가게 된다.

2.2 모집활동

모집은 비어있는 직무를 채우려는 목적으로 지원자들을 유인하는 조직활동이다. 조직은 다음의 세 가지 조사를 통해 모집활동에 대한 효율성을 평가할 수 있다.

- 지원자의 수
- 지원자의 질
- 부작용효과

조직은 적절한 자격을 갖춘 지원자를 보다 많이 유인할 수 있는 성공적인 모집활동을 전개하기 위해서 다음과 같은 이슈들에 직면해 있다.

- 조직 내 · 외부원천 중 어느 것을 이용할 것인가?
- 조직은 지원자를 유인하기 위해 어떻게 모집을 광범위하게 이용할 것인가?
- 조직이 원하는 모집메시지는 무엇인가?
- 조직은 커뮤니케이션을 위해 어떠한 매체를 이용할 것인가?

■ 내부모집과 외부모집

내부모집과 외부모집의 선택은 조직의 목표와 문화에 달려 있다. 이러한 접근방법은 외부적으로 입직직무를, 내부적으로 입직 이외의 다른 직무를 모집하기 위한 것이다. 내부모집의 장점은 장시간 동안 안정되고 성실하며 귀속의식이 높은 노동력을 배치하게 된다는 것이다. 내부모집방법은 내부구성원들에게 우선권을 주는 방법으로서 내부추천이나 내부공모제도를 통해 이루어진다. 또한 외부모집방법은 거의 모든 직무를 외부적으로 모집하는 것으로 여기서는 조직적인 성실성이나 귀속의식을 기대할 수 없다. 모집방법의 선택은 다음과 같은 요인들에 의해 결정된다.

- 필요한 노동의 양
- 필요한 노동의 질
- 자원의 유용성
- 과거의 경험들
- 예산의 제약조건
- 계약상의 의무
- 자원의 효율성(직무만족, 직무성과, 유지 등의 수준)

제3절 선발관리

선발은 조직과 지원자가 서로 간의 상호조화를 찾아가는 과정이다. 조직은 수익성, 성장률과 같은 목표달성에 도움을 줄 수 있는 지원자들을 바라고 있고, 지원자들은 보상과 욕구의 충족과 같은 개인적 목적달성에 도움이 되는 조직을 추구하고 있다.

[그림 7-4]에서는 모집과 선발과정이 직무요건과 개별 구성원의 자격요건, 직무에 대한 보상과 개별 구성원의 동기유발 간에 조화가 이루어지고 있음을 보여주고 있다.

조직과 개인의 상호 결합과정에서는 다음과 같은 상황이 발생할 수 있다.

- 조직의 직무요건과 보상은 구성원들의 자격조건 및 동기부여와 결합한다.
- 조직의 직무요건은 개별 구성원들의 자격조건과 매치시킬 수 있지만, 조직의 보상시스템은 개별 구성원의 동기부여와는 매치가 되지 않을 수 있다.
- 조직의 보상시스템은 개별 구성원들의 동기부여와 매치될 수 있지만, 조직의 직무요건은 개

그림 7-4 조직과 개인의 상호 결합과정

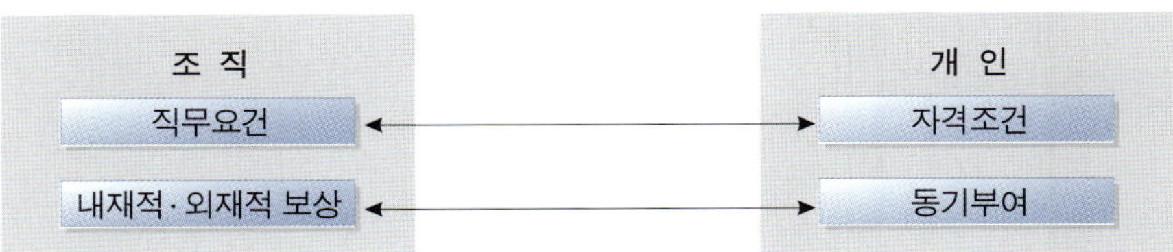

별 구성원의 자격조건과 매치되지 않을 수 있다.

좋은 결합은 조직과 개인 모두에게 혜택을 줄 수 있으며, 나아가 조직과 개인이 이익극대화 측면에서 장기적인 관계를 유지할 수 있게 해준다. 반면에 조직의 직무요건과 보상, 개별 구성원의 자격조건과 동기부여 간의 부조화는 바람직하지 못한 결과를 초래한다.

■ 선발활동의 접근방법과 선발도구의 요건

[그림 7-5]는 선발활동의 접근방법과 선발도구가 갖추어야 할 요건을 보여주고 있다.

선발활동의 접근방법에는 단계적 접근방법과 종합적 접근방법이 있다. 어느 방법을 선택하느냐 하는 것은 지원자의 규모, 시간·예산상의 제약, 조직의 문화적 특성 등에 의해 결정된다. 다만 단계적 접근방법을 채택한 경우에도 탈락자에 대해 충분히 배려하고 있다는 느낌이 주어지도록 최소한 면접까지는 모든 지원자(이들은 모두 미래의 잠재고객임)에게 도전할 기회를 준다든지 탈락이 결정된 후 인사부서장의 명의로 된 편지(지원해준데 대한 감사의 뜻과 다음 기회에 재도전해줄 것을 격려하는 뜻이 담긴 내용)를 보내는 등의 사후 서비스활동이 요구된다. 이처럼 탈락자에 대한 사후처리는 특히 전자제품과 같은 소비제품을 생산·판매하는 기업의 경우 기업이

그림 7-5 선발활동의 접근방법과 선발도구의 요건

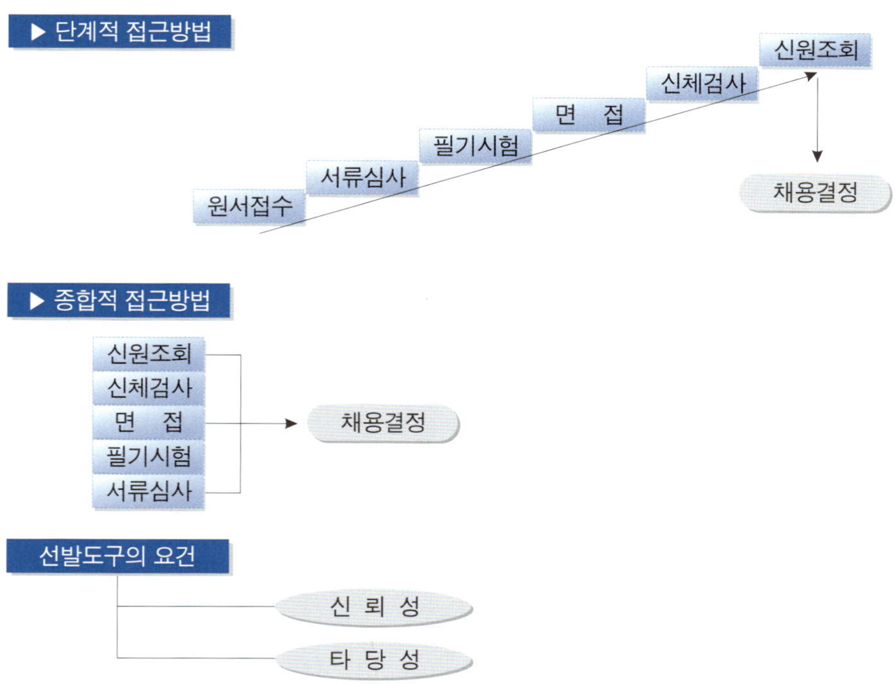

미지관리와 관련하여 매우 중요한 활동이다.

선발도구로는 [그림 7-5]에서 보듯이 학교성적표, 경력증명서, 추천서, 필기시험성적, 적성검사, 신원증명서, 건강검진, 면접 등이 활용된다. 이들이 갖추어야 할 요건에는 신뢰성과 타당성이 있다.

신뢰성(reliability)이란 그 도구가 선발대상자들에게 적용되었을 때 안정적이고 일관성 있는 결과를 얻을 수 있도록 만들어져 있을 때 획득된다. 예를 들어 동일한 대상에 대해 동일한 테스트를 반복하여 적용했을 때 그 얻어진 결과와 평균치의 차이가 너무 크면 테스트내용을 신뢰할 수 없게 되는 것이다.

타당성(validity)이란 선발도구가 선발하려는 대상을 올바르게 평가할 수 있는 내용으로 구성되어 있을 때 얻어질 수 있다. 예를 들면 유능한 간호사를 선발하고자 할 경우에는 지원자가 지니고 있는 간호학에 대한 지식이나 임상경험, 혹은 의료기기의 활용능력 등에 초점을 맞추어 시험을 보거나 면접을 보아야 한다. 그런데 여기에다 워드프로세스 활용능력이나 자동차면허증의 취득여부 등을 적용한다면 전혀 타당성이 없다는 것이다.

최근 많은 기업에서 사원채용 시 그 비중을 높여가고 있는 면접에는 여러 가지 다양한 방식이 적용되고 있다. 전통적인 면접방법으로는 구조화된 면접과 비구조화된 면접을 들 수 있다. 전자는 사전에 만들어진 면접항목을 중심으로 모든 면접 대상자에게 동일한 질문을 던지는 방식인 반면, 후자는 사전에 특별히 마련된 질문항목없이 면접 대상자의 특성에 따라 면접자가 대상을 잘 파악할 수 있을 법한 질문을 임기응변적으로 생각하여 던지는 방식이다. 후자의 경우는 면접자의 대인지각능력이 뛰어난 경우에만 효과를 얻을 수 있다는 점에 유의해야 한다.

그외의 면접방법으로는 리더십파악에 초점을 맞춘 집단토의식 면접, 높은 스트레스 하에서의 냉정한 판단력을 보고자 하는 스트레스 면접, 후광효과를 줄이고자 하는 블라인드 면접, 팀워 능력을 파악해 보고자 하는 운동면접, 자제력과 진실된 속내를 파악해 보고자 하는 취중면접 등을 들 수 있다. 이처럼 다양한 면접방법이 동원되고 있다는 것은 그만큼 우리 기업들 간에 인적자원의 중요성에 대한 인식이 확산되고 있음을 보여주는 동시에 다양한 면접방법의 적용을 통한 신중한 선발과정을 운영하고 있음을 보여주고 있다.

제4절 한국기업의 확보활동

4.1 인터넷채용

기업들의 채용방식이 대규모 공개채용 대신 소규모 수시, 상시채용으로 바뀌면서 인터넷채용은 필수적으로 활용이 되고 있고, 특히 특정 직군을 모집하는 경우는 물론이고, 입사지원서 제출과 결과, 그 외 채용의 여러 단계에서 인터넷과 여러 IT 플랫폼이 많이 활용되고 있다. 특히 특정 직군을 모집하는 경우, 인터넷이 많이 활용되고 있다.

▸ **인터넷채용의 방식**

① 각 기업의 홈페이지 - 회사의 소개, 복리후생, 근무조건 등에 대한 정보제공, 채용정보제공

② 채용공고

③ 각 개인이 채용공고확인

④ 홈페이지에 개인정보기록, 입사지원서 작성

⑤ 결과확인

▸ **인터넷채용의 장점**

① 각 기업에 대한 소개와 복리후생, 근무조건 등에 대한 정보를 제공받을 수 있다.

② 기업의 홍보전략으로 사용할 수 있다.

③ 지원자나 기업의 비용이 절감된다.

④ 시간이 단축된다.

▸ **인터넷채용의 단점**

① 지원자가 제시하는 자료에 대해 진실여부를 판단하기 어렵다.

② 컴퓨터나 서버에 문제가 생긴 경우 지원자가 입력되지 않는 등의 불이익을 당할 수 있다.

③ 인력이 아닌 기계에 의한 작업과 평가인 만큼 세심한 주의를 기울여야 한다.

④ 지원자의 경우 적극적인 태도가 아니면 정보를 확보하기 어렵다.

현재 대부분의 기업에서는 각 기업의 홈페이지를 이용하는 방법이 주류를 이루고 있고, 이는

대기업뿐만 아니고, 중소기업의 경우도 예외는 아니다.

4.2 내부모집(사내모집)

내부모집은 기업내부의 인력을 대상으로 하는 모집활동이다. 내부모집은 내부노동시장이 발달되어 있는 일본이나 한국기업들이 많이 활용하고 있으며, 내부모집의 대상으로는 승진, 배치전환, 직무순환, 재고용 등이 있다.

▸ **내부모집의 장점**

① 승진자의 동기부여·능력을 보다 정확하게 평가를 할 수 있다.
② 비용이 적게 든다.
③ 공석이 있을 경우 객관적인 평가를 통해 후보자를 선발함으로써 직무에 대한 사원들의 주인의식과 사기가 높아진다.

▸ **내부모집의 단점**

① 승진 탈락자들의 사기저하 문제가 발생한다.
② 승진을 위한 조직내부의 갈등이 생긴다.
③ 우수한 관리자 육성프로그램 등이 필요하다.

최근에는 전통적인 외부노동시장 중심의 인력수급방법에서 다기능공양성과 직무순환 등을 이용해서 내부노동시장 중심의 인력수급방법으로 전환하고 있는 추세이다. 이는 인력확보에 소요되는 비용이 해가 갈수록 커질뿐만 아니라, 기술의 빠른 변화로 인해 기업이 필요로 하는 인력을 외부노동시장에서 적기에 확보하기 어렵기 때문이다.

우리나라 기업의 경우 배치전환과 같은 기업주도적인 내부인력수급은 활성화되어 있지만, xerox 등과 같이 내부공모제도와 같은 개별근로자가 주도하는 형태는 드물다. 최근 한국 IBM, 한국 휴렛패커드 등 내부공모제도를 도입하고 있는 회사가 하나씩 늘어가고 있는 것은 상당히 좋은 현상이라고 볼 수 있다. 이는 현재 개인과 조직의 욕구를 동시에 만족시킨다는 윈-윈(win-win)의 성격이 강한 인사제도로 평가받고 있다.

4.3 외부모집(사외모집)

기업은 내부에서 충분한 자질을 갖춘 지원자들을 확보하는 데 한계가 있다. 특히 지난 20여년 동안 우리나라 기업들처럼 성장속도가 빠르고 제품의 성격이 기술적으로 고도화되는 경우에 외부로부터 적합한 인적자원을 확보하는 것이 활성화된다.

사외모집(외부모집)이라 함은 일반적인 신입사원수준의 사원을 확보하는 것 뿐만 아니라 기업에서 실질적인 업무능력이 갖추어져 있는 간부급이나 경력직을 모집하는 것을 의미한다. 이러한 사외모집이 나타나는 이유는 자신의 기업보다 기술이 좋은 기업의 인재를 스카웃하는 형태가 일반적이다.

▸ **외부모집의 장점**

① 조직에 새로운 활력소를 불어 넣어줄 수 있다.

② 교육훈련비와 같은 주변적인 인건비를 절감할 수 있다.

③ 권위적이고 계급적인 관료주의를 어느 정도 해소하는 데 도움이 된다.

▸ **외부모집의 단점**

① 개인(지원자)에 대한 정보의 부족으로 꼭 필요한 사람을 선택하기 어렵다.

② 경력사원을 채용할 때 내부승진을 기대하는 사람들의 사기저하를 초래할 수 있다.

③ 기존 기업의 사원들보다 기업의 문화나 일반적인 흐름에 대해 파악하기 어렵다.

④ 비용면에서는 기존의 사원들보다 많은 비용이 요구되고 기업 전체적인 임금수준을 상승시키는 효과가 나타난다.

지금과 같은 시장변화가 빠른 사회에서는 신입사원을 교육시켜 배치하는 것보다 바로 쓸 수 있는 중도채용자가 훨씬 효율적이라는 평이 나오고 있다.

가장 중요한 것은 앉아서 인재를 기다리는 자세보다는 보다 적극적인 자세가 요구된다는 것이다.

4.4 수시모집

지금까지 우리나라 기업들의 채용관행은 기본적으로 신입사원을 중심으로 한 정기채용이 주류를 이루어 왔다. 그러나 과거의 일률적인 인재선발의 과정보다 훨씬 효율적이고 편리성이 따르는 수시모집이 점차 증가세를 보이고 있다. 기존의 회사에 대한 정보를 홈페이지에 기록해 놓고 채용을 신청할 수 있는 지원서를 함께 첨부해 놓는 형태가 일반적이고 특정한 시기가 아니라 어느때든지 기업의 사이트에 들어가서 지원서를 작성해 놓으면 각 기업마다 필요한 인력의 공석이 생길 때 자연스럽게 충원하는 방식이다. 이는 대부분 인터넷을 이용한 온라인 채용방식을 사용하고 있다.

그림 7-6 500대 기업이 꼽은 2021년 상반기 취업 트렌드 (단위 : %)

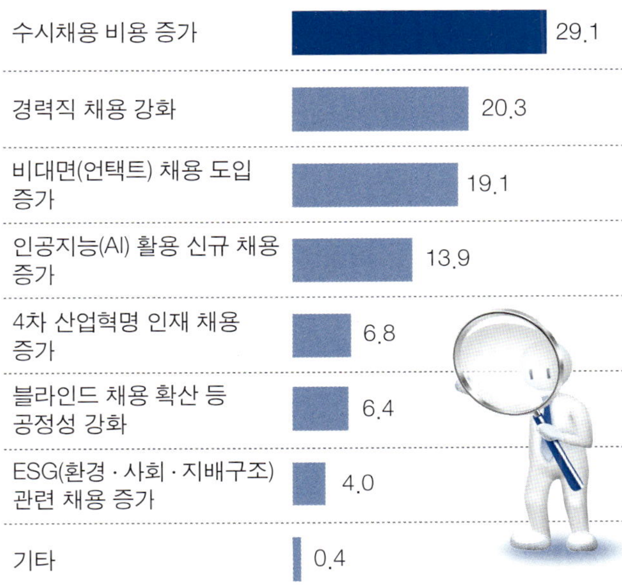

자료 : 한국경제연구원

▸ **정기채용**

기본적으로 신입사원을 중심으로 하는 것이 정기채용이다. 이는 대학교에서 졸업생이 배출되는 시기에 맞추어 봄과 가을 각각 한 차례씩 일년에 두 번 이루어지는 형태로 집단주의적인 성향이 강한 우리나라 사회의 특성과 내부노동시장 중심의 인적자원관리와 연관되어 뿌리를 내려온 채용관행이다.

▸ **수시채용의 장점**

① 기업내에 인력수요가 발생했을 경우 단기간에 외부로부터 인력을 충원하여 조직 전체의 생산성 저하를 방지할 수 있다.

② 수시채용은 대개 채용인원이 많지 않은 소수채용의 형태를 가지게 되어 채용과정이 보다 엄격하게 진행될 수 있다.

③ 서류전형에 의존하던 과거의 선발기법보다 특정 직무를 수행할 수 있는 능력을 중심으로 적성검사나 면접방법을 활용할 수 있게 되어 채용의 효율성을 크게 높일 수 있게 된다.

현재 온라인채용을 하는 대부분의 대기업, 중소기업이 이러한 수시모집의 형태를 동시에 취하고 있다.

그림 7-7 대기업 공채 수시채용 비중 변화 (단위 : %)

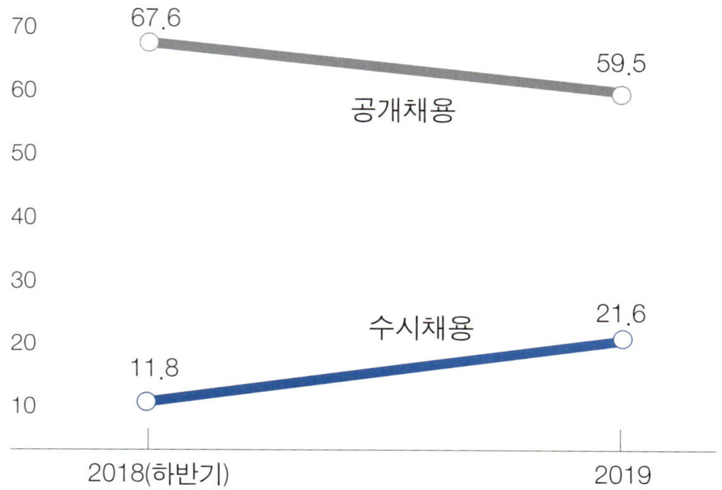

자료 : 인크루트

4.5 육성에 의한 인적자원 확보활동

각 기업마다 요구하는 인적자원의 형태가 다르고 기술이 다르기 때문에 각 기업들은 적합한 인재를 선발하는 것이 너무나 어려운 과정이다. 따라서 이러한 문제점을 보완하고 보다 우수한 인적자원을 확보하기 위해 대학이나 기술관련기관에 일정액의 장학금과 운영비를 지원하면서 인적자원을 육성하고 그들이 일정의 과정을 마친후에는 자신의 기업으로 그들을 확보하는 방법도 나타나고 있다.

▸ **육성에 의한 인적자원 확보활동의 장점**

적절한 시기에, 적절한 조건의 인재를 확보할 수 있고 보다 높은 수준의 인적자원을 안정적으로 확보할 수 있다.

▸ **단점**

육성할 대상과 기관의 선정, 지원되는 경비가 많고 시간이 길어진다는 어려움이 발생한다.

4.6 확보활동의 문제점과 전망

(1) 현 인적자원 확보활동의 문제점

지속가능경영을 추진하기 위한 대부분의 우리나라 기업들은 우수한 인재의 확보가 조직의 발전에 있어서 어느 정도 중요한 의미를 가지고 있는지를 잘 이해하고 있다. 국내 일부대기업에서 학교성적이나 전공시험보다는 인성 및 능력검사에 더 많은 비중을 두고 있거나, 많은 기업들이 인턴사원제도를 도입하고 있는 것은 확실히 큰 변화로 볼 수 있다. 그러나 모집과 선발활동에 대한 기업들의 높아진 관심에도 불구하고 인적자원 확보활동의 전반적인 수준은 선진국의 우수기업들과 비교할 때 아직도 시작단계에 머무르고 있다.

우리나라 기업들의 인적자원 확보활동의 문제점을 모집, 선발 및 채용과정을 중심으로 살펴보자.

① 지속가능경영을 추진하기 위한 장기경영계획과 인력계획과의 연계가 부족하다. 장기적인 관점에서 인적자원 확보활동은 기업의 비전, 전략, 장기경영계획 및 인력계획과 연계되어 있어야 한다. 하지만 채용규모가 이들 내용과의 연계속에서 결정되지 못하고 단기적 인력수요중심으로 이루어지기 때문에 채용후 승진·내부모집 등에서 일관성을 가지지 못한다.

② 직무관리(특히 직무분석)가 제대로 이루어지지 않아 직무와 관련된 선발기법을 선택하기 어렵다. 이것은 선발기법의 타당성 검증과 밀접한 관련이 있으며, 특정 직무가 필요로 하는 능력을 선발과정에서 충분히 평가할 수 있어야 한다. 우리나라 기업들은 직무관리에 관한 경험을 축적하지 못해 체계적인 인적자원 확보활동이 어려운 실정이다.

③ 선발기법의 효율성(타당성)을 평가할 수 있는 판단근거가 없다. 선발기법의 효율성은 선발과정에서 얻은 개인의 평가가 채용후의 직무성과를 얼마나 잘 예측해 줄 수 있느냐로 판단된다. 이러한 평가를 위해서는 개인의 직무성과에 대한 공정한 인사고과 결과를 가지고 있어야 한다. 하지만 대부분 기업에서 인사고과의 공정성이 낮아 선발기법의 상대적 효율성을 판단할 수 없는 실정이다.

④ 모집에서 내부인을 상대로 한 사내공모제도가 회사주도적으로 이루어지고 있다. 내부노동시장이 잘 발달한 우리나라 기업에서 배치전환이나 직무순환을 통해 회사주도적인 내부공모제도가 많이 운용되어 왔으나, 외국기업에서 처럼 개인주도적인 성격을 가지지 못해 실질적인 모집원천으로 운용되지 못해 왔다. 내부공모제도가 개인의 경력관리적인 입장에서 운용되지 못하면 동기부여 기능에서 한계를 가지기 때문에 기업으로서는 이에 대한 깊은

연구가 필요할 것이다.

⑤ 적절한 선발기법을 선택하지 못해 너무 많은 기법들을 사용하고 있다. 대부분의 기업들이 개인적인 사항을 중심으로 한 서류전형·인성 및 적성검사·언어 및 일반상식·전공시험·면접(1차 및 2차) 등 여러 가지 선발기법들을 단계별로 이용하고 있는데 과연 이러한 방법들이 모두 필요한 것인지, 아니면 이중 두 세 가지 기법만으로도 채용후의 직무성과를 충분히 판단할 수 있는지를 검토해 볼 필요가 있다. 선발기법의 타당도에 대한 충분한 자료도 없이 여러 가지 기법들을 활용한다는 것은 시간과 경비에 있어서 낭비가 아닐 수 없다.

⑥ 선발과정에서 여러 가지 선발기법을 통한 단계별 합격제도의 효율성에 대한 평가가 없다. 선발과정에서의 순서는 기업이 필요로 하는 인력의 특성과 각 선발기법들을 통한 단계별 합격제도가 바람직한지 아니면 단계의 수를 줄여서 단계별 합산제도나 전체 합산제도를 이용하는 것이 바람직한지에 대한 명확한 평가도 있어야 한다. 잘못하면 서류전형에서 우수한 능력을 가진 지원자가 탈락하는 경우가 발생하기 때문이다.

⑦ 선발기법 중 최근 그 중요성이 커지고 있는 면접에 대한 보다 구체적인 보완이 필요하다. 면접은 지금까지 다른 선발기법의 타당도를 높여줄 수 있는 보완적인 방법으로 많이 활용되어 왔다. 그러나 짧은 시간에 채용여부를 결정짓는 데 도움을 줄 수 있는 꼭 필요한 내용을 알아내기 위해서는 면접내용·면접방법·면접자의 교육 등이 충분히 연구되어지고 가능하면 회사의 특성을 고려하여 사전에 충분히 준비된 면접이 이루어져야 할 것이다.

(2) 앞으로의 전망

우리나라 기업들의 인적자원 확보활동의 변화방향과 전략을 살펴보자.

■ 정기채용에서 수시채용으로

지금까지 우리나라 기업들의 채용관행은 앞에서도 언급한 바와 같이 기본적으로 신입사원을 중심으로 한 정기채용이 주류를 이루어 왔다. 정기채용은 대개 대학교에서 졸업생이 배출되는 시기에 맞추어 봄과 가을에 각각 한 차례씩 일년에 두 번 이루어져 왔다. 정기채용은 집단주의적인 성향이 강한 우리나라 사회의 특성과 내부노동시장 중심의 인적자원관리와 연관되어 뿌리를 내려온 채용관행이 되었다. 게다가 노동시장에서 인력의 수요를 주도적으로 결정해온 재벌그룹들은 그룹차원에서 신입사원을 선발하여 각 계열사로 배정하는 채용관리를 해왔었다. 그러나, 지난 몇 년 동안 그러한 관행은 눈에 띄게 변화하고 있으며, 이러한 추세는 앞으로도 더욱 더 강하게 나타날 것으로 보인다. 특히 IMF 외환위기 이후에 구조조정을 단행하게 되었고, 코로나시대에는 기업들이 여러 유형의 근무형태와 성과관리, 복리후생에 대한 복합적인 고민을 하게 되어, 이제 더 이상 우수인력을 무조건 많이 확보하고보자는 식의 경쟁풍토는 찾아보기 어렵게 되었다. 그리고 근로자들도 예전과는 달리 한 기업에서 자신의 경력을 쌓아 나가겠다는 생각을 버리고, 기회만 있으면 좀 더 좋은 조건을 제시하는 기업으로 옮겨 다니는 자세를 보이고 있다. 이런 현상들로 인하여 기업에서는 혈통을 중시하는 정기채용에서 개인의 능력과 기업의 성과를 중시하는 개인중심의 수시채용으로 변화해 가고 있다.

■ 인사부서 중심의 채용에서 현장 조직중심의 채용으로

기업의 경영수준이 높아지게 되면 나타나는 몇 가지 현상들이 있다. 즉, 경영자의 유형이 소유경영자나 고용경영자에서 전문경영자로 전환되고, 인적자원관리도 스탭인 인사부서와 운영의 주체가 되는 현장관리자 간에 역할이 적절하게 분배되는 현상이 나타나게 된다. 최근 우리나라에서 인적자원관리의 주도권이 인사부서에서 현장관리자에게로 이동하는 현상이 두드러지게 나타나고 있다. 일반 인사행정업무의 대부분이 현장관리자에게 위임되고 인사부서는 최소한의 행정업무만을 맡게 되는 추세에 있다. 채용을 위한 공통적인 역할은 인사부서가 수행하지만 지원자 중에서 우수한 사람을 선발하는 과정은 현장관리자들의 결정에 맡겨 놓고 있는 기업들이 많다. 채용할 사람이 갖추어야 할 능력요건을 정하는 것은 물론, 채용심사과정에서 필요한 면접의 경우도 현장관리자 중심으로 이루어지고 있다. 현장관리자 중심의 채용관리는 해당 직무를 수행할 수 있는 우수한 사람을 선발하는 데도 효율적일 뿐만 아니라 직무의 전문화를 촉진시키는 역할도 하게 된다. 다만 현장관리자의 주관적 판단이 지나치게 개입되어 회사가 정해놓은 인재상이나 채용요건을 지키지 못하는 경우가 발생할 수도 있다. 현장관리자들의 인적자원관리에 대한 전반적인 이해를 높이고 채용과정에서 필요한 면담능력을 높이는 심도있는 교육프로그램이 마련되어야 할 것이다.

■ 모집방법의 다양화

최근 기업들이 인사부서가 주관하는 정기채용에서 현장조직을 중심으로 한 수시채용으로 전환되면서 우수한 인적자원을 모집하기 위한 다양한 방법이 모색되고 있다. 이는 채용하고자 하는 인적자원의 유형이 점점 전문화되어 노동시장이 세분되고 다양한 모집방법을 활용하여 목표로 하는 인적자원에게 접근할 수 있기 때문이다. 전통적인 모집방법으로는 학교의 추천, 직업훈련원, 공공 및 사설직업소개소, 지인의 소개 등이 많이 활용되었다. 그러나 최근에는 기업설명회 및 취업박람회, 인터넷, 지도교수의 추천, 전문대행업체 등을 이용한 모집이 활성화되고 있다.

IMF 외환위기 이후 전반적으로 실업률이 높아졌지만 중소기업의 경우 아직도 구인난에 시달리고 있다. 이런 중소기업은 정부, 중소기업중앙회, 언론기관 등이 마련하는 대규모 취업박람회를 인적자원확보의 장으로 활용하고 있다. 특정 직군의 전문직을 모집하는 경우, 인터넷이 많이 활용되고 있다. 마지막으로 헤드헌터를 이용한 모집도 점차 확산되어 가고 있다. 이 방법은 주로 외국투자업체들이 특정 분야에 충분한 경험을 가지고 있는 전문가를 채용하기 위해 많이 활용해 왔으나, 최근에는 국내기업들도 임원급인력을 채용하는 데 활용하고 있다.

이렇게 다양한 모집방법을 활용하는 이유는 기업이 노동시장을 비롯한 여러 가지 환경변화에 효과적으로 대처하기 위해 노력하는 데서 찾을 수 있다. 앞으로 기업은 저렴한 비용으로 자신이 원하는 우수한 인적자원을 신속하게 채용하기 위해 다양한 모집방법을 활용하게 될 것이다.

■ 선발기법의 효율성에 관한 관심

선발에서 가장 중요한 과제는 선발기법의 타당도를 높이는 것이다. 그러나 우리나라에서는 채용이 가지는 중요성만 인식하고 있을뿐 선발기법의 상대적 효율성에 대해서는 아직 체계적이고 구체적인 연구가 거의 없다. 선발기법의 효율성은 선발과정에서 얻은 개인의 평가가 채용후의 직무성과를 얼마나 잘 예측해 줄 수 있느냐로 판단된다. 이러한 평가를 위해서는 개인의 직무성과에 대한 공정한 인사고과결과를 가지고 있어야 한다. 하지만 대부분 기업에서 인사고과의 공정성이 낮아 선발기법의 상대적 효율성을 판단할 수 없는 실정이다. 따라서, 기업들은 인사고과의 신뢰도와 타당도를 높일 수 있는 노력과 함께 선발기법의 효율성을 평가할 수 기반을 구축하여야 한다. 기업은 채용을 통해 자신이 원하는 우수한 사람을 선발하고 채용해서는 안 될 사람을 걸러낼 수 있도록 체계적이고 과학적인 채용시스템을 갖출 필요가 있다.

■ 비정규직 채용과 탄력적 인력관리

인적자원관리에서 가장 큰 변화는 대대적인 구조조정으로 인한 실업자의 증가와 이로 인한 고용불안현상이다. 경제환경의 변화로 인해 기업의 가장 중요한 관심사는 성장이 아니라 생존이 되었고, 경영전반에서 비용을 절감하는 것이 유일한 전략이 되었다. 그동안 내부노동시장을 중심으로 한 조직몰입을 가장 중요한 인사관리가치로 생각해 왔으나, 조직의 산출을 늘리는 전략이 한계에 부딪치면서 투입을 줄이는 전략을 선택하지 않을 수 없게 되었다. 이로 인해 인력관리의 탄력성을 높이기 위한 비정규직 인력비중이 급격하게 늘어났다.

4.7 인적자원 확보활동 사례

이 장 서두에 언급하였듯이, 인적자원 확보활동의 목표는 단순하다. 입사후 뛰어난 직무성과를 내어 회사에 많은 기여를 할 수 있는 우수한 인적자원의 확보이다. 이를 위해서 무엇보다 부적합한 지원자를 걸러낼 수 있는 체계적이고 과학적인 채용시스템을 갖추는 것이 중요하다. 인적자원 확보사례에서는 '지원자가 가장 입사하고 싶은 중소중견기업 1위', 신입사원 채용경쟁률 '1000대 1' 등의 타이틀을 가지고 있는 국내기업 마이다스아이티의 온라인기반 채용사례를 통해 지속가능경영을 위한 인적자원 확보활동의 과정을 살펴본다.

■ 기술이 정신을 만나기까지– 마이다스아이티 사례

마이다스아이티(MIDAS Information Technology Co., ltd.)는 공학기술용 소프트웨어 개발 및 보급 그리고 구조분야 엔지니어링 서비스와 웹 비즈니스 통합솔루션 서비스를 제공하는 국내기업이다. 2000년 9월 1일, 포스코건설의 사내 1호 벤처기업으로 설립되어 첫해 15억 매출을 달성한 이후, 2011년에 글로벌 매출을 포함하여 695억 원, 2022년에는 788억 원에 달하는 성장을 이루었다. 회사가 개발하고 보급하는 MIDAS Family Program은 모든 공학 및 산업영역에서 안정성과 경제성 분석을 위한 해석과 설계에 적용되고 있으며, 특히 건축, 토목, 지반 등 건설분야에서의 시장점유율은 세계 1위라는 선도적인 위치에 있다.[1)]

> "마이다스 구성원이라면 늘 올바른 방향을 가리키는 나침반 하나를 마음 속 깊이 품고, 기술로 행복한 세상을 만들겠다는 목표를 향해 한결같은 열정으로 나아가 주었으면 한다. 그러면 우리들 마음 속 깊이 자리한 나침반이 우리가 좋은 회사를 넘어 위대한 회사가 될 수 있도록, 또 여러분이 위대한 사람으로 성장할 수 있도록 올바른 길로 인도해 줄 것이라 믿는다."
>
> –이형우 CHO–

설립초기 31명이었던 마이다스아이티 구성원은 국내외를 포함해 600여 명(2022년 기준)에

출처 : https://www.midasit.com 에서 인출

이른다. 현재 미국, 중국, 일본, 인도 4개국에 법인을, 그 밖에 25개국에 대리점을 두고 전 세계 네트워크를 통해 소프트웨어 본 고장인 미국, 일본, 유럽을 포함한 약 110여 개국에 공학기술용 소프트웨어를 수출하고 있다. 마이다스아이티가 20여년이라는 짧은 기간에 연 매출 7,000만 달러 규모로 성장할 수 있었던 비결은 무엇일까? 이 질문에 대한 마이다스아이티의 대답은 간단명료하다. 사람을 키우기 때문이라는 것이다. 창업자이자 최고인사 책임자(CHO)인 이형우 대표는 경영이란 바람직한 미래를 얻기 위해 현재를 변화시키는 행위라고 정의한다. 마이다스아이티의 인재 확보를 위한 채용과정에는 '자연주의 인본경영'[2)]이라는 그의 철학이 묻어 들어가 있다.

"마이다스아이티가 최우선으로 고려하는 채용원칙은 '우리 회사에서 성장할 수 있는 인재를 놓치지 말 것'입니다. 정해진 인원을 고집하다가 훌륭한 인재를 놓치거나 부족한 인재를 선발하는 오류를 범할 수 있기에 채용인원에 대한 제한을 전혀 두고 있지 않습니다. 지원자를 완벽하게 이해하기 전에는 절대 채용하지 않겠다는 고집으로 다대일 면접과 40분 이상의 면접시간을 고수하고 있습니다. 많은 시간을 할애하여 준비한 지원자에 대해 충분한 기회를 제공하는 배려가 필요하다고 생각하기 때문입니다. 이런 이유에서인지 까다로운 면접에도 이탈하는 지원자가 많지 않습니다. 이번 기회가 마지막이라고 여기는 지원자도 있을 텐데 제가 성의 없게 임하는 것은 예의가 아니라고 생각합니다. 그래서 매순간 이 순간, 이 방법이 최선일까를 고민합니다."[3)]

-이OO 대리, 1-

선발도구가 합리적이기 위해서 신뢰성과 타당성 뿐만 아니라 적정한 수확률(Yield Ratio)[4)]을 반드시 고려해야 한다. 선발비율이 낮아질수록(0에 가까워질수록) 선택할 수 있는 여유가 많아지기 때문에 조직의 입장에서는 바람직하다고 볼 수 있다. 그러나 선발비율을 낮춘다는 것은 조직의 모집과 선발에 드는 노력을 더 많이 들게 하며 이는 선발비용을 높이는 결과를 초래한다. 이에 대한 해법 중 하나는 채용에 온라인을 접목하는 것이다. 온라인기반으로 채용과 선발을 진행할 경우 지원자에게 더 많은 기회를 제공할 수 있을 뿐만 아니라 비용을 최소화할 수 있다. 마이다스아이티는 내부적으로 인공지능(AI) 기반의 인재채용 솔루션 '인에어(inAIR)'를 개발하여 서류제출을 완료한 모든 지원자를 대상으로 AI면접을 실시한다.

"채용홍보부터 서류제출, 설발단계를 거쳐 입사전까지 모든 채용이 온라인상에서 자동으로 진행되어 시공간적 제약과 비용을 최소화하는 것이 저희가 그리는 그림입니다. 물론 그 과정에서 선발 정확도가 낮아지지 않도록 노력하고 있어요. 이미 '신'의 채용으로 가기 위한 단계별 변화를 실행에 옮기고 있습니다."

-이OO 대리, 2-

출처 : https://www.e2news.com 에서 인출

자사에 맞는 Employer Brand[5]를 구축하는 것 또한 인재확보와 유지에 매우 중요하다. Employer Branding이 제대로 되어 있지 않으면 회사의 가치, 일하는 방식 기업문화와 맞지 않는 후보자들이 지원할 확률이 높아지게 된다. 국내 직장인 833명(2018.8)을 대상으로 한 조사에 따르면 96.8%가 입사 전 회사평판을 조사하는 것으로 나타났다. 특히 뛰어난 인력일수록 취업을 할 수 있을까를 걱정하는 것이 아니라, 잘 맞는 회사를 찾고자 하는 욕망이 더 크기 때문에 좋은 Employer Brand 조사에 더 많은 시간을 투자하는 경향을 보인다.[6]

"사람중심이라는 채용브랜드 내에서 트렌드를 반영하고자 노력합니다. 인지도가 확실한 대기업과는 달리 이목을 집중시키는 채용포스터와 채용슬로건이 마이다스아이티에게는 더 좋은 방식이라는 것에 내부적으로 동의하고 있습니다. 결국은 매번 새로운 채용홍보를 진행함에도 효율을 높이는 방식으로 변화해야 하는데, 이를 '신'의 채용이라는 비전 아래 온라인을 통해서 해결하고 있습니다."

−이OO 대리, 3−

마이다스아이티는 경쟁과 변화가 치열한 소프트웨어 산업환경에서 성공적으로 성장한 기업으로 최고경영자의 기업가정신이 경영철학과 인사제도를 포함한 경영전반에 잘 나타난 기업이다. 마이다스아이티는 우리에게 기술과 그것에 배태된 무형의 정신, 그리고 이를 뒷받침하는 인적자원관리제도가 정합을 이루었을 때 탁월한 시너지 효과를 일으킬 수 있음을 말해준다. 마이다스아이티가 실행하는 인재채용 방식은 자본이 아닌 사람이 회사 경쟁력의 근간을 이룬다는 믿음을 주는 방식으로, 김현정교수는 이에 대해 마이다스아이티의 기업가정신과 경영체계가 지속가능한 혁신을 추구할 수 있는 시스템으로 정착되었다고 분석한다.

"농부가 거두어들이는 곡식의 수확량은 토지의 비옥도와 강수량에 따라 달라지지만 이에 못

지않게 그의 노동에 의해서도 결정된다 라고 파스칼은 말한바 있습니다. 경영학자의 관점에서 파스칼의 말을 기업에 적용해 보면, '농부의 노동'은 제품의 질을 향상시키기 위한 임직원들의 '끊임없는 노력'으로 바꾸어 말 할 수 있습니다. 이 때 경영자의 역할은 '대지'와 '물'이 생명을 품듯 조직구성원들의 역량과 아이디어를 기업이 원하는 혁신적인 행동과 사고로 연계시키고, 이것이 궁극적으로 기업의 지속가능한 경쟁력으로 이어질 수 있도록 하는 것입니다. 사내 벤처기업으로 시작해서 세계적인 기업으로 발돋움한 마이다스아이티의 성공사례는, 최고경영자의 기업가정신을 실제 조직에 적용하는 과정에서 중요한 요인이 무엇인지에 대한 가이드라인을 제공해 주는 사례로써 우리에게 시사해 주는 바가 크다고 봅니다."

-김현정 교수-

연습문제

1. 인적자원 확보활동의 의미와 그 프로세스에 대해 설명해 보시오.

2. 인력계획의 접근방법(상향적, 하향적)에 대해 설명하고 그 장·단점을 비교해 보시오.

3. 선발활동의 접근방법(단계적, 종합적)에 대해 설명하고 그 장·단점을 비교해 보시오.

4. 사내공모제도의 특징과 그 장·단점에 대해 설명해 보시오.

5. 사내모집과 사외모집의 장·단점을 비교 설명해 보시오.

6. 선발도구가 갖추어야 할 요건은 무엇인가?

7. 선발비율(Selection Ratio)은 모집성과를 측정하는 지표가 될 수 있는가?

미 주

1) 김현정, 제원우, & 장영철. (2015). 최고경영자의 기업가정신이 기업 성과에 미치는 영향:'마이다스아이티 (MIDAS IT)' 사례의 성공요인. 경영사연구, 30(4), 227-254.
2) 마이다스아이티에서 경영이란 '자연이 만든 자연의 결대로 행복 인재를 육성하는 것'으로 자연주의 인본경영은 과학적 이해를 바탕으로 조직의 경영에 접목한 이형우 대표의 기업가정신이다.
3) MIDAS IT가 말하는 '신의 채용', Human resource magazine. 마이다스 에이치·랩
4) 총 응모자수에 대한 선발예정인원수의 비율로서 인적자원관리의 중요한 KPI(Key performance Indicators)이다.
5) 기업 특유의 성격이자 이미지로써, 임직원 및 외부자가 해당 기업을 얼마나 좋은 '고용주'라고 생각하는지를 의미한다.
6) Employer Branding, 우수인력 확보 및 유지를 위한 전략, Human resource magazine. 마이다스 에이치·랩

제8장

업적평가와 성과관리

업적평가란 조직의 관리자들이 조직구성원들의 행위를 조직목적과 일치될 수 있도록 의식적으로 제정하고 실시하는 인사관리 평가시스템이라고 할 수 있다. 본 장에서는 업적평가의 전개에서부터 시작하여 평가과정, 그리고 조직구성원들의 성과창출을 돕는 프로세스인 성과관리의 동향 및 전략적 이슈를 차례로 살펴보며 업적관리시스템의 목적과 구조에 대해 학습하고, 지속가능경영을 위한 인적자원관리에 업적평가와 성과관리가 제공해 주는 시사점을 확보한다.

이 장에서는 업적관리시스템의 목적과 구조에 대해서 기술한다. 업적관리시스템은 직원들의 노력이 최대화될 수 있도록 방향을 제시하고 동기부여를 하는 데 도움을 준다. 업적관리시스템이란 직원들의 직무와 관련된 속성, 행동과 업적을 측정하고 평가하고 또한 영향을 주기 위해 취하는 공식적인 과정을 일컫는다. 초점은 직원들이 얼마나 성과를 내는지 그리고 미래에 더 효과적으로 일할 수 있는가를 발견하는 데 있어야 한다. 업적관리시스템에는 두 부문이 있는데 하나는 업적의 평가와 피드백 제공이며, 다른 하나는 업적향상을 위한 과정관리이다. 이는 동료, 부하, 상사 등의 주관적인 평가와 판매액, 실수율, 반응속도 등 객관적인 자료를 통한 평가로 구분된다.

제1절 업적평가의 전개

1.1 업적평가와 피드백 제공의 전략적 중요성

업적에 대한 효과적인 측정과 피드백의 공통의 목적은 직원들에게 동기를 부여하고 생산성을 향상시키는 데 있다.

(1) 동기부여와 생산성 향상

기대이론(expectancy theory)에 의하면 동기에는 두 요소가 있다. 어떤 행동을 해야 하는가에 대한 결정과 얼마나 많은 노력을 쏟아야 하는가에 대한 결정이다. 이 이론에 의하면 사람들은 결정을 함에 있어서 자신의 행동과 노력에 기인한 인정이나 보상 등 기대하는 효과를 고려하여 결정한다. 예를 들어, 승진같은 자신의 개인적인 목표에 도움이 되는 행동을 하고 비판이나 갈등 같은 부정적인 결과를 가져오는 행동은 피하게 된다.

■ 기대(Expectancy)

기대에 관한 질문은 다음과 같다. 내가 노력을 하면 의도한 대로 업적을 만들어 낼 수 있을까? 직원들의 노력을 더 이끌어내기 위해 그들은 노력이 업적으로 나타날 수 있다고 기대할 수 있어야 한다.

■ **유용성(Instrumentality)**

나의 업적에 변화가 있다면 그에 따르는 결과는 어떻게 되는가에 대한 관심이 유용성 문제이다. 다시 말해 업적이 어떤 소용이 있는가 하는 문제이다.

중요한 결과가 업적이 아닌 다른 변수 — 예를 들어, 연공서열, 사적인 친분관계나 편애 등 — 에 의해 결정된다면 직원들은 업적이 별로 중요하지 않다고 느끼게 될 것이다.

■ **가치(Valence)**

어떤 행동과 연관된 결과에 대해 나는 얼마나 많은 가치를 부여하는가? 이는 개인적인 문제로 사람마다 같은 결과에 대해서도 보이는 반응이나 호감도가 다를 수 있다.

■ **만족감(satisfaction)**

직원들의 만족감은 업적의 결과가 공평한지 그렇지 않은지에 의해 결정된다. 어떤 직원이 불공평한 취급을 받았다고 생각하면 불만이 생길 수밖에 없다. 개인이든 팀이든 최대의 노력을 통해 최대의 실적을 올리게 할 수 있는 방법은 업적을 조사하고 유용한 피드백을 가능한 빨리 직원들에게 줄 수 있는 업적관리시스템이다.

(2) 전략적 계획과 변화

업적관리의 또 하나의 중요한 쓰임새는 조직의 전략수립과 의사결정에 필요한 중요한 정보를 얻을 수 있다는 것이다.

■ **문제파악**

문제를 파악하기 위한 업적평가의 역할이 가장 대표적으로 나타나는 예는 CEO에 대한 평가에서이다. 물론 하위직 직원들의 업적평가에서도 문제점을 발견할 수 있는 기회가 있다.

■ **변화평가**

변화를 위한 노력의 공통적인 목표는 조직의 실적을 향상시키는 것이다. 결과적으로 변화의 성공을 평가하기 위한 계획의 가장 중요한 요소는 직원의 실적평가가 되어야 한다.

(3) 합법성 확보

사회는 조직이 중요한 의사결정을 하는 데 있어서 양질의 정보를 잘 사용하는가에 관심을 가지고 있다. 이러한 관심은 여러 법과 규제에 나타나 있다.

업적관리시스템의 합법성을 확보하기 위해 아래와 같은 세 가지 원칙이 있다.

- 비차별성(Nondiscriminatory) : 고용에서의 차별을 금지하는 법적장치는 직장에서의 불공평

한 차별과 부적절한 정보의 사용을 방지하는 것을 강조한다.

- 직무관련성(Job Related) : 고용주들은 업적평가를 함에 있어 타당한 측정을 했다는 것을 보여줄 수 있어야 한다. 이를 위한 최선의 방법은 업적평가기준을 개발할 때 직무분석(job analysis)을 사용하는 것이다.
- 공정성(Fair) : 업적평가는 신중한 기록을 필요로 하며 관리자의 일방적인 평가를 제한하게 된다. 그럼에도 불구하고 관련 연구에 의하면 관리자들은 공정한 업적관리시스템의 도입을 찬성하고 있는 것으로 나타났다.

1.2 평가항목의 결정

직원들의 업무가 전략적인 사업의 필요와 어떤 관계가 있는지 관심을 가져야 하고 직무분석을 통하여 업적평가가 전략적 필요를 반영하게 하여야 한다. 직무분석(job analysis)은 특정 과제의 수행실적과 구성원으로서 직원들의 업적을 포착할 수 있어야 한다.

(1) 개인적 특성(Personal Traits)

특성에 근거한(traits-based) 평가는 개인적인 특징에 초점을 맞춘다. 충성심, 신뢰성, 의사소통능력과 리더십 등이 흔히 평가받는 항목들이다. 하지만, 이러한 개인적 특성은 업적을 나타내는 믿을 만한 지표가 되지 않기에 업적평가는 누가 평가하는가에 상관없이 직원들이 하는 일을 반영할 수 있도록 고안되어야 한다.

(2) 행 동

행동척도(behavioral criteria)는 어떻게 일이 수행되는지에 초점을 맞춘다.

■ **고객 서비스(Customer Service)**

예를 들어 오봉팽(Au Bon Pain)사에 있어 친절한 계산원(cashier)은 아주 중요하다. 하지만 이 회사는 직원들의 친절함에 대해 평가를 하지 않고 직원들의 친절한 행동을 평가하기 위해 가상고객(mystery shoppers)을 고용하여 직원들의 친절도를 평가하게 하였다.

■ **다양성 관리(Managing Diversity)**

행동척도에 의한 평가는 관리자들이 다양한 배경을 가진 직원들의 개발에 충분한 관심과 에너지를 사용하고 있는지 점검하는 데 유용하게 사용되고 있다. 업적관리를 위해서 구체적인 행동항목들이 더 효과적인 평가척도가 되고 있다.

(3) 객관적 결과(Objective Results)

결과척도(results criteria)를 사용하여 나오는 객관적 결과는 어떻게 일이 수행되었는가 보다는 무슨 일을 수행해 냈는가에 초점을 맞춘다. 하지만 이를 통해 직원들 사이에 결과지상주의가 만연할 수도 있는 위험성이 있다.

그림 8-1 성과영역의 두 가지 측면

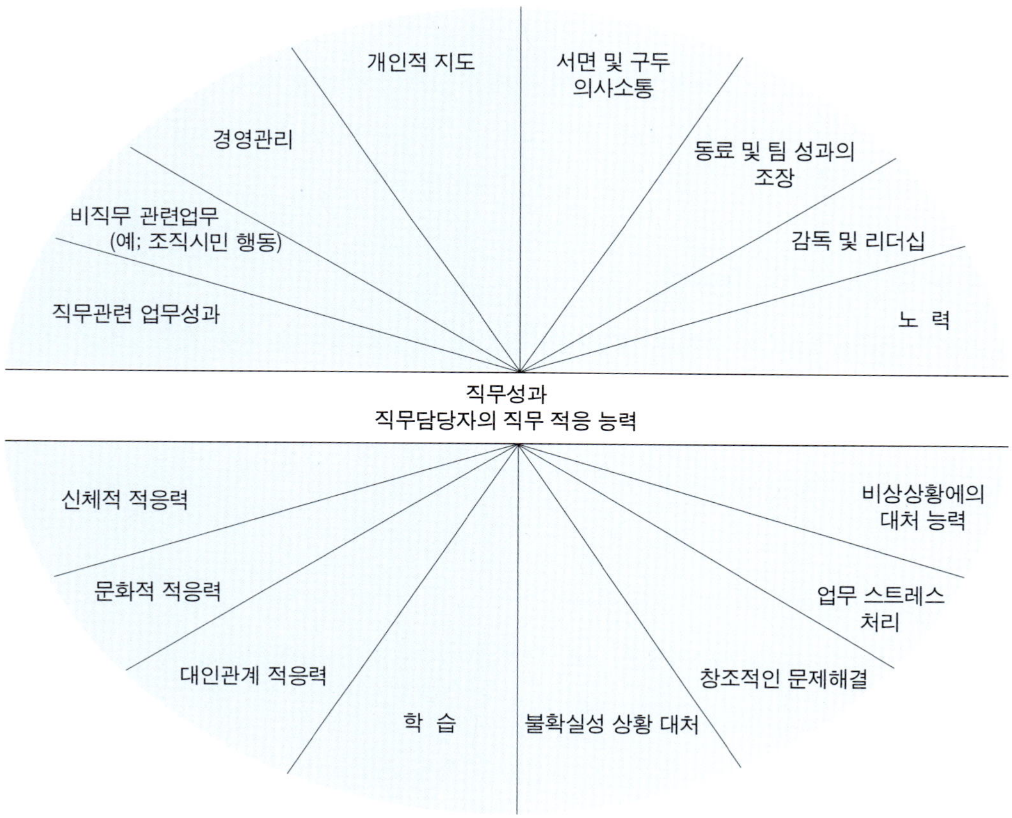

자료 : Jackson and Schuler(2003), *Op. cit.*, p.465.

(4) 다척도(Multiple Criteria)

업적평가는 직무의 모든 요소를 다 포착할 수 있어야 한다. 어떤 일을 위해서는 특성(traits)이 더 효과적인 평가가 될 수 있지만, 또 다른 일을 위해서는 행동(behavior) 혹은 결과(results)에 근거를 둔 평가가 최선일 수가 있기 때문이다.

■ **타당성(Validity)**

정당한 업적평가는 직무의 모든 양상을 정확히 반영해야 하고 관계없는 요소들은 배제되어야 한다.

■ **업적영역의 분류(Taxonomies of Performance Domains)**

업적의 모든 항목이 빠짐없이 평가에 반영되었는가를 고려할 때 [그림 8-1]에서 보는 바와 같이 두 가지 영역이 유용하게 사용될 수 있다.

(5) 척도의 가중치 평가

평가의 어떤 척도가 다른 항목보다 더 중요한지 가중치가 주어져야 하고, 가중치를 부여할 때는 직무분석을 통해 확보한 정보가 유용하게 활용될 수 있다.

1.3 일정조절

업적평가의 일정을 조정하는 데는 세 가지 접근방법이 있다.

(1) 초점접근법(Focal-Point Approach)

이는 모든 직원을 동시에 평가하는 방법이다. 많은 조직에서 정기적으로, 예를 들어 매 분기마다 혹은 매 연말에 정식으로 평가를 실시한다.

- 표준화(Standardization) : 이 시스템의 가장 큰 장점은 상사들이 직원들 사이의 직접적인 비교를 할 수 있다는 점이다. 모든 직원들을 같은 기간 동안 평가하기 때문이다.
- 업무부담(Workload) : 이 평가시스템은 단기간에 엄청난 업무부담을 주기 마련이다. 관리자들의 이러한 부담은 정확한 평가기준을 숙지하고 전 직원이 평가업무를 공유할 때 덜어질 수 있다.
- 실적주기(Performance Cycles) : 이 시스템의 또 하나의 단점은 인위적으로 생산성의 주기

가 만들어질 수 있다는 점이다. 평가전에 업무의 생산성이 급격히 높아졌다가 평가가 끝나면 하락할 가능성이 있다.

(2) 연 단위접근법(Anniversary Approach)

이 시스템에 의하면 평가는 1년 내내 일어날 수 있다. 종종 어떤 직원의 업적평가가 입사일에 맞추어 이루어질 수 있다.

(3) 자연적인 작업기간(Natural Time Span of the Job)

어떤 전문가들의 의견에 의하면 가장 좋은 평가주기는 일의 특성에 맞는 자연적인 주기에 맞추는 것이다. 예를 들어, 광고회사에서는 각각의 광고후에 평가를 받는 것이다. 어떤 프로젝트를 수행하는 팀의 평가는 그 프로젝트 수행 중에 평가와 피드백을 받는 것이 좋을 수도 있을 것이다.

1.4 평가와 피드백 참여자들

(1) 전산점검

전산점검을 통하여 고용주는 트럭기사, 배달원, 판매사원과 같은 관찰하기 힘든 직원들의 실적을 체크할 수 있다. 예를 들어, 컴퓨터가 날짜, 시간, 속도, 장소 등을 기록하여 평가의 자료로 삼는 것이다.

(2) 상 사

상사는 누구보다도 부하직원의 업적의 여러 요소에 대하여 충분한 지식을 가지고 있으므로 신뢰할 만한 평가를 제공한다고 볼 수 있다.

(3) 자기평가

자기평가는 목표에 의한 경영(Management By Objectives, MBO)의 중요한 부분으로서 점점 더 인기를 얻고 있다. 이를 통해 과거의 업적과 미래의 목표설정을 결합할 수 있다.

- 자만심(Inflation) : 자기평가는 자기개발과 성장 그리고 헌신을 위한 좋은 도구가 될 수 있다. 하지만 동시에 이는 체계적인 편견과 왜곡을 낳을 수 있고 종종 직원들 자신도 모르는 사각

지대(blind spots)를 초래할 위험이 있다.

- 문화적 차이(Cultural Differences) : 문화적 배경이 다른 직원들 사이에 자기평가를 각기 다르게 접근할 가능성이 있다.

(4) 동 료

팀위주의 조직에서 동료에 의한 업적평가가 늘고 있다. 관련연구에 의하면 동료에 의한 업적평가는 미래의 실적을 잘 예측하는 것으로 나타난다.

(5) 부하직원

상사의 모든 업무양상을 다 아는 부하직원은 거의 없지만 대부분 상사와 부하직원의 상호관계에 대한 정보를 지니고 있다. 이러한 평가방식을 상향식 평가(upward appraisal)라고 부르는 데 상사의 리더십스타일, 창조성, 업적관리활동 등의 정보를 제공하게 된다.

■ 익명성(Anonymity)

상향식 평가의 한 가지 단점은 직원들이 항상 객관적으로 정직하게 상사를 평가하지 않는다는 점이다. 익명성을 보호하기 위해 평가는 다수의 부하직원들이 할 필요가 있다.

■ 유용성(Usefulness)

실적이 별로 좋지 않은 관리자들에게 이러한 상향식 평가는 본인의 리더십에 대한 매우 중요한 정보들을 제공해 줄 수 있으므로 유용하게 활용될 수 있다.

(6) 고 객

고객들을 평가원으로 사용하면 조직은 그 결과를 무시할 수 없는데, 그 이유는 대부분의 경우, 고객의 다수 의견이 반영되기 때문이다. 이런 경우 어려움은 고객의 공정한 표본을 추출하는 것이다.

(7) 360도 전방위 평가

상사, 부하직원, 동료, 직원 자신 등 모든 사람들이 평가에 참가했을 때 이를 360도 평가(360-degree appraisal)라고 부른다. 한 사람이 평가하는 전통적인 평가와 달리 이는 한 직원의 주위 전후좌우에 있는 동료와 내부고객들이 평가를 담당한다. 이러한 평가는 단독평가보다 훨씬 더 공정하다고 여겨진다.

1.5 업적평가형식

(1) 상대평가

누가 제일 이 일을 잘 할 것인가? 누가 가장 업적이 낮아 해고의 대상이 되고 있는가? 이러한 질문에 대한 대답을 하기 위해서는 상대평가가 방법이 자주 사용되고 있다. 평가자는 개인, 팀, 혹은 업무단위를 평가할 때 비슷한 다른 상대들과 비교하여 평가한다.

■ **일직선 서열매기기(Straight Ranking)**

평가대상인 개인이나 팀들을 최고위부터 최하위까지 순서대로 서열을 매긴다. 이 방식의 문제는 동점(tie)이 허용되지 않는다.

■ **강제분포(Forced Distribution)**

많은 직원들의 업적이 비슷한 경우의 문제를 해결할 수 있다. 강제로 만들어진 분포도의 범주(보통 최상위에서부터 최하위까지 5등급으로 나뉜다)에 직원들을 분포시키는 방식이다. 예를 들면 다음과 같다.

최하	나쁨	보통	우수	최상
10%	20%	40%	20%	10%

(2) 절대평가

■ **그래프 평가형식(Graphic Rating Scales)**

1920년대에 도입되었는데 직접적인 업적측정이 필요없고 평가자의 자유에 맡긴다. 가장 큰 장점은 평가형식의 단순성이지만, 가장 큰 약점은 평가의 명확성과 정의가 결여되어 있다는 것이다.

■ **행위기준척도법(Behaviorally Anchored Rating Scales: BARS)**

그래프방식의 평가에 만족하지 못해 더 구체적인 행위척도가 개발되기 시작하였다. 행동에 의존한 평가(behaviorally anchored rating)는 직원들이 실적을 향상시키기 위해 쉽게 정보를 구할 수 있다는 장점이 있다. 단점은 평가스케일을 정하기가 쉽지 않고 이를 개발하는 데 시간이 많이 걸린다

■ **행동관찰평가(Behavioral Observation Scales: BOS)**

최근에 개발된 방식으로는 행동관찰스케일이 있다. 평가자는 업적의 수준을 표시할 필요가 없고 평가대상자가 어떤 구체적인 행동을 얼마나 자주하는가를 평가만 하면 된다. BOS 방식도 BARS 방식처럼 개발하려면 비용이 많이 들고 많은 시간을 필요로 한다. 하지만 평가자가 사용하기는 더 쉽다.

(3) 결과위주의 평가형식

결과위주의 평가의 초점은 일의 성과이다. 가장 많이 사용되는 두 가지 방식이 있다.

■ **직접 지표방식(Direct Index Approach)**

직접 지표방식은 생산성, 결근율, 거래액 등의 객관적인 자료를 사용하여 평가하게 된다. 이 방식의 장점은 직원들에게 기대되는 일의 성과에 대해 명확한 방향을 제시할 수 있다는 점이다. 하지만 중요한 업무의 행동이 무시될 수 있는 위험도 있다.

■ **목표에 의한 경영(management by objective : MBO)**

MBO는 미래의 목표를 설정하는 것으로 시작한다. 실적은 그 설정된 목표에 대하여 평가된다. 상대적으로 객관적인 목표를 설정했을 때 성과가 좋다. 효과를 보려면 설정된 목표가 도전할 만한(challengeable) 것이어야 하고, 도전적이면서 성취할 수 있는 목표를 스트레치 목표(stretch goals)라고 부른다.

목표가 어떻게 설정되었든 다음 단계는 목표달성을 위한 전략을 개발하는 것이다. 일정한 기간이 지난 후 실제 일의 성과를 미리 설정된 목표에 대비하여 평가하게 된다. 그리고 측정이 끝나면, 목표를 달성하지 못한 혹은 초과달성하게 된 이유를 조사해 보아야 할 것이다. 목표에 의한 경영시스템이 효과적이려면 관리자들은 이 과정에 헌신적이어야 한다.

1.6 평가과정

조직은 업적을 평가하기 위해 다양한 방법들을 사용할 수 있다. 이들 방법 중 어떤 것은 객관적이고 또 어떤 것은 더 주관적일 수 있다. 업적평가의 성패는 부분적으로는 정보처리능력과 평가자의 전략에 달려 있다.

(1) 평가오류(Rating Errors)

평가척도가 명확히 제시되어 있지 않고 평가의 공정성이나 정확도에 대한 인센티브가 없다면, 후광효과(halo effect), 관대화 경향(leniency effect), 중심화 경향(central tendency), 상동효과(stereotyping) 등 여러 가지 평가자에 의한 오류가 평가과정에 나타날 수 있다(평가자의 오류에 관해서는 본장의 2.2 성과관리의 사이클 부분 참조).

(2) 평가자의 정확도 높이기

평가과정의 오류를 최소화하고 정확성을 높이기 위해서는 다음과 같은 여러 가지 전략이 사용될 수 있다.

■ 평가척도 형식(Rating Scale Format)

업적평가는 평가척도와 스케일이 정밀할 때 더 정확해진다. 정확한 평가요소가 적당한 자리에 위치할 때 평가자의 평가가 더 정확해진다.

■ 기록의 도움(Memory Aids)

평가에 참여하는 모든 관계당사자는 규칙적으로 행동이나 결과들을 기록해 두어야 한다. 평가 전에 행동일지나 중요한 사건에 대한 파일을 찾아보는 것이 오류를 줄일 수 있는 방법이다.

그림 8-2 업적평가자의 평가과정

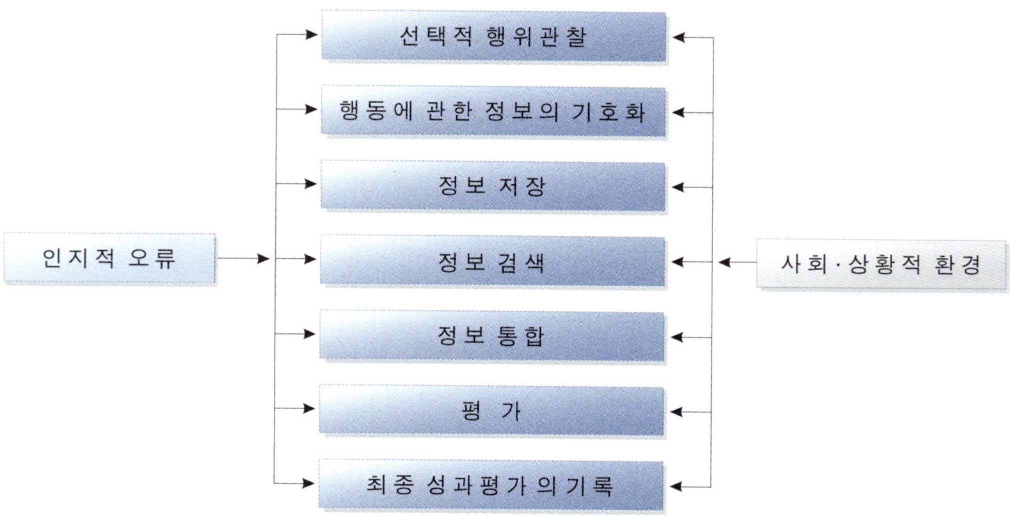

자료 : Jackson and Schuler(2003), *Op. cit.*, p.478.

■ **평가자 훈련(Rater Training)**

평가의 정확도를 향상시킬 수 있는 또 하나의 방법은 평가자의 관찰기술을 향상시키도록 훈련하는 것이다.

■ **정확한 적시평가에 대한 보상(Rewards for Accurate and Timely Appraisals)**

평가의 부정확성의 한 가지 이유는 동기의 결여이다. 보상이 없다면 평가자는 정확한 평가보다는 높은 점수를 주는 경향이 있다. 이를 방지하기 위해 성과달성에 대해 즉각적으로 동기를 부여할 수 있는 적시평가가 이루어지고, 그것이 급여인상, 승진, 인사발령 등에 반영될 수 있도록 평가자의 정확한 적시평가를 장려하는 인센티브제도의 도입이 유용하다.

■ **다수에 의한 평가(Multiple Raters)**

다수의 평가자를 참여시켜 평가의 책임을 분산하면 각 평가자가 더 정확히 평가하는 경향이 있다. 집단으로 묶어 평가하게 하면 효과를 볼 수 있다.

1.7 피드백 제공

피드백을 제공하는 단계에서 상사와 부하직원들은 정보를 교환하기 위해 만나게 된다. 여기에서는 업적의 평가결과와 업적향상을 위한 의견이 교환된다.

(1) 갈등의 원인

■ **평가와 개발의 목표**

업적평가 후 상사는 몇몇 직원들에게 부정적인 피드백을 주게 된다. 이 부정적인 결과를 전달하는 상사와 보상이나 인정을 원하는 직원들 사이에 갈등이 초래될 수 있다. 상사는 솔직하게 향상이 필요한 항목을 전달하면서 동시에 직원들의 자존심을 보호할 수 있어야 한다.

■ **변 명**

부정적인 업적평가의 결과에 대해 직원들은 자기변명을 하게 된다. 예를 들어 자신의 내부적인 문제라기보다는 어려운 업무나 불명확한 지시 등의 외적인 환경에 그 책임을 돌리게 된다. 이러한 자기변명으로 인해 어떻게 업적을 향상시키는가에 대해 상사와 직원이 동의하지 못하는 일이 생긴다. 이로 인해 긍정적인 평가에 의해 기대할 수 있는 효과가 반감될 수도 있다.

(2) 일정조정

업적평가의 피드백은 시기에 잘 맞추어 전달해야 한다. 일반적으로 즉시 전달하는 것이 효과적이다. 또한 지속적으로 피드백을 제공하는 것이 피드백의 가치를 높이는 가장 좋은 방법이다.

(3) 준 비

업적이 중요하다는 메시지를 전달하기 위해 피드백모임의 일정은 미리 준비되어야 한다. 관리자와 직원은 그 토론회의 목적과 내용에 대해 논의하여 합의점을 찾아야 한다. 면담전에 이러한 문제에 대해 논의함으로써 서로 준비할 시간을 갖게 된다.

(4) 토론의 내용

효과적인 피드백 면담을 위해서는 지도와 자문기술이 필요하다.

상사는 업적의 결과, 원인 등에 대하여 직원들이 하는 말을 들을 수 있어야 한다. 더 효과적인 방법은 이러한 면담을 통해 문제를 해결하고 미래를 준비하는 기회로 삼는 것이다.

■ 진단(Diagnosis)

진단의 목적은 직원의 업적에 영향을 미치는 요소들을 이해하고자 하는 것이다. 진단은 업적이 좋지 못한 직원들에게 특히 중요하며, 견해들을 나누고 해결책을 찾는 것에 초점을 맞추어야 한다.

■ 장애물제거(Removing Roadblocks)

진단과정을 통해 알게 된 것에 근거하여 상사와 부하직원은 구체적인 실천계획에 대해 합의점을 찾는다. 계획의 구체적인 내용은 조직의 필요와 진단의 내용에 따라 다를 수 있다.

■ 목표수립(Goal Setting)

MBO 방식이 사용될 때, 목표수립은 실천계획의 중요한 부분이다. 목표는 두 가지 방법으로 동기에 영향을 준다. 첫째, 이는 사람들이 쏟는 노력의 양을 늘리게 한다. 둘째, 그 노력의 방향을 제시해 준다. 직속상관이 훈련을 지도하는 데 지대한 영향을 미치기 때문에 인적자원관리를 담당하는 부서에서는 조직의 훈련원칙에 대해 관리자들을 교육시켜야 한다.

■ 자기관리(Self-Management)

자기관리는 업적의 문제점을 해결하는 새로운 방법이다. 이를 통해 사람들은 자신의 행동을 관리하는 법을 배운다. 자기관리는 사람들이 자신의 문제를 평가하고 이 문제에 대한 구체적인 목표를 수립함으로써 시작된다.

(5) 긍정적인 피드백이 아무런 효과가 없을 때

실적이 더 나빠지거나, 문제행동이 별 변화가 없거나 변하지 않을 때 극단적인 조치가 필요하기도 한다.

■ **전환(Transfer)**

때때로 어떤 직원은 자신의 업무와 잘 맞지 않는 경우가 있다. 그 직원이 유용한 기술이나 능력을 소유하고 있을 때, 다른 부서로 전환시키는 것이 이로울 수가 있다.

■ **중화(Neutralize)**

어떤 직원의 문제를 중화시키는 것은 그 직원의 업무를 재조정해 주는 것을 의미한다. 이는 그 직원이 생산성을 보일 수 있는 업무를 배정해 주는 것을 의미한다.

■ **해고(Terminate)**

해고는 일반적으로 부정, 습관적 결근, 자산남용, 불복종 등의 행동에 대해 정당화 되는 조치이다. 지속적으로 낮은 생산성도 그 이유가 될 수 있다. 실수의 결과를 감안할 때 해고가 효율적인 대처 방안이 될 수 있다.

1.8 팀평가와 피드백

(1) 팀의 유효성 척도

팀의 유효성을 증진시킬 수 있는 첫 단계는 팀실적을 평가하는 방법을 아는 것이다. 팀의 평가는 개인평가와 마찬가지로 팀실적 평가척도와 척도의 가중치에 달려 있다.

(2) 문제점 진단

팀의 효율성을 결정하는 여러 가지 요소들이 있다. 여기에는 외부적인 환경과 내부적인 환경 양자를 포함한다.

■ **팀내부의 운영과정**

여기에는 시간의 경과에 따른 개인적인 느낌이나 행동규범의 발전이 포함되어 있다. 효과적인 팀에서는 이러한 진전이 구성원들 사이의 협력을 증진시킨다. 팀내부에 신뢰와 명확한 행동규범

그림 8-3 팀과 구성원들의 성과기준

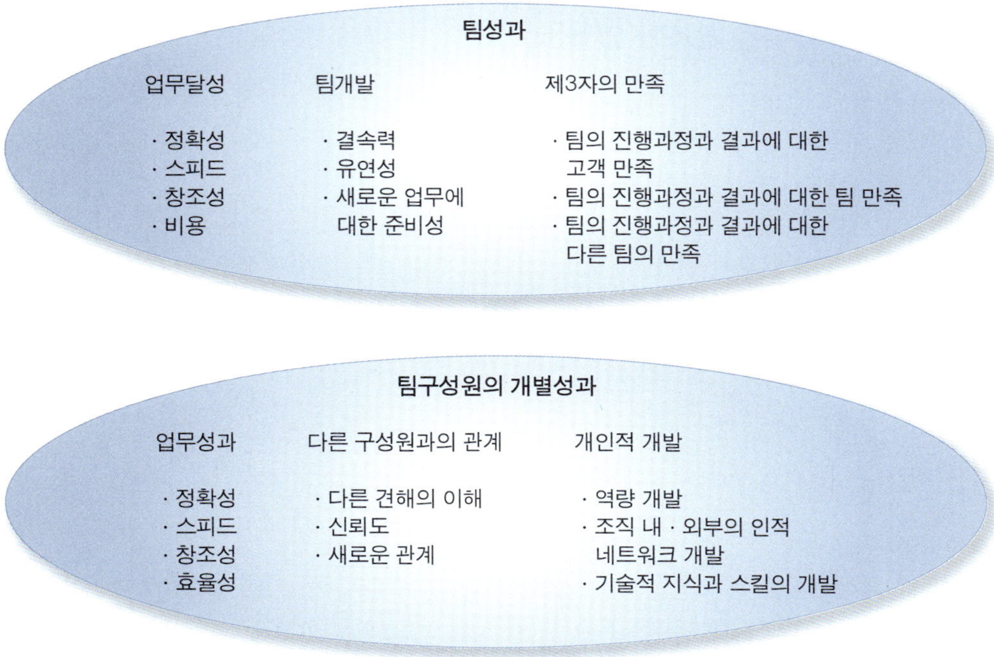

자료 : Jackson and Schuler(2003), *Op. cit.*, p.478.

이 세워져야 효과적인 업무완성을 기할 수 있다. 팀에 가해지는 외부의 힘이 팀실적 저하의 원인이 될 수도 있다.

■ **문 화**

사회문화(Culture) 그리고 조직문화 모두 외부환경의 중요한 요소이다. 문화적 차이는 국적이 다르면 당연히 생기지만 한 국가내에서도 팀에 따라 다양하게 나타난다. 국적이 달라도 팀은 조직문화의 지원이 있으면 잘 운영될 수 있다.

(3) 팀 피드백

팀구성원 사이에 평가를 하게 되면 여러 가지 질문에 봉착하게 된다. 피드백을 제공하기 위해 정보를 어떻게 사용해야 하는가, 팀 외부의 누군가가 평가면담을 수행하여야 하는가, 팀의 리더도 이 평가작업을 해야 하는가 등의 문제이다.

그림 8-4 성과문제를 진단하는 데 있어서 고려해야 할 팀 유효성 요인

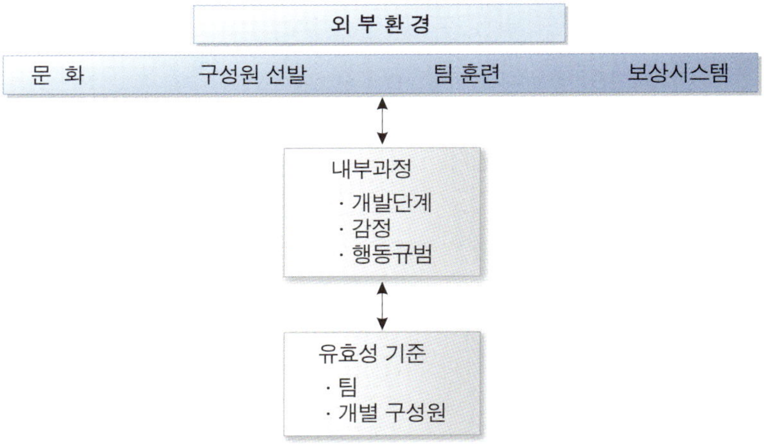

자료 : Jackson and Schuler(2003), *Op. cit.*, p.491.

제2절 성과관리

여기서는 성과측정에서 성과관리로의 이동에 관하여 살펴보고자 한다. 그동안 직원들과 관리자들은 사정중심의 성과측정 프로세스에 대하여 불평을 하였다. 이에 대해 조직은 성과측정 프로세스를 수정하는 것에서부터 기존의 성과측정방법을 폐기하고 완전히 새로운 프로세스를 만드는 등 성과측정에 초점을 맞추었다. 그러나 성과관리가 뒷받침되지 않는 상황에서의 성과측정은 구성원들의 이해를 도모하지 못한다.

비공식적인 성과측정 프로세스는 직원이 처음으로 일을 시작했을 때부터 조직 내에 존재해 왔다. 평가나 측정에 대한 공식적인 프로세스는 1940년대부터 점차 사용되기 시작했는데, Myers는 다음과 같이 말한다. "성과측정은 성과기준을 문서화된 표준으로 만드는 프로세스이며, 직원들에게 이 표준에 대하여 말해 주고, 그들이 어떻게 표준에 따라 성과측정되고 있는지에 관해 알려주는 과정이 되어야 한다."

이에 반해 성과관리는 가능한 한 효과적으로 직원들의 성과창출을 돕는 데 있어 관리자들에게 허용된 모든 프로세스들을 말한다. 여기에는 책임감, 기대의 설정, 필요 자원의 제공, 계속적인 피드백, 주기적인 성과측정 등이 포함된다. 쉽게 말해서 성과측정은 일이 얼마나 잘 끝났는가

("How well was the work done?")에 관한 것이며, 성과관리는 직원이 최대한 효과적으로 일을 할 수 있도록 하기 위해 무엇을 도와주어야 하는가("What can be done to help employees perform as effectively as possible?")에 관한 것이다.

2.1 성과관리의 목표

효과적인 성과관리 프로세스를 개발하고 평가하기 위해서, 관리자는 두 가지 문제에 대해 질문과 답을 할 필요가 있다. "우리는 이 프로세스로부터 무엇을 얻기를 원하는가?", "이 프로세스를 사용하려고 의도한 목적은 무엇인가?"

(1) 직원성과 향상

성과관리 프로세스는 직원들이 현재의 위치에서 그들의 일을 더욱더 효과적으로 실행할 수 있게 하고, 조직적인 목표를 더욱더 성공적으로 이룰 수 있도록 도와줄 수 있다. 전통적인 성과측정 방법은 "백미러(rearview mirror)"의 입장을 택하였기 때문에 목표를 위한 수행은 부족했었다. 성과관리 프로세스는 직원들이 기대하는 것과 함께 어떻게 관리자가 직원들을 지원해 줄 것인가에 대한 내용들을 포함하고 있다.

(2) 승진기회를 위한 역량개발

성과관리 프로세스는 새로운 지위와 승진기회에 대하여 사람들의 개발을 도와준다. 만일 회사가 도전을 필요로 하는 곳에 직원들의 기대수준을 정해 놓는다면, 직원들은 새로운 위치에서 필요한 역량들을 개발시키기 위해 도움을 받을 수 있다. 유사한 역량이 필요한 곳이라면 피드백을 제공하고, 훈련을 하게 하며, 사람들을 개발시키는 데 필요한 지원을 해야 한다.

(3) 직원들의 욕구충족-피드백

직원들의 대부분은 자신의 일을 어떻게 해야 하는지 알고 싶어 하고, 조직으로부터 어떻게 성과를 향상시킬 수 있는가에 대한 조언과 같은 긍정적인 피드백을 원한다. 그러나 대부분의 직원들은 본인의 일을 복습하는 것을 별로 좋아하지 않으며, 대부분의 관리자들도 그들을 계속해서 지도하는 것을 바라지 않는다. 그럼에도 불구하고 직원들의 가장 근본적인 요구사항은 그들의 작업에 대해 정기적인 피드백을 원한다는 것이다. 잘 고안된 성과관리 프로세스는 직원들이 그들 스스로의 성과를 측정할 수 있는 도구를 제공함으로써 문제를 해결할 수 있다.

(4) 직원들이 조직의 목표를 향하여 일하고 있다는 것을 확신시켜라

과거의 전통적인 성과측정 프로그램은 "당신은 잘하고 있습니까(Are you performing well)?"라고 질문을 하고는 했다. 보다 효과적인 성과관리 접근법은 "당신은 해야 할 일(조직목표와 연계된)을 잘 하고 있습니까(Are you performing well on the right things)?"라고 질문한다. 성과관리 프로그램은 조직의 전략적 계획프로세스를 개인들의 노력과 연결시킬 수 있다. 이를 위해 직원들은 그들에게 할당된 많은 의무와 프로젝트의 상대적인 중요성 또는 우선권에 대한 감각을 가지고 있어야만 한다.

(5) 주관성의 최소화

직원들의 일에 대해 잘 정의되고, 측정가능한 객관적인 표준은 오해의 가능성을 줄이고 주관성을 최소화시켜 줌으로써 조직과 구성원 간의 갈등을 줄이는 데 도움을 준다.

2.2 성과관리 사이클

[그림 8-5]는 성과관리의 사이클을 보여주고 있다.

그림 8-5 성과관리의 사이클

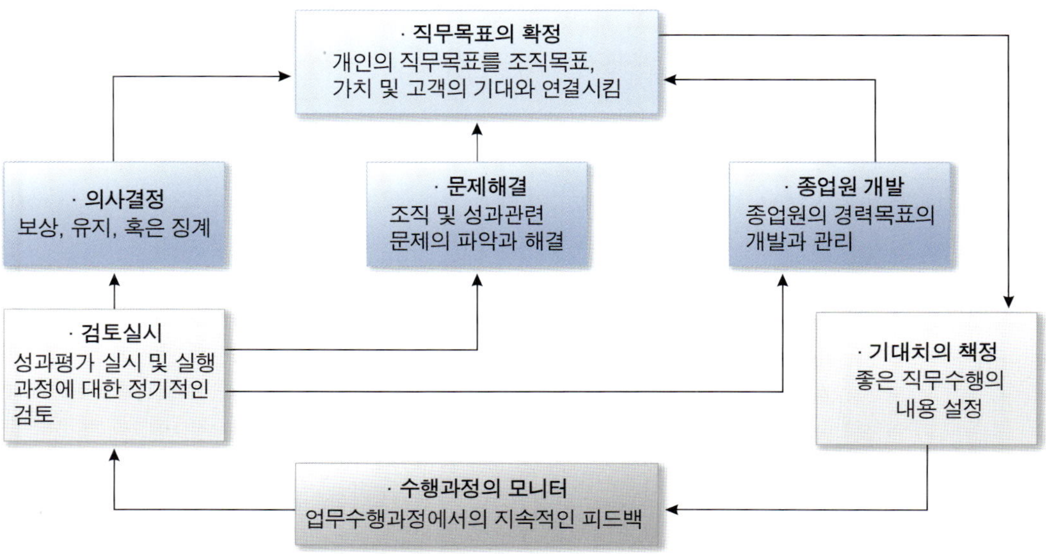

자료 : Jackson and Schuler(2003), *Op. cit.*, p.478.

(1) 직무목표의 확정

조직의 목표, 가치와 고객의 기대를 직원들에 의해 수행되는 일과 확실하게 연결시키는 것이 성과관리의 출발점이다.

(2) 기대치의 책정

- 조직 및 부문의 목표와 개인적인 성과기대에 관해 검토하라
- 목표, 임무 및 프로젝트를 명확히 규명하라
- 성과측정과 표준에 대해 설명하라

성과측정은 각각의 목적, 의무 또는 프로젝트에 관한 "좋은 직무수행의 내용"을 제공한다. 목적과 측정은 조직의 목표를 지원하는 것과 일관성을 이루어야 한다. 좋은 목적들은 다음 "SMART"의 특징들을 가진다.

S	Specific(구체적)
M	Measurable(측정가능)
A	Aligned with organizational goals(조직목표와의 일관성)
R	Realistic and result oriented(현실적, 결과지향적)
T	Time limited(제한된 시간)

- 성과요인들을 명확히 하라
  성과요인들은 고객서비스, 다양성의 포용, 직업 전문화의 유지, 계획과 조직, 팀워, 열린 커뮤니케이션 등을 포함한다.
- 모니터링 계획을 개발하라
  모니터링은 직원성과를 추적하기 위한 방법과 도구에 대한 토론과 동의를 필요로 한다.

(3) 검토 실시

- 성과측정을 위한 인터뷰를 실시한다.
- 평가과정에 영향을 미치는 일반적인 오류에 대해 인지하고 이에 대해 대처할 수 있어야 한다.
  - ＊ 후광효과(Halo effect) : 한 가지 측면에서 우수할 경우 나머지 모두를 우수하게 평가하는 경향
  - ＊ 상동효과 혹은 동일시 경향(Stereotyping) : 어떤 특정한 속성을 지닌 사람들을 모두 똑

같이 평가하는 것

* 각인효과(Horns) : 한 가지 측면에서 뒤떨어질 경우 나머지 모두를 나쁘게 평가하는 것
* 중심화 경향(Central Tendency) : 모든 평가항목에 대해 중간부분에 체크하는 것
* 최근 사건중심 경향(Recency) : 최근의 일들을 중심으로 평가하는 것
* 관대화·가혹화 경향(Leniency/Severity) : 모든 항목에 대해 좋게 평가하거나 반대로 아주 나쁘게만 평가하는 것
* 유사성(Similarity) : 평가자와 유사한 특징을 가지고 있는 피평가자를 높이 평가하는 것
* 대조효과(Contrast Effect) : 표준을 사용하는 것이 아니라 다른 직원과 비교하는 것
* 선별적 지각(Selective Perception) : 평가자가 원하는 것만을 보고 들어서 평가하는 것

(4) 성과측정 정보의 사용 : 의사결정, 문제해결, 개발

- 의사결정 : 조직은 인적자원의사결정(임금, 승진, 해고 등)을 위해 성과측정 데이터를 사용해 왔다.
- 문제해결 : 성과측정 정보를 바탕으로 업무수행과 관련하여 발생한 문제 혹은 조직적인 문제를 파악하여 해결한다.
- 개 발 : 다른 목표들과 마찬가지로 직원들의 개발관련 목표가 "SMART"의 특성을 가지고 있는지 측정되어야 한다.

2.3 성과관리의 새로운 동향

조직과 개인의 업적향상을 위한 성과관리의 계획과 피드백의 중요성에 대해 이의를 제기하는 사람은 거의 없다. 그러나 기존의 성과관리 프로그램들은 여러 가지 측면에서 많은 비판을 받으면서 새로운 방향을 모색하고 있다.

■ 단기실적 및 사정중심 평가의 지양

지속가능경영을 위한 인적자원관리에서는 특히 장기지향성에 대한 중요성이 중요한데, 그동안 성과관리의 초점이 지나치게 사정과 단기적 보상에 맞춰져 있어 직원의 장기지향성이 소홀히 다루어지는 경우가 많다. 아울러 업무수행이 팀 중심으로 변화되고 성과관리의 초점이 점차 평가를 통한 피드백, 즉 직원개발과 문제해결로 옮겨가면서 사정중심의 평가는 점점 더 설득력을 잃어가고 있다.

■ **평가 대상자 집단의 비대화 경향지양**

한 사람이 평가해야 할 피평가자의 숫자가 너무 많다. 다운사이징을 통해 관리와 감독의 통제범위가 증가하게 되었고, 더욱더 다양해진 직원들로 인해 관리자는 그들이 무엇을 하는지를 파악하고 관리하는 것이 더욱더 어렵게 되었다. 다양한 직무와 자유로운 근무형식의 근무유형의 변화도 평가 대상자의 관리범위의 확장을 가져왔다.

■ **지나친 하향식 평가방식의 지양**

지나친 하향식 평가시스템은 직원의 참여가 결여됨으로써 불공정 시비가 자주 발생한다.

■ **팀위주 평가시스템의 확산**

직원들이 좀 더 효과적으로 조직의 목표를 달성할 수 있도록 그들을 팀으로 조직하는 과정에서, 전통적인 평가측정시스템이 잘 맞지 않을 수 있다. 개개인의 노력이나 보상이 팀구조와는 잘 맞지 않을 수도 있으며, 팀의 관리자가 팀웍에 의한 성과와 개별직원의 성과, 팀의 행동을 정확하게 평가하지 못할 수도 있다.

■ **직원 참여의 증대**

작업장에서의 전반적인 직원참여가 증대되는 추세에 발맞추어 성과관리 프로세스에서도 직원들의 참여가 증가하고 있다. 이것은 직원들이 그들의 성과기대와 성과측정의 개발에 참여할 수 있고 더 나아가 활동적인 직원모니터링을 통해 자기평가가 가능하도록 바뀌고 있다.

■ **복수평가자(Multirater) 시스템의 확산**

성과관리에서 가장 주목할 만한 혁신은 복수평가자를 운용하는 경향의 증대이다. 예를 들면 부하에 의한 상사평가(bottom-up appraisals), 동료평가, 360도 피드백시스템을 들 수 있다. 그러나 이러한 시스템은 직원을 지원하는 조직문화, 모든 프로그램 참가자들에 대한 지속적인 개선훈련 등이 뒷받침될 때 비로소 소기의 성과를 거둘 수 있다.

2.4 성과관리의 전략적 이슈

(1) 성과관리시스템 개발과정에서의 시스템 사용자의 참여

성과관리과정과 기법들을 재점검하고 개발하는 것은 인적자원 전문가들이 리드하는 반면 조직은 시스템 사용자를 개발과정에 포함시키는 것이 필요하다. 개발팀 구성원들, 평가대상 집단의 참가자들, 설문조사의 응답자들을 그 예로 들 수 있다.

(2) 성과평가로부터 성과관리로의 전환을 위한 대안모델

“어떠한 수정도 필요없는 완전한 시스템을 만들어 낼 수 있다”라고 생각하는 것은 비현실적이다. 따라서 조직은 새로운 시스템을 채택하는 데 있어 대안들을 잘 고려해야 하며 그러한 대안들에는 다음과 같은 것들이 있다.

■ **실험프로그램(Pilot program)의 시행**

새로운 개선이 요구되는 부문에 대해 일정기간 새로운 시스템의 성공여부를 시험적으로 테스트 해보는 방법이다.

■ **특정 부문에 먼저 시행**

전체 조직을 대신해서 새로 개선된 평가시스템의 적용성 여부를 가장 잘 파악해볼 수 있는 부문을 골라 먼저 시행해 봄으로써 시스템의 개선사항을 파악할 수 있다.

■ **시차를 둔 실행(Staggered implementation)**

성과관리의 성공적인 실행의 핵심은 최고 경영자로부터의 지원이다. 따라서 새로운 프로그램의 도입을 임원진부터 시작하는 방법이다. 그리고 그 다음 해에는 중간관리층, 그리고 그 다음 해에는 하위감독직, 그리고 마지막으로 현장 직원 순으로 연차적으로 그 적용을 확대해 가는 방식이다.

(3) 성공적인 실행에 대한 장애물들

성과관리를 성공적으로 수행하기 위해서는 다음과 같은 장애물들에 대해 적절하게 대처할 수 있어야 한다.

- 경영진의 무관심
- 새로운 프로그램에 대한 과신
- 문서위주의 행정편의적인 프로그램의 개발
- 평가자 훈련의 결여
- 성과관리 프로그램의 잦은 교체
- 새로운 프로그램 및 부적응자에 대한 지속적인 모니터링의 실패
- 평가자와 평가 대상자의 참여의식 부족

연습문제

1. 업적평가의 전략적 중요성에 대해 설명해 보시오.

2. 평가주기의 내용과 각 방법이 지닌 장·단점을 비교해 보시오.

3. 부하에 의한 상사평가의 목적과 시행시의 유의사항에 대해 설명해 보시오.

4. 360도 평가의 목적과 장·단점에 대해 설명해 보시오.

5. 평가자가 범하기 쉬운 오류의 내용과 개선방안에 대해 토의해 보시오.

6. 팀 평가방법에 대해 설명해 보시오.

7. 성과관리에는 어떤 전략적 이슈가 있는가?

8. 성과관리의 목표와 사이클에 대해 설명하시오.

9. MBO가 과거의 목표관리와 다른 점을 설명하고 그것이 성과관리에서 갖는 의미에 대해 토의하시오.

10. 직무목표설정의 요건으로서의 SMART에 대해 설명해 보시오.

제9장

지속가능경영을 위한 인적자원 경쟁력 개발

인적자원개발은 생산성 향상을 위해 조직구성원의 역량을 높이고 직무환경을 개선하고자 하는 관리자의 노력이라고 할 수 있다. 본 장에서는 지속가능경영을 위한 인적자원개발의 목적 및 체계를 이해하고 이를 바탕으로 인적자원개발과 학습조직 및 지식경영 간의 관련성 및 팀 응집력 형성훈련, 훈련 및 개발의 평가, 그리고 경력개발 등에 대해 학습함으로써 인적자원개발이 어떻게 지속가능한 인적자원관리와 연계되어야 하는지 탐구한다.

제1절 인적자원관리 시스템과 인재개발

1.1 기본용어

(1) 교육훈련(Education and training)

교육이란 현재나 가까운 장래에 필요한 구성원들의 능력개발을 의미하며 보통 주목적은 직원의 숙련도 및 지식의 증대를 통한 특정 직무상의 업적개선이다. 교육이 수행되는 경우는 아래와 같다.

- 신입직원이 실무배치되기 전에 실무능력이 부족한 경우
- 기술발전이나 직무재편성으로 인해 새로운 직무능력이 요구되는 경우
- 보직변화나 승진으로 인해 새로운 실무능력이나 지식이 필요한 경우

실무능력 및 지식교육은 대부분 수 시간내지 수 일내에 완료된다. 많은 기업에서 실시되고 있는 신입사원 오리엔테이션 교육이나 계층별, 직능별 교육이 전형적인 예이다.

(2) 개발(Development)

개발이란 장기간에 걸친 능력개선을 의미하며 주목적은 해당 인력이 향후에 수행하게 될 역할에 대한 준비를 시키는 것이다. 개발이 개개인의 현재 직무수행에 도움을 줄 수도 있지만 그것이 개발의 전형적인 목적은 아니다.

개발의 일반적인 접근방식은 '도전적 과제'에 대한 해결임무를 부여하는 것이다. 도전적 과제 임무를 부여받은 직원은 종종 최적의 실적을 못 낼 수도 있으나 그를 통해 취득한 소중한 학습내용은 장래에 그 효과가 입증될 것이다. 이런 이유에서 개발활동을 직업능력개발 혹은 리더십개발이라 지칭한다.

(3) 사회화(Socialization)

사회화는 훈련 및 개발과 밀접한 연관을 갖고 있는 개념으로서 주된 목적은 직원에게 해당 조직의 역사, 문화 및 경영관행을 가르치는 것이다. 즉 사회화는 직원이 새로운 환경에 적응할 수

있도록 문서화되지 않은 내용이나 규범을 내재화하는 과정으로, 입사후 회사의 문화 및 정책 또는 업무절차에 관한 내용들을 알 수 있도록 학습하고 훈련하게 한다. 사회화의 속도와 유효성은 종업원의 조직몰입(organizational commitment), 생산성 그리고 이직에 결정적인 영향을 미친다. 예컨대 국제화를 지향하는 기업에서 직원들의 사회화는 국제화를 대비하여 이에 적합한 역량이 있는 직원채용을 통해, 또는 국제적인 인수합병과 같은 큰 변화가 있을 때도 수행된다.

1.2 학습조직 및 지식경영

이전 장에서 언급을 했지만, 지속가능경영을 위해서는 학습조직과 지식경영에 대한 이해가 중요하다. 학습을 여러 가지 방식으로 조직의 도처에서 매일 발생하는 활동으로 만들고자 노력하는 조직을 '학습조직(Learning Organization)'이라 한다. 반면에 조직 내의 직원팀 및 단위집단에서 얻어지는 지식을 확보, 기억, 저장 및 공유하도록 하는 경영방식을 '지식경영(Knowledge

그림 9-1 인사관리시스템 내에서의 교육개발 요소

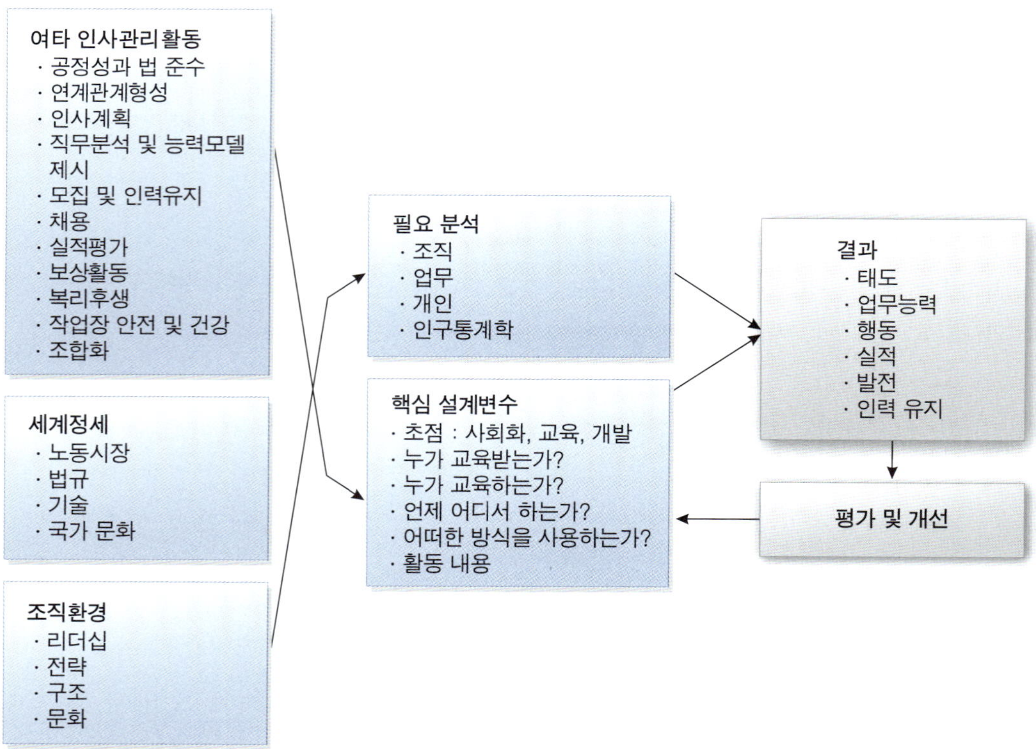

자료 : Jackson and Schuler(2003), *Op. cit.*, p.353.

Management)'이라 하며 지식경영은 학습조직의 요체라 할 수 있다.

대부분의 지식경영은 조직 내 개인, 팀단위의 지식을 공유할 수 있는 소프트웨어를 통해 실행된다. 조직의 인트라넷을 기반으로 운영되는 이 시스템을 통해 임직원들은 지식뿐 아니라 정량적인 자료를 확보하고 공유할 수 있다. 회사 내의 지식경영을 전통적인 교육개발 프로그램을 포함하는 기존의 학습활동과 완전히 통합하기 위해 많은 학습조직은 최고 학습책임자(CLO) 혹은 최고 지식책임자(CKO)라는 직책을 마련하고 있다. 지식경영이 학습을 촉진시키도록 하기 위해서는 직원들이 기꺼이 지식과 경험을 공유하고 또 다른 사람의 지식 및 경험을 사용하여야 한다. 따라서 이러한 학습과정을 고무 및 지지하고 보상하는 다양한 관행이 정착되어야 한다.

1.3 인적자원관리 활동과의 연계

특정 교육훈련활동의 목표는 본 장에서 설명하고 있는 바와 같이 매우 다양하다. 인적자원관리체계, 예를 들어, 채용계획, 선발과정, 직무배정, 훈련, 업적평가, 보상, 복리후생, 그리고 퇴사까지의 각 단계에서 목적에 맞게 교육훈련개발의 목표가 다르게 나타난다. 이러한 다양한 목표에 따라 인적자원관리 체계의 단계들은 특정 교육개발활동과 확고하게 통합되어야 한다.

교육개발의 목표가 신입직원 교육이라면 해당 교육은 채용활동과 연계되어야 하고, 목표가 업무성과 개선이라면 교육은 해당 업무수행에 있어 무엇이 필요한가에 대한 직무분석정보를 통해 계획되어야 한다. 장래의 승진이나 발전을 위해 직원을 교육하고자 한다면 해당 활동은 상위직책에 대한 승계원칙과 연계되어야 한다. 반면에 교육의 목표가 조직문화상의 변화라면 실적평가 및 보상을 교육완수와 연결하는 것이 적절하다.

제2절 교육 및 개발의 전략적 중요성

최고의 경쟁력을 갖춘 기업들은 자사의 전략을 이행하기 위해 직원의 능력을 향상시키는 교육개발활동을 잘 활용하고 있다. 직원의 능력향상은 교육개발이 제공하는 경쟁상의 이점인 반면에 교육개발활동은 간접적인 방식으로 조직의 성공에 기여한다는 점을 기억해야 한다. 나아가 교육개발은 평생고용시대를 맞아 증대되는 직원들의 학습복지욕구를 충족시켜줄 수 있는 수단이기도 하다.

2.1 인적자원의 채용 및 유지

조직구성원들의 불만요인 중 하나는 경력개발 기회의 부족이다. 대부분의 직원은 새로운 직무능력을 획득하고자 하고 그러한 능력은 스스로 구할 수도 있지만 가능하면 본인이 속해 있는 기업, 조직이 그 기회를 제공해 주기를 바란다. 따라서 많은 직원들이 경력개발을 가능하게 하는 교육개발 기회를 제공하는 기업을 갈구하게 된다.

효과적인 사회화활동은 직원의 충성도 제고에도 기여한다. 즉 강력한 사회화는 회사의 성공에 대한 직원의 책임의식을 증대시킨다. 그러한 책임의식은 직원으로 하여금 기꺼이 초과근무를 하도록 할 뿐만 아니라 근태를 개선하고 이직률을 감소시킨다.

2.2 업적향상

교육의 주목적은 직원들로 하여금 최고수준의 업무수행능력을 배양토록 하는 것이다. 경쟁이 매우 심한 산업에 있어서 생산성과 고객만족도가 떨어지는 업체에서는 즉각적인 성과가 나타나는 교육이 특히 중요하다. 급속도로 신기술을 적용하는 업체에 있어서도 교육개발은 직원의 상대적인 퇴보를 막기 위해 필요하다. 인수합병은 국제화와 마찬가지로 교육개발의 필요성을 증대시키는 또 다른 요인이다.

(1) 서비스 개선

기업인수를 통해 성장하면서 저가격 고품질의 전략을 따르던 Quebecor World(Box 참조)가 치열한 경쟁으로 인해 그 이상을 요구하는 고객의 요구에 직면하게 되었다. Quebecor World는 교육을 통해 더 나은 서비스와 분산된 기업문화의 통합을 꾀하게 된다.

(2) 고객을 위한 훈련

Siemens USA를 포함한 상당수의 조직은 자사 직원교육은 물론이고 고객사의 직원교육개발을 돕는다. 고객사를 위한 실무투입 교육은 회사가 갖고 있는 선진기술 시스템의 기능을 십분활용하게 함으로써 그 이점을 인식하도록 해 준다. 밀폐기구를 생산하는 Chesterton은 그보다 더 나아가 영업인력을 위해 개발한 교육프로그램을 고객사에게 공급함으로써 추가매출창출을 꾀하고 있다.

Quebecor World의 경쟁력 개선 훈련

몬트리올에 본부를 두고 있는 세계 최대 인쇄회사인 Quebecor World는 세계 40개국에 160개 공장을 갖고 있다. 1998년 이 회사는 빈약한 고객서비스로 인해 매년 수십만불의 손해를 보고 있었다. 일년 간에 걸친 회사차원의 필요성 평가를 통해 서비스 개선이 전략적으로 최우선 과제라는 사실이 확인되었다. 이러한 서비스 등의 문제를 해결하기 위해 Quebecor World 대학이 설립되었다. 우선 회사의 고객서비스 및 회계대표들이 고객의 필요를 더 잘 이해하고 회계경영기술을 활용하며 팀에 기초를 둔 고객중심 문화를 창출하는 방법에 대한 교육을 받았다. 전체 프로그램은 수 주간에 나누어진 3일 과정으로 이루어졌다. 교육프로그램의 중요성을 강조하기 위해 고위간부나 9개 업무부문의 사장이 각 교육기간이 시작될 때마다 교육에 참석하여 회사의 목표 및 기대치를 설명하였다. 교육이 끝날 때, 고위간부들은 다시 교육에 참석하여 학습내용 및 업무활용계획에 대한 교육참석자들의 프레젠테이션을 방청했다.

Quebecor World 대학이 설립된 지 1년 후에 Quebecor World는 World Color Press와 합병되었다. 합병 후에는 지난 수년 간 여러 개의 회사를 인수하면서도 관심을 기울이지 않았던 문화 관련 사안을 다루고 두 문화 간의 조화를 위해 추가적인 교육이 실시되었다. 고객서비스 개선을 위한 교육과 마찬가지로 새로운 프로그램은 사내교육에 대한 세 개의 주요 원칙을 고수했다.

- ·독특하고 도전적인 교육으로 사람들이 참석하고 싶게끔하라
- ·교육 목표를 강화하기 위해 고위 경영진을 개입시켜라
- ·Quebecor World의 경쟁력 제고에 기여하도록 하라

자료 : Jackson and Schuler(2003), *Op. cit.*, p.356.

(3) 생산성

개발이 장기적인 안목으로 인해 즉각적인 효과가 덜한 것은 사실이지만 그렇다고 그것이 개발의 가치를 떨어뜨리는 것은 아니다. 광업 및 금속재벌인 Finnish가 구리 및 황동압연 공장인 American Brass Factory를 인수했을 때, 회사임원들은 공장직원들에 대한 개발활동이 이루어져야 한다고 생각하고 보기드문 교육프로그램을 시작하게 되었다. 지역대학에서 온 강사들은 국제경쟁의 역학, 성장경제 내에서의 손익계산서 읽는 법 및 제품원가에 영향을 미치는 요인들에 대해 교육을 했다. 아울러 경영진은 분기마다 총 850명에 대한 설명회를 개최했다. 회의주제는 공장운영, 시장상황 및 설비투자 등이었다. 결과는 가격, 경쟁 및 고객관련 사안들이 매년 개선된 것으로 나타났다.

(4) 신기술

신기술은 최근 몇 년간 생산성 향상의 원동력이 되었다. 하지만 신기술사용에 대한 교육없이는 신기술적용은 거의 불가능하다. 질레트에서는 신제품인 MACH3를 생산하기 위해 생산뿐 아니라 서비스분야에서도 신기술적용을 위한 교육이 필요했으며 힐튼호텔은 '힐스타'라 불리는 새로운 예약시스템 적용을 위해 전 세계에 퍼져 있는 5,000명에 달하는 예약직원을 교육해야 했다.

2.3 개발주체들의 역할과 책임

〈표 9-1〉의 "개발활동의 세 주체:교육개발에서의 역할과 책임"은 개발과정에서의 라인관리자, 인사담당자 및 종업원의 활동에 대한 내용을 보여주고 있다.

(1) 라인관리자

교육개발에 필요한 자원과 시간을 제공하는 것 외에도 관리자는 교육자, 감독 및 조언자로 참여함으로써 소속조직의 노력이 효과를 거두는 데 일조할 수 있다. 최고경영진의 개입 및 책임의식없이는 조직의 관심이 다른 성과지향적 활동에 집중될 가능성이 높다. 단기목표 및 즉각적인 결과에 초점을 맞추는 조직일수록 이러한 경향은 더욱 두드러진다.

〈표 9-1〉 개발활동의 세 주체 : 교육개발에 있어서의 역할과 책임

라인관리자	교육담당자	종업원
• 인사전문가와 협조하여 교육개발계획을 위한 업무계획의 의미 파악 • 교육개발 프로그램 진행에 참여 • 종업원들과 함께 그들의 개인적 교육개발 필요성 판정 • 직원의 교육개발 참여를 지원하고 새로이 습득된 행동의 실무적용을 강화 • 실무에서의 사회화 및 교육의 상당부분 수행 • 교육개발활동의 효과를 평가하고자 하는 노력에 참여	• 라인관리자와 협조하여 교육개발계획의 필요성 파악 • 종업원들을 도와 그들이 개인적인 교육개발 필요성을 파악하도록 지원 • 교육개발기회 및 참여결과와 관련하여 종업원들과 의견교환 • 교육개발활동을 개발 및 시행 • 종업원의 교육개발 방법과 관련해서 라인관리자 및 종업원 교육 • 교육개발활동의 효과를 평가	• 교육전문가 및 라인관리자와 함께 자신의 교육개발 필요성 파악 • 교육개발 프로그램에 대한 학습책임의 수용 • 개인적인 학습 및 개발에 대한 잠재력 관점에서 고용기회 고려 • 교육개발기회에 능동적으로 참여 • 교육개발활동의 효과를 평가하고자 하는 노력에 참여

자료 : Jackson and Schuler(2003), Op. cit., p.356.

(2) 교육담당자

교육전문가는 교육개발시스템 계획 및 공식적인 교육프로그램 제공에 깊이 관여한다. 교육전문가는 교육개발을 통해 달성해야 할 목표를 수립하고 그러한 목표에 따라 적절한 교육개발활동을 선택 및 계획하는 책임을 갖고 있다. 최고의 조직에서는 교육개발에 대한 투자가 원하는 성과를 유발하도록 하는 역할을 교육전문가가 수행한다.

(3) 조직구성원

직원이 교육체계의 계획 및 전달에 능동적으로 참여하는 경우는 드물지만 대부분의 조직은 자신에게 도움이 되는 시스템을 활용하고자 하는 직원들의 노력에 크게 의존하고 있다. 예를 들어, 많은 회사가 직원들에게 사내의 다른 사람들을 만나서 인맥을 쌓을 수 있는 기회를 제공하는 비공식적인 행사를 제공하고 있으며 모임을 지원하고 더 나아가 조언자 관계를 만들어 주기도 한다. 뿐만 아니라 자발성에 기초한 공식적인 행사가 제공되기도 한다. 경력계획 워크샵, 업무관련 과정에 대한 교육비 환불 및 직업적인 회의참석지원 등은 자주 볼 수 있는 예이다.

연구결과에 따르면 스스로 개발 필요성을 인지하고 명확한 경력계획을 수립해 놓은 사람일수록 이러한 기회를 활용할 가능성이 높아진다. 무엇보다 개별직원은 자기개발(self development)과 평생학습의 주체로서 지속적인 역량개발을 통한 고용가능성(employability)의 증대를 위해 노력하는 존재이다.

제3절 교육 및 개발의 필요성 판정

3.1 조직상 필요분석

조직상의 필요분석은 회사의 장·단기 전략 및 전략적 목표의 평가로부터 시작된다. 이 과정은 조직평가와 본질적으로 동일한 것으로서 향후 교육개발활동의 성과에 대한 평가분석에 특히 주안점을 둔다. 조직상의 필요분석은 그 결과로서 조직의 교육개발활동으로 인해 달성할 목표를 명확하게 제시할 수 있어야 한다.

조직상의 필요분석은 교육에 대한 조직의 현재 분위기의 평가를 포함할 수도 있다. 교육을 지

그림 9-2 필요성 평가의 네 가지 요소

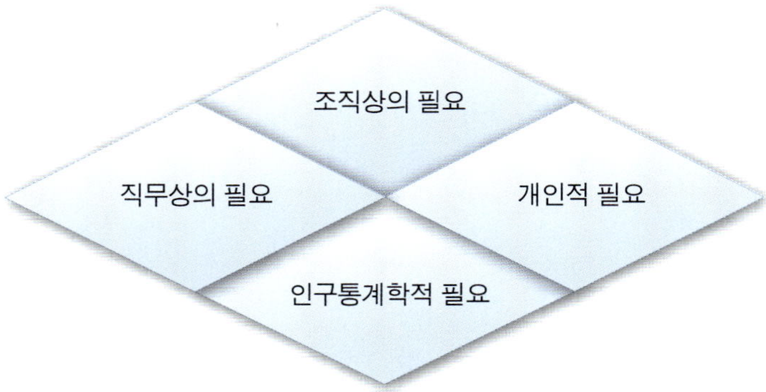

지하는 분위기는 교육프로그램을 통해 습득한 내용을 실무에 활용할 수 있는 가능성을 증대시킨다. 이러한 교육지지 풍토를 조성하는 요소에는 다음과 같은 것들이 있다.

- 교육개발활동을 장려하기 위한 인센티브 지급
- 관리자가 관할직원들의 교육개발 프로그램 참여의 편의를 제공해 줌
- 직원들이 새로 배운 업무기술을 활용하도록 서로 고무하고 격려함
- 새로운 업무능력을 성공적으로 활용한 직원은 인정을 받고 특별임무 및 승진을 통해 보상을 받음
- 교육개발 참여에 대한 암묵적인 징계가 없음(예: 교육개발활동이 다른 주요 행사와 충돌하지 않고, 교육개발 참여가 초과근무수당 대상에서 제외되지 않는다)
- 효과적인 교육개발기회를 제공하는 관리자는 인정 및 보상을 받음

이러한 조건들은 대부분 학습조직에서 찾아 볼 수 있다. 마지막으로 조직상의 필요분석은 교육개발 프로그램 및 활동을 계획할 때 고려해야 하는 활용 가능자원 및 제한사항의 확인을 포함하여야 한다.

3.2 직무상 필요분석

직무상 필요분석은 현재 및 향후의 직무에 필요한 특정 업무기술, 지식 및 행동을 판별하는 과정이다. 직무분석과 역량모델링을 통해 이러한 정보를 얻을 수 있다. 질레트는 3중 면도날을 채용한 MACH3 면도기를 생산하기 위한 새로운 생산장비 도입을 앞두고 인사, 생산 및 기술부문

의 대표로 구성된 범기능적인 팀을 구성했다. 그들의 임무는 정비사 및 조작자의 기술요건을 판별하고 이러한 요건을 기준으로 현재 인력을 분석하는 것이었다. 그러한 활동을 통해서 질레트는 첨단제어시스템, 자동화부품 관리시스템, 공기역학 및 유압시설 등의 조작에 필요한 기술을 구상할 수 있었다.

3.3 개인적 필요분석

개인적 필요분석은 개인의 현재 능력과 필요하거나 바람직하다고 생각되는 능력 간의 격차를 판별하는 과정이다. 넓은 의미의 접근방식은 실제 실적을 최고기준의 실적기준과 비교하여 현재 직무에 대해 교육의 필요성을 판단하는 것이다. 반면에 좁은 의미의 접근방식은 특정 업무기술을 요구하는 향후의 직무에 대한 개발의 필요를 판단하는 것이다.

(1) 성과측정

실적평가등급뿐 아니라 실적자료(예: 생산성, 사고율, 고객불만 등)를 통해 실적상의 부족한 부분을 확인할 수 있다. 이러한 측정방식의 주요 이점은 다음과 같다.

- 전략적 중요도에 따른 선정이 가능하다.
- 쉽게 정량화된다.
- 개선사실이 밝혀지면 교육투자의 가치가 분명해 진다.

반면에 주요 단점은 그러한 척도가 과거를 반영하는 것이기 때문에 향후의 필요를 예상하는 데에는 유용하지 않을 수 있다는 사실이다.

(2) 교육 필요성의 자기평가

교육 필요성의 자기평가는 사내게시판에 교육지원과정을 공고하고 직원이 참여하는 형식일 수도 있고, 반면에 교육의 필요성에 대한 설문조사와 같은 방식일 수도 있다. 자기평가는 직원자신이 다른 누구보다도 자신의 약점 및 실적의 부족함에 대해 잘 알고 있다는 가정을 전제로 한다. 그러나 개개인은 자신의 약점에 대해 잘 모를 수도 있으며 이러한 경향은 실적을 평가할 때 해당 직원에게 솔직한 피드백을 주지 않는 조직일수록 더욱 두드러진다. 뿐만 아니라, 직원들은 자신의 약점이 드러나는 것이 두려워 솔직한 보고를 기피할 수도 있다. 두 가지 경우 모두 해당 직원이 필요한 교육을 받지 못하는 결과를 초래하게 된다. 반면에 자신이 필요하다고 생각하지

그림 9-3 통합품질 제조공장에서의 팀 구성원의 역량

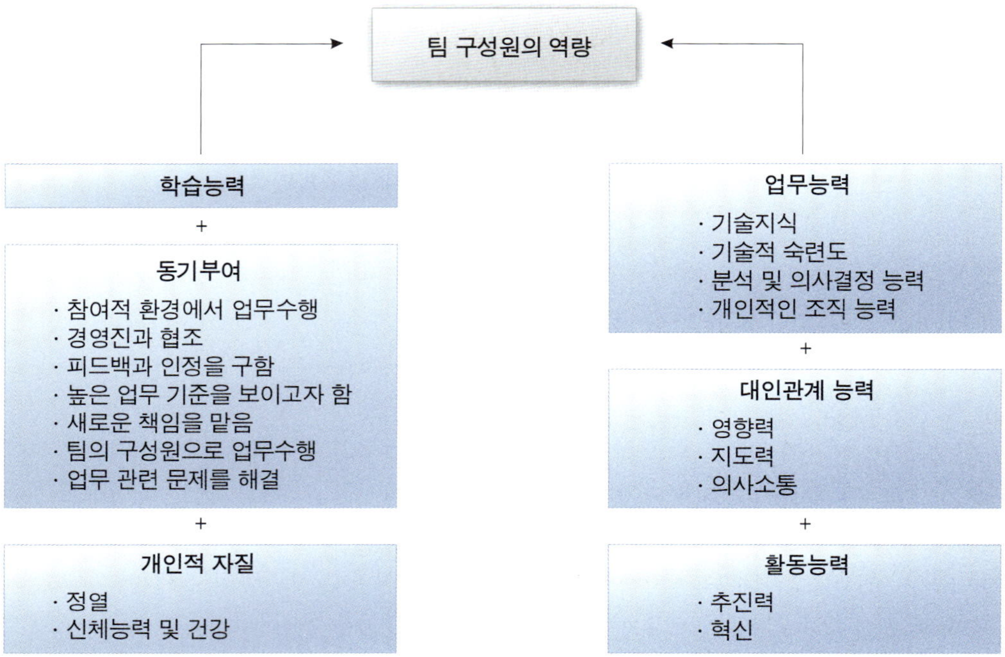

자료 : Jackson and Schuler(2003), *Op. cit.*, p.363.

않거나 자신의 개인적 필요에 적합하지 않은 프로그램에 참여하는 직원은 교육에 불만족하거나 학습 및 실무적용의 동기부여가 부족하게 된다.

(3) 경력계획논의

직원이 그들의 강점 및 약점을 판별하도록 돕기 위해 일부회사는 관리자들이 직원들과 경력계획에 대한 논의를 하도록 하고 있다.

(4) 의견조사

감독자의 부하직원이나 고객들 혹은 그 둘 모두를 대상으로 행해지는 태도조사는 해당 감독자의 교육필요에 대한 정보를 제공해 줄 수 있다. 부하직원들로부터 공정성 면에서 부족하다는 평가를 받은 감독자는 해당 영역에 대한 교육을 받을 수도 있다. 비슷한 방식으로 특정 부서에 대한 고객의 만족도가 다른 부서보다 낮은 것으로 나타나면 해당 부서에 대한 교육이 필요할 수도

있다. 따라서 고객설문조사는 경영진에게 서비스에 대한 정보제공과 직원의 부족한 부분을 정확하게 지적하는 두 가지 역할을 수행한다.

3.4 인구통계학적 필요분석

인구통계학적 필요의 분석은 특정 부류의 직원에 대한 교육필요성 판단을 목적으로 한다. 뿐만 아니라 이러한 분석은 모든 직원들이 성장 및 개발기회에 대한 평등한 기회를 부여받고 있는지를 평가하는 데에 활용되기도 한다. 만약 회사가 남녀차별과 같은 인구통계학적 차이점을 발견하면 남녀가 가치있는 개발기회를 가질 수 있도록 회사의 개입이 필요하다는 결론을 내릴 수도 있다. 이러한 인구통계학적 차이는 다양성 교육에 대한 필요성을 시사한다.

제4절 교육 및 개발시스템의 설계

인사컨설팅 분야에서 유명한 PDI(Personnel Decisions International)는 교육개발시스템 설계를 위한 지침으로 다음의 다섯 가지 요소를 제시하고 있다.

① **통찰력** : 사람들은 그들이 배워야 할 것이 무엇인지를 알아야 한다. 직원들은 개인적 필요에 대한 분석에 참여해서 자신의 현재 능력 및 업무숙련도에 대한 피드백을 받음으로써 그러한 통찰력을 얻을 수 있다.

② **동기부여** : 직원들이 필요한 노력을 쏟기 위해서는 동기를 부여하게 할 내·외적인 도구가 필요하다. 참여를 위한 동기부여를 증대시키기 위해서는 교육개발활동을 인사관리시스템의 다른 면(실적평가, 승진, 인센티브, 보상 등)과 연계하는 방식을 사용할 수 있다. 동기부여는 조직이 교육개발 참여의 중요성을 인정한다는 사실을 명확하게 전달함으로써 증대될 수도 있다. 한 가지 방법으로 최고경영자를 교육개발에 참여시키는 방안을 들 수 있다.

③ **새로운 업무기술 및 지식** : 사람들에게 어떻게 필요한 능력을 얻는지를 보여주어야 한다. 교육개발의 계획 및 내용자체가 그러한 사안을 다루게 된다.

④ **실습** : 참가자들이 현실적인 활동에 참여하도록 하는 프로그램은 참가자들로 하여금 학습내용을 응용할 가능성을 높여준다. 프로그램 계획단계에서 교육개발활동이 현실성을 갖도록할 수 있다. 하지만 이미 논한 바와 같이 사람들이 그들의 새로운 능력을 실무에 적용하

도록 하는 것은 관리자 및 동료들의 공동책임이다.

⑤ **책임** : 모든 직원들은 학습내용을 활용해야 한다는 개인적인 책임의식을 가져야 한다. 직원들이 그러한 책임의식을 갖도록 하는 가장 직접적인 방식은 실적평가과정의 일부로 개선사항평가를 포함시키는 것이다.

4.1 교육훈련의 담당자

교육개발활동은 아래의 사람들 중 누구라도 교육제공자가 될 수 있다.

- 감독자 및 다른 관리자
- 동료
- 해당 사안에 대한 내·외의 전문가
- 조직구성원

구체적으로 누가 교육을 할 것이냐는 어디서 프로그램이 제공되고 교육내용이 어떤 업무능력 및 기술과 관련되어 있느냐에 따라 결정된다.

■ 감독자 및 다른 관리자

상당수의 조직에서는 실무중심의 교육만을 제공하는 경우가 많다. 이런 경우에는 감독자가 모든 교육의 제공자가 된다.

지도와 관련된 개발활동에 있어서는 부하직원의 직무상 필요를 평가할 수 있는 감독자 및 관리자가 적절한 교육제공자가 될 수 있다. 또한 감독자 및 관리자는 직원과 직접 접촉하고 그들의 업무할당에 관여함으로써 그 효과를 높일 수 있다.

실무 외 교육에 있어서도 감독자 및 관리자는 효과적인 교육자일 수 있다. 일부 최고경영자는 교육을 자신의 주요 의무 중 일부로 간주한다. 교육의 중요성을 높게 평가하는 최고경영자는 직원들에게 강력한 메시지로 작용한다.

■ 동 료

동료는 매우 효과적인 교육자로서의 역할을 할 수 있으며 종종 동료는 다른 누구보다도 업무에 대해 잘 알고 있다. 뿐만 아니라 동료들은 조직 내의 여러 부서에서 모인 직원들을 대상으로 하는 수일 간의 교육활동인 경영개발 프로그램에 있어서도 중요한 역할을 담당한다. 그러한 프로그램에 참여하는 직원들은 종종 가장 가치 있는 학습활동이 동료들과의 대화에서 얻어졌다고 답변한다. 또한 세계 도처에서 근무하는 동료들의 의견을 접하는 것은 더욱 수준 높은 정신적인 지도를 그리는 데 도움이 된다. 동료들보다 먼저 다녀온 교육과정이나 해외연수과정에서 얻은 지식을 동료들에게 전달하는 전파교육 또한 일반 직원이 동료로서 할 수 있는 중요한 역할이다.

동료들이 가치 있는 교육의 제공자가 될 수 있다는 사실은 분명하지만 교육자나 조언자로서의 그들의 효과에는 의문의 여지가 다소있다. 우선 동료는 다른 사람들을 가르치는데 있어 필요한 교사로서의 충분한 자질을 갖추지 못할 수도 있다. 또한 동료는 올바른절차를 교육하기 보다는 단편적인 요령전달에 그칠 위험도 있을 수 있다. 따라서 동료를 교육자로 활용하고자 할 때는 교육방법에 대한 훈련 및 해당 업무에 대해서 교육대상자들과 충분한 기간 동안 함께 업무를 수행할 필요가 있다.

■ **전문가**

해당 사안에 대한 전문가는 특정 조직의 문화에 익숙하지 않을 수도 있다. 따라서 전문성으로 인해 존경을 받을 수도 있지만 반면에 조직의 일원이 아니라는 이유로 불신의 대상이 될 수도 있다. 그럼에도 불구하고 조직 내에 필요한 지식을 소유한 사람이 없거나 많은 사람들을 교육해야 할 때 유일한 방법은 전문가를 활용하는 것이다.

■ **조직구성원**

컴퓨터를 기반으로 하는 교육의 인기가 더해감에 따라, 직원 스스로에 의한 자율교육 또한 더욱 일반화되어 가고 있다. 웹기반의 자율교육에 참가하는 교육대상자는 효과를 극대화하는 학습방식을 통해 이 방식의 이점을 누릴 수 있다. 그러나 특정기간 내 교육을 완료한 것에 대한 인센티브가 주어지지 않으면 교육은 뒷전으로 밀려날 수도 있다.

4.2 프로그램 내용의 개발

조직의 관심대상이 되는 세 가지 유형의 학습목표는 인지적 지식, 숙련도와 관련된 성과 및 정서적인 성과이다.

(1) 인지적 지식

인지적 지식(Cognitive Knowledge)이란 스스로 활용할 수 있는 지식(알고 있는 것), 지식을 조직화하는 방식 및 정보를 활용하는 전략을 포함한다. 이들 중에서도 '알고 있는 것'이 대부분의 조직이 교육시스템을 통해 얻고자 하는 인지적인 지식이다.

■ **회사의 방침 및 관행**

오리엔테이션은 인지적 지식을 수립하기 위해 자주 사용된다. 이 프로그램은 신입사원들에게 복리후생 프로그램을 알려주고 규정에 대한 조언을 해 주며 회사의 방침 및 관행에 대해서도 설명해 준다.

■ **기본지식 및 3Rs**

점점 더 많은 조직들이 3Rs(Reading, Writing, Arithmetic: 읽기, 쓰기, 산수)과 같은 더욱 기본적인 지식에 관심을 기울이고 있다. 특히 통합품질관리 시스템은 많은 고졸자들이 습득하지 못한 기본적인 수학 및 통계학적 지식을 필요로 한다.

■ **경영관련 지식**

경영관련 직책을 맡고 있거나 그러한 직책을 얻고자 하는 사원들은 조직구조, 조직의 제품 및 서비스, 조직의 전략 및 변화하는 주변정세에 대한 교육이 필요할 수 있다. 이러한 지식의 상당 부분은 해외파견과 같은 프로젝트 팀에 참여하는 등의 개별적인 학습경험뿐 아니라 정규업무를 통해 습득될 수 있다. 인지적 지식은 오늘날 강조하고 있는 창의성 및 기업가정신 그리고 조직의 전략, 목표, 비전 및 가치변화의 요체이다.

(2) 숙 련

인지적 지식이 본질적으로 두뇌활동에 속에 있는 반면에 숙련(Skills)은 행동으로 나타난다. 인지적인 학습이 종종 학습과 정보에 대한 관심을 통해 이루어지는 반면에 숙련과 관련된 학습은 주로 기술 및 기기작동과 같이 필요한 행위를 실제 해 봄으로써 이루어진다.

기술의 급속한 발전과 사무, 산업 및 경영시스템의 자동화로 인해 기술의 업데이트와 숙련화가 교육의 주된 추진력이 되었다. 아울러 의사소통, 실적평가, 팀의 구성, 리더십 및 협상의 필요성이 증대되고 있다. 대인기술의 개발은 대중과 직접 접촉하는 영업사원뿐 아니라 중하위관리자에게도 중요한 부분이다.

(3) 정서적 성과

사회화, 교육 및 개발을 통해 얻고자 하는 결과가 동기부여, 태도, 가치관 혹은 그 모든 요인들의 변화라면, 그 학습목표는 정서적인 성과이다. 정서적 성과(Affective Outcomes)는 연대감을 형성하고 직원들을 회사문화 속으로 사회화하는 것 이외에 성취감 및 자기효능감(self efficacy)의 획득을 포함한다. 이러한 목표는 극기훈련을 실시하는 많은 회사들이 얻고자 하는 성과이기도 하다. 증거는 빈약하지만 참가자들의 답변과 일부 연구결과를 보면 야외에서 실시되는 극기훈련은 자신감을 증진시킨다는 사실을 알 수 있다. 직장에서 감정을 제어하는 기술인 정서적 능력을 진작하고자 고안된 교육프로그램은 정서적 성과를 얻고자 하는 또 다른 예이다. 이러한 능력은 자기인식, 자기관리, 사회인식 및 관계관리 등을 포함한다.

4.3 구체적인 개발방법의 선정

교육방법은 일반적으로 현장훈련, 현장에서 수행하는 비현업교육 및 사외교육으로 분류된다. 개발방법의 선정은 학습하고자 하는 대상(인지적 지식, 숙련 혹은 정서적 성과)뿐 아니라 비용 및 시간에 대한 고려를 바탕으로 이루어진다.(그림 9-4 참조)

(1) e-Learning

정보 및 지식의 급격한 증가와 컴퓨터 및 인터넷과 정보통신기술의 발전은 기업교육에 있어서도 끊임없이 교육환경의 변화를 유도하고 있다. 특히, e-learning과 같은 컴퓨터 및 첨단정보통신을 활용한 교육은 기존의 교육에서 실현할 수 없었던 다양한 교수-학습전략을 제시하고, 보다 폭넓은 학습활동을 가능하게 하고 있다.

■ **개 념**

협의의 e-Learning은 교육과 훈련에 국한하는 것으로서, e-Learning의 테크놀로지를 학습의 증진을 위해서 주로 사용하는 것을 의미한다. 대부분의 기업에서 활용하고 있는 컴퓨터 기반교육, 인터넷교육, 웹교육, 사이버교육, 네트워크 교육 등의 개념이 여기에 해당되며, 현재 e-Learning이라 부르고 있는 대부분의 인터넷교육과정들이 이 카테고리 안에 들어간다. 광의의 e-Learning은 협의의 e-Learning 시스템을 조직의 다른 시스템들과 연계하여 단순한 정보제공을 넘어서 학습자들의 지속적인 학습능력향상을 위하여 조직전체 차원에서 접근하는 경우를 말한다.

■ **필요성**

첫째, 집합교육에서 강사위주의 교육내용이 전달하는 내용은 강사에 따라 유동적이어서 언제나 동일하다고 볼 수 없다. 이에 비해, e-Learning은 이러한 단점을 보완할 수 있다. 집합교육에 비해 e-Learning의 실시로 일관된 내용을 전달하는 비율이 50%~60% 정도 증가한다고 한다.

둘째, 기존의 집합교육에서는 학습자의 수준을 고려하지 않은 채 일괄적인 운영방식을 적용하기 때문에 개인차에 따른 융통성 있는 교육을 진행하기 어려웠다. 그러나 e-Learning에서는 이

그림 9-4 개발의 3대 기본 축

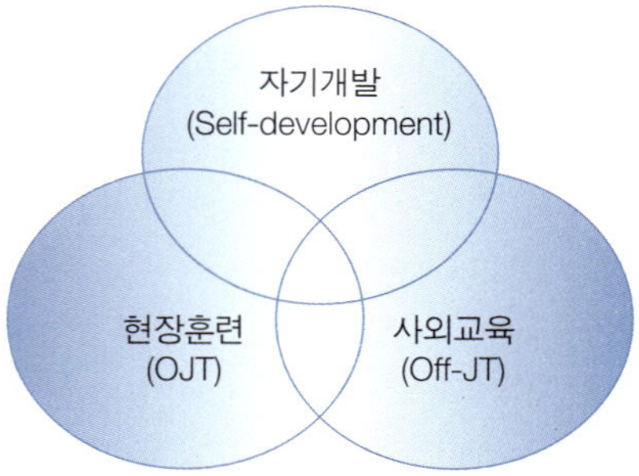

런 면을 상당부분 개선할 수 있다. 즉, 자신의 상황과 학습속도에 맞게 학습시간, 필요한 정보 및 지식의 양과 질 조절 등이 자율적이다. 이것은 시간과 업무에 항상 부담스러운 기업의 구성원들에게 매우 중요한 장점이 된다. 통계적으로 교육장에서 실시하는 집합교육과 비교해 e-Learning은 약 50% 정도의 시간을 절약할 수 있다고 한다.

셋째, 업종에 따른 차이는 있겠지만 기업에서는 시기에 맞추어 실시해야 하는 교육이 있다. 특히, 수명이 짧은 상품에 대한 영업 및 마케팅교육은 시기를 놓치면 영업이익에 손실을 가져올 수 있다. 기존의 집합교육에서는 일시에 많은 수의 학습자들에게 필요한 적시교육을 제공하기가 어려웠지만, e-Learning은 이런 기회를 충분히 제공할 수 있기 때문에 특히 인터넷 비지니스분야의 기업조직들이 적시 교육을 위해 e-Learning을 선호한다.

넷째, 교육훈련의 비용을 획기적으로 절감할 수 있다. e-Learning 실시 초기에는 하드웨어나 소프트웨어 등 시스템구축을 위한 고가의 투자비용이 투입되지만, 일반적으로 3~5년이 지나면 손익분기점을 지나 비용효과적인 면이 발생하게 된다고 한다. 집합교육과 비교하여 e-Learning은 20~30%의 비용으로 교육이 가능한 것으로 알려져 있다.

(2) 현장훈련

현장훈련(On the Job Training)은 교육대상자가 숙련된 직원의 작업과정을 직접보면서 해당 업무와 관련된 실제 재료, 인력 및 기기를 갖고 일을 하면서 학습하는 방식이다. 숙련된 직원은 교육자로서 긍정적인 본보기를 제시하고 정규업무의 일부로서 교육대상자에게 업무관련 교육 및 지침을 제공하게 된다. 교육자가 교육대상자와 동일한 장소에 있을 경우 교육대상자는 실적에 대한 즉각적인 피드백을 받을 수 있다.

현장교육의 이점은 실무활용도가 높다는 점이다. 교육대상자는 자신이 실제로 작업할 환경에서 업무기술을 익히므로 즉각적으로 업무에 활용할 수 있기 때문이다. 현장교육의 가장 큰 단점은 교육을 담당하는 상급자나 동료들의 교사로서의 자질이 충분한가 하는 점(예를 들면 일 잘하는 상사가 반드시 훌륭한 교사가 될 수 있는 것은 아니다)과, 교육담당자별 교육방식의 차이로 인한 교육의 질적 균질성을 확보하기가 힘들다는 점이다.

■ 수련교육, 인턴십 및 보조

현장교육의 단점을 최소화하는 방법은 이를 사외교육과 연계시키는 것이다. 수련교육, 인턴십 및 보조는 이러한 조합에 바탕을 두고 있다.

수련교육(Apprenticeship)은 배관, 전자 및 목수직 등 숙련을 요하는 직무에 입문하는 경우 의무조건이다. 이보다는 덜 공식화되고 적용이 덜 광범위한 방식이 인턴십과 보조프로그램이다.

인턴십(Internship)은 종종 학교와 그 지역의 조직 간에 맺어지는 계약의 일부로 이루어진다. 인턴십은 수련교육과 마찬가지로 정규직보다 낮은 보수를 받게 된다. 인턴십은 교육뿐 아니라 업무 및 조직상황에 대한 실제적인 경험을 제공한다.

보조(Assistantship)는 전일근무제로서 해당 근무자로 하여금 다양한 직무를 경험하게 한다. 이는 단지 다른 사람을 보조하는 것으로 다분히 관념적일 수 있으나 이러한 단점은 직무 및 직위교대를 적극적인 조언 및 경력계획과 병행함으로써 제거할 수 있다.

■ 업무경험

개발이 목표인 경우에 고용주는 직원들을 학습 및 개발촉진을 위한 직무에 배치할 수도 있다. 직무교대 프로그램은 교육자로 하여금 다양한 직무 및 의사결정 상황을 경험하도록 하기 위해 사용된다. 그러나 이러한 방식은 교육대상자가 많은 양의 업무습득을 할 만큼 한 직책에 오래 머물러 있지 않고, 곧 직책이 바뀔 것이라는 사실로 인한 업무태만으로 인해 장기적인 안목의 이익은 제한될 수도 있다.

■ 감독자의 보조 및 지원

종종 가장 비형식적인 교육개발 프로그램은 감독자의 보조 및 지원이다. 감독자의 보조는 감독자가 수행해야 하는 정규업무의 일부이다. 이러한 기법의 성공여부는 감독자가 상호 신뢰감을 형성하고 발전의 기회를 제공하며 효과적으로 업무를 할당하는가에 상당히 의존한다. 지원은 숙련된 직원이 덜 숙련된 직원이나 부하직원을 인도해 주는 방식으로 직원의 능력, 성취도 및 조직에 대한 이해도를 높일 수 있다.

■ 코칭(Coaching)

고위임원이나 다소 중요하고 독특한 직무를 수행하는 직원들에게 있어서는 전통적인 방식의 현장훈련이 실효를 거두지 못한다. 그래서 최근 수년 간, 점점 더 많은 임원들이 그들의 교육필요를 충족시키기 위해 코칭의 방식에 의존하고 있다. 감독자는 감독대상자의 실제 회의에 배석하여 회의를 지켜보고 회의직후에 효과적인 의사소통기술에 대한 지침을 제공해 줄 수도 있다. 대부분의 감독자들은 감독대상자들로 하여금 어려운 상황에 부딪쳤을 때 해당 사안을 함께 논의할 것을 강조한다(코칭의 중요성과 지속가능경영에 있어서의 역할에 대해서는 11장 참조).

(3) 현장에서 수행하는 비현업교육

현장에서 수행하는 비현업교육(On-Site, but Not On the Job)은 업무시간외 프로그램 및 업무부서와의 연계가 필요하면서도 현장교육을 수행하기에는 너무 산만하고 교육의 성과를 얻기가 힘든 경우에 적합하다. 또한 자발적인 업무시간외 프로그램 및 직원들이 정규업무에 집중할 수 있도록 하면서도 업무능력을 업데이트할 수 있도록 하는 프로그램에 적합하다.

■ 사내대학 및 임원 교육프로그램

최근에는 자사의 필요를 충족시키도록 맞추어진 사내대학의 설립이 늘고 있는 추세다. 사내대학은 직원 및 때로는 고객의 교육에 초점을 맞추고 있다. 1961년에 설립된 맥도날드의 햄버거대학 및 수년 간 교육개발의 수호자 역할을 해온 GE의 사내대학이 대표적인 예이다. 연구결과에 따르면 주요 기업의 65%가 모종의 사내교육을 실시하고 있다. 오늘날 많은 사내대학이 학위를 수여하고있거나 학위와 연계된 교육과정을 실시하고 있다. 항상 그렇지는 않지만 사내교육은 최고 학습책임자에 의해 총괄되기도 한다.

■ 프로그램화된 강좌(Programmed Instruction)

프로그램화된 교육은 오래된 현장교육방식으로서 최근에는 많은 컴퓨터기반교육의 토대가 되었다. 프로그램화된 교육은 다음과 같은 이점을 갖고 있다.

- 다수의 직원을 동시에 교육할 수 있다.
- 자신의 진도에 맞추어 자유롭게 자료를 탐색할 수 있다.
- 즉각적이고 개별적인 피드백을 받을 수 있다.

프로그램화된 교육을 1시간 준비하는 데에는 대략 50시간의 기간이 소요되는 것으로 추정된다. 따라서 이러한 접근방식은 규격화된 프로그램(워드프로세서나 데이터베이스 교육프로그램 등)을 사용하거나 다수의 직원이 교육을 받아서 프로그램 개발비용이 정당화되는 경우에만 사용된다.

■ **대화식 화상교육**

대화식 화상교육(Interactive Video Training)은 프로그램을 통한 교육과 비디오의 장점만을 조합한 형태로서 짤막한 영상과 함께 설명을 해주고 교육대상자의 답변을 요구하는 방식이다. 이러한 순서(통합 프로그램, 학습자의 답변 및 추가적으로 제공되는 프로그램을 통한 교육)는 개별화된 학습기회를 제공한다. FedEx는 지식보상 프로그램을 제공하고 있는데 이는 대화식 화상교육을 바탕으로 고객을 직접 접하는 35,000명의 직원들에게 화상교육 및 업무지식을 제공한다.

(4) 사외교육

실수로 인한 결과가 클 경우에는 사외교육(Off the Job Training)을 실시하는 것이 적절하다. 항공사의 비행기 조종사나 버스기사를 교육하는 경우가 대표적인 예이다. 복잡한 업무능력을 습득해야 하는 경우나 실무상황에서는 잘 일어나지 않는 특정한 대인관계능력에 초점을 맞추어야 하는 경우에도 사외교육이 적합하다. 팀의 연대감형성도 팀원들이 인간관계형성에 초점을 맞출 수 있는 업무외 시간에 더욱 성공가능성이 높아진다.

그러나 사외교육은 비용이 많이 드는 단점이 있고 또한 실무외로 습득된 지식이 실무에 연계될 수 있을 것이냐는 우려를 낳을 수 있다. 캡슐효과(capsule effect)로 인한 '일따로, 교육따로'와 같은 현상은 사외교육이 지니고 있는 가장 큰 단점이다.

■ **공식적인 교육과정**

공식과정은 프로그램을 통한 교육, 컴퓨터 보조교육, 독서 및 통신교육 등을 통해 교육대상자가 직접 수행할 수도 있고 혹은 교실수업이나 강연을 통해 타인에 의해 수행될 수도 있다. 다량의 정보를 다수의 사람에게 동시에 전달한다는 이점으로 인해 많은 교육프로그램이 강연의 방법을 활용하지만 이는 몇 가지 약점을 안고 있다. 우선 인지적 지식이나 개념적인 원칙이 아닌 경우 실무활용도가 제한된다. 또한 강연방식은 능력, 흥미, 개성 등의 개인적인 차이를 바탕으로 한 개별적인 교육을 할 수 없다.

■ **모의훈련**

실무환경과 유사한 상황을 제공하는 모의훈련(Simulation)은 관리자 및 비관리자 모두에게 활용된다. 일반적인 모의훈련기술의 하나가 개개인의 실무환경을 가상하는 사전 예비훈련방식(Vestibule Method)이다.

모의훈련은 실무훈련보다 덜 당황스럽고 더 안전하지만 교육대상자는 모의훈련을 실무에 접목시키는 데 어려움을 겪을 수도 있다. 모의훈련은 실무투입교육으로 유발될 수도 있는 고객의 불만과 교육대상자의 좌절감을 감소시킬 수 있다. 아울러 사고의 위험성을 줄여 회사에는 비용 절감의 이점을 제공하기도 한다. 그러나 모의훈련의 활용에 대한 논쟁은 동일산업 내에서도 일부는 실무투입교육을, 또 다른 일부는 모의훈련을 선호하는 경향을 보이고 있을 정도로 일정하지 않다.

■ 평가센터

경영부서에서 인기가 있는 것처럼 경영자 개발을 위한 모의훈련기술로서 평가센터(Assessment Centers)의 인기는 점점 더해가고 있다. 그러나 경영게임이나 In-Basket과 같은 방식을 교육방법으로 활용할 경우에는 교육담당자가 참가자들로 하여금 어떤 일이 발생했고 어떻게 됐어야 했는지를 판별하도록 돕는것이 중요하다.

■ 중역게임(Business Board Games)

기업들은 직원들이 회사가 어떻게 돈을 벌어들이고 있고 매출과 이익의 차이는 무엇이며 제품 하나를 팔때마다 얼마만큼의 이익이 발생하는지 등에 대해 알고 있는 것이 좋다는 사실을 인지하고 있다. 직원들은 업무회의 게임을 하면서 회사가 어떻게 업무를 수행하며 어떻게 이익이나 손해를 보는지에 대해 학습하게 된다.

■ 역할연기 및 감수성 훈련

모의훈련이 개념적인 기술 및 문제해결능력 개발에 유용한 반면에 인간관계 및 절차적인 기술의 개발에는 역할연기나 감수성 훈련과 같은 두 가지 방식이 적용된다. 역할연기 및 감수성 훈련은 면접 등의 대인기술습득 및 태도변화를 유발하게 하는 관리자의 인간관계에 대한 통찰력(자신 및 타인에 대한 인식)을 개발시킨다.

역할연기(Role-Playing)는 사실보다는 관계에 대한 이해와 관리에 초점을 맞추고 있다. 교육대상자가 해당 역할을 수행하게 되면 결과적으로 그 역할로 제시되는 감정 및 식견에 대한 민감도가 증대하게 된다.

감수성 훈련(Sensitivity Training)에서는 구조화되지 않은 모임 내에서 '저기에서 그때'보다는 '지금 여기에서'를 기준으로 각 개인이 생각과 감정을 교환한다. 이러한 감수성 훈련('상대방 입장 느끼기 훈련')을 통해 각 개인은 상대방이 왜 그렇게 느끼고 행동하는지에 대한 통찰력을 갖게 된다. 하지만 일부에서는 이러한 결과가 직접적으로 실무에 활용되지 않는다고 비판하기도 한다.

■ 극기훈련 및 야외교육(Wilderness Trips and Outdoor Training)

직원들의 지금 여기에서에 대한 감정을 증대시키고 그들의 자긍심을 높이기 위해, 일부조직에서는 신체적인 힘, 극기 및 협동과 관련된 프로그램을 사용하기도 한다.

Siemens, GE, General Foods 등 많은 기업들이 다양한 종류의 야외교육을 실시하고 있고 성과를 거두고 있으나 또 다른 많은 기업들은 그러한 경험의 업무활용도에 대해 의문을 제기하기도 한다.

4.4 학습효과의 극대화

교육방법이 적절했다 할지라도 그러한 경험이 적절히 구조화되지 않으면 학습효과는 나타나지 않을 수도 있다.

(1) 학습여건의 마련

교육프로그램을 시작하기 전에 교육담당자 및 관리자는 정보제공방법 및 특정 업무능력에 대한 교육대상자의 신념에 대해 고려해 보아야 한다.

■ 명확한 안내

명확한 안내(Clear Instructions)는 적절한 기대행위전달의 전제조건이다. 기대되는 실적이 이루어지도록 하는 여건을 마련하기 위해서는 기대실적성취에 대한 보상을 명시적으로 제시하

〈표 9-2〉 훈련효과 증대를 위한 학습원칙

학습여건 마련	1. 과업에 대한 명확한 설명 2. 적절한 행동을 모델화
교육 중 학습효과의 극대화	1. 능동적 참여고무 2. 자신감 연대 3. 교육기술을 교육대상자의 자신감에 맞춤 4. 숙달기회제공 5. 명확하고, 시의적절하며, 진단적이고 실질적인 피드백 제공 6. 교육대상자가 새로이 습득한 행동을 실제 사용할 수 있는 기회제공
교육 후 실적유지	1. 지식보유를 위한 학습 요점 제시 2. 명확한 목표제시 3. 적절한 강화장치판정 4. 행동강화방법에 대한 교육 5. 교육대상자에게 자기관리기술 교육
교육의 후속조치	1. 효과평가 2. 필요한 경우 개정 수행

자료 : Jackson and Schuler(2003), *Op. cit.*, p.356.

는 것도 좋은 방법이다.

■ **행동모델**

기대행동이 무엇인지 전달되었다 할지라도 교육대상자가 행동방법을 모르면 기대행동은 발생하지 않을 수도 있다. 이러한 문제는 기대행동을 눈으로 직접 보여주는 행동모델(Behavioral Modeling)의 제시를 통해 극복될 수 있다. 중요한 것은 직원들에게 행동을 요구하기 전에 먼저 무엇을 해야 하는지 보여주는 것이다. 따라서 행동모델은 기대성과를 수행하는 방법뿐 아니라 장애를 극복하는 방법도 제시할 수 있어야 한다.

(2) 훈련 중 학습효과 증대

직원의 학습은 그들 자신의 몫이지만 기업은 이를 돕기 위해 많은 일을 할 수 있다.

■ **능동적인 참여(Active Participation)**

능동적으로 학습과정에 참여하면 개개인은 성과를 개선할 수 있다. 이 부분에 있어서 조직은 강의실에서 능동적인 참여를 고무할 수도 있고 주요 전략변화에 있어서 관리자를 지원하는 프로그램들을 수립할 수도 있다. 능동적인 참여를 통해 개개인은 훈련에 더욱 집중할 수 있고 자신감도 증대된다.

■ **자기효능감(Self-Efficacy)**

행동모델을 제시했다 할지라도 개개인의 자기 효능감이 낮으면 학습효과는 나타나지 않을 수 있다. 자기효능감이란 특정 업무능력에 대한 교육대상자의 확신이다. 개개인이 업무와 관련된 개인적인 약점에 치중하게 되면 잠재적인 어려움은 실제보다 더 커 보일 수도 있다. 반면에 자기효능감에 차있는 교육대상자는 장애를 극복할 수 있도록 강하게 동기부여 될 가능성이 높다.

■ **숙달(Enactive Mastery)**

자기효능감은 경험을 통해 두려움이 실제적인 것이 아님을 확인하게 되었을 때, 획득한 능력을 통해 한 때는 위협적이었던 상황을 극복했을 때 증가한다. 이러한 과정을 숙달이라 한다. 업무숙달을 촉진시키기 위해 교육자는 해당 과제를 정리해야 하는데 이러한 작업을 수행하는 해결책으로는 업무분할, 행위의 형상화 및 근접목표설정 등이 있다.

업무분할(Task Segmentation)이란 복잡한 업무를 더 작거나 더 단순한 요소로 나누는 것이다. 형상화(Shaping)란 기대행위에 점점 더 근접한 행위에 대한 보상을 포함한다. 근접목표(Proximal Goals) 혹은 중간목표의 설정도 숙달감을 증대시킨다.

■ **피드백(Feedback)**

새로운 개념을 숙지하고 새로운 능력을 획득하는 개인들은 자신의 실적에 대한 정확한 진단적 피드백을 받아야 한다. 이러한 피드백은 명확하고 시의적절해야 하며 실질적이면서도 성격이 아닌 행동에 초점이 맞추어져야 한다. 실적이 목표에 이르지 못할 경우 피드백은 실적향상을 위한 설명이나 행동모델이 포함되어 있어야 한다.

■ **연습(Practice)**

업무능력 교육의 목표는 기대행동이 한번뿐 아니라 지속적으로 발생하는 것을 목표로 한다. 이는 교육대상자가 실습을 하고 실적기준을 내면화함으로써 더욱 가능해 진다.

일부직무에 대해서는 과도학습의 필요성도 있다. 과도학습은 의식적으로 생각하지 않아도 즉각적인 반응에 의해 위기에 대응할 수 있도록 대처방안을 내재화하는 것을 포함한다. 예를 들어 갑자기 좌표를 잃은 비행기의 조종사는 즉각적으로 반응할 수 있어야 한다.

(3) 교육후 실적유지

교육후에는 교육을 받은 구성원이 새로이 습득된 행위를 실무에 적용할 수 있도록 여건이 조성되어야 한다. 목표 및 강화장치의 사용은 교육후 실적개선에 활용될 수 있다.

■ **명확한 목표(Specific Goals)**

명확하고 측정가능한 목표가 없이는 행동판단의 근거가 부족하다. 특정한 행동계획 및 계약의 수립은 가까운 장래에 습득된 내용의 활용과 관련된 목표를 제시하는 하나의 접근방식이다.

■ **강화장치(Reinforcers)**

교육대상자가 습득한 내용을 계속해서 사용하도록 하기 위해서는 해당 행위가 강화되어야 한다. 강화장치란 행동뒤에 따르는 결과이다. 그 결과는 긍정적(칭찬이나 금전적인 보상)일 수도 있고 부정적("내가 원하는 대로 행동하면 너한테 소리를 지르지 않겠어.")일 수도 있지만 실적을 전제로 이루어져야 한다. 감독자나 동료가 긍정적인 행동변화에 대해 긍정적으로 반응하면 그러한 행동의 빈도는 늘어날 가능성이 높다.

■ **자기강화(Self-Reinforcement)**

장기적인 목표는 스스로 목표를 설정하고 자기자신의 강화장치를 사용하는 것이어야 한다. 자신의 노력에 대해 스스로 보상을 줌으로써 자신의 실적에 대한 자기만족을 얻을 수 있다. 이 경우 개인적인 목표가 조직의 목표와 일맥상통하도록 하는 것이 또 다른 과제이다.

4.5 팀훈련 및 개발

팀교육의 세 가지 주요 목표는 단결력, 효과적인 절차 및 팀리더의 개발이다. 팀교육에 자원을 투자하는 조직은 팀뿐 아니라 조직의 효과를 증대시킬 수 있다.

(1) 응집력 형성훈련

응집력 형성을 위해 모험훈련을 활용한다. 다임러크라이슬러의 한 부서인 에바트 유리공장은 250명 전 직원이 참여하는 1일 과정의 모험훈련을 수행했다. 하나의 과제가 끝날 때마다 교육자는 해당 과제를 통해 얻은 경험에 대한 토의를 수행했다. 전체적으로 이 교육은 자기주위에 쳐놓았던 개인적인 장벽을 허물고 팀에 기여하는 팀원이 되는 이점을 알게 하는 데 도움이 되었다.

(2) 팀업무 수행훈련

업무팀은 보다 공식적인 교육을 통해 이익을 얻을 수도 있다. 업무팀은 그 전에는 직원의 책임이 아니었던 업무를 수행하도록 권한을 부여받는다. 자기관리의 정도가 높아질수록 팀의 권위, 책임 및 의사결정권 등이 증가한다. 자체관리되는 업무팀에 대한 공식적인 훈련은 자원을 획득하는 회사특유의 절차, 원가회계, 상황보고 및 팀의 평가 등을 포함할 수도 있다.

(3) 팀리더 훈련

새로운 팀리더는 종종 자신의 역할을 오해한다. 훌륭한 팀리더는 팀원의 기여에 수용적이고

〈표 9-3〉 에바트 유리공장에서 활용된 팀 교육활동의 예

도전적인 활동	팀웍 학습내용
• 팀 단위로 두세 개의 물건(테니스공, 하키공, Koosh 공 등)을 이용해 저글링	• 모두 서로 다른 역할을 가지고 있으나 각자가 모두 성과에 영향을 미친다.
• 제한된 시간 동안 카펫에 그려진 미로를 한 사람씩 통과	• 팀은 개개인의 숨어 있는 강점(기억력, 빨리 움직이는 능력 등)을 발견해야 한다. 그렇게 함으로써 팀 전체가 성공하도록 할 수 있다.
• 고정용 나무조각에 박혀져 있는 14개의 못을 이용하여 쓰러지지 않는 구조체 세우기	• 불가능해 보이는 일도 협동하면 이룰 수 있다.
• 팀을 상징하는 차를 그리고 각 구성원을 상징하는 차의 부품 지명하기	• 각 구성원은 서로 다른 강점을 갖고 있으며 이러한 강점들을 통합함으로써 과업을 완수할 수 있다.

자료 : Jackson and Schuler(2003), *Op. cit.*, p.384.

자신의 개인적인 관점에 따라 아이디어를 반대하거나 지지하지 않는다. 의견차이를 지지하고 회의를 관할하는 방법에 대한 교육은 새로운 업무팀의 리더에게 있어서 유용한 교육이다.

■ **상이한 의견의 지지(Supporting Disagreement)**

리더가 팀내의 차이에 대해 수용적이고, 결정을 뒤로 미루면서 아이디어 제시와 평가를 분리해서 다룬다면 의견차이는 관리될 수 있다. 팀내에서 의견차이가 없는것은 의견차이가 너무 많은 것만큼이나 팀 기능에 있어 파괴적으로 작용한다. 브레인스토밍이나 변증법적 질의와 같은 의사결정보조수단은 생산적인 논쟁을 유발하고 더 나아가 모두가 납득할 만한 더 나은 결정을 내릴 수 있도록 한다.

■ **회의주재(Managing Meetings)**

팀리더에게 회의주재에 대한 기술을 교육시키는 것은 회의의 효율을 높일 수 있다. 뿐만 아니라, 교육은 팀리더로 하여금 허용과 억제 간의 적절한 균형을 유지할 수 있도록 한다.

4.6 교차문화훈련

교차문화훈련(Cross-Cutural Training)의 목적은 여러 문화를 배경으로 하는 사람들을 함께 일할 수 있도록 대비시키거나 혹은 어느 한 사람을 다른 문화에 살 수 있도록 대비시키는 것이라 할 수 있다.

(1) 자국 내 직원들을 위한 다양성 교육

■ **문화인식교육(Cultural Awareness Training)**

문화인식교육은 참석자들에게 그들의 문화가 함께 일하는 다른 사람들의 문화와 어떻게 다른가를 가르친다. 또한 다양한 부류에 대해 갖고 있는 고정관념이 그들의 행동에 어떤 영향을 미치는가(종종 스스로도 인식하지 못하는 미묘한 방식으로)에 대해 교육한다. 이런 종류의 다양성 교육은 자기자신 및 타인의 문화에 대한 지식을 증대시키는 것을 목표로 한다. 그러나 문화인식 프로그램만으로는 긍정적인 변화를 가져오는 데 한계가 있다.

■ **능력배양(Building Competencies)**

다양성 교육의 또 다른 접근방식은 다양성을 특징으로 하는 조직 내에서의 효과적인 업무수행을 위해 필요한 행동능력을 배양하는 데에 보다 명확하게 초점을 맞추고 있다. 이렇게 행동을 변화시키고 대인기술을 개발하는 과정을 통해 다양한 작업장의 업무분위기를 개선해 나갈 수 있다.

■ **다양성 교육의 보완(Supplementing Diversity Training)**

다양성 교육만으로는 어떻게 조직이 다양성을 관리할 것인가에 대한 근본적인 변화를 만들어 낼 수 없다. 여러 보상체계를 다양한 배경을 갖는 사람들의 모집, 채용, 개발, 승진상의 목표달성과 연계시킴으로써 다양성에 대한 교육개발의 성공가능성을 높일 수 있다.

(2) 국제적 환경에서의 교차문화훈련

세계화는 피할 수 없는 과제 중 하나이며 사업은 그 어느 때보다 서로 연결된 세계 속에서 이루어지고 있다. 〈표 9-4〉에서 제시된 바와 같이 세계화기업은 적어도 5개의 서로 다른 부류의 사람들에게 초점을 맞추어 서로 다른 시점에서 교육개발활동을 수행할 수 있다.

(3) 해외파견 및 국내 영입직원 교육

■ **해외파견 직원(Expatriates)**

해외파견 직원 및 그 가족에 대한 교차문화훈련은 파견국의 가치관, 풍습 및 전통에 대한 3일 내지 5일의 집중교육의 형태를 취한다.

3일로 구성된 전형적인 교차문화훈련은 파견국의 일상생활, 파견국에서 사업수행을 위해 알아야 할 주요 관례, 여성의 역할과 임원 및 그의 가족들이 겪을 수 있는 문화적 충격 및 스트레스 등을 내용으로 하고 있다. 이러한 교육은 파견직원의 실적을 향상시키고 가족들의 문화적 충격을 감소시킬 수 있다.

교차문화훈련을 위해 사용할 수 있는 도구중 하나가 '문화동화훈련(Culture-General Assimilator)'으로서 이는 자기자신의 문화에 대한 인식을 증대시키고 타문화와의 상호작용에

〈표 9-4〉 글로벌기업의 훈련·개발필요

훈련 · 개발활동의 적용 가능시점	해외파견으로부터 돌아온 시점 해외파견 중 해외파견 전
훈련 · 개발활동의 적용 가능대상	해외파견직원 국내영입직원 해외파견 및 국내영입 직원의 가족 글로벌 매니저 본부직원 해외파견·국내영입 직원 및 글로벌 매니저와 함께 근무하는 여타 직원

자료 : Jackson and Schuler(2003), *Op. cit.*, p.388.

대비시키도록 고안되어 있다.

문화동화훈련은 특정 문화에 대한 교육이 아니므로 해외파견 직원에 대한 완벽한 대비가 되지 못할 수도 있다. 그러나 이러한 형태의 일반적인 교육은 교육대상자로 하여금 타문화에 대해 깨어 있게 함으로써 그 문화를 더 신속하게 배울 수 있도록 한다.

■ **국내영입 직원(Inpatriates)**

국내영입 직원이란 다른 나라로부터 업무수행을 위해 우리나라로 파견된 직원을 의미한다. 해외 파견직원과 마찬가지로 국내영입 직원과 그 가족들은 (이주절차에 있어서의 일반적인 지원뿐 아니라) 우리문화에 대한 정확한 정보가 필요하다.

(4) 글로벌 매니저의 훈련 및 개발

해외파견 직원이 다른 문화에서의 효과적인 업무수행을 배워야 하는 반면에 글로벌 매니저는 서로 다른 여러 국가에서의 업무를 동시에 관장해야 한다. 글로벌 리더십은 지리적인 영역이 아닌 제품위주로 구조화된 조직에서 더욱 중요하다. 많은 기업이 향후의 글로벌리더 개발을 위해 해외파견 방식을 사용하지만 성공적인 해외파견 직원이 반드시 성공적인 글로벌리더의 역할을 수행하지는 못한다. 추가적인 개발노력이 필요한 것이다.

TRW(미국의 항공기, 자동차 부품제조 글로벌기업)의 글로벌 리더십 프로그램은 전체적인 회사의 현재 업무능력과 세계 시장에서의 성공을 위해 필요하다고 생각되어지는 글로벌 리더십능력 간의 격차에 대한 평가를 통해 개발되었다.

다른 많은 글로벌기업들과 마찬가지로 TRW의 글로벌 리더십 프로그램은 강의, 행동습득 프로젝트 및 습득내용의 프레젠테이션 등으로 구성된다. 이 중 가장 중요한 부분이 행동습득 프로젝트를 위해 교육대상자들은 서로 다른 국가에 파견되어 공급기지 구축이나 시장에서의 인지도 진작을 위한 마케팅계획의 수립 등의 임무를 할당받는다. 이러한 파견임무를 통해 임원들은 파견국의 문화뿐 아니라 팀원 국가에 대한 지식, 팀의 다양성을 관리하고 모호함을 인내하는 방법 등을 배운다. 뿐만 아니라 그러한 경험은 장래에 함께 일하게 될 임원들 간의 개인적인 인맥형성에도 기여한다.

제5절 훈련 및 개발의 평가

훈련 및 개발활동의 평가에는 생산성 변화, 태도평가조사(감독자, 다양성 프로그램, 직무, 스트레스, 역할갈등에 대한 만족도 및 업무절차에 대한 지식 등), 원가절감 및 향후 교육에 대한 태도 등을 포함하는 다양한 효과측정기준이 활용된다.

5.1 평가요소

조직은 보통 장기적인 성과를 얻기 위해 교육개발 프로그램을 실시하지만 그러한 노력의 효과를 평가할 때는 보통 단기효과를 평가한다. 직원의 즉각적인 반응은 가장 자주 사용되는 평가방법이다. 긍정적인 반응이 바람직하지만 반응과 다른 주요 성과와의 관련성은 미약하다. 평가목적이 습득내용의 평가에 있다면 필기시험을 활용할 수도 있다. 그러나 시험을 통해 지식습득이 증명된다 할지라도 그러한 지식이 실무에 활용된다는 보장은 없다. 행동이나 실적이 변화하였는지 측정하기 위해서는 실적평가, 성과평가보고 및 직원 태도조사 등을 통해 더 나은 정보를 얻어야만 한다.

5.2 평가방식

평가방식은 실험적, 준실험적 및 비실험적 방식 등으로 분류된다.

(1) 실험적 방식(Experiments)

가장 정확한 평가방식으로서 우선 직원을 '실험(Treatment)' 집단과 '통제(Control)' 집단으로 구분한다. 아무런 교육도 받지 않은 시점(제1시점)에서 두 그룹을 평가하고 실험집단만을 교육한 뒤(제2시점)에 다시 두 그룹을 평가함으로써 교육으로 인한 성과를 객관적으로 분석하는 방식이다.

Reference **Quebecor World의 경쟁력 개선 훈련**

몬트리올에 본부를 두고 있는 세계 최대 인쇄회사인 Quebecor World는 세계 40개국에 160개 공장을 갖고 있다. 1998년 이 회사는 빈약한 고객서비스로 인해 매년 수십만 불의 손해를 보고 있었다. 일년 간에 걸친 회사차원의 필요성 평가를 통해 서비스개선이 전략적으로 최우선과제라는 사실이 확인되었다. 이러한 서비스 등의 문제를 해결하기 위해 Quebecor World 대학이 설립되었다. 우선 회사의 고객서비스 및 회계대표들이 고객의 필요를 더 잘 이해하고 회계경영기술을 활용하며 팀에 기초를 둔 고객중심 문화를 창출하는 방법에 대한 교육을 받았다. 전체 프로그램은 수 주간에 나누어진 3일 과정으로 이루어졌다. 교육프로그램의 중요성을 강조하기 위해 고위간부나 9개 업무부문의 사장이 각 교육기간이 시작될 때마다 교육에 참석하여 회사의 목표 및 기대치를 설명하였다. 교육이 끝날 때, 고위간부들은 다시 교육에 참석하여 학습내용 및 업무활용계획에 대한 교육 참석자들의 프레젠테이션을 방청했다.

Quebecor World 대학이 설립된 지 1년 후에 Quebecor World는 World Color Press와 합병되었다. 합병 후에는 지난 수년 간 여러 개의 회사를 인수하면서도 관심을 기울이지 않았던 문화 관련 사안을 다루고 두 문화 간의 조화를 위해 추가적인 교육이 실시되었다. 고객서비스 개선을 위한 교육과 마찬가지로 새로운 프로그램은 사내교육에 대한 세 개의 주요 원칙을 고수했다.

· 독특하고 도전적인 교육으로 사람들이 참석하고 싶게끔 하라
· 교육 목표를 강화하기 위해 고위 경영진을 개입시켜라
· Quebecor World의 경쟁력 제고에 기여하도록 하라

자료 : Jackson and Schuler(2003), p.356.

(2) 준실험적 방식(Quasi Experiments)

조직은 보통 부서내의 일부가 아닌 부서 전체인원이 교육받기를 원한다. 따라서 이러한 조직은 준실험적인 방식을 선호하게 된다.

준실험적 방식의 하나로 시계열방식(Time-Series Design)은 전체적인 교육전·후에 평가를 실시함으로써 교육의 효과를 평가하는 방식이다. 반면에 비동등 통제집단방식(Non-equivalent Control Group Design)은 같은 부서에서 교육 및 통제집단을 분리하지 않고 서로 다른 두 지역의 두 집단을 각각 교육 및 통제집단으로 선정한다는 사실 이외에는 실험적 방법과 동일하다. 그러나 이러한 방식들은 다른 시간적 및 공간적 외부요인으로 인해 교육자체만의 효과를 평가하는데 한계가 있다.

(3) 비실험적 방식(Non-experiments)

불행하게도 대부분의 조직에서는 교육개발의 평가에 있어서 실험적 및 준실험적 방식은 거의 활용되지 않고 있다. 시간 및 비용의 이유로 인해 가장 널리 사용되는 평가방식이 단일시점 단일 그룹에 대해 수행하는 비실험적 방식으로서 정확도와 결과의 신뢰성은 다른 방식에 비해 떨어진다. 이는 주로 교육종료 후 참가자들의 반응조사를 통해 이루어지며, 일반대학의 수강생들에 의한 교수강의 평가가 그 대표적인 예라 할 수 있다.

연습문제

1. 인적자원개발의 체계에 대해 설명해 보시오.

2. 인적자원개발과 학습조직의 상호 관련성에 대해 설명해 보시오.

3. 인적자원개발과 지식경영의 상호 관련성에 대해 설명해 보시오.

4. 팀웍훈련의 목적과 팀리더의 개발방법에 대해 설명해 보시오.

5. OJT와 Off-JT의 장·단점을 비교해 보시오.

6. 훈련 및 개발의 효과를 측정하는 것이 왜 중요한지, 그리고 어떻게 측정하는 것이 바람직한지 토의해 보시오.

7. 경력개발제도(CDP)의 유용성과 그 활용방안에 대해 토의해 보시오.

8. 교차문화훈련의 필요성과 그 내용에 대해 토의해 보시오.

9. e-Learning의 개념과 그 유용성에 대해 토의해 보시오.

10. 학습효과를 증진시킬 수 있는 방안에 대해 설명해 보시오.

제10장

리 더 십

지속가능경영을 추구하기 위해서는 리더의 역량과 역할이 매우 중요하다. 조직구성원들이 자신들의 강점을 활용하여 기업의 지속가능경영에 참여할 수 있도록 하는 리더십에 대해 살펴보고 리더의 행동과 공감, 공유, 긍정에 기반한 리더십에 대해 살펴본다.

제1절 지속가능경영과 리더십

지속가능경영을 추구하기 위해서는 리더십을 실천하는 것이 중요하다. 우리는 구성원들을 의사결정에 참여시키고 강점을 활용할 수 있게 도와주며 공감능력이 높은 리더들의 행동에 집중한다. 이들이 실천하는 간단하지만 임팩트 있는 행동들은 조직구성원들이 조직과 직무에 몰입할 수 있는 결과를 만들어낸다. 지속가능경영을 위한 인적자원관리 측면과 직원들의 동기부여 향상, 역량강화 등이 중요한 시점에 공감, 공유, 긍정에 기반한 리더십에 대한 연구와 조직에서의 체계적인 실행방안에 대한 연구가 절실하다.

경영과정 또는 조직 내에서 가장 많이 듣는 단어중에 하나가 리더십이라고 할 수 있다. 따라서 누구나 쉽게 이해할 수도 있겠지만 아직도 많은 리더십관련 연구가 진행되는 이유는 여전히 리더십에 대한 정답을 못 찾았기 때문이다. 특히 지속가능경영에서의 전략적 인적자원관리의 중요성은 리더십과 많은 연관이 있다. 앞장에서 학습한 바와 같이, 조직 내 인적자원관리의 체계적이고 효과적인 실행은 전체적인 경영이라는 관점에서 시작하며 전략적 인적자원관리의 기반이라고 할 수 있다. 그런 까닭에 이 모든 사항을 전략적 관점에서 바라보고 실행시키는 리더십도 지속가능경영을 위한 인적자원관리에서 살펴볼 필요가 있다. 본 장에서는 리더십의 방대한 이론 대신 리더와 리더십의 정의, 리더십의 본질, 리더십과 카리스마, 최근에 등장한 리더십이론 등에 대해 간단히 살펴보고자 하며, 이는 지속가능경영을 위한 전략적 인적자원관리에서의 리더십의 중요성을 파악하는 데에 의의가 있다.

리더십의 연구가 진행되면서 리더십과 성과의 연관관계에 대해 언급이 되고있는데, 이는 대부분의 결과가 성과로 귀결되는 까닭에 리더십 또한 성과와 관련된 범위내에서 살펴보고 지속가능경영을 위한 인적자원관리에 어떤 시사점을 제공하는지 살펴보는 것이 중요하다. 리더십과 성과와의 연관성을 설명하기 위해서는 Peter Drucker가 주장한 리더십의 본질에 대한 내용이해가 필요하다. 그는 리더십의 본질은 신뢰와 책임으로 성과를 만들어내는 것이라고 말한 바 있다.

기본적으로 리더십 또는 리더를 연상할 때 가장 먼저 떠오르는 이미지는 먼 산을 바라보며 모습에 선글라스를 쓰고 카리스마 넘치게 인천상륙작전을 지휘했던 MacArthur 장군일 수 있을 것이다. 그러나 또 다른 측면에서 역사상 가장 위대한 리더는 피라미드를 건설한 사람이라고 생각하는 사람도 있을 것이다. 첨단 건축기술과 다양한 측량기술이 발달되지 않았던 고대에 어떻게 이런 엄청난 결과물을 만들어냈을까? 이 사람이야말로 진정한 성과를 만들어낸 리더라고 생

그림 10-1 리더십 vs 관리활동

리더십		관리활동
• 비전을 설정	Vs.	• 비전달성 방법파악
• 영감을 일으키고, 동기를 부여		• 반복적이거나 수명업무
• 높은 가치로 끌어 올려줄 수 있는 사람		• 세부적인 사항을 관리하는 사람
• 찬사의 의미		• 멸시의 의미
• 위대하며 순수한 열정을 소유		• 열정이 부족

조직이 최적의 효과를 보이기 위해서는 강력한 리더십과 관리활동이 동시에 필요하다. 조직에서는 리더와 관리자를 구분할 필요가 없는데, 그 이유는 두 역할을 동시에 수행해야 하기 때문이다. 따라서 획일적으로 리더와 관리자를 구분해서 리더에게 더 많은 가치를 부여거나 관리자에게 단순한 의미를 부여하는 것은 바람직하지 않다고 할 수 있다.

각할 수도 있다.

우리는 리더를 언급할 때 간혹 관리자와 혼용해서 사용하기도 한다. 그러나 리더와 관리자는 이론적인 면에서는 차이가 있다. '리더'와 '관리자'를 비교해 본다면, 일반적으로 리더는 비전을 설정하고 영감을 일으키고 동기를 부여하며 높은 가치를 만드는 사람이다. 따라서 관리자는 리더에 비해서 다소 의미가 축소된 느낌이 있다보니, 관리자가 열정이 부족한 사람 또는 행정업무를 하는 사람으로 비치지 않을까 하는 우려가 있다. 그러나 조직에는 강력한 리더십만큼이나 관리활동도 필요하다.

관리자는 구체적으로 계획을 수립하고 효율적으로 조직을 운영하기 위해 구조를 제시하거나 일상적인 경영활동을 수행하는 사람이라고 할 수 있다. Peter Drucker는 가장 훌륭한 리더는 가장 선두에 있는 영향력 있는 관리자로 언급했는데, 즉, 리더와 관리자를 구분하지 않았으며, 관리자로서의 역할을 방기하는 경우 조직에 해가 될 수 있기에 Peter Drucker는 영향력이 있는 관리자가 곧 가장 훌륭한 리더라고 언급한 것이다. 이러한 맥락은 지속가능경영을 위한 인적자원관리에서 더욱 중요하게 생각되고 살펴봐야 하는 부분이라고 생각된다.

그림 10-2 관리자의 역할

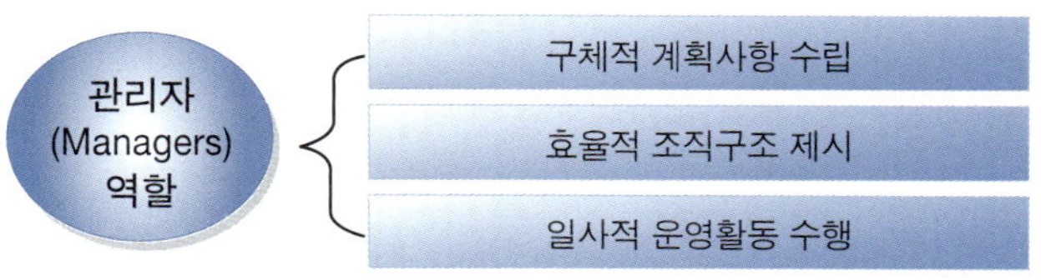

1.1 리더와 리더십의 정의

리더에 대한 정의는 조직의 비전과 전략을 달성하기 위해서 조직구성원들에게 행동을 통해서 영향력을 미치는 사람이라고 정의를 할 수 있는데[1] 여기서 중요한 것은 행동이라고 할 수 있다. 일반적인 리더에 대한 정의는 사람들에게 영향력을 끼치는 사람이라고 이야기를 하지만 정작 영향력이 무엇인지에 대해 설명하는 사람들은 많지 않다. 바람직한 리더의 정의라고 한다면 행동을 통해서 영향력을 미치는 것이고 리더십 정의에서 공통적으로 나오는 단어도 영향력이라는 것이다.

영향력이라는 것은 기업들이 가지고 있는 리더십역량이다. 역량은 고성과를 내는 우수한 인재들에게서 찾아볼 수 있는 즉, 눈으로 관찰이 가능한 행동의 패턴이다. 이러한 역량 중 하나가 리더십역량이라고 할 수 있다. 즉 바람직하게 리더십을 발휘하여 성과를 도출하는 리더들의 행동패턴이다. 독일의 사회학자 Max Weber는 리더십은 개인이 다른 개인에게 영향을 미치는 기회를 지배하는 것이라고 하면서 영향력의 중요성을 말했다. 미국의 목사이자 경영컨설턴트인 John C. Maxwell은 리더십이란 커뮤니케이션이며 그 자체가 영향력이라고 말한 바 있다.

리더십역량은 기업마다 다르게 가지고 있기 때문에, 바람직한 리더라고 하는 사람들은 조직이 도출한 리더십역량을 올바르게 실행해 나가는 사람들이라고 할 수 있다. 따라서 영향력이란 기업이 가지고 있는 리더십역량으로 설명하는 것이 가장 합당할 것이다. 지금도 경영학을 공부하는 많은 학생들의 주된 논문주제에 리더십이 많은데, 그 이유는 아직도 리더십에 대한 정의를 명확하게 할 수 없었고 또 리더십에 대해서 연구할 내용이 아주 많이 남아있다는 것을 의미한다. 따라서 리더십의 본질이 무엇인가에 초점을 맞추는 것이 중요하다고 생각한다. 리더십을 정의한다면 '리더십이 영향력을 행사하는 과정이며, 비전과 목표를 달성하기 위해서 근간을 이루는 것'이라고 정의하는 것이 바람직할 것이다. 결국 리더십이 존재하는 이유는 조직이 원하는 방향성을 추구하면서 조직이 원하는 성과를 만들어내기 위한 근간을 이루는 것이라고 생각한다.

제2절 리더십의 본질과 이론

2.1 리더십의 본질

리더십의 본질은 성과에 있다고 할 수 있다. 즉, 리더십은 조직구성원들이 성과를 내도록 해야 한다는 것이다. 성과는 조직의 관점에서 여러 형태로 이야기할 수 있는데 가장 대표적으로 이야기되는 것이 재무적 성과이다. 조직이 생존하기 위해서는 재무적 성과는 절대적으로 필요하지만, 조직의 성과에는 핵심 인재채용, 핵심 인재유지 및 관리, 바람직한 조직문화의 구축 그리고 지속적인 인재육성 등의 비재무적 성과 또한 중요하게 고려되어야 한다.

Peter Drucker는 리더십의 성과와 본질은 구체적으로 일, 책임과 신뢰를 바탕으로 이루어져야 한다고 주장했다. 그렇다면 성과는 어떻게 낼 것인가? '일(전문성) '책임(변화관리와 직원육성), 그리고 조직구성원들의 '신뢰'를 바탕으로 성과를 내는 것이 리더십의 본질이며, 다음과 같이 설명할 수 있다. 첫째, 조직의 사명을 올바로 설정할 수 있는 리더인가? 둘째, 그리고 조직의 목표를 달성하기 위한 일에 기준을 준수하고 균형적 의사결정을 잘 할 수 있는가? 전문성이 없다면 조직의 사명을 올바로 설정할 수 없고 목표달성을 위한 기준도 정확히 할 수 없다. 더군다나 균형 잡힌 의사결정을 할 수 없다. 따라서 리더가 성과를 내기 위한 본질중에 첫 번째 요인인 '일'은 매우 중요하다고 할 수 있다. 사명을 올바르게 설정하는 것 또한 매우 중요하다. 사명은 기업 또는 조직이 존재하는 이유이며 우리가 일하는 이유이다. 리더는 조직의 사명을 설정하는 것이 그들의 가장 중요한 역할이라는 것을 명심해야 한다.

두 번째는 책임이다. 지위나 특권에 관심이 있는가? 아니면 책임에 관심이 있는가? 이것도 매

그림 10-3 리더십의 본질

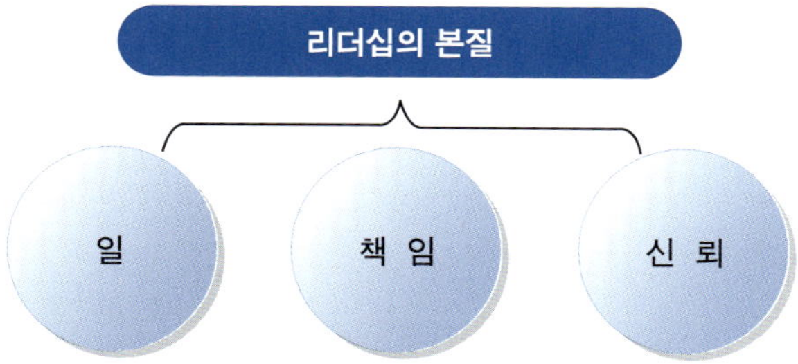

우 중요한 문제이다. 지위나 특권에만 관심을 둔다면 훌륭한 리더라고 볼 수 없을 것이다. 다시 말해 카리스마를 가지고 잘못된 리더십을 발휘할 수도 있다는 것을 의미한다. 뛰어난 부하직원을 긍지로 여기는가? 아니면 위협적인 존재로 두려워하는가? 일부 조직에는 리더가 스타가 되어야 하고 높은 성과를 내는 리더가 되어야 하기 때문에 똑똑하고 능력있는 간부를 경계하는 리더가 존재한다. 그래서 그들은 능력있는 부하로 인해 자신이 성과를 잘 만들지 못할 것을 두려워한다. 이것은 매우 바람직하지 않은 리더의 태도이다.

리더는 부하직원들에 대한 지속적인 성장에 대한 책임을 가져야 한다. 간혹 리더본인이 조직을 떠나면 조직은 붕괴된다고 생각하는 리더가 있는데, 이러한 부분은 리더본인이 하고 있는 일에 좀 더 책임감을 가지고 일을 하라는 의미에서 스스로에게 한번쯤 생각해 볼 수 있는 질문으로 남겨두어야 한다. 리더는 부하직원들의 성과가 곧 자신의 성과이기에, 능력있는 직원을 확보한다는 것은 성과를 기대할 수 있는 좋은 방향이다. 추가적으로 리더는 변화관리에 대한 책임도 가져야 하는데, 변화는 특정한 시기에 나타나는 것이 아니라 언제 어떻게 나타날지 모르기 때문이다. 다만 최근에는 빈도와 주기가 점점 짧아지는 특성을 가지고 있으므로 변화를 잘 관리할 수 있도록 책임을 가지는 것은 매우 중요하다.

성과를 내기 위해서 필요한 세 번째 요소는 신뢰이다. 리더의 정의 중 하나는 '팔로워를 거느린 사람이다'라는 것이다. 어떻게 보면 가장 심플하면서도 중요한 이야기이다. 왜냐하면 리더는 단 한 명의 부하직원만 존재하더라도 리더의 역할을 수행해야 때문이다. 따라서 우리가 일반적으로 조직 안에서 직급이 높은 사람들만을 리더라고 하는 것은 오해가 될 수 있는 부분이다. 낮은 직급에 있더라도 그들과 함께 하는 부하직원이 있다면 그들은 이미 리더이기에 리더십이 필요하다. 신뢰는 언행일치와 성실성을 통해서 얻어낼 수 있다. 신뢰가 없다면 리더십과 조직성과를 기대하기는 어렵다.

신뢰를 높이기 위한 '신뢰방정식'이 있다. 신뢰성(Trustworthiness)은 전문성과 정직함에서 오는 믿음(Credibility)과 약속과 이행이 연결된 경험의 반복, 즉 일관성에 의한 예측가능성(Reliability), 그리고 감정적인 믿음, 즉 친밀감(Intimacy)을 합한 값을 자기중심성, 즉, 자기지향성(self orientation)으로 나눈 값으로 산출된다.

그림 10-4 신뢰방정식

$$\text{신뢰성} = \frac{\text{믿 음} + \text{예측가능성} + \text{친밀감}}{\text{자기지향성}}$$

출처 : David H. Meister(2009)

가장 중요한 것은 분모에 해당하는 자기지향성(Self orientation)이다. 자기지향성(Self orientation)이 너무 높으면 신뢰성의 값이 낮게 나올 것이고 반대로 신뢰성 값이 0이라면 방정식은 성립이 되지 않는다.

2.2 리더십과 카리스마

카리스마를 가진 사람들은 효과적인 리더십을 발휘할까? 일반적으로 리더를 생각하면 떠오르는 모습 중 하나가 카리스마이기 때문이다. 그러나 카리스마와 리더십은 동일한 선상에서 봐서는 안 될 것이다. 카리스마란 '신이 내려준 초월적인 힘이다'이라고 사전적으로 정의할 수 있다. 리더십은 신이 주는 것이 아님에도 불구하고 사람들은 리더십과 카리스마를 구분하지 않고 유사하거나 또는 동일한 개념으로 생각하곤 한다.

인류에게 엄청난 죄를 지은 사람들을 우리가 리더라고 말할 수는 없다. Lincoln이나 Roosevelt, Churchill같은 사람들은 강력한 카리스마는 없다. 그럼에도 불구하고 그들은 역사 속에서 옳은 행동을 하였으며 효과적인 리더십을 발휘한 리더들이다. 결국 카리스마는 리더들로 하여금 잘못된 행동을 하게 하는 환상과 원인으로 작용할 수 있는데, 그 이유는 카리스마적 리더들은 융통성도 없고 오류가 없는 신적존재로 여겨지기 때문이다. 카리스마는 목표를 달성할 수 있는 능력을 보장해주지 않고, 우리가 오해하고 있었던 카리스마는 리더십과 다르다. 오히려 카리스마는 바람직한 리더십을 발휘하는데 방해가 될 수 있다. 결과적으로 리더십에 적합한 성격은 따로 없다.

2.3 리더십 이론의 발전

리더십을 설명할 수 있는 이론은 크게 세 가지로 분류가 된다. 특성이론, 행위이론, 상황이론으로 구분할 수 있는데 이것을 전통적인 리더십 이론이라고 한다. 그리고 리더십 이론을 분류하는 유형은 크게 두 가지인데 앞서 설명한 전통적 리더십 이론과 이것들을 제외한 모든 것을 '새로운 리더십'이라고 한다.[2)]

전통적 리더십 이론에서 말하는 '특성론'이란 선천적으로 리더의 특성을 가진다고 설명하는 이론이다. 후천적인 노력에 의해서 리더가 되는 것이 아니라 처음부터 리더로 정해진다는 것이다.[3)] 예를 들어서 Jeanne d' Arc, 이순신 장군, Alexander 대왕, Chingiz Khan 이런 사람들이 여기에 해당된다. 이러한 리더(영웅)들은 엄청난 성과를 냈던건 사실이다. 전쟁의 승리 그리고 영토의 확장 등 분명히 위대한 리더들이 달성한 업적이지만 리더들의 특성들을 이론적으로 정립이 되기 위해서는 공통적인 특성들이 있어야 한다. 예를 들어 Jeanne d'Arc와 Alexander 대왕은 살아온 환경, 시대적 특정, 역사적 배경 등이 달랐기 때문에 공통적인 특성을 찾아낼 수가 없었다. 각 특성이 어떻게 상호작용하여 영향력을 결정하는지에 대한 결론을 가지지 못하였고, 여러 특성 중 어떠한 특성을 주요 특성으로 고려해야 하는지 우선 순위를 결정하기 어렵다는 지적과 리더의 특성을 측정하기 모호하다는 한계점이 존재한다. 따라서 리더의 선발이나 리더십을 증진하는데 실용적이지 못하였고, 상황에 따른 중요성의 정도를 파악하기 어렵다.

리더십 행동이론은 리더의 효과적인 행동에 초점을 맞추고 리더십 효과는 리더의 행동과 관련되어 있고 리더의 계속적인 행위가 구성원들에게 동기부여 및 조직의 목표달성에 기여하는가를 연구하는 것이다. 리더가 갖는 특성이 아니라 추종자들에게 보여주는 행동으로, 즉 개인적으로 어떤 특성이 있든 간에 리더의 행동은 습득되고 행사될 수 있다는 개념으로 리더가 어떤 행동을 보이느냐에 따라 리더십의 효과성이 결정된다는 이론이다.[4] 리더의 행동 중 어느 측면이 가장 중요한지는 상황에 따라 달라지는 한계를 보인다. 조직의 상황을 고려하지 않고, 관리상황에서 적용 가능한 최고의 리더십 스타일은 존재하지 않는다.

리더십 행동이론이 오늘날 다시 주목을 받을 수밖에 없는 이유는 리더들에게서 찾아볼 수 있는 행동적인 특성을 통해서 얻어낼 수 있는 결과인 성과에 대해서 초점을 맞추기 때문이다. 이것이 Peter Drucker가 언급한 리더십의 본질이라고 할 수 있다. 기업들이 교육에 비용을 투자하는 이유는 착한 리더를 만들기 위한 것이 아니고 지속가능경영을 위한 조직의 성과를 지속적으로 끌어낼 수 있는 리더를 양성하는 데 있다.

리더십 특성이론과 행위이론을 요약하면 다음과 같다. 일정한 특성을 가지고 인간적인 배려와 과업지향적 행동을 동시에 보이는 리더들은 보다 많은 성과를 낸다. 특성이론이 중요한 만큼 행동이론도 효과적인 리더와 비효과적인 리더를 가려내는 데 중요하다고 할 수 있다. 하지만 이러한 것들이 모든 조직의 성공을 보장하지 않는다. 과거에는 조직을 둘러싸고 있는 상황이 그렇게 복잡하지 않았지만 오늘날은 그렇지 않다. 점점 더 복잡해지는 상황들이 우리 주변에 있고 조직구성원들도 기술과 지식의 발전으로 과거보다 매우 뛰어난 업무를 수행하는 모습을 보여주고 있다.

이 두 가지 이론들 이후에 등장한 이론이 상황이론이다. 상황이론에서는 모든 리더들이 모든 사람들에게 동일한 방식으로 리더십을 발휘할 수 없는데, 이는, 그들이 처해져 있는 상황에 따라서 각기 다른 형태의 리더십이 필요했기 때문이다. 이것이 리더십 상황론인데, 즉, 효과적인 리더십은 리더의 특성뿐 아니라 환경을 이루는 상황에 의해 결정되고 리더는 상황에 의해 영향을 받는다는 이론이다.

리더십 유형과 상황 간의 관계에 있어서는 리더십의 결정요인이 리더개인의 자질과 무관한 리더가 처해있는 조직적 상황으로 보는 것이다. 즉, 집단이나 조직의 목표, 구조, 임무, 기대 등 상황적 조건에 부합하는 행동을 하는 자가 리더가 된다는 것이다.[5)] 이러한 리더십의 예로는 지원적 리더십, 지시적 리더십, 위임적 리더십, 참여적 리더십 등이 있는데, 리더의 특성과 행동, 부하의 특성, 과업의 성격, 집단구조 등 상황을 고려하였지만, 리더의 행동범위가 너무 포괄적이며 상황변수를 너무 단순화시킴으로서 리더의 유효성을 설명하기는 부족한 부분이 있다.

지금까지 전통적 리더십 이론에 대한 간단한 설명을 하였는데, 지금부터는 '새로운 리더십'에 대한 내용을 살펴보고자 한다. 이미 설명한 바와 같이 세 가지의 전통적인 리더십을 제외한 모든 것들은 '새로운 리더십'에 해당된다.

비전론, 교환론, 이슈론 등 새롭게 나타난 많은 이론들은 모두 '새로운 리더십'이다. 앞서 언급했던 전통적 이론은 리더십에 대해서 해답을 찾으려는 노력들을 많이 보여주었다. 전통적 리더십 이론이 리더십을 정의하고 그 정의를 뒷받침할 수 있는 방법을 찾으려는 노력을 하였다면, '새로운 리더십'은 복잡하기는 하지만 다양한 변수를 리더십 연구에 투입하여, 새로운 관점에서 리더십을 살펴보고자 노력한다.

비전론, 변화론, 교환론 등과 함께 최근에는 공유, 긍정, 겸손 등도 리더십 연구의 주제가 되고 있는데, '새로운 리더십'의 핵심은 다양한 변수들을 활용하여 조직에 적용할 수 있는 요인들에 대한 연구라는 측면에서 의의를 발견할 수 있다. '새로운 리더십' 연구들은 특정한 리더십 이론을 발견하기 보다는 리더십이 효과적으로 사용되어 조직구성원들이 바람직한 결과를 이끌어 낼 것인가에 초점을 맞춘다는 것이 특징이다.

특히, 공유리더십과 긍정리더십 같은 경우는 특정한 모형을 가지고 있지 않다. 단지 리더십을 공유한다는 개념, 리더십을 공유하기 위해서 취하는 행동, 이런 것들이 궁극적으로 조직구성원들에게 어떻게 영향력을 미칠 것인가에 대해 연구가 진행되었다는 것이다. 따라서 새로운 리더십 연구는 리더십이 어떠한 형태로 조직구성원들에게 영향을 미쳐서 조직의 성과를 만드는가를 연구하는 것이다. 현재 지속가능경영을 위한 기반을 만들어나가는데 초점을 맞춘 새로운 리더십의 연구는 계속해서 확대되고 있다.

제3절 최근의 리더십 연구: 공유리더십

다양한 리더십의 정의에서 가장 많이 볼 수 있는 요소는 "리더는 안내하는 역할을 맡고, 조직구성원이 목표를 완수할 수 있게 하는 과정"이라는 것이다. 이러한 리더의 역할과 목표를 달성해가는 과정은 리더가 원하는 결과를 성취하기 위하여 직원들에게 영향을 발휘하는 하향식 또는 일방향적 방법이다. 이것은 '수직적 리더십'이라 불려왔으며,[6] 이러한 수직적 리더십 연구의 접근방식이 과거 리더십 연구의 주를 이루고 있었다.

일군의 연구자들은 이러한 패러다임에 다른 의견을 제기하고, 리더십은 조직구성원들의 활동이 될 수도 있다는 의견을 제시하였다.[7] 예를 들어, 현재 리더가 아닌 팀의 구성원도 특정 업무에 있어 전문적 지식을 가지고 팀을 지휘할 수 있고 이와 같은 사례들은 실무에서 뿐만 아니라 고급관리자들에서도 나타날 수 있다는 것이다.[8), 9)] 이러한 리더십의 노력에 관한 새로운 트렌드는 Pearce와 Conger에 의해 '공유리더십'이라 명명되었다. 그들은 공유리더십을 "조직 내에서 성과달성을 위해 서로를 이끌기 위한 조직 내 개인 간의 역동적이며 상호영향을 미치는 과정"으로 정의하고 있다. 이러한 프로세스는 팀내에 영향을 미치는 것이 한 명의 리더에 의지하지 않으며, 때로는 동등한 위치의 개인들과 리더십을 공유하게 만든다.

3.1 공유리더십 연구의 발전

과거의 리더십 연구는 수직적 리더십 연구들이 주류를 이루었으며,[10] 조직이 점점 더 복잡해져 감에 따라 수직적 리더십은 동료와의 수평적 업무가 주를 이루는 팀을 이끌기에 더 이상 가장 효과적인 방법이 아니라는 의문이 제기되었다. 관련 연구자들은[11), 12)] 팀 리더십의 또 다른 유형인 공유리더십이 전통적인 리더십보다 팀 효과성에 긍정적인 영향을 미친다고 주장하였다. 이러한 연구는 기존의 수직적 리더십을 대신할 만한 대안적 관점들의 관심에서 출발한다. Pearce와 Conger에 따르면 1924년 Mary Parker Follett[13]에 의해 소개된 '상황의 법칙(The law of situation)'이라는 책에서부터 공유리더십의 가능성에 대한 연구가 시작되었다고 볼 수 있다. 폴렛은 정해진 리더보다는 주어진 특정 상황을 이끄는 데 있어 가장 많은 정보를 가진 사람이 중요하다고 주장했다. 그러나 그 당시는 구성원들에 대한 강력한 지휘 및 통제에 초점이 맞추어져 있었기 때문에 그의 개념은 채택될 수 없었다. 구성원들이 자신들의 행동에 변화를 가져오지 못한 상태에서 리더의 명령을 따를 수밖에 없었기 때문에 폴렛의 주장은 많은 주목을 받지 못했던 것이다.

Bowers와 Seashore[14]의 '만족도와 성과측정에 따른 Supervisory and Peer Leadership'에 관한 연구도 공유리더십을 설명하는데 유용한 연구이다. 이들의 연구에 따르면 'Supervisory and Peer Leadership'에서의 과정, 프로세스는 결과물과 매우 긍정적인 관계가 있는 것으로 나타났다. 이러한 결과는 공유리더십의 개념인 '정해진 리더가 아니라, 팀구성원들이 리더십을 발휘할 수 있다'는 주장을 재확인 시켜주었지만, 동료 리더십(Peer leadership)은 마찬가지로 많은 주목을 받지 못했다.

관련연구들에 따르면, 공유리더십의 발전은 업무복잡성의 증가, 서비스의 질과 속도에 대한 소비자기대의 증가,[15] 그리고 업무자율성을 원하는 지식근로자[16]의 증가에 원인이 있다. 복잡해지고 있는 업무환경과 문제해결을 위한 다양한 분야의 전문가들이 필요한[17] 상황은 리더들뿐만 아니라 조직구성원들도 총체적으로 리더십기능을 발휘할 수 있게 만들었고 더 많은 공유된 책임과 지식이 필요하게 만들었다.

공유리더십 이론에서는 리더십을 '팀구성원 사이에 분포 및 기인한 집단프로세스'라고 설명하고 있다.[18] 최근, 공유리더십에 대한 다양한 정의들이 제시되고 있고 이러한 다양한 접근법들 사이에는 근본적인 유사점은 기능론적 접근에서의 개방체계적 관점(Open Systems Perspective)인데, 즉, 팀들이' 점점 더 다양한 기능을 보유한 숙련된 구성원들로 구성됨에 따라, 구성원의 리더십 강점을 이용한다면 팀내 업무가 개선될 것이라는 개념이다. 다시 말하면, 조직은 정적인 개체가 아니며, 환경에 의해 영향을 주고받는다는 것이다.[19]

기능론적 접근에서 리더의 중요한 책임은 조직의 성과에 부정적인 영향을 주는 것을 처리하고, 팀을 위해 문제를 해결하는 역할을 수행한다면 효과적인 리더라고 설명한다.[20] 이 접근법은 다음과 같이 공유리더십과 관련이 있다. 첫째, 이 접근법은 리더십을 특정한 행동으로 정의할 수 없고, 개인과 조직의 상황에 맞춰 정의된다고 할 수 있다. 둘째, 리더는 주요 조직의 기능이 제대로 수행되고 있다는 것을 확인해야 하지만, 어떤 특정한 한 명의 리더에 의해서 이루어져야 하는 것은 아니다. 다시 말하면, 여기에서 리더십의 주요한 기능은 팀 전체를 통해 공유되는 것을 강조하고 있다.

Kozlowski와 그의 동료들이 제시한 바에 의하면, 업무 프로세스가 발전해 감에 따라 다양한 종류의 리더십기능도 필요하게 되었으며, 이러한 이유로 인해서 리더십 프로세스의 공유가 가능하다고 제시했다.[21] 내부적 요구에 기인하여, 다양한 환경변화에 대응하는 과정으로서 팀내에서 리더십의 공유가 필요한데, 네 단계를 통해 팀이 발전해 간다고 주장했다. 팀 리더십범위는 팀발달에 따라 멘토, 지시자, 코치, 그리고 협력자이다.

멘토링에서는 리더는 구성원들을 팀과 융합시키고, 미션과 팀목표를 명확히 하고, 상호작용을 위한 기준을 구축하고 명확히 하며, 공유된 정서나 태도를 구축한다. 지시자의 역할에서 리더는 개인적인 기술과 실력을 구축하고 구성원들의 자기효능감(Self-efficacy), 지식, 그리고 인지구조를 발달시킨다. 멘토링과 지시자 역할은 방법은 다르게 목표를 달성하고 있지만 모두 지식과 기술 그리고 이외의 다른 역량이 요구되는 역할이다.

위의 접근법외에 리더십의 공유에 대해 직접적이고 명백하게 주장하는 학자들도 있는데, Klenke는 고성과를 내는 IT팀 내의 분산형 리더십모델 연구를 통해서 고성과 팀들은 끊임없는 학습을 포함한 높은 인지수준의 업무를 수행하며, 집중적인 의사소통이 요구된다고 했다.[22] 분산형 리더십 모델은 복잡한 환경에서 운영되는 다기능 팀을 가진 팀들에서 가장 잘 설명될 수 있는데, 리더십 스타일과 업무결과는 기능 및 팀 발달단계에 따라 달라질 것이라는 주장을 기반으로 하고 있다.

3.2 최근의 리더십 프랙티스

리더가 의사결정과정에 직원들을 참여시킨다는 것이 공유리더십의 핵심이다. 다시 말해서 비록 리더가 원하는 방향으로 의사결정이 되더라도 그 과정에 구성원들을 참여시키는 것만으로도 바람직한 리더십이 될 수 있다고 주장한다. 이외에도 구성원들의 강점을 활용해야 한다는 개념인 긍정리더십은 직원들이 가지고 있는 강점의 요소들을 긍정적으로 업무에 적용할 수 있게끔 리더가 도와주는 행동을 의미하며, 감성리더십은 구성원들과 일을 하는 과정에서 그들의 입장에서 충분히 이해하고 이야기를 들어주는 행동양식을 뜻한다.

김진욱 등(2013)의 공유리더십이 '종업원 인게이지먼트'에 미치는 영향의 연구에서 공유리더십은 종업원 인게이지먼트에 의미있는 영향을 줄 것이라고 가설을 설정했다.[23] 이때 종업원 인게이지먼트는 직무와 조직에 대한 '몰입'으로 구분할 수 있다. 다시 말해서 '공유'라는 리더들의 행동은 조직구성원들의 직무와 조직에 대한 몰입을 아주 많이 높여준다는 가설이다. 추가적으로 조절변수로 '자기효능감'을 투입하였다. 연구결과, 공유리더십은 종업원 인게이지먼트에 매우 긍정적인 영향을 미치는 것으로 나타났지만 자기효능감의 조절효과는 나타나지 않았다. 조절효과가 나타나지 않는 이유는 '공유'라는 리더의 행동이 어떠한 변수의 도움없이도 충분히 영향력을 발휘했기 때문이다. 이어진 후속연구에서는 '긍정', '감성'이라는 리더의 행동이 위 연구와 동일한 연구결과가 나타났다. 이러한 연구결과들은 리더십의 본질이 성과에 있다는 것을 증명하기 충분하다고 할 수 있다. 그 이유는 종업원 인게이지먼트, 즉 조직에 대한 몰입도가 높아진다면 당연히 조직의 성과가 좋아지기 때문이다.

위에서 설명한 리더십은 카리스마나 리더십의 특성론과는 완전히 다른 개념이다. 카리스마로 이러한 결과들을 얻어낼 수 있을까? 영웅들의 행동을 따라하는 것은 너무 어려운데 그렇게 어려운 리더십을 발휘하면서 이러한 결과를 도출할 수 있을까? 따라서 아주 간단히 할 수 있는 리더들의 행동과 태도변화로 조직구성원들의 몰입도를 충분히 높일 수 있고 이를 통해 성과를 도출할 수 있도록 하는 것인 최신 리더십의 연구방향이라고 할 수 있다.

지속가능경영을 추구하기 위해서 리더십의 실천은 중요한 문제이다. 우리가 집중해야 하는 것은 구성원들을 의사결정에 참여시키고 강점을 활용할 수 있게 도와주고, 공감능력이 높은 리더들의 행동이다. 이들이 실천하는 간단하지만 파급력 있는 행동들이 조직구성원들이 보다 조직과 직무에 몰입할 수 있는 결과를 만들어낼 수 있다는 것이다. 지속가능경영을 위한 인적자원관리 측면과, 직원들의 동기부여 향상, 역량강화 등이 중요한 시점에 공감, 공유, 긍정에 기반한 리더십에 대한 연구와 조직에서의 체계적인 실행방안에 대한 연구가 축적될 필요가 있다.

연습문제

1. 지속가능경영과 리더십에 대해 논의하시오.

2. 리더십의 본질이란 무엇인가?

3. 리더십 이론들을 살펴보고 현 시대에 주는 시사점에 대해 논의하시오.

4. 공유리더십에 대해 설명하시오.

5. 공유리더십이 주는 시사점과 지속가능경영을 위해 공유리더십이 어떤 역할을 하는지 설명하시오.

미 주

1) Yukl, G. (1989). Managerial leadership: A review of theory and research. Journal of management, 15(2), 251-289.

2) 강영순, 백기복, & 김정훈. (2001). LMX 의 질과 조직몰입 및 조직시민행동간 리더행동의 조절효과. 조직과 인사관리연구, 25, 349-374.

3) Bryman, A. (1993). Charismatic leadership in business organizations: Some neglected issues. The leadership quarterly, 4(3-4), 289-304.

4) 황미영. (2009). 리더십에 대한 국내 연구동향. 부산교육학연구, 22, 125-154.

5) Hersey, P., & Blanchard, K. H. (1969). Life cycle theory of leadership. Training & Development Journal.

6 Pearce, C. L., & Conger, J. A. (2003). All those years ago. Shared leadership: Reframing the hows and whys of leadership, 1-18.

7) Carson, J. B., Tesluk, P. E., & Marrone, J. A. (2007). Shared leadership in teams: An investigation of antecedent conditions and performance. Academy of management Journal, 50(5), 1217-1234.

8) Heenan, D. A., Bennis, W. G., & Bennis, W. (1999). Co-leaders: The power of great partnerships. University of Texas Press.

9) Ensley, M. D., Hmieleski, K. M., & Pearce, C. L. (2006). The importance of vertical and shared leadership within new venture top management teams: Implications for the performance of startups. The leadership quarterly, 17(3), 217-231.

10) Pearce, C. L., & Sims Jr, H. P. (2002). Vertical versus shared leadership as predictors of the effectiveness of change management teams: An examination of aversive, directive, transactional, transformational, and empowering leader behaviors. Group dynamics: Theory, research, and practice, 6(2), 172.

11) Avolio, B. J., Jung, D. I., Murry, W., & Sivasbramaniam, N. (1996). Building highly developed teams: Focusing on shared leadership process, efficacy, trust, and performance.

12) Pearce, C. L., & Sims Jr, H. P. (2002). Vertical versus shared leadership as predictors of the effectiveness of change management teams: An examination of aversive, directive, transactional, transformational, and empowering leader behaviors. Group dynamics: Theory, research, and practice, 6(2), 172.

13) Follett, M. P. (1924). Creative experience. Longmans, Green and Company.

14) Bowers, D. G., & Seashore, S. E. (1966). Predicting organizational effectiveness with a four-factor theory of leadership. Administrative Science Quarterly, 238-263.

15) Heskett, J. L., Jones, T. O., Loveman, G. W., Sasser, W. E., & Schlesinger, L. A. (1994). Putting the service-profit chain to work. Harvard business review, 72(2), 164-174.

16) Manz, C. C., & Sims Jr, H. P. (1987). Leading workers to lead themselves: The external leadership of self-managing work teams. Administrative science quarterly, 106-129.

17) Day, A. L., & Carroll, S. A. (2004). Using an ability-based measure of emotional intelligence to predict individual performance, group performance, and group citizenship behaviours. Personality and Individual differences, 36(6), 1443-1458.

18) Pearce, C. L., & Sims Jr, H. P. (2002). Vertical versus shared leadership as predictors of the effectiveness of

change management teams: An examination of aversive, directive, transactional, transformational, and empowering leader behaviors. Group dynamics: Theory, research, and practice, 6(2), 172.

19) Katz, D., & Kahn, R. L. (1978). Organizations and the system concept. Classics of organization theory, 80, 480.

20) Hackman, J. R., & Walton, R. E. (1986). Leading groups in organizations. Designing effective work groups, 72, 119.

21) Kozlowski, S. W., Gully, S. M., Salas, E., & Cannon-Bowers, J. A. (1996). Team leadership and development: Theory, principles, and guidelines for training leaders and teams.

22) Klenke, K. (1997). Leadership dispersion as a function of performance in information systems teams. The Journal of High Technology Management Research, 8(1), 149-169.

23 김진욱, 장영철, & 안치용. (2013). 공유리더십이 종업원 인게이지먼트에 미치는 영향-회복탄력성의 조절효과를 중심으로. 생산성논집, 27(4), 89-121.

제11장

코 칭

지속가능경영을 추구하는 경영환경에서 인재육성을 위한 방법으로 코칭에 대해 알아본다. 조직 구성원들의 성장과 학습을 도모하기 위한 방법으로 일방향적인 교육이 아닌 지속적으로 직원들에게 관심을 가지고 장기적 관점에서의 성장을 위한 방안으로서의 코칭의 중요성을 살펴본다.

지속가능경영을 추구하는 경영환경에서의 코칭은 인적자원육성과 발전의 측면에서 중요하게 살펴봐야 하는 내용으로, 인적자원의 강점을 잘 살펴서 구성원들의 성장, 학습을 도모할 수 있기 때문이다. 코칭은 또 하나의 '성장전략'이라고도 말할 수 있다. 일반적으로 우리가 알고 있는 코칭에 대해 많은 부분이 오해의 소지가 있게 설명되고 있다. 예를 들어 코칭을 가르치는 것이라고 이해하는 것이다. 그러나 실제로 가르치는 것은 코칭의 핵심에서 거리가 멀다. 실제로 기업이라는 조직 안에서의 코칭은 아주 효과적인 학습방법 중에 하나이다. 그 이유는 코칭이 무엇인가를 일방적으로 가르친다는 개념이 아닌 질문에 대한 답을 찾는 과정을 통한 '성장전략'의 관점에서 살펴보고 실행시키기 때문이다.

코칭은 가장 효과적인 학습으로 많은 학습자를 대상으로 하는 집단강의에서는 학습자들의 이해도 수준은 학습자들에 따라 다르게 나타날 수 있다. 즉 잘 이해하는 학습수준의 사람도 있을 것이고 그렇지 않은 사람도 있을 것이다. 코칭은 코치와 코치를 받는 사람의 관계 속에서 코칭과정을 통해 가장 효과적으로 학습할 수 있는 환경이 만들어진다. 그런데 '학습'이라는 점을 강조하는 이유는 앞서 기술한 바와 같이 성장과 관련이 있기 때문이다. 따라서 코칭이라는 것을 단순하게 '가르친다는 관점'이 아니라 지속적으로 직원들에게 관심을 가지고 장기적 관점에서의 성장을 위한 도구이고 구체적인 전략이라는 점을 이해해야 한다.

제1절 코칭의 의의 및 개념

1.1 강점을 활용하는 코칭

코칭을 하는 과정에서 장점에 초점을 맞춰야 할까? 아니면 강점에 초점을 맞춰야 될까? 장점은 개인의 의지와 상관없이 태어날 때 부모가 나한테 유전적으로 남겨준 것을 의미한다. 예를 들어, 달리기를 잘한다는 것은 장점일까, 강점일까? 이것은 장점이다. 나의 의지와 상관없이 달리기 잘할 수 있게 태어났기 때문이다.

그렇다면 강점은 뭘까? 강점은 이러한 장점들을 나의 경쟁우위로 만들어서 경쟁에서 이길 수 있게 하는 것이다. 다시 말해서 장점을 사용하지 않는다면 아무런 의미가 없고 장점들을 지속적으로 개발하여 나의 강점으로 만드는 것이 중요하다. Peter Drucker는 유일하게 성과를 낼 수 있는 것은 강점을 활용할 때라고 말한바 있다. 많은 사람들이 자신의 강점을 잘 모르고 있다. 그 이유는 대부분 강점과 장점의 본질적 차이를 모르기 때문이거니와 평소에 자신의 강점에 대해서 잘 생각하지 않아 자신의 강점이 무엇인지 잘 모르기 때문이다. 이러한 이유로 사람들은 일터에서 강점을 사용하지 못하고 강점을 잘 발휘하지 못한다. 본인의 장점과 강점이 무엇인지 생각할 수 있게 하는 것이 바로 코칭의 힘이다.

코칭은 장점을 강점으로 만들어서 성과를 낼 수 있게 만드는 것을 핵심으로 한다. 코치와 코치대상자의 1:1 관계가 중요하므로 누구보다도 코치대상자의 강점을 파악할 수 있다는 점에서 코칭의 유효성을 알 수 있다. 그렇다면 약점은 어떻게 해야 할까? 사람들은 자신의 약점을 극복하기 위해서 부단히 노력한다. 그런 노력을 폄훼하거나 비난을 하는 것은 아니지만 약점을 극복하기 위해서 노력하는 것과 강점을 더 잘할 수 있게 만드는 것 중에서 어떤 것이 더 효율적일지 생각을 해 볼 수 있다. 예를 들어, 영어점수 70점을 열심히 공부해서 80점을 받는 것과 수학점수 95점을 열심히 공부해서 100점을 받는 것, 어떤 것이 더 효율적일까? 영어점수를 70점에서 80점을 올리기 위한 노력보다는 수학점수를 95점에서 100점으로 올리는 것이 시간과 노력이 덜 들어갈 수도 있고 궁극적으로는 성과를 높일 수 있다. 그런 의미에서 본다면, 강점에 지속적으로 초점을 맞추는 것이 핵심이다. 그렇다면 약점에 대해 어떻게 생각을 해야 할까? Peter Drucker에 의하면 약점은 무시가 될 수 있는 대상이 되어야 하고 약점으로 인해 심각한 문제가 생기기 전에 관리를 해야 한다. 다시 말해서 조직관점에서 본다면 약점은 성과를 내는 데 문제가 되지 않도록 관리해야 할 대상일 뿐이다. 약점보다는 강점에 집중하여 성과를 낼 수 있도록 하는 것이 더 나은 방법이다.

1.2 코칭이란?

코칭은 16세기 서구에서 '현재 장소에서 원하는 목적지로 이동시켜 주는 마부 또는 마차'를 의미하는 단어였다. 이후 코칭의 개념과 구성요소는 시대와 용어를 사용하는 사람의 필요에 따라, 관점과 어떤 부분을 강조하는가에 따라 다양하게 정의되었다. 그런 까닭에 코칭에 대한 합의된 견해는 존재하지 않는다.

미국에서는 메이저리그의 선수들에 대한 책임을 지는 사람을 '코치'라고 하는데, 한국에서는 감독과 코치를 구분하지만 영어식 표현에서는 한국에서의 감독을 '코치'라고 부른다.[1)] 메이저리그의 선수들은 높은 수준의 경기력이 검증된 선수들이고 매우 소수의 능력있는 선수들이다. 그런 메이저리그 선수들에게 코치가 아주 구체적이고 세부적으로 수비하는 방법이나 타격하는 스킬을 가르쳐준다는 것은 크게 의미가 없을 것이다. 오히려 자신이 잘하고 있었던 것들에 대한 변화로 인하여 경기력에 부정적인 영향을 미칠 수도 있을 것이다.

그렇다면 메이저리그 코치의 역할은 무엇일까? 메이저리그 투수들에게 투구하는 방법을 가르친다는 것은 오히려 비효율적일 것이기에, 아마도 선수들이 잘하고 있는 스킬을 활용하여 선수들을 효과적으로 타순에 배치한다거나 수비의 효율을 높이는 수비형태를 구상하는 것, 투수들의 볼배합에 대한 작전을 잘 수립하여 삼진을 잡아낼 수 있게 하는 것 등, 가장 효과적인 방법을 찾는 일일 것이다.

조직구성원도 비슷하다. 조직구성원들은 이미 어느 정도 실력이 검증된 사람들이라고 할 수 있는데, 즉, 채용과정을 통해 회사에 입사할 수 있었고 동료들과 함께 일을 하며 성과를 내고 있다. 신입직원들은 기존의 선배들보다는 훨씬 더 능력이 뛰어날 수도 있다. 과거에 비해 최근의 채용과정과 입사조건은 더욱 까다롭고 어렵기 때문이다. 이렇게 어려운 취업문을 뚫은 신입사원들의 역량이 오히려 더 우수할 수도 있다.

기본적으로 역량을 잘 갖추고 있는 사람들을 밀착해서 가르친다는 것이 필요는 하겠지만 궁극적으로는 긍정적인 영향을 주기는 쉽지는 않다. 따라서 메이저리그 선수이든 조직 내 역량있는 구성원들이든, 그들이 잘할 수 있는 것들을 지속적으로 찾아내서 그들이 성과를 낼 수 있게끔 도와준다면 경기에서의 승리 또는 지속가능경영을 위한 조직 내 성과달성이 가능할 것이다. 이렇듯, 조직에서 원하는 성과를 지속적으로 만들 수 있도록 도와주는 것이 코칭이다.

한국 코치협회에 따르면 코칭은 다음과 같이 정의할 수 있다. "일상의 모든 상황을 배우는 기회로 삼는 것, 즉 해결책을 제시하는 것이 아니라 그들 스스로 답을 찾도록 도와주는 것이다. 이를 통해 장기적 성장이 가능하다". 코칭은 정형화된 학습이라기보다는 비정형화되어 있는 학습이다. 우리가 일반적으로 알고 있는 학습은 강의장에 모여서 강의를 하고 테스트를 하는 정형화된 형태이다, 그러나 코칭은 1:1의 비정기적 형태로 학습이 이루어지기 때문에 비정형학습의 대표적인 형태라고 할 수 있다. 그리고 이미 기술한 바와 같이 조직구성원들은 탁월한 역량을 가지고 있어서 해결책을 제시하기 보다는 그의 강점을 잘 활용할 수 있어서 스스로 답을 잘 쓸 수 있게 도와주는 것이 중요하다. 코칭은 모든 생활 일상을 배우는 기회로 삼고 해결책을 제시하는 게 아니라 스스로 답을 찾을 수 있게 도와주는 것이기 때문이다.

코칭의 본질은 장기적인 성장의 관점이다. 일단 코칭프로세스가 시작되면 지속적으로 6개월 이상 관심을 가지고 직원들의 성장을 지켜봐야 하므로 코칭은 단기적보다는 장기적 관점에서의 성장을 분명히 가능하게 할 수 있고 이는 앞장에서 기술한 장기적인 관점에서의 지속가능경영과도 깊은 연관이 있다. 결국, 코칭이라는 것은 조직의 성과를 위하여 조직구성원들의 업무수행 능력을 계획적이고 지속적으로 끌어올리기 위한 활동이라고 설명할 수 있기에, 코칭을 또 다른 하나의 '성장전략'이라고 설명한 이유이다. 코치는 코치를 받는 사람이 단계적으로 성장해 나가는 모습을 확인할 수가 있고 미래의 더 큰 역량을 발휘할 수 있다는 확신을 가질 수 있도록 한다.

1.3 코칭과 유사한 개념들

우리가 알고 있는 코칭과 유사한 개념으로 컨설팅, 멘토링, 카운슬링 등이 있다.[2] 물론 상황에 따라서는 코칭, 멘토링, 카운슬링 그리고 컨설팅은 선택적으로 사용할 수는 있지만 장기적인 관점에서 본다면 분명히 코칭이 카운슬링, 멘토링, 또는 컨설팅보다는 보다 건강한 조직을 만드는데 크게 도움이 될 수 있다.

코칭과 컨설팅의 공통점은 기업이 가진 문제점을 해결함으로써 보다 건강한 기업으로 발전해 가려고 시도한다는 점이다. 그러나 컨설팅은 컨설턴트 개인이 가지고 있는 지식, 경험, 시각 등에 따라 컨설팅의 성패가 좌우되지만 코칭은 코치대상자 스스로 자신의 문제에 대한 해결책 발견을 실행하게 된다. 컨설팅은 고객이 의뢰한 특정 부분에 집중하며 그에 속한 개개인은 다루지 않는 반면,[3] 코칭은 인간 그 자체에 집중하며 고객과 관련된 모든 영역(자존감, 인격, 관계, 존재감 등)을 포괄적으로 다루는 차이점이 있다.[4] 즉, 코칭은 고객이 간절히 원하는 모습을 향해 스스로 나아가도록 자원의 발견과 개발을 돕고 미래변화를 위한 해답을 이끌어낸다.

코칭과 카운슬링은 전문가와의 커뮤니케이션 과정을 통해 문제를 이해하도록 촉진하고 정서적으로 직면하도록 하며, 변화된 행동을 보이기 위한 기법들을 사용한다는 점에서 유사하다. 카운셀링은 심리적으로 건강하지 못한 사람들이 과거에서 그 해답을 찾고 치유하려는 목적이 있고 코칭은 성장과 변화의 동기가 유발된 건강한 사람들을 돕는 데 초점을 두고 있다. 카운슬링이란 내담자의 전 생애에 걸쳐 직면하고 있는 상처나 문제를 해결하도록 돕는 것으로서 그들의 내적 상태에 집중하여 분석, 평가하고 치료하기 위해 전문적인 상담지식을 발휘한다. 이에 비해 코칭은 성장과 변화의 동기가 유발된 사람들에게 미래의 비전과 잠재력을 발견하도록 돕는다.

이미 오래전부터 코칭과 유사한 개념은 있었고, 1500년대의 갈릴레오(Galileo)도 코칭의 개

코칭과 멘토링의 공통점은 변화와 진보에 초점을 두는 성장지향적 관계라는 점이고 멘토링은 멘티로 하여금 멘토를 닮아 가도록 만드는 것에 초점을 두지만 코칭은 코치대상자가 코치를 닮아가기보다 스스로의 모습을 발견하고 개발시킨다.

념을 언급했다. 그 당시에도 사람들은 스스로 답을 찾기 위한 노력의 중요성과 코칭의 중요성을 알고 있었지만, 어떠한 방법으로 하는 것이 효과적인지에 대해서는 분명하지 않았다. 이러한 현상은 앞장에서 다룬 리더십과도 유사하다. 리더십에 대한 정답이 있었다면 지구상에는 더 이상 리더십과 관련된 문제는 존재하지 않았을 것이다. 아직도 리더십 연구가 활발하게 이루어지고 있다는 것은 코칭과 리더십 모두 하나의 정답으로 해결되지 않은 영역이기 때문이다. 오늘날의 지속가능경영의 중요성이 발전하는 가운데, 코칭에 대한 내용도 인적자원관리 분야에서의 조직과 조직구성원의 관점에서 우리가 지속가능경영을 위한 전략적 인적자원관리와 함께 살펴보아야 한다.

제2절 코칭의 이점 및 역할

2.1 코칭의 이점

코칭은 여러 측면에서 이점이 존재한다. 구체적으로 개인적인 측면, 코치자신, 그리고 회사의 측면에서 찾아볼 수 있다. 첫 번째 개인적인 측면은 다음과 같다. 코칭은 코치가 질문을 통해서 코치대상자들이 스스로 문제점을 도출해낼 수 있고 답을 찾을 수 있도록 도와주는 것이기 때문에 개인들이 학습을 통해서 미래의 역할을 수행할 수 있는 스킬들이 향상될 수 있다는 것이다. 코칭을 위해서는 전문적인 자격증을 취득할 수도 있지만, 기업에는 전문적인 자격증이 없어도 코치역할을 수행할 수 있다. 특히 조직의 상황과 구조를 누구보다 잘 아는 사람들이 코치로서의 역할을 할 때 그 효과는 극대화가 될 수 있다. 코칭은 코치와 조직구성원들과의 1:1의 관계로 코치대상자가 지속해서 성장해 나가는 모습을 관찰하고 성장을 도움을 주기 위한 일대일 맞춤형 학습이다. 코칭을 통해서 코치와 코치대상자는 상당히 높은 수준의 유대감이 형성될 수 있다. 일반적으로 조직 안에서는 소외감을 느끼거나 상대적인 박탈감을 느낄 수 있는 직원들이 있다. 업무를 하다 보면 직무소진 때문에 일에 대한 자신감을 잃을 수도 있고 또는 조직구성원들과 효과적으로 융화되지 못해서 가끔은 힘들 때도 있다. 이를 극복해 나가기 위해서 상사와 부하가 일대일의 유대감을 갖는다는 것은 매우 중요하고, 코칭을 통해 미래의 역할수행을 위한 스킬향상도 개인적인 측면에서 중요하다.

두 번째 관점은 코치자신 측면이다. 코치들은 코칭을 통해서 코치 스스로도 배움의 기회를 마련할 수 있는데, 그 이유는 코치들도 코치대상자들을 코칭하기 위해서는 공부를 해야 하기 때문이다. 그들의 상황과 업무에 대해서 파악을 해야 하고 적절하게 질문을 하기 위한 준비도 해야 한다. 따라서 코칭을 하는 과정자체가 코치에게는 배움의 기회가 될 수 있고 개인과 밀접한 관계를 만들어낼 수 있다. 더 중요한 것은 코치대상자들이 지속적으로 성장해 나가는 모습을 목격할 수 있다는 것이다. 코칭을 시작할 때와 5-6개월 후 코칭이 끝날 때쯤 그들의 모습은 분명히 성장했다는 것을 느끼게 될 것이다. 성장을 목격하는 것뿐만 아니라 코치대상자들에게 새로운 업무를 맡길 수 있을 만큼 발전되었다는 것도 알게 된다. 다시 말해 새로운 업무를 맡길 수 있는 직원들이 육성되었다고 할 수 있다.

마지막으로 회사의 측면이다. 코칭을 통해 현업 및 현황 과제에 초점을 맞춘 교육이 가능하고 이를 통해 업무의 질이 향상될 수 있다. 회사는 주기적으로 적지 않은 예산으로 교육 프로그램을 제공한다. 물론 교육을 통해 다양한 목적을 달성할 수 있지만, 학습자들 개인의 상황이 완벽하게 파악되지 않은 상태에서 효과적인 측면을 고려하기에는 어려움이 존재한다. 그러나 코칭은 맞춤형 학습이 가능하므로 교육비의 효율적 운영으로 궁극적으로 직원의 사기를 진작시킬 수 있다는 것이다.

2.2 코치로서 리더의 5가지 역할

코치들은 경청 또는 질문만 하지는 않는데, 그 이유는 조직 안에서의 코치의 역할뿐만 아니라 리더의 역할도 해야 하기 때문이다. 코치가 리더로서 해야 하는 역할 다섯 가지를 설명하면 다음과 같다.

첫 번째는 교사로서의 역할이다. 조직외부에 있는 코치라면 교사로서의 역할은 필요하지 않지만, 조직 내부에서는 교사의 역할이 필요하고 때로는 멘토역할도 필요하다. 두 번째는 조언자로서의 역할이다. 코치는 코치대상자의 말을 경청하고 질문하는 것도 중요하지만 상황에 따라서는 도움이 되도록 말로 거들거나 깨우쳐 주는 역할이 필요하다. 세 번째는 역할모델로서의 역할이다. 코치대상자가 본인이 해야 하는 일 또는 임무에 대하여 본받을 만하거나 모범이 될 수 있는 역할이 필요하다. 네 번째는 평가자로서의 역할이다. 일반적으로 평가라는 것은 판단의 근거로 대부분 인지하고 있으나 코치는 평가를 성장의 관점에서 코치대상자들의 지속적인 성장을 도울 수 있어야 한다. 1:1로 대상자를 관찰하면서 그들의 성장을 목격할 수 있기 때문에 평가자로서의 역할이 중요하다. 다섯 번째는 후원자역할도 수행해야 한다. 특히 후원자의 역할은 단기적인 성과보다는 장기적인 관점에서 심리적으로 코치대상자들이 코칭을 통해서 관심을 가지고 성장에 대한 확신을 심어주는 역할을 한다. 결국 코치로서의 리더는 조직 안에서 코치의 역할도 하지만 교사의 역할, 조언자역할, 롤모델로서의 역할, 평가자의 역할, 그리고 가장 중요한 지속적으로 성장할 수 있게끔 도와주는 후원자의 역할이 매우 중요하다. 그러나 많은 사람들은 코칭이 어려운 이유에 대해서 대부분 다음과 같이 말을 한다.

- 코칭을 잘 할 자신감이 부족하다.
- 코칭스킬을 잘 모르겠다.
- 코칭이 필요한 지 잘 모르겠다.
- 코칭을 할 적절한 시간이 없다.

이런 것들은 통제가 가능한 부분이다. 즉, 코칭을 잘할 수 있는 자신감이 부족하거나 코칭방법을 모른다면 배우면 되고, 코칭이 필요한지 모르겠다면 언제 필요한지 알면 된다. 코칭을 할 적절한 시간이 없다는 것은 핑계에 불과하다. 조직 안에서 리더는 성과라는 측면에서 후배들에 대한 지속적인 성장도 그들이 가져야 될 중요한 책임이기 때문에 시간을 만들어서라도 코칭을 해야 될 것이다.

일상의 모든 상황을 **배우는** 기회로 삼는 것이다.
해결책을 **제시**하는 것이 아니라,
그들 **스스로** 답을 찾도록 도와주는 것이다.
이를 통해 **장기적 성장**이 가능하다.

코칭을 통해 코치도 역시 **배움**의 기회를 갖는다.

제3절 커뮤니케이션으로서의 코칭과 코칭스킬

코칭이라는 것은 또 다른 측면에서 본다면 커뮤니케이션의 과정이다. 커뮤니케이션은 주로 말하는 것과 목소리 톤 그리고 마지막으로 바디랭귀지로 구성이 되는데, 가장 높은 비중을 차지하는 것은 자세, 얼굴표정, 행동, 에너지 수준으로 나타나는 바디랭귀지이다.[5)] 말로 하는 커뮤니케이션보다 효과성은 7%밖에 영향을 미치지 못한다. 목소리 크기라든지 높낮이, 빠르기, 분위기 등이 약 38%, 그리고 비언어적 요소인 바디랭귀지가 커뮤니케이션의 절반을 차지한다는 것

그림 11-1 커뮤니케이션의 구성요소

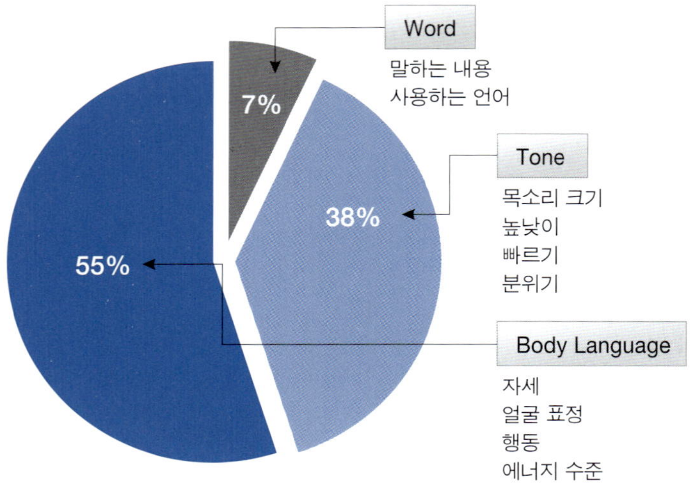

출처 : 이유나 & 허경호(2008).

은 매우 중요한 포인트이다. 코칭은 커뮤니케이션 과정이기 때문에 코칭을 잘하기 위해서는 효과적으로 커뮤니케이션하는 방법과 중요성을 알아야 한다.

3.1 효과적인 코칭을 위한 스킬

효과적인 코칭을 위해서는 몇 가지 스킬이 필요하다. 첫 번째 유대감 형성, 두 번째 경청 세 번째 질문이다.[6] 〈그림 11-2〉는 야구장 모양이고 화살표로 방향을 설명하고 있다. 야구선수가 안타를 치고 달려가는 순서를 설명하는 것인데 화살표를 해놓은 이유는 안타를 치고 3루 베이스로 달려가서는 절대로 점수를 낼 수가 없기 때문이다. 야구장 모형은 안타를 치고 1루 베이스 방향으로, 모든 베이스를 꼭 거쳐야 된다는 것을 설명하기 위한 것이다.

커뮤니케이션 관점에서 각 베이스에서 해야 될 일들을 다음과 같다. 홈베이스에서는 내가 어떻게 대화에 참여할 것인가에 대한 태도를 정하는 곳이다. 그래서 올바른 커뮤니케이션을 하기 위한 마음을 준비하는 단계, 다시 말해서 자기자신을 인식하고 이번 대화를 통해서 내가 얻어내고자 하는 결과가 무엇인지를 명확하게 정하고 대화에 참여해야 한다는 것이다. 그렇지 않다면 긍정적인 결과를 얻어내기는 어렵다. 따라서 대화를 하기전에 내가 도대체 이 대화를 왜 해야 하는지, 이 대화를 통해서 얻고자 하는 것이 무엇인지를 명확하게 준비해놓고 시작해야 하는 것이 중요하다.

그림 11-2 커뮤니케이션 야구장 모델

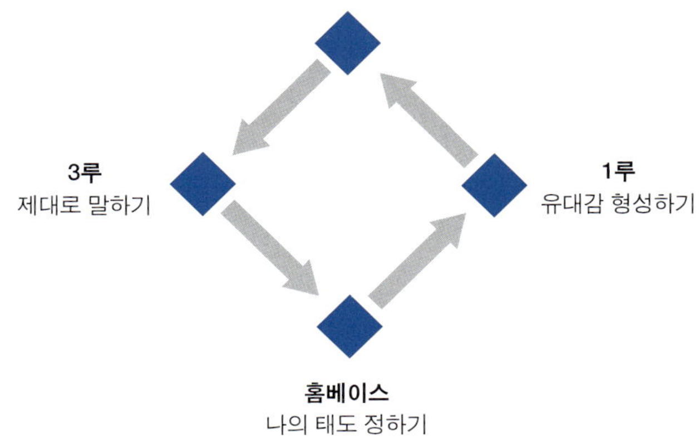

출처 : Tesco (영국 Tesco 본사) 교육자료

1루 베이스는 유대감(Rapport)을 형성하는 단계이다. 다시 말해서 코치대상자가 편하게 대화를 할 수 있도록 상황을 만드는 것이다. 이 과정을 통해 불편함을 극복해야지 성과를 낼 수 있는 코칭이 이루어지기 때문에 편안함을 만들어내기 위한 유대감 형성은 매우 중요하다. 유대감은 마음의 유대라는 뜻으로 서로의 마음이 연결된 상태 즉 서로 마음이 통하는 상태를 말하고 유대감이 만들어지면 호감·신뢰심이 생기고 비로소 깊은 내면의 목소리까지 언어화할 수 있게 된다. 유대감이 형성되면 호감과 신뢰심이 생기는데 이런 과정을 통해서 마음속에 있는 이야기까지 할 수 있게 된다. 신뢰는 자기주도적 성향을 낮출 때 만들어지고 미러링(Mirroring), 페이싱과 리딩(Pacing & Leading)을 통해서도 유대감 형성이 가능하다. 미러링(Mirroring)은 말 그대로 거울처럼 따라하는 것이다. 구체적인 방법은 다음과 같다.[7)]

- 상대방의 자세 및 동작을 그대로 따라 함
- 상대방이 오른손을 짚으면 왼손을 짚고, 또 왼손을 올리면 오른손을 올림
- 상대방이 고개를 우측으로 기울이면 좌측으로 기울이는 등의 행동을 취함

이런 행동을 통해서 코치와 코치대상자의 관계가 아주 밀착하게 유대감을 만들 수 있다. 다른 하나는 페이싱과 리딩(Pacing & Leading)이며 구체적인 방법은 다음과 같다.

- 페이싱(Pacing)은 상대방의 감정상태를 발견해 내는 것
- 상대방의 입장에서 세상을 바라보는 것이 진정한 페이싱(Pacing)
- 리딩(Leading)이란 상대방의 행동을 따라 하고 미러링과 페이싱((Mirroring & Pacing)을 통해 유대감을 쌓은 후 상대방의 행동을 이끄는 것

만약 페이싱 또는 미러링없이 리딩을 한다면 상당히 부정적인 결과만 도출될 수밖에 없다. 다음 2루 베이스에서는 자신의 의견이나 주장을 이야기하는 게 아니라 듣는 단계이다. 경청이란 상대방의 이야기에 귀를 기울이면서 진솔한 이야기를 끌어내는 것을 말한다. 경청은 상대방과 신뢰관계를 형성할 수 있고, 상대방이 존중받고 있다는 느낌을 전하기도 한다. 따라서 경청은 대화의 과정에서 상대방이 어떤 생각을 하고 있는지, 어떤 감정인지 살피게 도와주며, 상대방이 안도감을 느낄 수 있도록 도움을 준다. 그런데 잘 듣는다는 것은 생각보다 쉽지 않다. 경청을 위한 노력과 인내심이 필요하다. 경청이 어려운 이유는 대개의 경우 성향의 문제라기보다 경청하는 습관이 부족하기 때문이다.

경청에는 적극적 경청과 공감적 경청으로 설명할 수 있다. 적극적 경청은 '다른 사람의 이야기를 있는 그대로 듣는 태도와 능력'을 말한다. 그 어떤 선입견이나 판단, 분석, 진단을 내려놓고 상대가 하는 이야기에 온몸으로 귀 기울이는 일이다. 대화의 기본은 말하기 전에 먼저 듣는 것이다. 그러나 공감능력이 없는 상태이기 때문에 어떻게 보면 무미건조한 상태가 될 수 있다. 대신 어떠한 선입견도 개입시키지 않았기 때문에 냉정하게 상황을 판단할 수 있는 장점도 존재한다. 공감적 경청은 타인을 이해하고 문제의 핵심에 도달하기 위한 것으로 상대방의 생각을 이해하는 것이 중요하다. 따라서 적극적 경청과 공감적 경청은 코칭하는 과정에서 코치가 코치대상자의 이야기를 듣는 가장 바람직한 태도라고 할 수 있다.

잘 듣고 있다는 것을 증명할 수 있는 가장 좋은 방법은 질문이다. 질문이 중요한 이유는 내가 상대방의 이야기를 잘 듣고 있다는 것을 보여줄 수 있으며 코치대상자의 측면에서 본다면 코치가 질문할 경우, 자신의 이야기를 잘 들어주고 있다는 것을 느낄 수 있다. 물론 이외에도 말한 것을 반복한다든지, 동일한 단어를 사용하여 맞장구를 치는 것으로 자신이 잘 듣고 있다는 것을 증명할 수 있다. 다음의 행동을 통해서도 경청을 잘하고 있다는 것을 알 수 있다.

- 고개를 끄덕임
- 분위기/행동일치
- 거울처럼 동작따라하기
- 말 뒤에 숨겨진 감정 파악하기

질문이 또 다른 긍정적인 의미가 있는 것은 코치대상자가 미처 생각하지 못하고 있었던 것들까지 도출할 수 있는 '확장적 사고'를 할 기회를 만들어준다는 점이다.

마지막 3루 베이스는 비로소 자신의 이야기를 하는 단계이다. 마음의 준비를 잘 해서 어떤 방식으로 대화에 참여할지 태도를 정하고 대화하기 위한 좋은 분위기를 만든다. 그리고 나서 코치대상자들이 어떤 생각을 하는지 잘 들어주려고 많이 노력한다. 그 다음에 해야 하는 것이 나의 이야기를 하는 것인데, 문제는 많은 사람이 이러한 단계에 익숙하지 않다는 것이다. 홈베이스, 1루 베이스, 2루 베이스를 거쳐서 나가야 하는데 아마도 큰 인내심이 필요하게 될 것이다. 많은 사람이 마음의 준비도 하지 않은 상태에서 바로 3루 베이스로 향하는 경향이 있다. 대화를 위한 마음의 준비, 유대감 형성, 그리고 경청을 한 후에 나의 이야기를 해야 한다는 것이다.

질문한다는 것은 결과적으로 상대방의 생각을 충분히 알아들을 수 있고 파악할 수 있는, 더 나아가서 코치대상자들이 미처 생각해내지 못한 것까지도 확장해서 생각해낼 수 있는 좋은 방법이다. 질문을 많이 하게 되면 내가 하는 말을 많이 하는 것이 아니라 상대방이 말을 많이 하는 것이기에 그만큼 더 많이 듣게 될 수 있다. 또한 질문은 예정적이기 때문에 질문을 할 때는 이미 어느 정도의 답을 담고서 질문을 하게 된다. 내가 원하는 방향으로 답을 만들어내고자 할 때도 있다. 그러나 의도를 가지고 질문을 한다기보다는 가급적이면 상대방의 생각을 확대할 수 있는 측면의 질문이 더 필요하다.

질문은 방향성을 갖고 있으므로 궁극적으로 바람직한 모습을 찾기 위한 질문이어야 한다. 질문에는 일정한 코치의 의도가 담겨 있을 뿐만 아니라 바람직한 결론에 도달할 수 있도록 방향성 있게 질문을 해야 한다. 그러나 의도적으로 특정한 답을 얻어 내기보다도 긍정적인 결과를 얻어 내기 위한 방향성을 가지고 있는 질문이어야 한다. 질문할 때 중요하게 고려해야 하는 것으로 긍정적 또는 부정적 질문인가라는 것이다. 가급적이면 긍정적 질문을 해야 할 필요가 있다. 예를 들어 '왜 안 했지요?'라고 부정적으로 질문하기 보다는 '어떻게 했나요?'라고 물어보는 것이 좀 더 효과적일 수 있다. 긍정적으로 질문한다는 것은 코치대상자가 보다 적극적으로 답변할 수 있는 기회를 만들어주는 것이다. 만약 부정적으로 질문을 한다면 자신의 입장을 모면하려고 하거나 무엇인가 감추려고 하는 유형의 답이 나올 수밖에 없다.

질문방법은 폐쇄형 질문과 개방형 질문이 있다. 폐쇄형 질문은 '예' 또는 '아니요'라는 답을 하는 것이다. 커뮤니케이션 과정에서 본다면 상당히 기분이 나쁜, 불편한 형태의 질문이 될 수도 있지만, 이러한 폐쇄형 질문이 나쁜 방법만은 아니다. 다음의 이유에서 본다면 긍정적인 의미도 있다.

- 사실을 명확히 하거나 특정 정보에 유용
- 이해도 확인
- 특정 논점이나 주제에 집중
- 상대방이 지나치게 이야기를 많이 하는 경우 중단하기 위해

상황에 따라서는 폐쇄형 질문도 유효할 수 있지만, 폐쇄형 질문은 특별한 상황, 예를 들어 시간이 아주 부족하거나 문제가 복잡하거나 이럴 때 유효하다. 그러나 코치대상자들의 확장적인

〈표 11-1〉 개방형 질문

개방형 질문	
5W (what, why, where, when, whom) 1H(how) 질문	대화 시작 또는 상대방에게 이야기할 시간을 제공하는 질문
생각하고 느끼는 바를 표현할 수 있도록 도움을 주는 질문	애매한 상황을 명확화 시키는 질문
추가로 세부정보를 획득하거나 명료화 시키는 질문	

사고를 위해서는 예/아니오 폐쇄형 질문보다는 개방형질문이 훨씬 더 유용하다.

탐색형 질문은 상대방의 의중을 파악하거나 이해정도를 파악할 때 아주 적절하게 활용될 수 있는 것으로 다음의 질문들이 해당한다.

〈표 11-2〉 탐색형 질문

탐색형 질문	
좀 더 설명해 주시겠어요?	단계별로 설명해 주시겠어요?
얼마나 자주 그랬나요?	당시 어떤 생각이 들었나요?
직접 보여주실 수 있나요?	후배직원이 왜 그렇게 행동했을까요?

다음의 내용으로 질문하는 것은 어떤 형태의 질문일까?

〈표 11-3〉 과거 vs 미래 질문법

과 거	미 래
지금까지는 어떻게 했나요?	앞으로 어떻게 할 계획인가요?
도대체 왜 그걸 하지 않았죠?	그 일을 완수하기 위해서 어떻게 하면 좋을까요?

이것은 과거와 미래 질문법이다. '지금까지는 어떻게 했나요?', '왜 그걸 하지 않았나요?' 이런 질문은 과거형 질문이다. 이러한 과거형 질문보다는 좀 더 미래지향적으로 '앞으로 어떻게 하실 계획인가요?'라고 물어보는 것이 훨씬 더 답변하는 사람으로서 더 긍정적인 답변을 유도할 수 있게 된다.

3.2 코칭을 위한 또 하나의 스킬, 피드백

피드백은 코칭에 있어서 매우 중요한 또 하나의 스킬이다. 특히 한국의 경우 피드백은 잔소리하거나 질책을 받는 것 또는 불필요하다고 오해를 하는 경우가 있다. 그러나 피드백의 핵심은 사실에 근거하는 것이다. 피드백이 코칭스킬 중에서 특히 중요한 이유는 올바른 코칭을 위해서 가

그림 11-3 4 Part Message

Behavior / Situation (상황 / 배경) → Feeling (감 정) → Effect (그로 인한 결과) → Change (원하는 것)

첫 번째는 상황을 정확하게 설명을 해야 한다. 그리고 그 상태에서 내가 느꼈던 감정과 그로 인해서 발생할 수 있는 결과를 말하고 마지막으로 내가 원하는 것을 말하는 것이다. 이것이 4 Part Message이고 피드백을 하는 가장 바람직한 방법이다.

출처 : 저자 요약

장 마지막에 중요하게 작용될 수 있는 부분이기 때문이다. 다시 말해 피드백은 진실한 사실에 근거를 두어야 한다는 것이다. 그래서 피드백은 진실에 근거해서 상황을 설명하고 더 잘할 수 있는지 또 더 잘할 수 있는 부분이 있는지 찾아내고 칭찬하고 잘할 수 있도록 도와주는 것이 피드백이다. 여기서 중요한 것은 진실이다. 정확한 사실에 근거를 두지 않으면 아무것도 올바르게 설명이 될 수 없다. 그래서 상대방에게 진실을 근거로 그들의 태도나 행동을 바꾸게 한다든지 또는 잘하는 부분을 지속적으로 인정해주는 것이 피드백이다. 만일 진실을 간과하거나 잘못된 사실로 피드백을 하게 되면 피드백이 아니라 비난이 될 수밖에 없다. 올바르게 피드백을 하기 위해서는 4 Part Message를 아는 것이 중요하다.

실제로 코칭현장에서 활용될 수 있는 피드백을 4 Part Message로 진행한다면 훨씬 더 효과적인 피드백이 될 수 있다. 만약에 그렇지 않다면, 코칭의 중요한 스킬인 피드백이 올바르게 작동되지 않고 그로 인해서 중요한 코칭이 실패가 될 수 있다. 따라서 피드백이 매우 중요하다는 것을 기억해야 한다. 효과적이고 긍정적 피드백을 위한 여덟 가지 구체적인 방법은 〈표 11-4〉와 같다.

이 여덟 가지 피드백 방법을 통해서 긍정적으로 피드백을 한다면 코칭의 마지막 단계로서 성공적인 코칭으로 마무리될 수 있을 것이다. 조직 내에서 진행되는 코칭은 연습만 잘한다면 그리 어렵지 않다. 코칭에 대한 경험부족과 실행하기 전의 두려움, 그리고 코칭을 할 시간이 없다는

〈표 11-4〉 효과적이고 긍정적 피드백을 위한 여덟 가지 방법

효과적이고 긍정적 피드백을 위한 여덟 가지 방법	
구체적으로 말한다.	당사자 주변의 인물에 대해서 말한다.
간결하게 말한다.	우연한, 그리고 의외의 상황에서 말해도 좋다.
다른 사람 앞이나 제3자에게 말한다.	상대에 따라 칭찬내용이나 방법을 달리한다.
사소한 것까지 말한다.	결과뿐만 아니라 과정과 노력에 대해서도 말한다.

그림 11-4 코칭의 4가지 스킬

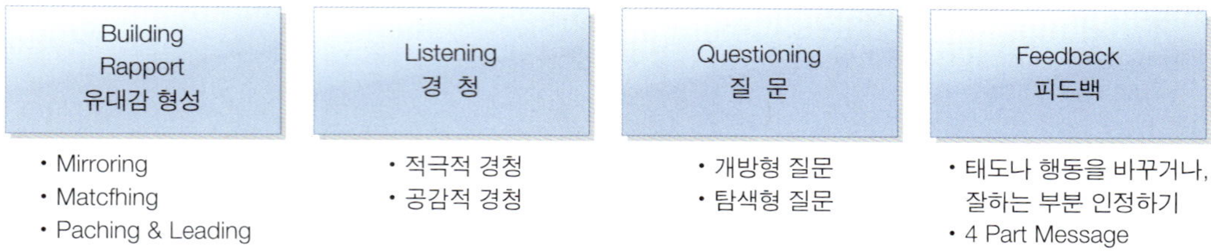

출처 : 저자 요약

여러 이유로 그동안 코칭이 효과적으로 조직 내에서 확산되지 않았다. 책임지는 리더로서 코칭은 조직의 지속가능한 경영을 위한 인적자원의 효율적인 관리를 위해서 매우 유용한 것이라고 할 수 있다.

연습문제

1. 지속가능경영을 추구하는 경영환경에서 인재육성을 위한 방법으로 코칭이 주는 시사점에 대해 논의하시오

2. 코칭이란 무엇인가? 어떤 역할을 하는지 설명하시오.

3. 코치로서 리더의 역할에 대해 설명하시오.

4. 커뮤니케이션으로서의 코칭의 장점과 효과적인 코칭을 위한 방법에 대해 논의하시오.

5. 피드백의 중요성과 과정, 방법에 대해 설명하시오.

미 주

1) 미국프로야구협회. https://www.mlb.com/glossary/positions/manager
2) 전도근. (2004). [KD2004-31-04-13] 평생교육사 양성과정의 직업능력 개발 효과에 영향을 미치는 요인. [KEDI] 한국교육, 0-0.
3) 김용구, & 채명신. (2014). 코칭 슈퍼비전에 있어 슈퍼바이지의 만족도에 영향을 미치는 요인에 관한 실증연구. 한국산학기술학회 논문지, 15(10), 6102-6113.
4) O'connor, J., & Lages, A. (2004). Coaching with NLP: How to be a Master Coach. HarperCollins UK.
5) 이유나, & 허경호. (2008). 발표상황에서 발표자의 비언어적 요소가 발표자의 이미지 평가 및 메시지 인지도에 미치는 영향. 스피치와 커뮤니케이션, (10), 38-72.
6) 백명, & 장금성. (2016). 간호사를 위한 코칭 프로그램 개발 및 효과성 검증. 보건정보통계학회지, 41(1), 57-66.
7) 조필호(2019). MBA-Tango 코칭대화법, 닥터펜 글로벌, 서울.

제12장

보상관리

보상관리는 직무분석, 업적평가 등과 밀접한 관련이 있으며, 인적자원관리의 중심적인 활동이다. 본 장에서는 노동의 대가로서의 임금 이외에 임금이 갖는 동기부여적 측면을 비롯하여 임금관리의 체계, 업적급의 전략적 중요성과 유형 등에 대한 이해를 목적으로 한다. 이를 통해 보상관리가 어떻게 조직과 조직구성원의 상반되는 이해를 조정하고 기업의 경쟁력을 높이는 중요한 수단이 될 수 있는지 이론 및 실무적 시사점을 확보한다.

제1절 보상활동의 개요

현재 기업들이 직면하고 있는 경쟁환경은 변화의 속도를 따라잡기 어려울 정도로 급변하고 있다. 이러한 경쟁환경에서 기업이 지속적인 성공과 성장을 영위하기 위해서는 올바른 전략방향을 제시하고, 미래를 위한 정확한 의사결정을 내리는 경영자의 역할이 무엇보다 중요하다. 따라서 우수한 경영자의 확보 및 유지, 기업성장을 동시에 달성하기 위해서는 기업전략과 연계된 경영자 보상프로그램의 구축이 필요하다.

우리나라의 경우 그동안 연공급형태의 보상체계가 주를 이루었고, 이런 보상제도가 과거에 우리 경제가 보여 주었던 고도성장기에는 문제가 되지 않았다. 그러나 시대적 변화와 탈규제 그로 인한 경쟁이 가속화되고 환경에서 예전의 보상시스템을 가진 기업은 우수한 인재를 유치하고 유지하기 위해 새로운 보상체계를 고민하기 시작했다. 기업은 우수한 인력을 확보하고 이들을 적재적소에 배치하고 동기부여를 하는 데 끊임없는 노력을 기울여야 한다.

기업경영은 개인의 능력이 객관적으로 분석·평가되고 보상될 수 있어야 비로소 가능해진다. 그러므로 개인의 잠재능력을 정확히 파악하지 못한다면 그 능력을 충분히 활용하는 것이 불가능해지며, 합리적인 보상이 이루어지지 않는다면 개인 및 팀원들에 대한 동기부여가 이루어지지 않아 우수한 인재의 확보 및 양성이 불가능해진다. 따라서 적절한 평가와 보상이 필요하다. 최근 우리 사회에 관심을 끌고있는 성과급, 연봉제, 스톡옵션 등의 제도들은 이러한 현실을 반영하고 있다고 하겠다.

1.1 보상활동의 역사와 정의

BC 54년 Julius Caesar는 가장 강한 군대를 만들기 위하여 부대의 보상제도를 혁신적으로 바꾸었다. 그는 뛰어난 병력을 확보하기 위해 봉급을 기존 수준의 3배로 올렸다고 한다. 그리고 3년 후에는 지금의 보너스제도와 같이 성공적으로 전투를 수행한 경우 전과에 상응하는 상금을 지급했다. 그 후 각 나라의 왕이나 장군 등 통치자들은 효과적인 통치를 위하여 나름대로의 보상제도를 개발해 왔다. 이제 현대에 이르러 기업, 정부를 포함한 모든 조직에서는 좀 더 효과적인 성과를 내기 위하여 적절한 보상시스템을 만들기 위해 노력하고 있다.

보상의 정의에는 다양한 의견이 있다. L.W. Porter는 종업원의 직무만족요인을 설명함에 있어서 급여, 승진 등은 외재적 보상으로, 성취감, 인정감, 도전감, 자아실현감 등을 내재적 보상으로 구분하여 경제적 댓가 이외의 요소들을 보상의 개념에 포함시켰고, D.W. Belcher에 의하면 "보상이란 고용계약에 있어서 조직과 개인 간의 거래를 나타낸다. 그리고 이러한 거래는 주로 경제적인 것으로 간주되는 것 이외에 심리적 · 사회적 · 정치적 혹은 윤리적인 것이며 이 중 어느 하나 이상인 것이다" 라고 설명하기도 했다. 또한 투입과 산출 간의 관계로 나타내는 학자도 있는데, 일반적으로 보상은 개인이 조직체에서 수행한 일에 대한 모든(경제적 · 경제외적) 대가를 나타낸다고 할 수 있겠다.

1.2 보상활동의 중요성과 우리나라의 실태

그렇다면 보상제도가 중요한 이유는 무엇이며, 우리 한국의 보상체제는 어떠한가? 시저의 예에서 보듯이 보상제도는 조직의 성패를 좌우하는 가장 중요한 요인이라 할 수 있다. 조직은 사람들의 집합체이며 따라서 각 구성원들이 어떠한 역할을 해 주는가에 따라 그 성패가 좌우된다. 보상제도는 조직구성원의 행동양식에 영향을 미치기 때문에 결국 조직의 성패를 가름하게 된다. 따라서 보상제도의 중요성이 강조되는 것은 지극히 당연한 일이다. 특히, 보상제도는 경쟁이 심하고 따라서 조직효율의 극대화가 긴요한 상황에서는 더욱 그 중요성이 커진다.

또한 지금 이 순간에도 경영환경은 급속하게 변하고 있다. 각종 규제가 완화되고 기업 간 경쟁은 더욱 치열해지고 있으며, 정보통신기술의 발전, 인공지능의 가속화, 빅 데이터 분석의 활용 등으로 글로벌경제에서 경쟁이 치열해지고 있다. 이러한 상황에서 기업이 조직의 효율성을 극대화하기 위해 어떤 보상시스템을 마련해야 하는가 하는 것은 중요한 문제이다.

국내기업들의 보상시스템은 과거 고성장시대의 연공급부터 연봉제까지, 다양한 보상시스템을 보여주고 있다. 과거 IMF이후 연봉제를 도입하는 기업이 늘었으나 이 또한 효율적인 보상체계 구축이라는 측면보다는 일단 인건비의 절감차원에서 시행되고 있는 실정, 또는 연공급을 연봉제 형태로 변경하는 수준의 보상이어서 많은 갈등을 겪고 있다.

경영환경뿐만 아니라 경영패러다임의 변화도 보상시스템의 변화를 촉구한다. 이제 기업들은 외형위주의 양적경영에서 지속가능경영을 위한 질적경영으로 전환되고 있다. 정부가 가격과 진입을 규제하는 시대에는 기업들이 외형극대화를 추구하는 경향이 있었고, 이윤의 세분화보다 외형을 세분화하기가 쉽다는 이유도 있었지만, 근본적으로는 규제환경에서 외형을 키우면 이윤 또한 증가한다는 것을 이용한 것이라고 할 수 있다. 규제하의 기업은 이윤극대화와 효과는 같으면서 뚜렷하게 성과를 측정할 수 있는 외형상의 매출규모를 극대화하게 된 것이다. 그러나 더 이상 외형극대화는 지속가능한 패러다임이 될 수가 없게 되었고, 가격자유화, 세계화, 개방화, 고객수준의 향상, 기술의 급변 등으로 시장이 복잡해지면서 이제 '외형=이윤'의 등식이 아닌 가치기준 경영(Value-Based Management)인 질적경영으로 전환할 수밖에 없다.

새로운 경영패러다임으로 전환하여 지속가능경영을 위한 경영시스템을 도입하려면 경영혁신을 통해서 내부통제시스템의 일대 개혁이 이루어져야 한다. 개혁의 핵심은 주식지분을 갖고 있지 않은 전문경영자 및 임직원이 '주인의식'을 갖고 경영을 할 수 있도록 보상시스템을 구축하는 것이라고 할 수 있다. 따라서 가치기준경영으로의 발상전환이 현재 우리 기업들에게 시급한 과제이며, 그 중에서도 내부시스템인 보상시스템에 일대개혁이 가해져야 한다. 이하에서는 보상시스템 구축에 필요한 여러 가지 보상이론과 보상제도에 대해 알아보기로 하자.

제2절 보상이론 및 여러 가지 보상제도

2.1 보상이론 및 원칙

보상은 일반적으로 계약의 한 당사자가 다른 당사자에게 제공한 노력, 시간, 기술 등에 대해 여러 가지 형태의 반대급부를 지급하는 것이다. 기업과 직원의 관계에서 보면 일정기간 동안에 노동자가 제공한 투입(input)에 의해 기업의 수익을 창출할 수 있는 산출(output)이 생산되었기 때문에 이에 대한 보상을 하는 것이다. 보상이론은 크게 심리학에 근거를 둔 이론(Psychological Theories)과 경제적인 인간관에 근거를 둔 경제학적 이론(Economic Theories)으로 구분할 수 있다.

(1) 심리학적 이론

심리학적 이론(Psychological Theories)에는 Vroom(1964)에 의해 개발된 기대이론과 Skinner에 의해 정립된 강화이론, Vroom에 의해 개발된 공정성 이론, Locke에 의한 목표설정 이론 등이 있다.

■ **기대이론(Expectancy Theory)**

직원의 기술과 지식, 조직의 성과측정 및 보상제도, 개인적인 가치기준이 어떻게 종합적으로 만족도에 영향을 미치는가 하는 것을 설명한다. 또한 성과측정이 동기부여 시스템의 핵심 역할을 하고 있다는 관점이다.

■ **강화이론(Reinforcement Theory)**

행위주체가 바람직한 행위를 했을 때 그에 상응하는 보상을 하게 되면 그러한 행위를 하는 빈도가 높아진다는 것이다.

■ **공정성 이론(Equity Theory)**

이 이론에 따르면 임직원들은 자신들의 보상만을 고려하는 것이 아니고 다른 사람들의 보상과 비교를 한다는 데 초점을 둔다. 만일, 자신의 투입에 대한 산출의 비율이 타인의 비율보다 낮다면 그는 과소보상을 받았다고 느낄 것이고 이 비율들 간의 균형을 맞추기 위한 쪽으로 동기부여될 것이다. 예를 들면 본인의 투입노력을 줄이거나, 개수급의 경우 품질에 상관없이 생산량을 늘리는 쪽으로 행동하게 될 가능성이 높다. 반대로, 자신의 비율이 타인의 비율보다 높다면 과대보상을 받았다고 느낄 것이며 심한 경우에는 죄책감을 느낄 수도 있을 것이다.

■ **목표설정이론(Goal-Setting Theory)**

성과급의 증가가 더 많은 목표를 설정하게 하고, 좀 더 어려운 목표를 설정하게 하고, 목표에 대한 집착을 더 강하게 하기 때문에 동기부여효과를 가져 올 수 있다는 것이다.

(2) 경제학적 이론

경제학적 이론으로는 Clark의 논문에서 시작한 한계 생산성 이론과 Salop에 의해 개발된 효율적 임금이론 등이 대표적이다.

■ **한계 생산성 이론(Marginal Productivity Theory)**

경쟁적인 시장에서 기업이 생존하기 위해서는 비용을 최소화하여야 하는데, 그러기 위해서는 기업은 직원들이 기여한 부분만큼에 해당하는 보상을 지급하여야 한다는 것이다. 즉, 보상액이 한계 생산성과 같아야 한다는 것이다.

■ **효율적 임금이론(Efficiency Wage Theory)**

한 마디로 말해서 임직원이 투입하는 노력은 임금수준에 의해 결정된다는 것이다. 즉, 기업은 임직원이 최대의 노력을 기울이고, 그들의 임무를 잘 수행하도록 임금을 높이 책정하여야 한다.

위의 두 가지 접근방법에서 나온 이론들은 인간의 본성에 대한 가정이 다르므로 이로 인해 성과와 보상을 연결시키는 것이 왜 성과를 향상시키는가에 대한 설명이 다르다. 그러나 한 가지 중요한 공통점은 성과와 보상을 연계시키면 성과를 향상시킬 수 있고 동기부여의 강화여부가 성과와 밀접한 관련이 있다는 점이다. 따라서 이에 대한 적절한 조화로 동기부여효과를 극대화하는 것이 필요하다.

2.2 보상제도의 유형

(1) 직접 보상제도

■ 단기보상제도

단기보상제도는 기업의 장기적인 전략이나 투자활동보다는 일상적이고 단기적인 성과(통상 1년 이내)에 대해 보상의 초점을 맞춘다. 단기보상제도에는 봉급과 보너스(bonus) 등이 있다. 봉급 혹은 임금(salary)은 기업과 직원간의 가시적 또는 묵시적 계약에 의해 노동에 대한 대가로 받는 현금을 말한다. 지급액수는 미리 정해지며, 근무경력, 외부경쟁력 조건, 물가, 성과 등에 의해 정기적으로 조정된다. 보너스는 기업과 직원과의 계약에 의해 어떠한 단기성과를 달성했을 때 지급되는 현금으로 변동급의 일종이며 통상 일정기간의 성과에 근거하여 일시에 지급된다.

■ 장기보상제도

장기보상제도는 기업의 장기적이고 전략적인 측면의 성과에 중점을 둔 보상제도이며 따라서 성과측정이 1년 이상의 기간에 걸치는 것이 보통이다. 이에 해당되는 제도로는 스톡옵션이나 제한주식, 장부가치단위 등이 있다.

스톡옵션(stock option grants)은 주식을 지급하는 것이 아니고 주식을 취득할 수 있는 권리를 제공하는 것이다. 스톡옵션의 경우 최근 들어 많은 관심을 끌며 우리나라의 많은 기업들이 도입하고 있는 제도이다.

제한주식(restricted common stock award)은 매매나 양도에 대한 제한이 가해진 보통주를 증여하는 제도로, 직원들은 원칙적으로 일정기간 이전에는 주식의 소유권을 이전하거나 매각할 수 없다. 즉, 수혜자는 제한기간 동안 조건부 소유권을 가지게 된다. 그러나 제한기간 동안이라도 의결권을 행사할 수 있고, 배당을 받으며 주식증서를 소유할 수 있다. 배당은 현금으로 지급되거나 또는 이에 상당하는 액수가 수혜자의 계정에 계상된다.

장부가치단위(book-value units)제도는 주식의 시장가치에 의해 보상을 하는 경우 기업의 성과와는 관계없는 시장전체의 움직임에 의해 주가가 결정될 수도 있다는 단점을 보완하기 위해 주식의 장부가치에 의해 보상을 하는 것이다. 주식의 장부가치는 총자산에서 부채를 뺀 후 발행주식수로 나누어 계산한다. 주식의 시장가치가 기업의 성과뿐만 아니라 거시경제 상황에 의해서도 변화하여 등락 폭이 심한데 비해 주식의 장부가치는 변화가 적고 부드러운 상승세를 보이며 증가하는 것이 보통이다. 보상기간말에 직원들은 기업의 주식을 시장가치가 아닌 장부가치에 근거하여 구매하거나 또는 기업으로부터 무상으로 주식을 받는다.

(2) 간접 보상제도(복리후생)

기업의 보상시스템에 대한 시간 및 돈의 막대한 투자에도 불구하고 바람직한 동기부여효과가 제대로 나타나지 않는 경우가 많다. 그 이유에 대해 경영전문가들은 눈에 보이는 물질적, 금전적 보상들에 대한 지나친 강조를 문제점으로 제시하고 해결방안으로 복리후생에 대해 강조하고 있다. 복리후생이란 직원의 생활수준 향상을 위하여 시행하는 임금 이외의 간접적인 여러 급부를 말한다. 원래 기업에 있어서 직원에 대한 복리후생제도는 온정적·은혜적인 의미에서 경영자의 자유의사에 의한 임의적 제도로서의 성격을 가진 것이었으나, 산업사회의 발전과 특히 노사관계의 변화로 말미암아 오늘날에 있어서는 국가의 입법에 의하여 강제되는 법정제도로서의 성격도 함께 가지게 되었다. 복리후생의 유형으로는 대표적으로 국민건강보험이나 의료보험, 각종 공제 및 대부, 급식, 사택, 오락시설, 연금과 재해보험 등이 있다.

(3) 각 보상제도의 장·단점

■ 단기보상제도 대 장기보상제도

미국의 경우 단기보상제도는 1920년대부터 유행하기 시작하였다. 그러나 단기보상제도는 빠른 성과를 보인다는 장점이 있지만 경영자로 하여금 단기의 성과에 집착하게 만드는 결과를 초래할 수 있다. 또한, 성과지표인 회계적 측정치가 기업의 가치증가와 연계가 약할 수 있고 성과지표의 조작이 가능하다. 이러한 단점은 장기보상제도의 도입으로 극복할 수 있을 것이다.

■ 주식가치기준 보상 대 회계적 성과기준보상

주가에 근거한 보상의 가장 큰 단점은 임직원의 노력과는 관계없는 시장 전체적인 요인에 의해 과다 또는 과소보상을 받을 수 있다는 것이다. 따라서 정확한 개개인에 대한 평가가 힘들다. 그러나 회계적 성과에 근거한 보상은 주식가치에 근거한 보상과 함께 사용됨으로써 주식가치에 근거한 보상의 단점을 보완할 수 있다.

■ 주요 보상제도의 비교

우선 경영자와 주주와의 이해의 일치측면에서는 스톡옵션이 가장 우수하다. 그 이유는 행사가격을 부여시점의 공정주가 이상으로 할 경우 경영자가 보상을 받기 위해서는 기업의 경영을 잘하여 공정주가 이상으로 주가를 끌어 올려야 하기 때문에 경영자의 이해와 주주들의 이해가 가장 잘 맞기 때문이다. 그러나 제한주식은 처음부터 주식을 부여하는 것이어서 주가가 올라가지

〈표 12-1〉 보상제도의 비교

세 부 내 용	스톡 옵션	제한 주식	장부가치단위, 주식, 장기상여금
경영자와 주주들의 이해를 일치시킨다.	●	◐	◐
우수 경영자를 유치한다.	◐	●	◐
장기성과를 강조하고 장기계획을 수립하는 데 도움을 준다.	●	◐	●
수혜자가 장기적으로 자본을 형성하는 데 도움을 준다.	●	●	◐

(● : 높은 가능성, ◐ : 어느 정도의 가능성)

않아도 일정기간이 지나면 보상이 되기 때문에 주주들에게는 좋지 않은 제도이다. 장부가치단위는 회계적 기준치에 의해 보상의 양이 정해지므로 주주의 이해가 꼭 일치되지는 않는다.

둘째, 경영자의 유치측면에서는 경영자의 입장에서 볼 때 까다롭지 않은 제한주식이 유리할 것이다. 스톡옵션이나 장부가치단위는 일정한 수준의 성과를 달성하고 그에 대한 주식의 가치에 따라 달라지므로 경영자에게는 덜 매력적인 보상수단이다.

셋째, 장기적인 측면에서는 일정한 주가수준이나 장기적인 회계적 성과를 달성하여야 보상이 되는 스톡옵션이나 장부가치단위가 우수하다. 제한주식의 경우는 일정 수준으로 주가를 올려야 하는 조건이 없으므로 기업의 장기성과를 강조하는 측면이 약하다.

마지막으로 수혜자의 장기자본형성에 도움을 주는 측면에서는 스톡옵션과 제한주식이 유리하고, 회계적 기준치에 의한 성과급은 덜 우수한 방법이다.

여러 가지 측면에서 볼 때 스톡옵션이 매우 좋은 보상방법의 하나인 것으로 판단되며 이것이 스톡옵션이 여러 가지 보상제도 중 가장 빈번하게 사용되는 이유를 설명해 주는 것이라 볼 수 있다.

제3절 보상전략

개별기업의 보상제도는 각 사가 처해 있는 상황에 따라 직접 보상과 간접 보상의 구성비율을 적절하게 혼합한 전략적 포트폴리오를 구성함으로써 보상을 통한 구성원들에의 동기부여가 보다 효율적으로 전개될 수 있다. [그림 12-1]에서 보는 바와 같이 창업초기의 기업과 안정기의 기업과의 직·간접보상 간의 구성비율은 현저하게 달라질 수 있다.

그림 12-1 전략적 보상 포트폴리오

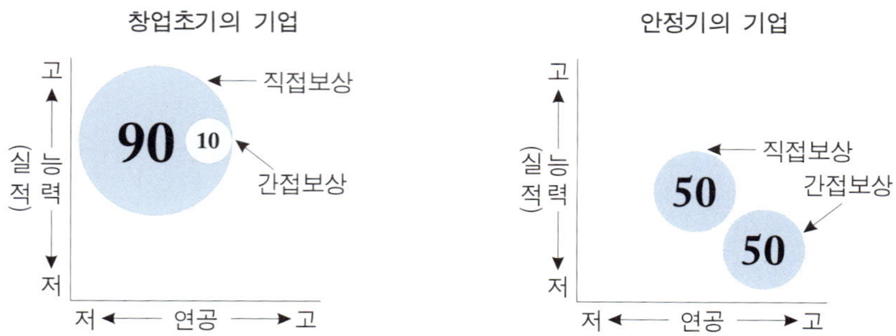

창업초기의 기업은 이제 막 시장에 진입하는 단계이므로 생존을 위해서는 기존의 시장선점자들과의 일대격전을 벌이지 않으면 안 될 상황이다. 따라서 경영전략도 상당히 공격적인 형태를 취해야 할 것이고 그에 따라 구성원들의 의식이나 태도, 행동도 모두 성과위주로 형성될 필요가 있다. 그러므로 성과연동형 직접보상의 비율이 90%, 연공을 고려한 간접보상의 비율은 10%의 수준으로 설정할 수 있다.

반면에 시장에서 안정적인 지위를 유지하고 있는 기업의 경우에는 기업내 구성원들 간의 인적 질서를 안정시키고 기존 시장을 안정적으로 유지할 수 있도록 기존 구성원들의 조직에 대한 충성심을 키워가는 데 힘쓸 필요가 있을 것이다. 따라서 직간 구성비율도 5:5 정도로 구성하고 직접보상의 설계기준도 능력과 연공을 적절하게 혼합한 체계로 가져갈 수 있다.

보상전략을 구상함에 있어서는 이러한 직·간접보상 간의 적절한 비율설정 뿐만 아니라 임금수준의 결정을 동종 타사와 비교해서 어떤 수준으로 가져가느냐 하는 것도 중요한 과제가 되고 있다.

제4절 임금관리의 체계

직접보상인 임금은 [그림 12-2]와 같이 기준임금과 기준 외 임금, 그리고 인센티브에 속하는 상여금과 퇴직금으로 구성된다.

기준임금은 정규근로시간 내의 근로에 대한 대가로 지급되는 기본급과, 그것과 함께 고정적으로 지급되는 각종 수당이 포함된 급여를 말한다. 기준 외 임금에는 초과근로수당, 상여금, 퇴직

그림 12-2 임금의 구성

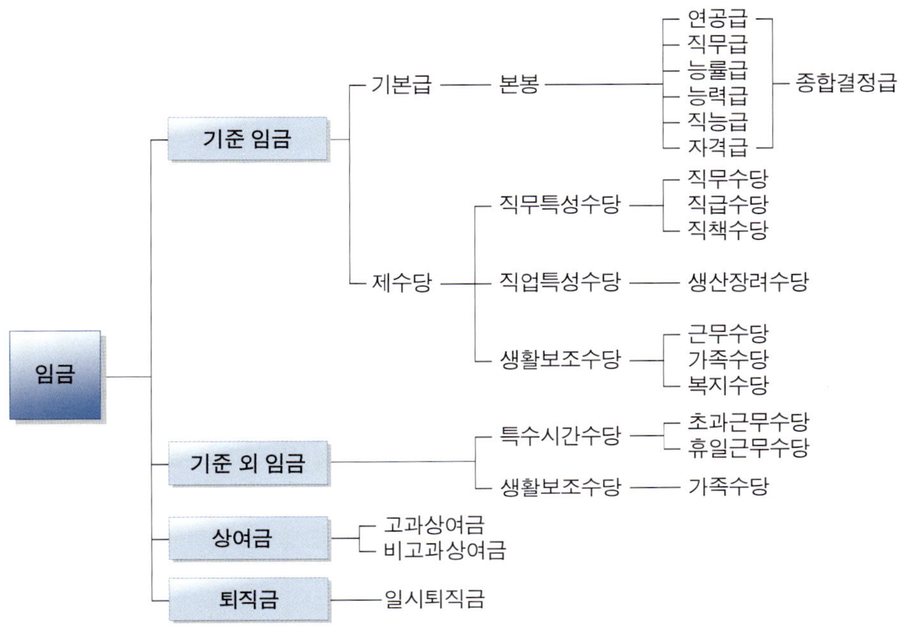

금 등이 있다. 여기서 우리가 가끔 언론보도를 통해 접하게 되는 용어, 예를 들면 "…사측은 기본급 동결과 통상임금의 300% 성과급 지급을 최종 수정안으로 제시…"에서 볼 수 있는 통상임금 등에 대한 이해가 필요하다. 이하에서는 근로기준법에서 말하는 임금, 통상임금, 평균임금 등에 대해서 간략히 정리해 보고자 한다.

먼저 근로기준법(제2조 제1항 5호)에서 말하는 '임금'이란 사용자가 근로의 대가로 근로자에게 임금, 봉급, 그밖의 어떠한 명칭으로든지 지급하는 일체의 금품을 말한다. 따라서 임금은 사용자에게 지급의무가 있어야 하고, 전체 근로자 혹은 일정한 요건의 근로자에게 일률적으로 지급되어야 한다는 요건을 갖추어야 한다.

다음 근로기준법(시행령 제6조 제1항)에서 말하는 '통상임금'은 근로자에게 장기적이고 일률적으로 소정근로 또는 총 근로에 대하여 지급하기로 정한 시간급금액, 일급금액, 주급금액, 월급금액 또는 도급금액을 말한다. 법원판결에서는 이에 대해 보다 구체적으로 그 내용을 다음과 같이 적시하고 있다(대법원 2003다10650 판결).

"소정 근로 또는 총근로의 대상으로 근로자에게 지급되는 금품으로서 그것이 정기적 일률적으로 지급되는 것이면 원칙적으로 모두 통상임금에 속하는 임금이라 할 것이나, 근로기준법의

그림 12-3 임금관리의 체계(I)

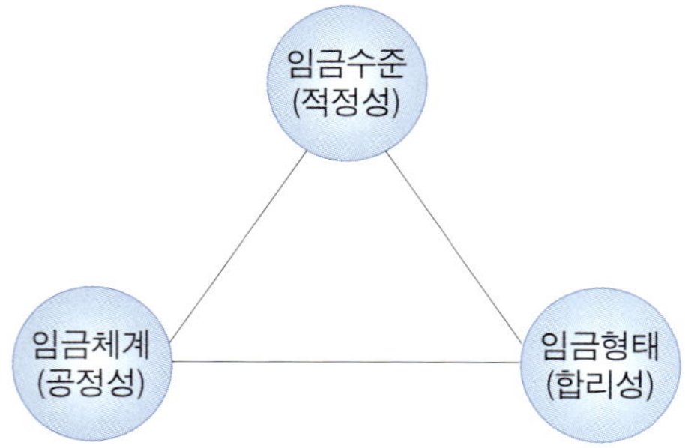

입법취지와 통상임금의 기능 및 필요성에 비추어 볼 때 어떤 임금이 통상임금에 해당하려면 그 것이 정기적, 일률적으로 지급되는 고정적인 임금에 속하여야 하므로 정기적 일률적으로 지급 되는 것이 아니거나 실제의 근무성적에 따라 지급여부 및 지급액이 달라지는 것과 같이 고정적 인 임금이 아닌 것은 통상임금에 해당하지 아니한다."

그러므로 근속연수에 따라서 달라지는 급여나 정기보너스가 아닌 특별보너스 같은 비정기적이거나 일률적이지 않은 임금은 통상임금이 아니라는 것이다. 여기서 통상임금에 대한 정의가 중요한 것은 그것이 수행하는 기능이 중요하기 때문이다. 즉 통상임금은 해고예고수당(근로기준법 제26조), 시간외 야간 및 휴일근로시의 가산임금계산(근로기준법 제56조), 연차유급 휴가수당(근로기준법 제60조), 휴업수당(근로기준법 제46조) 등을 산정하는 기준이 되고 있다.

한편 평균임금에 대해서는 근로기준법(제2조)에서 "평균임금이란 이를 산정하여야 할 사유가 발생한 날 이전 3개월 동안에 그 근로자에게 지급된 임금의 총액을 그 기간의 총 일수로 나눈 금액을 말한다. 근로자가 취업한 후 3개월 미만인 경우도 이에 준한다. 제1항 제6호에 따라 산출된 금액이 그 근로자의 통상임금보다 적으면 그 통상임금액을 평균임금으로 한다"고 규정하고 있다. 평균임금은 퇴직금, 휴업수당, 연차유급휴가, 재해보상 등을 산정하는 기준이 되고 있다. 임금관리의 전반적인 체계는 [그림 12-3]과 같이 임금수준, 임금체계, 그리고 임금형태의 세 가지 요소로 구성되어 있다.

4.1 임금수준

임금수준은 해당 기업의 직원 1인당 평균임금(임금 총액/직원 수)의 크기를 의미하며 이는 적정성을 확보해야 한다. 소위 외적균형(external equity)이 확보되어야 한다는 말이다. 다시 말

그림 12-4 임금관리의 체계(II)

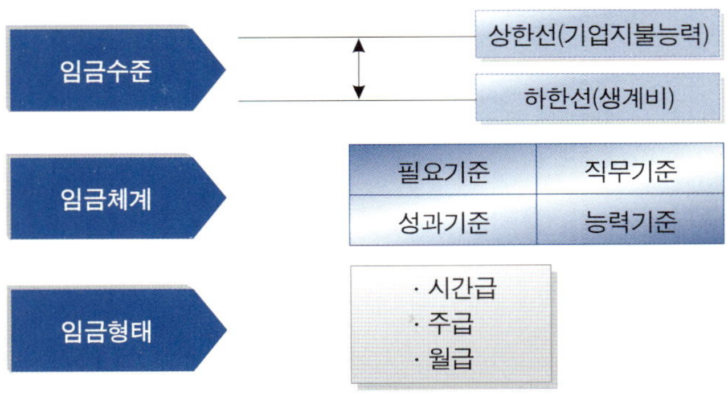

하면 한 기업의 임금수준은 동종 타사 수준이나 동일지역 내 비슷한 규모의 기업의 임금수준과 비교해서 너무 높거나 너무 낮게 설정되어서는 곤란하다는 것이다. 너무 낮으면 유능한 인재를 확보하기가 힘들어지고 너무 높으면 기업의 경쟁력에 해가 될 수 있다. 또한 [그림 12-4]와 같이 임금수준의 상한선은 기업의 지불능력의 범위를 벗어나면 안 되며, 하한선은 최저생계비 수준을 밑돌아서도 곤란하다.

이러한 임금수준을 결정함에 있어 중요하게 고려되는 요인으로는 [그림 12-5]와 같은 환경적 요인, 노동적 요인 및 경영적 요인을 들 수 있다. 먼저 환경적 요인으로는 시장임률, 사회일반의 생계비 수준 및 물가변동, 단체교섭 등을 들 수 있고, 노동적 요인으로는 노동의 성과로서 나타나는 노동생산성을 들 수 있다. 경영적 요인으로는 기업의 지불능력을 들 수 있다. 이 요인들 간

그림 12-5 임금수준의 결정요인

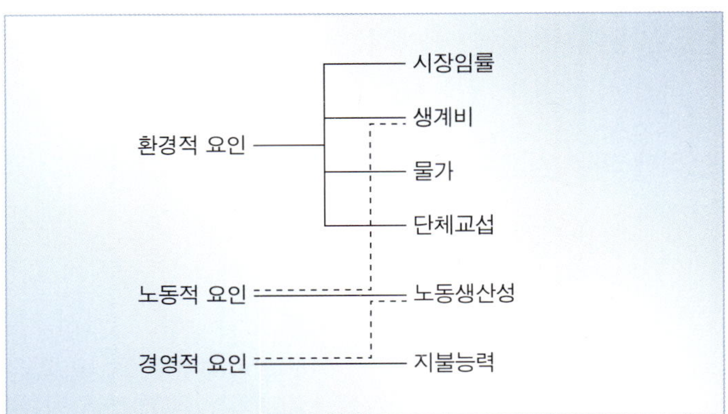

의 관련성을 보면 예를 들어 노동생산성의 상승은 노동의 성과로서 임금을 상승시키는 원인을 이룸과 동시에 기업의 지불능력을 증가시켜 임금상승을 가능하게 한다. 또한 물가상승은 생계비의 상승을 가져와 임금상승의 압력으로 작용함과 동시에 단체교섭시 노조측 임금인상 요구율의 산정에도 영향을 미치게 된다.

(1) 기업의 임금지불능력 파악

임금수준결정의 상한선이 되는 기업의 임금지불능력을 파악하는데는 흔히 생산성 분석과 수익성 분석이 활용된다.

1) 생산성 분석 접근방법

생산성은 '산출량(output)/투입량(input)'으로 표현되며 지불능력의 파악에는 노동생산성이 주로 사용된다. 노동생산성은 산출량을 어떻게 보느냐에 따라 다시 물적 노동생산성, 매출액 노동생산성 및 부가가치 노동생산성으로 세분할 수 있는데, 지불능력의 파악에는 매출액 노동생산성과 부가가치 노동생산성이 많이 활용된다.

■ 매출액 분석에 의한 임금 지불능력 파악방법

이는 임금총액이 매출액에서 차지하는 비중, 즉 임금총액 대 매출액 비율을 분석하여 임금지불능력을 파악하는 방법이다. 임금총액 대 매출액 비율과 임금수준 대 매출액 노동생산성 간에는 다음 관계가 성립한다.

임금총액 대 매출액 비율 = 임금총액/매출액 = 임금총액/직원수 ÷ 매출액/직원수
= 임금수준/매출액 노동생산성

이상의 관계에서 임금총액 대 매출액 비율이 적정하다면 이 적정비율을 유지하면서 임금수준을 상승시킬 수 있는 범위, 즉 임금지불능력은 매출액 노동생산성의 크기에 따라 달라질 수 있다. Scanlon plan은 바로 이 매출액 대비 임금총액의 비율을 기준으로 보너스액을 산출하고 있다.

■ 부가가치 분석에 의한 임금지불능력 파악방법

부가가치의 산출방식은 국가별, 작성기관별로 차이가 있으나 기업경영분석에서 부가가치는 통상 경상이익, 인건비, 순금융비용, 임차료, 조세공과, 감가상각비로 구성되며 손익계산서 및 제조원가명세서에 나타난 해당 항목들을 합산하여 산출한다. 여기서 인건비는 부가가치의 중요한 구성부분을 이루고 있는바 부가가치는 기업의 수익에서 모든 비용을 충당하고 난 후 임금으로 지불할 수 있는 가능액, 즉 임금지불능력을 결정하는 기초가 될 수 있음을 알 수 있다. 임금

수준과 부가가치 사이에는 다음과 같은 관계가 형성된다.

임금수준 = 임금총액/직원수 = 부가가치/직원수 x 임금총액/부가가치
= 부가가치 노동생산성 x 노동분배율

부가가치 중에서 인건비(임금 총액)가 차지하는 비율을 노동분배율이라고 하며 이 노동분배율이 임금지불능력을 결정하는 기준이 된다. 특정 기업의 노동분배율의 적정성여부를 판단하는데 있어 중요한 참고자료로 활용할 수 있는 것에는 한국은행에서 매년 발행하는 '재무분석'이 있다. 이 자료에는 업종별, 규모별 부가가치 구성비가 제공되고 있어 업종별, 규모별 노동분배율의 평균치와 자사의 것을 비교해 볼 수 있게 해준다. 부가가치 분배율을 임금지불능력의 산출에 적용한 대표적인 예로는 Rucker plan을 들 수 있다.

2) 수익성 분석 접근방법

기업의 수익성을 바탕으로 임금지불능력을 파악하는데는 손익분기점 분석, 원가구성분석, 매출액 이익분석 등이 있다.

■ 손익분기점 분석에 의한 임금지불능력 파악방법

손익분기점(BEP)이란 총원가, 즉 변동비와 고정비의 합계가 매출액과 같게 되는 점을 말하며, 일반적으로 '고정비÷(1−변동비/매출액)'로 산출된다. 여기서 기업의 지불능력을 파악하기 위하여 고정비와 변동비에서 인건비 요인을 분리해내면 '손익분기점=(고정인건비+기타 고정비)

그림 12-6 손익분기점 분석에 의한 지불능력의 한도

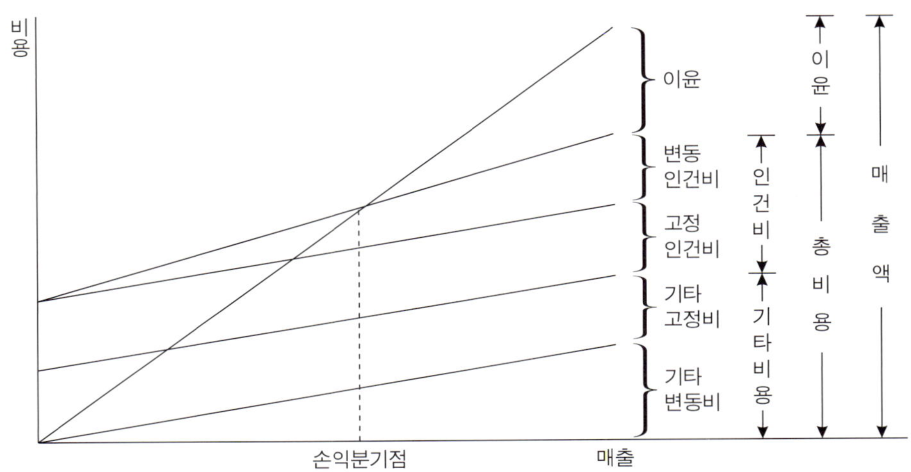

÷(1−(변동인건비+기타 변동비)/매출액)'과 같이 된다.

[그림 12-6]과 같이 손익분기점 아래에서는 기업에 손실이 발생하기 때문에 실제로 손실을 보면서 인건비를 지불해야 하고 손익분기점 위에서는 매출액에서 인건비가 차지하는 비율이 감소하기 때문에 손익분기점에서의 인건비 비율이 기업이 손실을 보지 않고 부담할 수 있는 최고의 임금지불능력의 한계임을 알 수 있다. 즉, '임금지불능력의 최고한도 = 인건비/손익분기점매출액'으로 산출된다.

■ 원가구성 분석에 의한 지불능력 파악방법

원가요소는 크게 재료비, 노무비(임금총액) 및 경비로 구성된다. 원가구성을 분석하여 지불능력을 파악하고자 하는 방법의 근본취지는 제품 한 단위당 임금을 안정시키는 데 있다. 제품단위당 노무비, 즉 임금코스트는 다음과 같이 산출된다.

제품단위당 임금코스트 = (임금총액/직원수) ÷ (생산량/직원수) = 임금총액/생산량

이 산식에 의하면 제품단위당 임금코스트의 증감은 생산량 증가율이 임금 총액 증가율보다 크거나 작을 때 일어난다. 따라서 임금코스트를 안정시켜 기업의 안정성장을 꾀하기 위해서는 임금 총액 증가율의 상한이 생산량 증가율의 범위내에 있어야 안정성장이 가능하다고 볼 수 있다.

■ 매출 총이익에 대한 인건비 비율분석

앞에서는 매출액을 기준으로 지불능력을 산정하는 방식을 살펴보았으나 도·소매업의 경우 매출원가에는 노무비가 전혀 포함되어 있지 않으므로 매출 총이익에 대한 인건비율을 분석하는 것이 타당하다 하겠다. 여기서의 노동분배분(인건비/매출 총이익)은 대개 30% 이하인 것이 적정하다고 알려져 있다.

(2) 생계비

앞의 [그림 12-4]에서 본 바와 같이 임금수준의 하한선으로 생계비가 설정될 수 있다. 이는 임금수준이 노동자의 생계를 유지하고 생활을 보장할 수 있는 수준이 되어야 한다는 것을 의미한다. 생계비는 생활수준의 가장 중요한 지표로서, 임금산정의 기초자료로 이용되며 소득수준·가족구성·물가수준·사회환경 등의 조건에 따라 달리 나타난다. 생계비는 산출방식이 노동과학이나 생활과학 등에 의해 바람직한 표준에 따른 이론적 방식에 의한 것인가 또는 가계조사에 의한 실제의 가계지출금액에 의한 것인가에 따라 이론생계비와 실태생계비로 나누어진다.

■ 이론생계비

이론생계비는 실태 생계비에 대응하는 개념이다. 먼저 근로자가 생활을 유지하는 데 필요한 소비내용을 이론적으로 그 생계비 산정의 목적에 따라 결정하고 거기에 물량, 즉 각 품목의 적정 가격을 곱하여 얻는 금액이 이론생계비이다. 이론생계비가 성립하기 위해서는 노동과학이나 생활과학 등의 발달이 전제되어야 하고 이들 과학이 발달됨으로써 이론적 생활내용이 규정되어 이론생계비가 파악된다.

이론생계비에는 최저생계비와 표준생계비가 있다. 인간이 최저생활을 유지하는 데 필요한 생활비를 최저생계비라고 하고, 일정한 시기와 장소에 있어서 표준적인 생활을 하는 데 흡족한 생활비를 표준생계비라고 한다.

최저생계비의 산정과 관련해서는 우리나라의 경우 국민기초생활보장법 제6조 제1항에서 '보

〈표 12-2〉 2019년 가구 규모별 표준생계비

(단위 : 원)

	단신남성	단신여성	단신가구	2인가구	3인가구	4인가구(I)	4인가구(II)	4인가구(III)
식료품 및 비주류음료비	495,774	438,996	467,385	954,799	1,184,313	1,388,162	1,793,886	1,685,363
주류 및 담배비	212,992	145,492	179,242	212,992	212,992	212,992	212,992	212,992
의류 및 신발비	86,075	90,389	88,232	174,473	207,640	247,186	265,863	304,852
주택·수도·전기 및 연료비	604,023	604,023	604,023	651,796	671,081	782,988	782,988	782,988
가정용품 가사서비스비	77,947	80,110	79,029	127,372	179,751	206,958	207,636	207,636
보건비	69,309	74,986	72,148	139,345	208,654	278,691	278,691	278,691
교통비	77,261	77,261	77,261	469,104	470,006	538,562	607,682	634,747
통신비	102,117	102,117	102,117	162,184	162,184	222,250	282,316	282,316
오락 및 문화비	156,156	154,777	155,467	259,490	252,372	241,030	220,467	221,845
교육비	58,048	58,048	58,048	58,048	222,333	609,093	914,350	1,065,785
기타 상품 및 서비스비	57,576	105,340	81,458	174,626	208,116	229,455	238,245	239,056
11개비목 합계	1,997,278	1,931,540	1,964,409	3,384,229	3,979,443	4,957,366	5,805,114	5,916,271
조세공과금	298,279	287,325	292,802	561,886	670,150	836,913	1,035,990	1,148,564
총계	2,295,557	2,218,865	2,257,211	3,946,115	4,649,593	5,794,279	6,841,105	7,064,835

자료 : 2019 한국노총 표준생계비 산출결과 발표

2019~2022년 기준 중위소득(=최저생계비)

보건복지부장관이 기초생활보장 급여의 기준 등에 활용하기 위하여 중앙생활보장위원회의 심의·의결을 거쳐 고시하는 국민 가구소득의 중위값

■ 기준 중위소득결정의 의의

- 그간 수급자 선정 및 급여기준으로 활용되어온 "최저생계비"를 "국민 가구소득의 중위값"으로 개편하여 상대적 빈곤개념 도입
- 보건복지부 장관은 급여의 기준 등에 활용하기 위하여 중앙생활보장위원회의 심의·의결을 거쳐 기준 중위소득 고시(「국민기초생활 보장법」 제2조제11호)
  - * 매년 8.1일까지 다음 연도의 급여별선정기준 및 최저보장수준을 공표(국민기초생활보장법 제6조제2항)하여야 하므로 기준 중위소득도 매년 8.1일까지 공표
- 기준 중위소득은 통계청 통계자료의 가구 경상소득 중간값에 최근 가구소득 평균증가율 등을 반영하여 산정 (법 제6조의2 제1항)
- 기준 중위소득은 급여별선정기준 및 생계급여 최저보장수준으로 기능

■ 기준 중위소득 결정방식

통계자료

- 농어가를 포함한 가계동향조사 자료를 활용
  - * 통계청이 발표하는 가구소득 통계 중 조사의 대표성, 과거 자료활용 가능성('06년~) 등을 고려

증가율

① 소득값으로 사용하는 농어가를 포함한 가계동향조사 자료자체의 과거증가율을 적용

② 급여수준의 안정성 및 최근 중위소득의 반영 필요성을 적절히 고려*하여 3년 평균 증가율을 적용

* 장기 증가율 적용 시 안정성 증가, 단기증가율 적용 시 최근 경향 반영가능

■ 연도별 기준중위소득

(단위: 원)

연도별 기준중위소득 – 2019년~2022년까지 1인 가구에서 7인 가구까지의 기준중위소득

구분	1인	2인	3인	4인	5인	6인	7인
2019년	1,7070,008	2,906,528	3,760,032	4,613,536	5,467,040	6,320,544	6,828,680
2020년	1,757,194	2,991,980	3,870,577	4,749,174	5,627,771	6,506,368	7,389,715
2021년	1,827,831	3,088,079	3,983,950	4,876,290	5,757,373	6,628,603	7,497,198
2022년	1,944,812	3,260,085	4,194,701	5,121,080	6,024,515	6,907,004	7,780,592

건복지부 장관은 국민의 소득·지출수준과 수급권자의 가구유형 등 생활실태, 물가상승률 등을 고려하여 최저생계비를 결정하여야 한다.'라고 하고 있으며, 동법 제6조 제2항에서는 '매년 9월 1일까지 중앙생활보장위원회의 심의·의결을 거쳐 보건복지부 장관 고시로 최저생계비를 공표' 하도록 하고 있다. 그리고 3년마다 최저생계비 결정에 필요한 계측조사를 실시하도록 되어 있으며, 이는 전물량 방식에 의한 조사에 근거하고 있다(BOX 2022년, 최저생계비 참조).

표준생계비는 우리 사회의 보편적이고 정상적인 생활수준을 기준으로 산정한 생계비로서 우리나라의 경우 한국노총과 민주노총이 매년 차년도 임금교섭을 위한 준비자료로 작성하여 발표하고 있다. 민주노총에서는 우리 사회의 가장 보편적인 계층을 노동자로 규정하고 노동자가 적절한 문화생활과 건강한 삶을 향유할 수 있는 표준적인 생계비를 마련하기 위해 노동자들의 생활실태와 생활수준, 시장물가 등을 조사하여 이를 토대로 표준생계비를 산출하고 있다고 밝히고 있다('2019년 표준생계비 발표'(한노총) 자료참조). 표준생계비는 각종 경제정책과 부문별 소득격차 정도의 평가, 노동자생활과 관련한 각 영역의 균형정도평가 등에 매우 중요한 근거로 활용될 수 있다(표 12-2 참조).

■ 실태생계비

실태생계비는 이론생계비에 대응하는 개념이며 실제의 생계지출액이다. 이는 생산활동의 경제단위인 기업에 손익계산서가 있는 것처럼 소비활동의 경제단위인 가계가 유지하는 가계부에 의거하여 가계의 수입과 지출의 내용과 그 상호관계의 실태를 파악하게 된다. 이러한 실제의 생계비는 실제의 임금수입과 비교된다. 이를 통해 수입이 생계비지출 이상인 경우 가계는 흑자가 된다. 흑자를 나타내는 임금은 실제의 생계비를 상회하는 만족스런 임금수준이라 할 수 있다. 그러나 이처럼 실태생계비와 임금수입을 비교하여 임금수준의 적정성 여부를 판단하는 것은 다소 불합리한 측면이 있다 할 것이다. 왜냐하면 실태생계비를 구성하는 가계지출은 해당 가계의 임금수입에 상당한 제약을 받고 있기 때문이다. 즉 지출은 이미 수입에 의해 상당한 제약을 받는 것이 사실이다. 자신의 수입을 무시한 채 무작정 빚을 늘이면서 가계를 운영할 수는 없기 때문이다. 이런 점에서 가계의 흑자여부 이외에 그 지출의 내용도 살펴보는 것이 필요하다. 이 지출내용을 보는 방법 중의 하나로 엥겔계수가 활용될 수 있다. 총지출에서 식료품비 지출이 차지하는 비율을 계산한 값을 엥겔계수라고 하며, 이 값이 저소득가계에서 높고 고소득가계에서 낮다는 통계적 법칙을 엥겔법칙이라 한다. 식료품은 생존을 위해 필수적이기 때문에 어떤 가정에서든 일정 정도는 소비해야 하지만, 또한 무조건 많이 소비해야 만족도가 높은 재화는 아니기 때문에 소득이 증가하더라도 식료품비는 크게 증가하지 않는다. 따라서 소득이 적을수록 식료품비 지출의 비중이 크고, 반대로 소득이 많을수록 식료품비 지출의 비중은 낮은 경향이 있다.

그림 12-7 승급과 베이스업의 관계

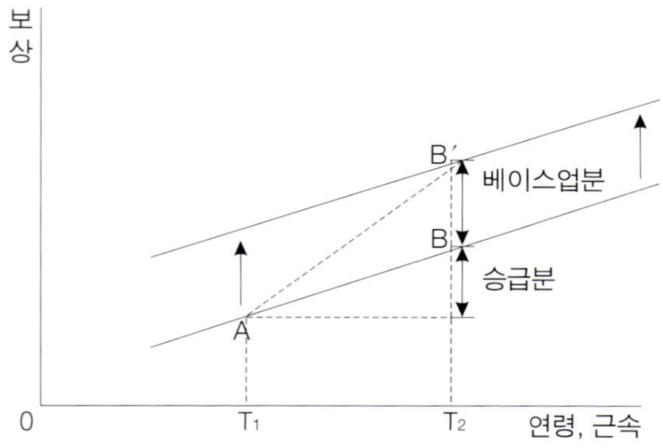

어쨌든 실태생계비는 수입에 규제받는 경향이 있다는 것은 부인할 수 없는 사실이며, 이 점에서 실태생계비를 기준으로 임금수입 혹은 임금수준의 적정성 여부를 판단하는 데는 한계가 있다는 점에 유의해야 한다.

(3) 임금수준의 조정

임금수준은 물가인상 등의 요인에 의해 거의 매년 조정과정을 거쳐 인상이 이루어진다.

[그림 12-7]은 임금수준의 조정과 관련된 것으로 예를 들어 노조와의 임금교섭이 전년대비 5% 인상으로 마무리 되었다면 임금베이스(기준 내 임금)가 5% 인상되어 임금곡선 자체가 상향이동하게 되며, 만약 특정 기업이 자동호봉 승급제도를 가지고 있다면 호봉 승급분이 반영되어

그림 12-8 지불능력과 베이스업의 범위

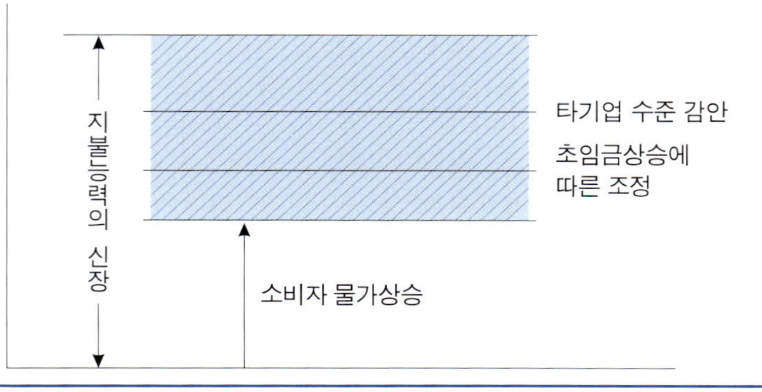

임금수준의 상승이 이루어진다는 것을 보여주고 있다. [그림 12-8]은 노사간의 임금교섭시 임금수준의 조정과 관련하여 중요하게 고려되어야 할 요소로서 기업의 지불능력, 물가상승률, 타 기업의 임금조정률, 초임금상승률 등이 있음을 보여주는 것이다.

4.2 임금체계

임금체계는 조직구성원들 간의 임금격차를 두는 기준을 의미하는 것으로 이는 공정성이 확보되어야 한다. 소위 말하는 내적균형(internal equity)이 확보되어야 한다는 말이다. 구성원들 간의 임금격차(wage dispersion)를 두는 기준이 공정하지 못하면 아무도 본인이 받는 급여에 만족하지 못할 것이다. 격차를 두는 기준에는 크게 필요기준, 직무기준, 능력기준, 성과기준의 네 가지가 주로 활용되고 있다(그림 12-4 참조).

필요기준에 따라서 설정된 임금체계를 연공급체계라 하며, 이는 연령이나 근속년수가 길수록 필요한 생계비 수준이 높아진다는 전제하에 연공의 크기에 따라 차등적으로 임금을 책정하는 체계로서 주로 노동조합측이 선호하는 기준이다. 직무기준에 따라서 설정된 임금체계를 직무급체계라 하며, 이는 직무가 갖는 조직 내에서의 상대적 가치의 크기에 따라서 임금격차를 두게 된다. 주로 미국, 유럽 등 글로벌기업에서 많이 볼 수 있다.

능력기준에 따라서 설정된 임금체계를 능력급체계라 하며, 이는 직무담당자가 보유하고 있는 능력의 크기에 따라서 차등적으로 임금을 설정하는 것을 말하며 한국이나 일본기업에서 흔히 볼 수 있는 직능자격제도가 대표적인 유형이다. 성과기준에 따라서 설정된 임금체계를 성과급체계라 하며, 이는 개별구성원이 올린 성과에 따라서 차등적으로 임금을 지불하는 것을 말하며, 주로 사용자들이 선호하는 유형이다.

어떠한 임금체계를 선택할 것인가 하는 문제는 개별기업의 성과창출방식이나 작업의 특성, 구성원들의 선호도, 그리고 조직문화의 특성 등에 따라 결정될 문제다.

4.3 임금형태

임금형태는 임금계산 및 지불방법과 관련된 것으로 문화적 특성이나 구성원들의 선호도를 반영한 합리성이 확보되어야 하며, 주된 형태로는 시급, 주급, 월급, 연봉의 형태가 있다.

제5절 동기부여를 위한 업적급

앞에서 설명한 바와 같이 조직의 전체 보상체계는 기본급여, 인센티브 및 직원의 복리후생 등 세 개의 기본요소로 구성되는 것으로 이해할 수 있다. 직원이 업무수행의 대가로 받는 기본급(임금 및 봉급)은 외부 노동시장의 상황 및 특정 조직 내에서의 직무의 상대적 가치를 반영한다. 반면에 업적급 및 인센티브는 직원들의 특정한 업적수준을 반영한다. 업적급은 동일한 업무를 수행하는 직원도 그들이 조직에 공헌하는 가치 면에서 큰 차이가 난다는 사실을 인정하고 그들의 기여도를 극대화하기 위해 인센티브를 제공하는 것이다.

5.1 업적급의 개요

(1) 업적평가 및 피드백과의 연계

업적급의 활용은 조직의 업적관리시스템에 있어서 업적평가 및 피드백과 더불어 두 개의 주요소 중 하나이다(그림 12-9 참조). 업적을 직원이 가치있게 생각하는 결과와 연결짓는 것은 적정한 수준의 동기부여와 생산성 유지를 위해 중요하다. 업적과 결과(보너스 등)간의 효과적인 연계를 위해서 고용주는 적절하고 유효한 수단을 개발해야 한다. 또한 업적급이 의도한 효과를 얻기 위해서는 직원들에게 그들이 어떻게 하고 있고 또 어떻게 개선될 수 있는지를 피드백해 주어야 한다.

(2) 업적급과 여타 인적자원관리 시책과의 통합

위의 링컨전기의 예에서는 조직환경과 조화되고 여타 인사관리시스템과 통합되는 업적급시스템 개발의 중요성을 보여 준다(BOX 참조).

■ **조직 내부적인 조화**

업적급을 비판하는 사람들은 그러한 시스템을 회사의 이익을 위해 더욱 더 열심히 일하도록 직원을 몰아감으로써 그들을 악용하는 것으로 본다. 링컨전기의 철학은 매우 다른 관점에 기초하고 있는데 그들은 업적급이 고용주 및 피고용인 모두의 필요에 부합한다고 확신한다. 링컨의 급여제도가 직원의 목표에 부합하는 한 가지 방법은 극도로 동기부여도가 높은 직원에게는 높은

그림 12-9 업적급제와 인적자원관리 시스템

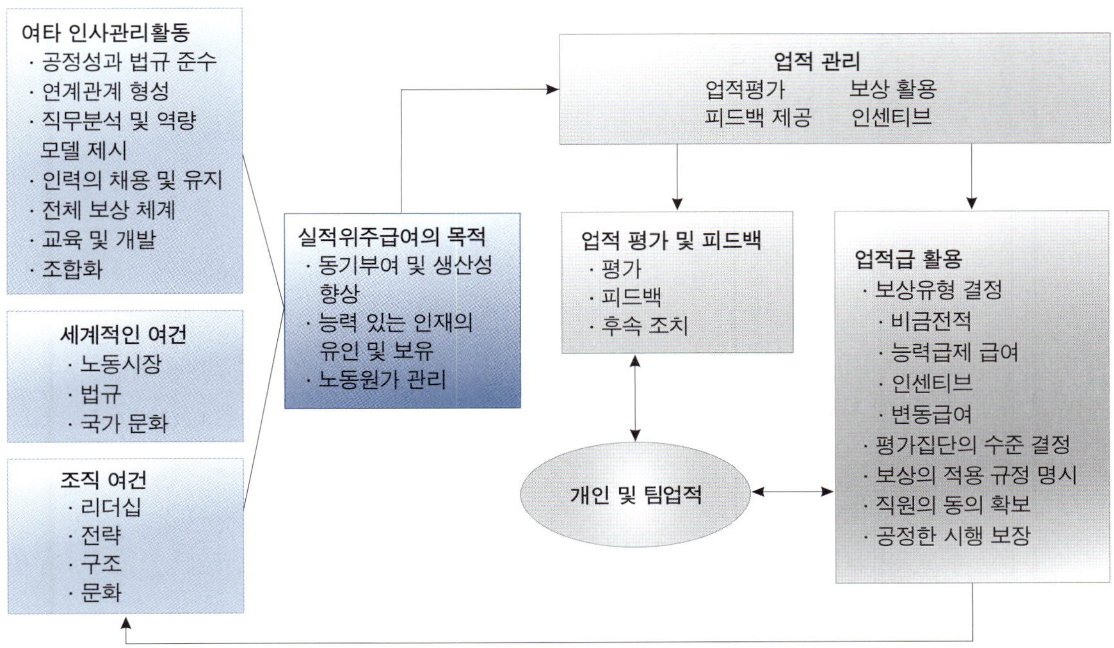

자료 : Jackson and Schuler(2003), *Op. cit.*, p.508.

Lincoln Electric

링컨전기의 최고경영자가 된 Donald Hatings는 생산공정 최종 단계에서 품질검사를 하기보다는 공정의 전과정에서 품질달성을 하고자 했다. 그의 노력을 통해 직원의 실수로 인한 오류는 50% 감소했고 품질검사 인력을 줄이는 등 많은 성과를 거두었다. 품질은 업적평가제도 4개 영역 중 하나로 그 중요성이 강조되어 품질개선 노력을 한 직원들은 보상을 받았다. 생산량은 업적평가의 또 다른 기준이다. 링컨전기의 생산성은 비슷한 업체의 두세 배에 이른다. 직원들의 급여는 생산효율에 따라 40,000불에서 100,000불까지 격차가 심하다. 링컨전기는 직원의 고용안정을 중요시 여기기 때문에 수요가 증가해도 대량 인력충원으로 이를 보충하지는 않는다. 링컨전기가 그러한 방침을 고수하기 위해서는 수요가 증가할 때 기꺼이 초과근무를 하는 직원들의 노력이 필요하다. 업무량이 직원숫자를 초과하면 회사는 인센티브 제도를 통해 직원들의 노력을 고무한다.

금전적 보상(다른 회사에서 유사한 업무로 벌 수 있는 것보다 훨씬 더 많은 금액)을 받을 수 있도록 하는 것이다. 물론 높은 급여는 거저 주어지는 것이 아니다. 직원의 생산성이 그런 높은 급여를 받을 만한 가치가 있지 않으면 회사는 그런 급여를 지급할 여력이 없다. 링컨전기가 직원의 개인적 목표수립을 돕기 위해 사용한 또 다른 방법이 우리 사주의 제공이다. 하지만 우리 사주는 직원이 경기둔화시기에는 업무시간을 줄이고 다양한 업무배치에 유연하게 대처할 것에 동의하지 않으면 제공되지 않는다.

■ **통합된 인적자원관리 시스템**

어느 하나의 관행으로 링컨전기의 높은 동기부여수준과 생산성을 설명할 수는 없다. 희망했던 결과를 만든 것은 전체적인 시스템이다. 링컨은 잘 정의된 인센티브를 활용하여 개인의 독창력과 책임감을 고무 및 보상한다. 함께 일하면서 직원들은 끊임없이 원가를 절감하고 품질을 개선하면서 더욱 수익성이 높은 회사를 이루어 낸다. 그리고 직원들은 회사의 성공 속에서 자신의 기여도에 따라 이익을 공유한다.

■ **외부환경의 역할**

지난 한 세기 동안 업적급에 대한 서로 다른 접근방식의 채택여부는 경제상황의 변화, 노동조합활동의 증감 및 다양한 신규의 입법을 반영해오고 있다. 물론 글로벌기업에 있어서는 일반적인 문화차이뿐 아니라 이 모든 외부요인의 국가적인 차이 또한 업적급 방식에 영향을 미친다. 이 모든 외부요인이 고용주가 업적급을 사용하는 방법형성에 영향을 미치기는 하지만, 특정 조직에 적합한 시스템을 계획하는 데 있어서 고용주는 대단히 큰 재량권을 갖고 있다.

(3) 업적급의 설계요인

링컨전기가 사용한 업적급방식은 여러 방식 중 하나일 뿐이다. 업적급 활용에는 여러 가지 방식의 적용이 가능하다.

■ **금전 및 비금전적 보상**

금전적인 보상을 제공하기로 결정하는 데 있어서, 조직은 비금전적인 보상을 제외시키지 않는다. 경력개발기회, 특수 보직 혹은 성공적인 임무완수에 대한 칭찬 등 가치있게 여겨지는 그 외의 결과를 직원의 실적에 따라 제공할 수 있다. 본 장에서 설명된 업적급 방식의 대안에 대해 읽으면서 여러분들은 금전적인 보상은 직원이 가치있게 생각하는 여러 형태의 보상 중 하나일 뿐이라는 사실을 명심해야 한다.

■ **업적급의 형태**

금전적인 업적급을 결정했다면 다음 단계는 금전적 보상을 배분하는 기본방식의 선정이다. 이러한 방식에는 능력급, 인센티브(장려금) 그리고 변동급(Earnings-at-Risk) 등이 있다.

능력급(Merit Pay Plans)이 적용되는 경우 기본급(실적과 관계없이 지급되는 급여)이 시장의 급여수준에 따라 결정되고 각 직원의 지난 한 해의 업적을 반영하는 연간 임금인상분을 분배하기 위한 소량의 금전이 배정된다. 동일직무에서 동일기간 재직한 직원이 받는 업적급의 차이는 매우 작다. 예를 들면 5%정도이다.

인센티브 제도(Incentive Pay Plans)도 능력급과 마찬가지로 기본급을 고정시키고 높은 업적에 대해서는 보너스 등 다른 형태의 보상을 제공한다. 탁월한 실적의 직원이 받게 되는 인센티브 금액은 능력급보다 훨씬 많다(10 내지 20% 정도). 인센티브 제도에서는 과거의 업적으로 직원의 기본급이 조정되는 일은 없다. 이 제도에 따르면 지난 5년 간 탁월한 업적을 보인 직원도 기본급은 다른 평범한 직원과 동일하게 받는다. 하지만 탁월한 업적의 직원은 그 5년 간 훨씬 더 많은 인센티브를 받게 된다. 따라서 인센티브 제도를 사용하면 직원의 급여하향조정위험은 줄고 인상잠재력은 늘게 된다.

변동급제도(Earnings-at-Risk Plans)는 급여가 시장수준 이하로 떨어질 수 있는 위험성을 내재하고 있다. 전통적인 급여제도나 인센티브 제도에서는 보장받을 수 있었던 수준의 보수를 회복하는 것은 본질적으로 직원자신의 몫이다. 이러한 위험성을 상쇄시키는 것은 시장수준보다 높은 급여를 받을 수도 있다는 가능성이다.

이러한 급여제도는 전통적인 급여체계에 익숙해 있는 직원들에게는 용납하기 힘든 것일 수도 있다. 하지만 명확한 수수료 비율에 따라 급여를 받는 영업·판매종사자들에게 있어서는 급여가 시장수준 이하로 떨어질 위험성은 당연한 것으로 여겨진다. 점점 더 많은 고위경영진들이 급여 중 더욱 많은 부분에 대해 변동급제도를 적용할 것을 요구받고 있다. 이러한 변동급의 적용을 통해 고용주는 회사의 업적이 급격히 감소할 경우를 대비해 회사를 보호할 수 있는 보험에 가입하는 것과 같은 효과를 얻게 된다.

직원의 입장에서는 급여인상의 가능성이나 급여감소의 위험성이 이러한 세 가지 방식을 구분 짓는 주요 인자가 될 것이다. 반면에 고용주의 입장에서는 생산성 변화에 따른 노동원가의 변화 정도이다.

(4) 종합평가(Aggregation)

급여가 업적에 어느 정도 의존하는지의 정도문제와는 별도로 그러한 업적평가가 개인, 업무팀 혹은 회사전체 중에서 어느 부문의 업적을 반영할 것인지는 별도의 문제이다. 업적급제나 대부분의 수수료 제도에서는 급여결정에 있어서 개인업적의 평가가 주로 사용된다. 반면에, 보너스는 목표를 달성한 팀의 보상에 활용된다. 이윤분배제도에 있어서 직원이 받는 보상은 회사전체의 업적에 의존한다.

급여를 개인, 팀 혹은 회사차원의 업적 중 어느 것에 연결시킬 것이냐는 분명히 회사의 전략적 목표와 조직내의 업무구조에 달려있다. 개인적인 노력이 업적을 좌우하는 업무에 종사하는 직원에게는 개인업적 위주의 보상이 적절할 것이다. 반면에 자체운영되는 팀에서 근무하는 직원들에게는 팀위주의 업적평가 및 보상이 더 적절할 것이다. 전체회사의 업적을 책임지고 있는 임원들에게는 회사차원의 평가가 적절할 것이다. 실질적으로 많은 기업에서는 개인, 팀 및 회사차원의 업적평가를 조합하여 금전적인 보상배분에 활용하고 있다.

5.2 동기부여를 위한 업적급의 전략적 중요성

업적급의 인기가 증가하는 가장 중요한 이유는 이러한 제도가 조직의 전략적 목표달성능력을 증대시키기 때문일 것이다. 전략적 목표는 회사마다 다르지만 그러한 목표달성을 위해 급여를 통한 실적향상을 활용하는 것은 많은 조직에서 확인할 수 있다.

(1) 직원의 만족

전통적인 급여제도에서는 최고의 업적을 내는 직원과 최악의 업적을 내는 직원 간의 급여차이가 매우 적다. 이러한 사실은 그러한 근소한 차이가 불공평하다고 생각하는 고업적 직원의 동기부여를 감소시킨다. 이로 인한 불만족은 결국 직원으로 하여금 조직을 떠나고자 하는 결정을 내리도록 하거나 노력을 덜 하도록 하는 결과를 초래한다. 어떤 경우에든 조직은 해당 직원으로부터 얻을 수 있는 잠재적인 이익을 잃게 되는 것이다.

인센티브 제도는 현직 종사자의 만족뿐 아니라 구직자의 입사희망여부나 고용기회 수락여부에도 영향을 미친다. 잠재적 직원에게 있어서 그들이 회사의 성장 및 성공에 따라 부유해 질 수 있다는 가능성은 큰 매력이다. 이러한 매력적인 시나리오는 하이테크 붐이 일었던 1990년대에 실리콘밸리의 신흥기업에 종사하는 많은 직원들에게 실현되었다. 하지만 완전히 성장한 기업의 경우는 성장단계상 성장이 느릴 가능성이 높으므로 회사성장과 연계된 업적급이 탁월한 인재를 유인할 가능성이 훨씬 낮다.

(2) 내부적인 연계형성

조직의 전략적 목표를 달성하고자 한다면 조직의 목표와 개인의 목표를 연계시키는 방향으로 급여체계가 수립되어야 한다.

산업계가 변화하고 새로운 사업기회가 출현하면서 많은 회사들이 새로운 사업에의 참여 및 점진적인 다양화를 통해 성장을 계속하고 있다. 예를 들어 화학회사는 생명공학 회사에 투자하거나 생명공학 회사를 인수하고 소매점은 전자상거래 사이트를 개설한다. 구성원의 행동 및 노력을 유도하기 위하여 새로운 사업에 적합한 목표가 제시되고 그러한 목표달성에 대해서는 보너스가 지급된다. 독립적인 부서가 설립되면 업적급은 해당 부서의 업적과 연계될 수도 있다. 혹은 신제품개발 및 마케팅과 같은 주요 프로젝트를 수행하는 팀에게 업적급이 제공될 수도 있다. 신중하게 계획된 인센티브 프로그램을 통해 고용주는 일부 직원의 행동을 한 방향(예: 혁신)으로 조종할 수 있으며 동시에 다른 영역에서 다른 전략적 우선 과제(예: 원가절감 및 신뢰할 만한 서비스 제공)를 가지고 일하는 직원들에 대해서 보상을 제공할 수도 있다.

(3) 노동비용관리

직원의 업적개선과 무관한 급여비용의 증가문제에 대처하기 위해 많은 회사들이 급여의 영구인상을 초래하는 능력제 급여인상 방식을 다른 업적급 방식으로 교체하고 있다. 이러한 노력의 주요 목표는 모든 급여비용의 인상이 생산성 및 수익성 향상과 연결되도록 하고자 하는 것이다.

급여가 예산에서 더욱 더 많은 부분을 차지하게 되면서 급여비용문제는 더욱 두드러졌다. 서비스업체에서는 급여비용이 예산의 80%를 차지하는 경우도 있다. 따라서 은행, 병원 및 다른 노동집약 서비스 제공업체들은 급여비용의 관리 및 급여의 현명한 활용에 높은 우선권을 두고 있다.

주주 및 외부 투자자들은 임원의 업적과 그들의 보상 간에 강한 연계성이 있어야 한다는 사안에 대해 무엇보다도 민감하게 반응한다. 이는 어느 정도는 높은 수준의 임원급여때문이기도 하다.

5.3 업적급시스템의 계획

효과적인 업적급제가 되기 위해서는 다음의 여섯 가지 주요 사안이 다루어져야 한다.

① 업적의 명시 및 평가
② 업적에 급여를 연계시키는 방식명시
③ 보상분배를 위한 평가집단의 수준명시
④ 보상유형의 명시
⑤ 업적급의 자격명시

⑥ 직원의 동의확보

(1) 업적의 명시 및 평가

효과적이고 투명한 업적평가시스템은 급여를 업적과 연계시키는 다른 어떤 시스템보다 중요성이 크다. 급여를 업적에 연계시키는 관행을 통해 업적평가시스템의 잘못된 부분을 즉시 조명해 볼 수 있다.

■ 평가대상에 대해 보상한다.

회사는 구성원들에게 속도, 효율, 품질 및 고객만족도에 대해 동일하게 주의를 기울인다고 말할 수도 있다. 그리고 실제로 그러고자 했을 수도 있다. 그러나 속도 및 효율이 품질 및 고객만족도보다 평가하기 쉽다면, 급여정책도 속도 및 효율에 더욱 비중을 둘 가능성이 높아지고, 따라서 품질 및 고객만족도는 보상대상에서 뒷전으로 밀려 결국 직원에 대한 동기부여도 속도와 효율중심으로 옮겨갈 가능성이 높아지게 될 것이다. 만약 평가는 'A'라는 요소에 초점이 맞추어져 있고 보상은 'B'라는 요소에 초점이 맞추어져 있다면 직원들은 혼란스러울 것이며 관리자는 왜 보상이 제 역할을 하지 못하나 의아해 할 것이다.

최근 몇 년간, 조직의 업적을 평가하는 균형성과표(BSC : Balanced Score Card) 활용방법은 바로 이런 사안에 초점을 맞춘 것이다. 업적에 대한 상여금 지급에 있어서 많은 기업들이 직원, 고객 및 제휴사의 관점을 반영하는 다른 업적요인들은 무시한 채 계량적인 업적에만 크게 의존해 왔다. 결과적으로 인센티브시스템과 장기적인 안목에서 효과를 거두기 위해 무엇이 필요한가에 대한 회사의 완전한 이해 간에 불일치가 일어났다.

■ 결과평가 대 행동평가

Dupont의 경험이 보여주는 것과 같이, 인센티브 급여의 전략적 가치는 급여계획이 회사의 성공에 가장 중요한 행동을 지지하느냐 하는 데에 달려 있다. 불경기 동안에 Dupont은 그러한 노력이 즉시 수익성 증가로 이어지지 못한다 할지라도 최선의 노력을 다할 직원이 필요했다. 작은 업무부서의 전략적 목표를 정의하고 급여를 직원들이 실제 제어할 수 있는 성과와 연계시키는 인센티브계획이 Dupont에게는 더 효과적이었을 것이다.

자동차 관련 부품시장에 자동차시스템, 모듈 및 부품을 공급하는 미국의 글로벌 공급업체인 TRW사는 결과위주의 목표보다는 행동위주의 목표를 활용함으로써 직원이 자신의 보상기준이 되는 결과를 제어할 수 있도록 한다. 자동차 부품공장에서는 프로젝트 팀이 프로젝트의 필요에 따라 활동했다가 해산하곤 한다. 팀의 노력을 지원하기 위해 팀구성원들은 팀의 목표와 밀접한 연관이 있는 명확한 행동목표를 수립하고 기본급의 10내지 25%에 달하는 인센티브가 팀이 제시한 개인목표에 주어진다.

■ **단기관점 대 장기관점**

현재의 업적에 대한 보상과 장기업적에 대한 보상의 적절한 균형을 찾는 것은 어려운 일이다. 업적위주 인센티브제도를 비판하는 많은 사람들은 이를 일반적인 문제점으로 지적한다. 예를 들어 회사의 주가변동에 초점을 맞춘 임원의 급여계획은 관리자들로 하여금 단기적으로는 주가를 보호하지만 장기적으로 부정적인 결과를 가져오는 결정을 하도록 유도할 수도 있다. 영업직의 경우에도 단기 및 장기업적의 균형을 유지하는 일은 어려운 과제이다.

전통적인 수수료제도는 영업직원이 관심을 단기적인 제품 및 서비스 판매목적에만 두도록 하고 그러한 구매로 인한 고객의 만족보장을 위해서는 아무런 역할도 하지 못한다. 그러나 충성스런 고객을 만들고 재구매를 유도하는 것은 대부분 조직의 전략목표이다. 그런 이유에서 영업·판매조직의 급여계획은 고객만족도를 위한 기준을 점점 더 많이 포함시켜 가고 있다.

(2) 급여를 업적에 연계시키는 방식의 명시

앞에서 설명한 바와 같이 급여를 실적에 연계시키는 세 가지 기본방식으로는 업적급, 인센티브 및 변동급여가 있다. 그러나 실제로는 급여계획 간의 차이는 정도의 문제이다. 예를 들어 급증하는 급여문제를 해결하기 위해 일부조직은 업적이 저조한 직원들에게 0%의 급여인상을 제공하는 업적급제도를 도입하고는 관리자들로 하여금 실적이 저조한 직원들의 수를 특정 비율로 제시하라고 강요할 수도 있다. 이러한 업적급 계획의 기능은 인센티브제도와 매우 유사하다.

링컨전기직원들은 분명히 변동급여 제도(보통은 인센티브제도라고 부르지만)하에서 일한다. 그러나 해가 거듭될수록 대부분의 직원들은 시장수준보다 높은 수준의 급여를 받을 수 있다는 사실을 알게 된다. 직원들의 관점에서 보면 '변동'이란 공식적인 제도일뿐 아니라 그들이 시장수준 혹은 그 이상의 보상을 받기 위해 필요한 수준의 실적을 낼 수 있는 가능성을 반영한 것이다.

(3) 보상분배를 위한 평가집단의 수준명시

업적은 개인, 팀, 부서, 공장, 전략사업단위 및 회사차원에서 평가될 수 있다. 따라서 보상도 그런 다양한 관점에서의 평가와 연계될 수 있다. 이러한 선택에 영향을 미치는 두 가지 요소가 평가수단의 객관성과 전략목표달성을 위해 직원이 수행해야 할 행동유형이다.

■ **객관성**

만약 주관적인 평가가 개인업적평가의 유일한 수단이라면, 업적급을 개인실적과 연계시키는 것은 적절하지 않을 것이다. 평가수단이 주관적일수록 낮은 평가를 받는 직원이 평가를 수용하지 않을 가능성이 높아진다. 급여를 주관적인 평가수단에 연계시키는 것은 그 직원과 관련된 부분이 더 많아지기 때문에 문제를 더욱 심각하게 한다.

■ 행 동

구성원들 간의 경쟁을 피하는 하나의 방법은 그들로 하여금 객관적인 업적목표에 대해 경쟁하게하고 그 목표를 달성한 모든 사람에게 보상을 하는 것이다. 이러한 방식은 팀, 부서, 전략사업단위 등을 대상으로 목표를 제시할 경우 쉽게 시행된다. 더 큰 집단의 실적에 대해 직원에게 보상하는 인센티브제도는 집단적인 성공을 촉진시키는 행동을 강화시킨다.

(4) 보상유형의 명시

■ 급여형식

현금 이외에도 조직은 직원들에게 큰 상(예: 회사가 전적으로 비용을 부담하는 휴가), 주식증여, 스톡옵션 등을 제공할 수 있으며 이 모든 형식을 금전적인 보상으로 간주한다. 업적급 및 인센티브는 일반적으로 사회적 인정으로 이루어진 보상을 의미하지는 않는다. 하지만 실제로는 사회적 보상과 금전적 보상을 구분짓는 명확한 선이 있는 것은 아니다. 대부분의 사람들은 금전을 선호하지만 반면에 칭찬이나 인정 등에 더 많은 가치를 두는 사람들도 있다.

■ 보상의 크기

보상의 형식이 명확하게 결정되었다 할지라도 보상이 효과를 보기 위해서는 직원들이 그러한 보상을 가치있게 여겨야 한다. 보상의 가치는 금전적 가치에 부분적으로만 의존하기 때문에 "어느 정도가 충분한가?"는 주로 견해나 시행착오의 문제이다. 회사는 저마다 그들이 제공하는 보상의 크기에 있어서 분명히 다른 선택을 한다. 같은 조직 내에서도 서로 다른 업무에 종사하는 구성원들은 '변동가능한' 급여에 대해 서로 다른 비율의 보상을 받는다. 일반적으로 직책이 올라갈수록 직원의 전체급여 중 변동되는 비중이 커진다.

■ 보상시점

일반적으로 바람직한 행위에 대한 보상이 빨리 이루어질수록, 그러한 보상이 후속적으로 바람직한 행위를 유발할 가능성은 높아진다. 보상을 지연시키면 직원이 즉각적인 결과를 보지 못하기 때문에 바람직한 행위의 빈도가 줄 수도 있다. 또한 실적이 높은 직원들 간에는 불만이나 좌절감을 유발시킬 수도 있다. 반면에 보상급여를 지연시킴으로써 회사는 인센티브제도의 비용을 절감할 수 있고, 회사가 인센티브지급을 지연할수록 회사는 그 금액을 활용할 수 있는 것이다.

또한 곧 조직을 떠날 직원에게 보상을 지급하는 위험성도 줄어든다.

■ **국제적 고려사항**

서로 다른 국가의 구성원들이 서로 다른 급여계획에 대해 어떻게 반응할지를 미리 예상하는 일은 쉽지 않은 일이다. 오늘날까지 업적급의 도입에 대해 구성원들이 어떻게 반응하는지에 대한 문화적 차이를 다룬 체계적인 연구는 상대적으로 거의 이루어지지 않았다. 그런 이유로 이 사안에 대해 기업들은 스스로 학습을 하고 있다. 모토롤라가 변동급여에 대한 구성원들의 태도를 자체 연구한 결과, 그러한 급여체계가 많은 나라에서 수용 가능한 것으로 밝혀졌고 밝혀진 양상은 그들이 예상했던 것과 항상 같지는 않았다.

(5) 업적급의 자격명시

다른 인적자원관리 관행과 마찬가지로 조직의 각 부문은 서로 다른 업적급제의 지배를 받는다. 예를 들어 일반적으로 직위가 올라갈수록 기본급의 비율은 줄고 업적급의 비율은 늘어난다.

특정 구성원이 전체 급여제도의 다양한 요소 중 어떤 부분의 지배를 받을까를 결정하는 규정을 자격규정이라 한다. 업적급제의 활용에 있어서 진행되고 있는 변화의 상당부분은 새로운 형태의 급여라기보다는 자격규정상의 변화이다. 예를 들어 회사차원의 이윤분배가 도입되었다면 그러한 변화는 일반적으로 일부 구성원(보통 고위임원)들만이 이익을 공유하던 상황에서 모든 구성원들이 이익을 공유하는 상황으로의 변화를 의미한다.

(6) 구성원의 동의확보

구성원의 반대는 업적급제, 특히 인센티브제도의 성공적인 시행에 주된 장애물이다. 구성원의 수용을 유도하고 인센티브의 효과를 증대시키는 몇 가지 조건이 〈표 12-3〉에 제시되어 있다. 특히 중요한 요소는 효과적인 의사소통으로서 이를 통해 구성원의 두려움을 해소하고, 신뢰를 진작시킬 수 있으며 아울러 실적위주 급여가 그들의 장래소득에 어떤 영향을 미칠 수 있는지에

〈표 12-3〉 업적위주 급여에 대한 구성원의 동의를 형성하는 조건

이해 형성	공정성 확보
·제도가 명확하게 전달되었다. ·제도가 이해되었고 보너스는 계산이 용이하다. ·직원들이 제도의 수립 및 시행에 참여하고 있다.	·직원들은 자신이 공정하게 대우 받고 있다고 생각한다. ·희망했던 실적이 나오면 가능한 한 빨리 보너스가 지급된다. ·직원들은 부당하게 대우받고 있다고 생각될 때는 항의할 수 있는 방법이 있다.

대한 그들의 이해를 높일 수 있다.

■ **두려움**

구성원들은 업적급제로 인해 업무강도가 증가하거나 일부 구성원이 직업을 잃게 될지도 모른다는 걱정을 한다. 또 다른 당연한 우려는 실적목표가 너무 어렵거나 구성원들의 힘으로 어찌할 수 없을 것이라는 생각이다. 인센티브 기준이 집단의 실적이라면 개인주의적인 미국인의 경우에는 자신의 보상에 대해 타인에게 의존해야 한다는 두려움을 가질 수도 있다.

■ **불 신**

일부 업적급제방식은 구성원이 받는 보상의 크기를 당해 연도에 기업이 제공할 수 있는 양에 대한 경영진의 결정에 의존한다. 만약 경영진에 대한 신뢰도가 낮으면 구성원들은 경영진이 제시하는 숫자를 믿지 않을 수도 있다. 기업실적에 대한 상세한 정보를 정기적으로 제공하는 것은 이러한 우려를 해소하는 하나의 방법이다. 또 다른 방법은 관리자가 받는 보상과 직원들의 보상을 동일한 기금에서 지급하는 것이다. 경영진 및 비경영진 직원들의 보상을 별도의 기금에서 지급할 경우 불신의 가능성은 높아진다.

■ **오 해**

인트라넷을 통해 보상 및 복리후생에 대해 직원들과 의견교환을 하는 경영자의 경우에는, 여러 가지 편리한 소프트웨어를 활용하여 업적급 및 그로 인한 직원 자신의 소득흐름에 대한 이해를 도울 수 있다. 적절한 소프트웨어를 사용하는 정교한 인사정보시스템은 '만약'이라는 시나리오에 따라 구성원의 보너스를 계산할 수 있는 기능을 제공한다.

5.4 업적급으로서의 성과배분제도(Gainsharing)

성과배분제는 물자 및 노동의 낭비근절과 더 나은 제품 및 서비스개발을 통해 원가를 절감할 수 있다는 가정에 근거를 두고 있다. 일반적으로 성과배분제는 사업단위나 회사전체 직원들과 관련되어 있다. 보통수준의 성과배분제 비율은 3%선으로 능력급제하의 급여인상의 5%보다는 현저히 낮다.

이러한 방식은 보상의 동기부여적 가치 및 직원들의 적극적인 제안을 유도한다는 점에서 효과적인 실적위주급여가 될 것으로 생각된다. 1889년 최초로 적용된 이 제도는 3세대의 성과배분제제도로 발전되어 왔다.

■ 제 1세대 방식(First-Generation Plans)

경제대공황 때 개발된 Scanlon 및 Rucker 방식은 다음의 네 가지 원칙에 기초를 두고 있다.

- 직원의 참여를 강조하는 경영진
- 생산성 향상으로 발생한 원가절감을 고용주 및 직원들이 공유하는 방식
- 아이디어를 평가하는 직원위원회
- 생산성 향상 및 원가절감을 위한 직원의 제안을 수집·시행하는 공식적인 제도

Scanlon 방식은 노동원가절감에 초점을 두었고 Rucker방식은 보다 다양한 인자에 관심을 두었다는 점에서 두 방식이 차이가 난다.

두 방식은 500명 이하의 직원을 둔 소규모의 성숙한 업체에 적절하다. 과거의 실적에 기준을 두고 있으므로 간단하고 정확한 실적평가수단이 필요하다. 전 직원이 깊이 관여하기 때문에 개방적·참여적이며 서로 신뢰하는 문화가 필요하다. 성과배분과 관련된 보너스산정의 기준으로 Scanlon방식에서는 매출액 대비, Rucker방식에서는 부가가치 대비 인건비율을 활용하고 있다.

■ 제 2세대 방식(2nd Generation Plans)

1960년대부터 등장하기 시작한 2세대 성과배분제 방식은 1세대 방식과 크게 두 가지 점에서 다르다. 첫째는 2세대 방식은 노동원가보다는 노동시간절감에 초점을 맞추고 있다. 둘째로 비생산근로자를 조직의 생산성 평가시 포함시키고 원가절감으로 인한 변동급여지급대상에도 포함시킨다. Improshare방식(Improved Production through Sharing)은 전형적인 2세대 방식이다.

■ 제 3세대 방식(3rd Generation Plans)

1980년대에 출현하기 시작한 3세대 성과배분제 방식은 더욱 더 광범위한 조직의 목표를 포괄하는 완전히 새로운 개념이다.

미국과 일본의 합자회사인 L-SE는 주요 동기부여수단으로 노사위원회가 운영하고 전 직원에게 적용되는 성과배분제를 활용하였다. 일 년에 두 번 정의되고 필요한 경우 수정되는 목표는 경영진이 중요시 여기고 직원들이 합리적이라고 생각하는 내용을 반영했다. 성과배분제 급여는 주로 생산수준에 기준을 두었다. 시간이 흐르고 생산수준이 개선되면서 그 방식은 서서히 변형되었다.

이와 같이 새로이 변형된 성과배분제는 그 뿌리를 Scanlon, Rucker 및 Improshare에 두고 있지만 새로운 접근방식이 매우 다양하게 적용되었다. 성과배분제가 성공적으로 활용되기 위해서는 팀위주의 업무, 광범위하게 정의된 업무책임 및 직원의 참여를 중시하는 경영철학 등이 필

요하다.

5.5 업적급으로서의 주식매수 선택권(Stock Ownership)제도

기업은 다양한 방법을 통해서 직원들로 하여금 회사주식을 소유하게 함으로써 회사소유주의 일부가 되기를 장려한다. 여러 가지 방식으로 주식을 직접 증여하기도 하고 다양한 조건에 따라 주식을 매입할 수 있는 권한인 스톡옵션을 부여하기도 한다.

(1) 광의의 제도(Broad-Based Plans)

광의의 주식소유 제도는 전 직원의 주식소유를 유도하는 방식으로 보통 50% 이상의 직원에게 회사주식이 지급된 형태를 말한다. UPS, 펩시, 스타벅스 및 월풀 등이 이런 업체에 포함된다. 직원지주제도(Employee Stock Ownership Plans)는 광범위 주식소유제도의 한 유형이다. 이 제도는 구성원들에게 저축수단이나 퇴직대비책으로 지분을 수여한다. 보통주식의 양이나 가격이 개인 및 그룹의 실적과 연계되지는 않는다. 따라서 이 제도는 실적위주 보상이라기보다는 구성원의 복리를 위한 수단으로 간주된다. 이와는 대조적으로 스톡옵션은 직원들에게 주식수여 시 가격으로 향후에 주식을 구입할 수 있는 권한(주식매수 선택권)을 부여한다.

〈표 12-4〉 주식위주 급여에 대한 설명

제도 유형	운용 방식
시간제한 스톡옵션	'군더더기 없는' 기본적인 제도: 주어진 기간이 지나면 직원은 명시된 가격에 주식을 살 수 있음
시간위주 제한주식	주식이 실제 지급되기 전에 완수해야 하는 재직기간을 정해야 하는 제한사항을 동반한 주식수여. 직원이 퇴사하면 주식은 회사로 귀속된다.
실적지급 스톡옵션	특정 목표달성 시 지급되는 스톡옵션
실적지급 제한주식	사전에 명시된 목표달성을 전제로 하는 제한사항을 동반한 주식 수여. 목표달성을 하지 못하면 권한 상실
실적위주 기한단축 스톡옵션	주식 지급 일정이 정해져 있으나 정해진 목표를 수행하면 지급시점이 앞당겨질 수 있는 주식수여방식. 목표를 달성하지 않아도 주식 지급여부에는 변함이 없음
연동식 스톡옵션	직원은 특정 지수나 다른 업체들을 기준으로 연동하는 가격에 주식을 구매할 수 있는 선택권이 있다.
할증가격 스톡옵션	수여 당시 옵션 행사가격이 시장가격보다 높은 스톡옵션

자료 : Jackson and Schuler(2003), *Op. cit.*, p.544..

(2) 임원을 위한 스톡옵션(Stock Options for Executives)

임원보상제도의 중추를 이루고 있는 스톡옵션은 이 제도가 임원으로 하여금 내 회사같이 생각하도록 한다는 가정에 근거한 것이다. 최근 수년 간 스톡옵션의 규모는 폭발적으로 증가했으며 조직의 보다 낮은 직책으로 적용이 확대되었다. 〈표 12-4〉는 몇 가지 유형의 주식위주 급여유형을 보여 주고 있다.

(3) 시간제한 스톡옵션(Time-Restricted Stock Options)

기업은 스톡옵션이 실제 시행되는 다양한 조건을 두고 있다. 시간제한 스톡옵션은 스톡옵션이 수여되고 실제로 주식이 취득되기까지 일반적으로 3내지 5년의 유예기간을 두는 제도로서 보통 이직방지를 위함이다.

(4) 실적위주제도(Performance-Based Plans)

주식취득은 실적에 따라 제한되기도 하는데 일반적인 세 가지 방법으로 실적지급, 할증가격옵션 및 연동식옵션이 있다.

실적지급 스톡옵션(Performance-Vested Stock-Options)에서는 지급이 특정 목표달성시점에 이루어진다. 보통목표는 회사의 주식가격변화로 정의된다. 지급일정을 주식당 순이익증가에 따라 결정하는 방식도 있다.

세제 혜택과 함께 재직기간보다는 실적위주의 보상을 위해 실적위주 기한단축 스톡옵션(Performance-Accelerated Stock Options)을 적용하는 기업도 있다. 이 제도에서도 지급기준은 재직기간으로 명시되지만 이 기간은 실적목표가 달성되면 단축될 수 있다.

할증가격 스톡옵션(Premium-Priced Stock Options)의 원칙은 실적지급방식과 유사하지만 적용방식이 약간 다르다. 이 방식에 따르면 직원은 시장가격보다 높은 가격에 회사의 주식을 구매할 수 있다. 따라서 직원은 가격이 일정가격까지 오르기 전에는 주식구매를 통한 보상실현을 할 수 없다. 일부기업에서는 추가적인 동기부여를 위해 스톡옵션행사에 시한을 두는 경우도 있다.

연동식 스톡옵션(Indexed Stock Options)은 단순한 경기후퇴나 호조에 따라 직원이 보상받는 것을 막기 위해 고안되었다. 이 방식에서는 스톡옵션행사가격을 Russell 2000, S&P 500 등의 외부기준에 따라 연동시킨다. 이 방식은 주주들에게 가능한 가장 최선의 수익을 보장할 것으로 생각되지만 면세대상제외 등의 이유로 실제로는 널리 사용되지 않는다.

(5) 손실스톡옵션

스톡옵션은 회사가 성장하는 동안은 매력적이지만 주가가 급속히 떨어질 때는 큰 문제가 아닐 수 없다. 손실스톡옵션(Underwater Stock Options)의 행사가격은 시장가격보다 높다. 손실스톡옵션은 고용주가 피고용자를 계속 데리고 있고자 하는 경우에는 더욱 더 문제이다. 그래서 주가하락으로 인한 직원의 이직을 막기 위해 많은 기업이 초기가격보다 훨씬 낮은 가격으로 스톡옵션을 다시 제공하기도 했다.

연습문제

1. 허츠버그(Frederick Herzberg)의 2요인 이론에서는 금전적 보상은 동기부여 요인이 아닌 위생요인으로 분류되고 있다. 이 주장에 동의하는가? 동의 혹은 동의하지 않는다면 그 이유는?

2. 직·간접 보상의 포트폴리오구성과 관련된 전략적 유형을 구상해 보시오.

3. 임금관리의 체계에 대해 설명해 보시오.

4. 업적급이란 무엇이며, 그것이 지니고 있는 전략적 중요성에 대해 설명해 보시오.

5. 업적급의 유형에는 어떤 것이 있으며, 각각의 특징은 무엇인가?

6. 스톡옵션제도란 무엇이며, 다양한 스톡옵션제도의 장·단점에 대해 토의해 보시오.

7. 한국기업의 임금관리의 특성과 문제점, 그리고 그 개선방안에 대해 토의해 보시오.

8. 임금체계의 유형별 특성에 대해 설명해 보시오.

9. 최저임금수준의 결정이 기업의 임금관리에 미치는 영향과 대응방안을 대기업과 중소기업으로 나누어 설명해 보시오.

제13장

복리후생관리

경영관리의 내용이 고도로 발전함에 따라 기업에게 복리후생을 위한 제반시설 및 제도는 노동력의 재생산을 위한 수단으로써 중요한 의의를 갖는다. 본 장에서는 복리후생이 구성원의 조직몰입에 미치는 영향과 법정 복리후생과 법정 외 복리후생의 차이와 유형, 그리고 전통적인 복리후생제도와 선택적 복리후생제도의 차이 등을 학습함으로써 지속가능한 인적자원관리 제도수립에 기여하는 복리후생관리 방법에 대해 고찰한다.

제1절 복리후생제도

1.1 복리후생의 의의

복리후생은 전통적으로는 인적자원관리의 핵심 요소로 간주되어 왔지만, 최근에는 비용의 증가와 다양한 노동력, 비정규직의 증가 등으로 효율적인 복리후생제도의 운영에 대한 고민이 깊어지고 있다.

격화되는 경쟁환경 속에서 경영자들은 복리후생에 관한 투자를 줄여야 한다는 압력과 역량있는 직원을 유치하기 위해서는 지원자들이 원하는 복리후생을 고려해야 한다는 현실에 직면했으며, 이는 기존 복리후생제도에 대해 재검토를 요구하는 강력한 압력으로 작용하고 있다. 경영자들은 기술개선과 아웃소싱 등의 증가로 인하여 관리비용을 최소화하면서 복리후생에 대한 투자를 극대화시킬 수 있게 되었다. 기업의 복리후생정책이 외주화를 택하든 사내에서 직접 관리를 하든 인사담당자는 복리후생의 계획과 관리가 직원과 조직에게 어떠한 가치를 부여할 것인가를 이해하는 것이 중요하다.

복리후생을 정의하는 데 있어 협의의 측면은 경영자가 제공하는 퇴직, 건강, 복지, 기타 다양한 형태의 복지제도를 포함한다. 반면에 광의의 측면은 전체보상의 일부분으로서 사회적 보험 프로그램에 의해 제공되는 것뿐만 아니라 경영자의 기여에 의한 복리후생을 포함한다. 복리후생을 전체 보상의 측면에서 보면 다음 등식과 같이 이해할 수 있다.

전체보상 = 직접보상(임금) + 간접보상(복리후생)

경영자의 입장에서 총 보상의 수준은 직원의 욕구를 최대한으로 충족시킬 수 있는 직접 보상과 복리후생 등의 다양한 혼합이다. 구성원의 입장에서 이러한 방정식은 복리후생의 가치가 전체 보상에서 차지하는 부분이 클 경우에 오히려 고임금의 직무보다 저임금의 직무가 더 인정을 받을 수 있다는 것을 보여준다. 경영자가 왜 직원들에게 복리후생을 제공해야 하는가에 대한 이유는 경제적 원인에서 사회적 책임에 이르기까지 다양하다.

- 복리후생은 직원을 유인·유지하기 위한 도구이다.
- 복리후생에 대한 경영자의 기여는 경영자에게 세금공제혜택을 주며, 직원에게 과세소득으

로 간주되지 않는다.

- 법정복리후생항목(4대 보험; 건강보험, 산재보험, 고용보험, 연금보험)은 경영자의 의무사항이다.
- 경영자들은 퇴직·건강과 관련한 복리후생을 수반하는 임금, 시간, 고용조건에 대해 노조와의 단체교섭을 통해서 복리후생제도에 관한 협약을 체결한다.
- 경영자들은 윤리적인 측면에서 복리후생의 제공을 고려한다.

(1) 복리후생에 대한 새로운 시각

기업경쟁력 제고의 핵심요인이 사람이라는 인식이 확산되면서, 많은 기업들이 사원들의 열정을 고취하고 회사에 대한 만족도를 높이기 위해 다양한 노력을 전개하고 있다. 이와 관련하여 최근 부각되고 있는 방안이 구성원들로 하여금 일과 삶의 균형을 추구할 수 있도록 시간적인 배려와 물질적·정서적 지원을 제공해 주는 복리후생제도로, 소위 일과 삶의 조화라는 것이다. 컨설팅업체인 Hewitt Associates(현 Aon Hewitt) 조사에 따르면 이러한 복리후생제도를 활용하는 기업들이 지속적으로 증가하는 추세로 나타나고 있다(표 13-1 참조).

〈표 13-1〉 기업복지 현황

종류(시행시기)	현 황	주요내용
퇴직연금 (2017년 퇴직연금)	·사업장수 : 354,000개 ·가입자수 : 5,797,000명 ·적립금 : 167조 1천억	·2층 노후보장수단 ·미국 1경 5천조, 일본 3천조 ·OECD 국가 연간 GDP 112% 수준 보유
우리사주조합 (2018년)	·예탁조합수 : 1,247개 ·조합원수 : 1,377,164명 ·취득가액 : 7.1조	·근로자 재산형성 및 기업생산성 재고 수단 ·신우리사주제 도입(무상출연형, 차입형, 근로자 스톡옵션)
사내근로복지기금 (2018년)	·기금수 : 1,672개 ·기금액 : 8조 3천억	·성과배분형 복리후생제도 ·다양한 복지제도의 재원 기능
선택적복지 (2018년)	·시장규모 2.4조	·근로자 욕구 맞춤형 복리후생 ·건전한 여가·문화·가족 활동 촉진
근로자지원프로그램 (EAP)	·일부 자율 도입 ·근로복지넷	·직무수행에 지장을 주는 근로자 개인 문제 (알코올, 약물남용 등 업무성과에 영향을 미치는 모든 문제) 해결 지원

(2) 사원복리후생의 활용이유

이처럼 서구기업들을 중심으로 사원복리후생이 활성화되고 있는 주된 이유로는 크게 두 가지 요인을 들 수 있다.

첫째, 개인 및 사회가치관의 변화에 대응하기 위해서다. 직장인들의 가치관이 과거와는 달리 직장에서의 업무와 일상의 삶을 균형적으로 조화시키려는 방향으로 변화하고 있다. 예컨대, 컴퓨터 소프트웨어업체인 SAS Institute사 HR 담당 부사장의 다음과 같은 말은 이를 잘 대변해 준다. '얼마 전까지만 해도 직장인들은 높은 임금을 주는 멋진 직장에서의 근무를 제일 우선시 했지요. 그렇지만, 요즘 사람들은 다릅니다. 균형잡힌 멋진 삶을 추구하지요…' 이처럼 가정생활과 개인의 취미, 여가를 중시하는 구성원들의 가치관변화에 효과적으로 대응하는 방법으로써 복리후생제도의 중요성이 부각되고 있다고 볼 수 있다.

둘째, 핵심 인재의 확보와 유지를 위해서다. 일반적으로 기업들은 우수인재들을 유인하기 위해 고액연봉 등 높은 금전적 보상을 많이 활용하지만, 성장기회나 즐거운 업무환경 등과 같은 내재적 보상을 균형있게 제공하지 않으면 한계가 있을 수밖에 없다. 예를 들어, 일터에서의 '재미'를 추구하는 등 자유롭고 즐거운 업무환경을 조성하는 것으로 유명한 Southwest 항공에 대한 타 공항사 HR 담당자의 말을 들어보자. 'Southwest 항공에서 새로운 기장을 모집한다는 공고를 내면, 주변 항공사들은 모두 긴장하게 됩니다. 상당한 보상을 받고있는 업무경험이 풍부한 고참 기장들까지도 빠져 나가곤 하니까요…' 유연근무제 실시, 자기계발지원, 편의시설구축, 구성원들 간 커뮤니티 활동지원 등 구성원들의 업무환경의 질을 높이기 위한 복리후생제도가 확장되는 중요한 배경이 여기에 있다 하겠다.

특히, 과거와는 달리 경제활동에 참여하는 여성인력이 증가하면서, 육아관련 정보나 보호시설 제공, 파트타임근무 등의 출산 및 육아관련 복리후생 프로그램을 활용하여 다년간의 업무경험과 지식을 보유한 우수 여성인력을 확보·유지하려는 기업들의 노력도 활발해 지고 있다. 예컨대, 세계적인 카드업체인 Hallmark사는 여성인력에게 자녀들이 학교에 입학하기 전까지 파트타임으로 근무할 수 있도록 배려하여 업무경험이 풍부한 여성인력을 계속 유지·활용하는 방안을 마련하고 있다.

국내기업들의 경영환경도 해외기업들이 직면하고 있는 상황과 크게 다르지 않다. 여성의 경제활동참여가 증가하고 있으며, 이에 따라 여성인력 활성화에 대한 논의도 사회전역에서 활발히 이루어지고 있다. 또한, 기성세대와는 달리 자율성과 개인생활을 중시하는 밀레니얼세대가 경제활동의 주역으로 등장하면서, 이들의 니즈를 충족시키고 관리할 수 있는 방안에 대한 기업들의 고민도 증가하고 있다. 이러한 변화에 대응하는 한 방안으로써 국내기업들도 구성원들이 일과 생활의 균형을 추구할 수 있도록 조직적 지원환경을 조성하는 데 주의를 기울일 필요가 있다.

1.2 법정 외 복리후생의 유형

건강보험을 비롯한 산재보험, 고용보험, 연금보험 등 4대 법정복리후생 항목을 제외한 법정 외 복리후생의 내용을 구체적으로 살펴보면, 육아 및 노인부양을 중심으로 한 자녀 및 노부모보호(Child & Elder Care), 시간과 장소 등에 크게 구애받지 않고 일할 수 있도록 배려하는 유연근무제(Alternative Work Arrangement), 구성원들 개개인의 여가와 자기개발지원, 재테크교육 등을 중심으로 한 개인생활지원(Personal Life Assistance)이라는 세 범주로 나누어 볼 수 있다.

(1) 자녀 및 노부모보호 프로그램

자녀 및 노부모보호는 기업이 직·간접적으로 구성원들의 어린자녀나 노부모를 돌보아 주는 프로그램이다. 대다수 직장인들은 가정보다 회사에서 더 많은 시간을 보낼 수밖에 없는 상황이므로 노부모는 물론이고 어린자녀를 돌보기가 어려운 현실이다. 육아를 비롯한 가사문제는 개인의 업무생산성을 저하시킬 수 있는 스트레스 요인이 될 수도 있다. 이에 대해 회사가 자녀와 노부모보호 관련 프로그램들을 지원함으로써, 구성원들이 업무에 보다 매진할 수 있도록 배려할 필요가 있다. 구체적으로 살펴보면 기업들은 이를 위해 금전적 지원정도만으로 그칠 수도 있고, 사내에 탁아 및 보건시설 등을 통합하여 운영하는 포괄적 지원을 제공할 수도 있다. 일반적으로 자금사정이 양호한 대기업인 경우, 또 여성인력의 수가 많은 경우에는 포괄적 지원을 행하는 경우가 많다. 예를 들어 생활용품 업체로 유명한 Johnson & Johnson사는 탁아시설을 회사 내에 직접 운영하고 있을 뿐만 아니라, 학교에 다니는 아이들을 방과 후 부모가 퇴근할 때까지 보살펴 주고 있다. 또한 방학이나 휴일에는 아이들에게 책이나 장난감을 대여하기도 하고 캠프, 박물관 투어 등을 실시하여 자녀교육을 지원하고 있다.

(2) 유연근무 프로그램

1장의 독일기업 바우데(VAUDE) 사례에서 살펴보았듯이, 유연근무제란 구성원들에게 업무시간과 공간을 융통성 있게 조정할 수 있는 프로그램을 제공하는 것이다. 구성원들이 원하는 시간대에 업무를 수행할 수 있도록 배려하는 유연시간제(Flexible Time), 정보통신망을 활용하여 회사외부의 장소에서 일할 수 있도록 하는 재택근무(Telecommuting), 두 사람 이상이 하나의 업무를 교대로 수행하는 업무공유(Job Sharing), 하루 8시간 5일 근무가 아닌 10시간 4일 근무를 하는 집중근무(Compressed Weeks), 육아 등의 문제로 정상적인 근무가 어려울 때 복직을 전제로 일정기간 파트타임으로 일하는 단축근무(Part-time for return) 등이 유연근무 프로그램의 대표적인 예이다. 특히 단축근무는 여성인력의 경력보장과 능력개발을 위해 기업들이 많이 활용하는 제도 중의 하나이다. 컨설팅업체인 Price Waterhouse사에서는 구성원들이 개인사정에 따라 정규 근무시간의 80% 또는 60% 정도 단축근무를 할 수 있다. 승진이 늦어지거나 임금저하 등의 일부불이익이 발생할 수도 있으나, 상당수의 여성들이 단축근무를 적극 활용하고 있으며, 회사 자체적으로도 우수여성인력유지 등 긍정적 효과가 있는 것으로 평가하고 있다.

(3) 개인생활 지원프로그램

개인생활 지원프로그램들은 카페테리아, ATM기, 간편 드라이클리닝 등 각종 편의시설을 사내에 구비하는 한편, 재테크정보제공, 사회봉사활동지원 등 구성원들의 여가생활 전반에 대한 지원활동을 수행하는 것이다. 이는 가족 및 가정문제지원에 국한되지 않고 개인생활전반에까지 배려하는 차원이다. 미국 워싱턴에 위치한 주택보증기관인 Fannie Mae사의 경우, 1990년 'WAVE'라는 프로그램을 도입하여 구성원들의 사회봉사활동을 적극 지원하고 있다. '부랑자돕기' 캠페인을 통해 전사적으로 기금을 조성하기도 하고, 구성원들에게 매달 10시간씩 유급봉사휴가를 주기도 한다. 또한 에이즈퇴치, 동물보호, 어린이 보호 등 구성원들이 소규모그룹을 형성하여 봉사활동을 할 수 있도록 지원하고 있다. 한편 SAS Institute사의 경우, 피아노가 연주되는 카페테리아를 비롯하여 36,000평방 미터의 체육관, 댄스실, 수영장, 건강상담실 등을 사내에 마련하여 임직원들의 휴식과 편의를 위해 다각도로 노력을 기울이고 있다. 이러한 개인생활지원 프로그램들은 구성원의 사기를 고양시킬뿐 아니라, 조직에 대한 충성심을 높이고 우수인재를 유지하는 데 긍정적인 역할을 하는 것으로 평가되고 있다.

1.3 복리후생 관리의 유의사항

일과 삶의 균형을 추구하는 복리후생은 단순히 관련정책이나 제도를 구축하는 것만으로는 소기의 성과를 달성하기 어렵다. 복리후생이 기업에서 진정한 제도로 자리잡고 효과적으로 활용되기 위해서는 제도나 시스템같은 하드한 측면만이 아니라, 조직문화와 관리자변화 등 소프트한 측면에서의 보완도 뒤따라야 한다. 이러한 측면에서 기업들이 유의해야 할 점들에 대해 살펴보자.

(1) 신뢰가 필수

신뢰가 부족한 조직문화 속에서는 복리후생 프로그램이 효과적으로 운영되기 어렵다. 회사와 구성원 간에 신뢰가 부족하면, 구성원들은 좋은 복리후생 프로그램이 있더라도 적극적으로 활용하지 않는 경우가 발생할 수 있다. 예를 들어 상사가 자신을 업무보다 개인 및 가정생활을 중시하는 사람으로 인식하여 인사고과 등에서 불이익을 줄 수도 있다는 생각으로 복리후생 프로그램을 꺼려할 수도 있다. 이러한 부정적인 인식을 넘어 복리후생 프로그램의 효용성을 높이기 위해서는 단순히 관련 프로그램들을 제공하기에 앞서, 상하 간의 원활한 커뮤니케이션을 바탕으로 조직 내에 상호존중과 신뢰의 문화를 구축해 나가는 것이 우선될 필요가 있다. 실제로 복리후생 프로그램들을 성공적으로 활용하고 있는 기업들을 보면, 조직 내 개방적인 커뮤니케이션 문화가 정착되어 있음을 알 수 있다. 예컨대, Starbucks 사의 경우, 상하 간 커뮤니케이션을 원활히 하기 위해 사명 리뷰(Mission Review)라는 포럼을 운영하고 있다. 경영진들이 구성원들과 직접 만나 대화하는 시간을 갖는데, 특히 이때 구성원들이 제기한 질문은 2주 이내에 반드시 답변하도록 함으로써 구성원들이 회사로부터 존중받는다는 느낌을 갖도록 배려하고 있다. Hallmark 사도 경영진이 50여명의 구성원들과 직접 만나서 대화하는 'CEO 포럼'을 1년에 10여 차례 개최하고 있다.

(2) 구성원의 욕구반영

복리후생 프로그램에 대한 구성원들의 참여도와 그 효과를 높이기 위해서는 구성원들의 니즈를 반영한 프로그램을 제공할 필요가 있다. 구성원들을 대상으로 한 서베이, 포커스 집단인터뷰, 관리자들과의 인터뷰 등을 통해 구성원들이 원하는 바가 무엇인지 심층적으로 분석한 후에 프로그램을 설계해야 한다. 예컨대, 미국의 제약업체인 Baxter Healthcare사는 18개월에 걸친 임직원 서베이를 실시하여 복리후생에 대한 구성원들의 니즈를 심층조사하고, 이를 유연근무 프로그램에 적극 반영하였다. 그 결과 7% 정도에 불과하던 구성원들의 유연근무 프로그램 활용도를 10~15% 정도까지 높일 수 있었다. Fannie Mae사도 1,300여 명의 직원들을 대상으로 포커스 집단인터뷰와 서베이를 실시한 후, 이를 바탕으로 업무공유, 유연시간제, 집중근무 등 구성원들이 원하는 프로그램을 제공함으로써 효과를 거둘 수 있었다.

(3) 관리자의 변화필요

일선 관리자의 변화가 필요하다. 보다 선진적인 복리후생제도가 실행으로 옮겨지려면 특히 관리자들의 지원적인 마인드가 필수적이다. 예컨대, Johnson & Johnson의 HR 담당자는 80년대 후반 복리후생 프로그램을 재설계하여 운영해 가는 단계에서 가장 큰 걸림돌이 되었던 것이 관리자들의 비협조적인 태도였다고 지적한 바 있다. 하향적인 지시, 통제에 익숙한 관리자들이 구성원들의 니즈에 귀를 기울이려 하지 않았기 때문이었다. 이런 이유로 복리후생의 실행측면에서 가장 주력해야 할 부분이 관리자들에 대한 교육이라 할 수 있다.

공학연구용 기구의 필터 등을 제조판매하는 Millpore 사의 경우, 복리후생과 관련하여 자체 관리자 교육을 실시하고 있는데, 주요 교육내용은 세 가지 정도로 구분할 수 있다. 먼저 관리자들은 구성원들을 대상으로 한 서베이 및 인터뷰결과를 분석하여 구성원들의 니즈와 동향을 파악하는 과정을 거친다. 이를 통해 관리자들이 현재 자신의 모습과 구성원이 바라는 모습 간의 차이를 분명히 식별할 수 있도록 한다. 둘째, 전문가나 상위 관리자들이 강의 및 포럼을 통해 관리자들의 바람직한 모습에 대해 구체적으로 설명하고 케이스 스터디를 실시함으로써, 관리자들 각자가 보다 구체적인 변화모습을 자신에게 적용해 볼 수 있게 돕는다. 마지막으로 커뮤니케이션 교육을 실시하여 관리자들이 보다 적극적인 마인드를 가지고 구성원들에게 먼저 접근하여 니즈를 파악하고 지원할 수 있도록 하고 있다.

국내의 경우, 대기업, 외국계기업, 중견기업 등은 물론이고 벤처스타트업 기업들을 중심으로 직원중심형 복리후생제도의 활용이 점차 확산되었다. 특히, 마이다스아이티 등 IT기업들의 인재확보경쟁과 신세대의 개별적인 니즈의 요구는, 복리후생제도의 새로운 동향을 보여주고 있다. 구성원들의 업무에 대한 열정과 충성심을 제고하기 위해서는 복리후생 외에도 높은 금전적 보상 등 다양한 방법이 있을 것이다. 그러나 일과 삶의 균형을 추구할 수 있게 배려하는 복리후생 프로그램은 구성원들의 삶의 질을 높이고 동시에 조직의 성과도 향상시킬 수 있는 제도라는 점에서 기업들에 시사하는 바가 크다고 하겠다.

1.4 새로운 복지제도의 모색 – 선택적 복리후생제도

(1) 기존 복지제도의 문제점

우선 생각해볼 것이 기업 간에 경쟁적으로 복지를 제공함에 따라 나타나는 과중한 비용부담이다. 실제 국내유명 대기업들의 경우 1인당 500만원이 넘는 복지비를 지출하고 있다고 하니, 지금처럼 어려운 경제상황에서 큰 부담이 아닐 수 없다.

이러한 상황임에도 불구하고 복지혜택을 받고있는 상당수 임직원들이 자신이 받고 있는 복지혜택에 대해 제대로 알고 있지 못하거나, 부족하다고 인식하고 있다. 이것은 복지수혜상의 불균형에 일부 기인한다. 삶의 질 제고에 따라 복지항목은 계속해서 추가되고, 그 양 역시 증가되기는 하는데, 이것을 모든 임직원들이 균등하게 다 받을 수 있는 것은 아니기 때문이다. 즉 기회는 균등하게 제공되는 것처럼 보여도 실제 받는 것이 균등하지는 않다는 것이다.

예를 들어 이미 스스로 어렵게 주택을 마련한 사람은 회사에서 마련한 주택자금융자혜택을 받을 수 없는 것이 일반적이다. 우리나라 실정에서 유치원비 보조, 자녀학자금 지원이 사실상 미혼인 직원들에게는 무용지물이다. 몸이 건강한 사람은 의료비 지원혜택에 대해 흥미를 갖지 못한다. 결국 소득수준이 향상되어감에 따라 나타나는 임직원들의 다양한 복지니즈와 삶의 질 제고에 대한 욕망으로 인해 복지항목은 계속 추가되어 기업의 복지비용부담을 가중시킬 수밖에 없는 것이 피할 수 없는 현실이 되어 버렸다. 그럼에도 불구하고 마련된 복지가 실제 수혜자인 임직원들에게 골고루 제공되지 못하고, 그 결과 임직원들의 불만마저 초래하고 있다면 이러한 현행복지제도는 이미 그 기능을 상실하고 있다고 보아야할 것이다. 그렇다면 이를 동시에 해결할 수 있는 복지제도는 무엇일까? 그것이 바로 지금부터 소개하고자 하는 '선택적 복리후생제도 = 카페테리아식 복지제도'이다.

(2) 맞춤식 복지제도

선택적 복리후생제도란, 사전에 설계된 다양한 복지메뉴 중 일정금액 한도내에서 개인니즈에 맞추어 복지항목 및 수혜수준을 선택할 수 있게 한 제도이다. 일반적으로 카페테리아식 복지제도라고 하지만 다른 명칭으로 'Tailored Benefit Plan', 'Flex Benefit Plan'도 있다. 이 제도의 기본골격을 쉽게 이해하기 위해서는 명칭자체에도 담겨져 있는 '카페테리아'라는 곳에서의 식사를 연상하면 된다. 즉 카페테리아에서 메뉴를 보고 사용금액 한도내에서 자기가 원하는 음식을

그림 13-1 카페테리아식 복지메뉴의 개념도

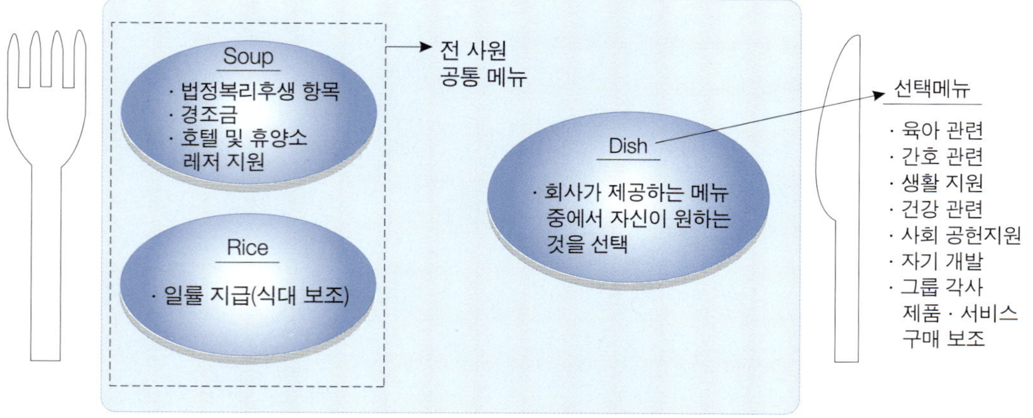

자료 : 勞政時報, カフェテリアプランの先進事例, 1996. 3.

선택하는 것과 같이, 각 임직원들은 개인에게 할당된 일정 복지금액 한도내에서 제공된 여러 가지 복지메뉴 중 필요한 것을 필요한 만큼 선택하는 것이다. [그림 13-1]은 카페테리아식 복지제도상의 복지메뉴를 보여주는 그림인데, 전 사원 공통메뉴인 일률지급항목과 한정선택항목(Soup)과 함께 임직원의 입맛과 기호에 따라 선택할 수 있는 주 메뉴가 있다는 것을 보여주고 있다. [그림 13-2]는 카페테리아식 복지제도운영의 기본모델이다.

카페테리아식 복지제도와 기존 복지제도와의 차이를 보면 다음 세 가지 정도를 들 수 있다.

첫째, 기존 복지제도가 기업의 지불능력범위 내에서 일방적으로 제공하는 방식이라면, 카페테리아식 복지제도는 임직원자신의 책임 하에서 사전적으로 설계하는 방식이다. 그러므로 카페테리아식 복지제도에서 임직원들은 자신의 생활패턴을 고려, 스스로 자신의 생애를 설계하여 자신이 기업으로부터 제공받을 복지항목을 스스로 결정한다. 이것은 기존 복지제도가 집단주의적 배경 하에 모두에게 수혜기회를 주면 기업은 책임을 다한 것이라는 입장을 취하고 있는 것과는 근본적인 차이가 있다.

둘째, 기존 복지제도에서는 복지항목을 경쟁사 실태조사 혹은 노동조합의 요구, 경영층의 수혜 등에 따라 제공할 복지지원 항목을 계속 추가하는 방식이다. 여기서 복지항목의 추가는 곧 복지비의 증가를 의미한다. 그러므로 새로운 복지제도의 추가는 상당히 신중하게 검토되어야 할 사안이 되어, 노사 간의 마찰이 종종 발생하게 된다.

그러나 카페테리아식 복지제도는 종합적인 임직원의 복지니즈 조사를 실시, 제공가능한 복지지원 항목을 종합적으로 사전에 결정하여 제공하는 방식이다. 여기서 복지항목의 추가가 곧 복지비의 증가로 이어지는 것은 아니다. 아무리 많은 복지항목이 있더라도 개인별로 총 복지한도가 정해져 있어 그 범위 내에서 자기가 필요로 하는 복지항목의 지원을 받기 때문이다. 그러므로

그림 13-2 카페테리아식 복지제도 운영의 기본모델

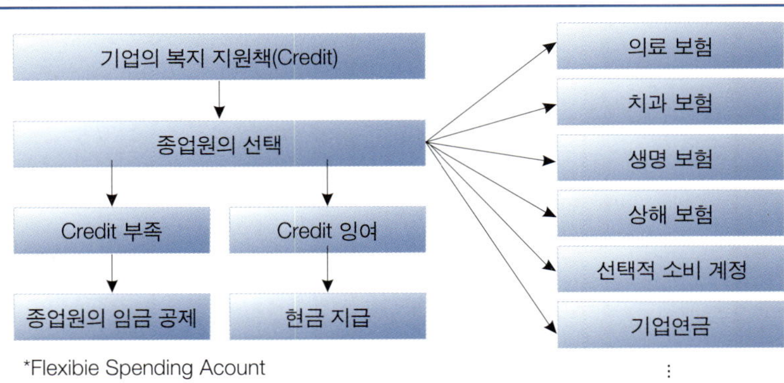

자료 : 勞政時報, カフェテリアプランの先進事例, 1996. 3.

획일적인 복지프로그램을 제공하는 기존의 방식보다 카페테리아식 복지제도가 임직원의 개별적인 니즈를 훨씬 잘 충족시킬 수 있다.

셋째, 복지를 제공하는 방식에서도 차이가 있다. 기존 복지제도는 이미 결정된 복지항목 및 확정된 지원금액에 따라 자격조건을 갖춘 사람이 사전지정된 사유가 발생할 경우 요청하면 처리되는 방식이다. 즉, 해당 사유의 발생유무가 복지지원여부를 결정하게 되는 주요 결정변수가 된다. 그 결과 비슷한 수준에 있는 임직원들 간에도 복지수혜상의 불균형이 초래될 수 있다.

그러나 카페테리아식 복지제도는 기업 내 비슷한 수준에 있는 임직원들이 주어진 균등금액을 활용, 다양한 복지항목 중에서 자기상황에 맞게 선택하는 방식이므로 금전적으로 동일한 복지혜택을 제공받게 된다. 즉, 기존의 복지제도는 기회만 동등할뿐 실질수혜는 불균형을 초래하지만, 카페테리아식 복지제도는 금전적으로 균등한 혜택을 받을 수 있게 하는 것이다.

(3) 카페테리아식 복지제도의 평가

■ 높은 만족도

카페테리아식 복지제도의 실시에 따라 복지수혜자인 임직원이 얻을 수 있는 가장 큰 장점은 다양한 개인의 가치관이나 생활패턴에 따른 개개인의 니즈를 보다 적절하게 충족시킬 수 있다는 점이다. Barber, Dunham과 Formisano는 이를 실증적으로 증명하였다. 이들은 카페테리아식 복지제도를 도입한 미국의 한 금융서비스 기업의 임직원 110명을 대상으로 하여 복지에 대한 만족도를 조사하였다. 그 결과, 카페테리아식 복지제도를 도입한 이후 복지에 대한 만족도가 상당히 개선된 것으로 나타났다. B.R. Rabin 역시 카페테리아식 복지제도를 도입하고 있는 한 미국 기업의 임직원 566명을 대상으로 하여 복지만족도를 조사하였다. 결과는 전체 임직원 중 약 90%의 임직원이 카페테리아식 복지제도에 만족하는 것으로 나타났다. 그밖에 복지에 대한 임직원들의 합리적인 설계능력을 향상시킬 수 있다. 카페테리아식 복지제도를 통해 임직원들은 기업이 제공하는 복지중에서 자신의 생애계획과 생활패턴에 맞추어 자신에게 필요한 복지를 선택해야 하기 때문이다.

■ 비용절감 등 합리적 복지관리가능

한편 복지의 제공자인 기업측도 카페테리아식 복지제도를 도입함으로써 여러 가지 이점을 얻을 수 있다.

첫째, 이 제도는 복지비용의 사전예측을 가능하게 하여 합리적인 복지비용관리를 가능하게 한다. 즉 이 제도를 통해 적정한 가격을 가진, 그리고 임직원들에게 더욱 가치있게 느껴지는 복지항목을 제공할 수 있다. 또는 세제혜택 등을 활용하여 임금보다는 복지비로 지급하는 형식을 취함으로써 비용절감효과를 얻을 수도 있다. 전문연구기관인 Wyatt사의 최근 연구결과에 따르면, 이 제도를 도입한 미국기업의 50% 이상이 도입이전과 비교했을 때 전체 복지비용의 10% 이상을 절감한 것으로 나타났다.

둘째, 임직원들에게 기업측이 부담하는 복지비용에 대한 정보를 정확히 전달할 수 있다. 기존 복지제도에서는 실제 임직원들이 받는 복지혜택의 정도가 제각기 다르고, 또한 일정 기간 동안 자신이 제공받은 여러 가지 복지항목들에 대해서도 잘 모르는 경우가 많았다. 그러나 카테페리아 복지제도에서는 임직원들이 어떠한 항목의 복지혜택을 선택할 것인가를 스스로 결정하기 때문에 복지에 대해 더 많은 관심과 정보를 갖게 된다. 또한 자신이 사용할 수 있는 복지금액을 점수(또는 Credit, Point)라는 형식을 통해 수령하기 때문에 자신이 얼마나 복지혜택을 보고있는지를 정확히 알 수 있는 것이다.

그밖에 경쟁력 있는 선진복지제도를 구축함으로써 우수인재를 확보·유지할 수 있다. 또한 노조의 불합리한 정치적 영향력을 축소하고 노조의 전문성을 육성할 수 있는 효과가 있다. 기존의 복지제도는 대체로 노조의 복지항목 추가요구에 기업이 수용하는 수동적인 방식이었다. 그러나 카페테리아식 복지제도로의 전환이 이루어지면 실제 복지선택이 임직원 개개인들에게 부여되기 때문에 불합리한 노조의 정치적 영향력을 축소시킬 수 있다. 또한 카페테리아식 복지제도의 설계와 관련하여 계획에서부터 실행 및 사후평가의 전 과정에 노사가 공동으로 참여하는 것이 원칙이다. 이때 노조는 조합원의 니즈조사, 상세설계, 커뮤니케이션 활동 등 과거보다는 훨씬 전문적인 역할을 담당하여야 한다. 이를 통해 노조의 전문성을 배양할 수 있다.

■ 서구에서는 이미정착

카페테리아식 복지제도는 1970년대에 미국에서 최초로 실시된 이후, 이 제도를 도입하고 있는 기업의 수는 급격하게 증가하고 있다. 1974년 TRW사(자동차시스템, 모듈 및 부품을 공급하는 미국의 글로벌 공급업체인) 와 ETS사(토익, 토플, SAT 등의 시험출제 관리기업)에서 처음 실시된 카페테리아식 복지제도는 현재 포춘지 선정 500대 기업 중 3/4 이상이 이 제도를 실시하고 있을 만큼 이미 널리 보급되어 있다.

이렇듯 카페테리아식 복지제도가 급격히 확산된 이유는 의료비 급증, 노조의 개입, 법제상의 강화 등으로 인해 복지비용이 직접 임금의 40% 정도까지 급증했기 때문이다. 특히 80년대 이후에 의료비는 연평균 12%로 가장 높은 상승률을 보이고 있다. 그 결과 미국의 카페테리아식 복지제도는 세제혜택과 관련하여 의료복지선택 메뉴를 다양하게 구성하고 있다는 점이 특징이다. 최근에는 Ford사를 비롯한 일부 기업들이 복지제도에 동기부여적 성격을 가미하여 복지수혜금액과 성과를 연계시키는 제도를 운영하는 모습이 나타나고 있는 것도 특징이다.

■ 일본에서도 도입되기 시작

카페테리아식 복지제도가 일본에 도입된 것은 1995년경이다. 일본에서는 70년대 고도성장을 발판으로 마련했던 생애 복지프로그램에 대한 막대한 비용부담이 문제였다. 그 결과 전 생애에 걸친 다양한 복지항목을 수용함에 따라 복지비용이 지속적으로 증가하는 상황은 일본기업들에게 큰 부담으로 작용하였다.

특히 90년대 초 엔고에 따라 경쟁력이 약화되면서 이러한 비용부담은 그냥 지나칠 수 없는 상황이 되었다. 또한 과거의 연공중심에서 능력·성과 중심의 신 인사제도가 확산됨에 따라 이와 정합성을 갖춘 새로운 복지제도의 필요성이 제기되었다. 이러한 도입분위기에 맞추어 후생성 지원하에 '카페테리아 플랜연구회'가 결성되고, 여기서 선진사례에 대한 활발한 연구활동이 진행되었다. 그 결과 탄생한 것이 일본의 카페테리아식 복지제도이고, 이러한 연구조사활동을 토대로 1995년 7, 8월부터 '카페테리아 플랜연구회'에 참여했던 베네사사와 세이토모사 2개 기업이 카페테리아식 복지제도를 실시하였다.

■ 카페테리아식 복지제도의 설계

실제 카페테리아식 복지제도는 하나의 기본유형을 정하기 어려울 만큼 다양한 형태로 운영되고 있다. 카페테리아식 복지제도를 소개하는 글들도 저마다의 기준에 따라 유형을 제시하고 있다. 그 이유는 카페테리아식 복지제도는 크게 보면 기업이 속한 국가의 사회보장제도의 수준이나 세제와 같은 기업외부상황으로부터, 작게는 기업의 재무, 관리능력과 규모 등 기업상황에 의해서 영향을 받기 때문이다. 그러므로 이 같은 상황을 적절히 고려하여 자기기업에 맞는 제도를 설계할 필요가 있다. 기본적으로 고려해야 할 것들을 정리하면 다음과 같다.

우선 메뉴구성에 있어서 전체 지원복지를 어떻게 구성할 것인가와 이에 따라 지원할 전체 복지항목의 제시 및 각 복지지원 항목별메뉴의 제공형태에 대해 검토해야 한다. 그리고 메뉴선택에 따른 점수운영방식에서는 항목 또는 메뉴별로 점수를 어떠한 형태로 얼마나 부여할 것인가와 선택에 따라 발생하는 점수소진을 어떻게 처리할 것인가에 대해 검토해야 한다.

설계절차는 [그림 13-3]과 같이 기본설계, 니즈조사, 상세설계, 실시준비의 네 단계로 구성된다. 카페테리아식 복지제도 설계에 앞서 다짐해야 할 설계원칙을 정리하면 다음과 같다. 첫째, 제도도입의 목적에 충실해야 한다. 즉 인사철학 및 제도, 더 나아가 기업의 경영철학 및 방침과의 정합성을 확보하도록 한다. 둘째, 가능한 한 제도를 단순화해야 한다.

카페테리아식 복지제도는 기존 복지제도보다 무척 복잡하게 느껴진다. 이런 상태에서 애써 정교하게 한다는 것이 오히려 관리를 복잡하게 하거나 임직원들에게 혼선을 초래할 수 있다. 마지막으로 복지설계에 있어서의 임직원의 주체적 역할을 강조해야 한다. 카페테리아식 복지제도가

그림 13-3 카페테리아식 복지제도의 설계절차

기본 설계

▸ 추진 체제의 구축
 · 프로젝트팀
 · 실무 자문위원회

▸ 상세 설계 일정의 확정 및 선진 기업 벤치마킹

▸ 니즈 조사 준비
 · 기존 요구 사항 검토
 · 현장 인터뷰
 · 설문 대상 선정 및 설문서 디자인

니즈 조사

▸ 설문서 배포 · 회수

▸ 니즈 내용 분석
 · 니즈의 중요도 평가
 · 연령대별, 지역별, 성별 특성 파악 등

상세 설계

▸ 내용 설계
 · 메뉴의 구성
 · 점수 운영 방식 선정
 · 법적 · 제도적 제약 확인 등

▸ 절차 설계
 · 등록 및 클레임 제기 절차 등

▸ 복지 정보 시스템 설계
 · 운영 시스템
 · 의사결정 지원 시스템

실시 준비

▸ 커뮤니케이션 실시
 · 제도의 취지, 기대 효과, 운영 절차, 유의점 등
 · 커뮤니케이션 방식의 선택

▸ Pilot Test 대상 선정
 · 성공 가능성의 고려
 · 임직원의 다양성 고려

담고 있는 기본사상은 개인주의적 자율선택이다. 카페테리아식 복지제도에 있어서 기업은 전체 임직원의 총 복지수준(양)에 대해서는 책임져야 할 지 모르지만, 임직원들의 다양한 복지를 책임지는 주체는 아니다. 복지설계의 주체는 이제 임직원 스스로가 되는 것이다. 그러므로 그 어느 때보다 임직원들의 자기 삶에 대한 복지설계능력이 필요한 것이며, 기업은 이를 지원, 촉진하기 위한 지원자의 입장에서 최선을 다해야 한다.

제2절 안전과 건강관리

2.1 안전과 건강관리의 의의

(1) 직장의 안전과 건강의 요소

'직장의 안전과 건강'(workplace safety and health)문제는 조직이 제공한 업무환경의 결과로 일어나는 육체적 그리고 심리적 이상과 관련이 있다.

육체적 이상(physical conditions)이란 직업병(occupational diseases)이나 사망, 요통, 사지 손실 등의 사고(accidents), 그리고 폐암(lung cancer), 백혈병(leukemia) 등의 여러 가지 암들을 포함한다. 비위생적인 업무환경으로부터 오는 다른 병으로는 신경조직 손상이나 만성적 기관

지염(chronic bronchitis) 등을 들 수 있다.

심리적 이상은 조직생활에서 오는 스트레스와 질 낮은 직장생활에서 온다. 주요 예로는 불만(dissatisfaction), 시각협착(tunnel vision), 망각(forgetfulness), 역할과 의무에 대한 내적혼돈, 불신감, 태만, 미루는 버릇 등을 들 수 있다.

(2) 기타 인적자원관리 활동의 중요성

직장에서의 안전과 건강을 향상시키는 과업은 많은 인적자원관리 활동을 포함하게 된다. 예를 들어 직무분석(job analysis)을 통해 작업상 부상을 야기할 만한 업무를 확인하게 되고, 어떤 고용주들은 선발과정을 통해 안전하고 건강한 직장에 반하는 경향을 가진 지원자를 골라내기도 한다. 또 한편으로는 훈련과 교육을 통해서 작업장에서의 사고를 줄일 수 있는 행동에 대해 가르치기도 한다. 하지만 이런 모든 노력에도 불구하고 어떤 사원들은 사고(accidents), 부상(injuries), 질병(illness)의 희생자가 될 수밖에 없다. 그래서 조직은 이러한 희생자를 지원하기 위한 서비스를 제공하게 된다. 나아가 조직의 안전과 건강을 위한 여러 정책과 목표들이 효과를 얻으려면 조직 내의 모든 구성원들이 안전의 가치를 중시하는 문화를 창조해내는 데 일조를 해야 한다. 이러한 문화를 창조하기 위해서는 최고경영진의 리더십도 필요하지만 여러 직급의 관리자들이 자신의 일상 업무현장에서 안전과 건강을 향상시키는 노력을 경주하여야 한다.

2.2 직장의 안전과 건강의 전략적 중요성

많은 기업들이 안전과 건강문제에 충분한 관심을 보이지 못하고 있다고 보는 이들이 많다. 직장의 위험에 노출된 근로자와 육체노동자 뿐만이 아니고 사무직사원들도 예외는 아니다. 사무직사원과 관련된 전통적인 위험들은 주로 심리적인 것이다. 하지만 최근에는 컴퓨터업무와 관련된 예측하지 못한 질병들이 나타나고 있다. 예를 들면, 눈의 피로(eyestrain), 요통(back strain), 유산(miscarriage) 등이다.

(1) 안전하고 건강한 작업환경의 이점

안전하고 건강한 작업환경의 결과로 다음과 같은 이점을 누릴 수 있다.

- 생산성 향상
- 효율성과 품질의 향상
- 의료비와 보험료의 감소

- 근로자에 대한 재해보상의 감소
- 직장에서의 유연성과 적응성 향상
- 선발률의 증가

(2) 불안전하고 건강하지 못한 작업환경의 비용

■ 부 상

허리부상(back injury)은 가장 흔한 산업재해다. 매년 1천만 명이 허리부상을 당하고 대략 1백만 명이 보상을 청구한다. 또 하나의 흔한 부상은 눈부상이다. 미국의 경우 매년 눈부상으로 인해 40억 달러의 경비를 지출한다.

■ 정신적 건강

정신적 건강 역시 육체적 건강만큼 중요하다. 어떤 사원들에게는 직장이 정신적 긴장의 원인이 되기도 한다. 예를 들어 희롱의 대상이 되거나 과중한 업무를 맡게 될 때 정신적 건강은 위협을 받게 마련이다.

■ 사 망

산업재해로 인한 사망자 숫자는 2,08명에 육박하고 있으며(2021년),[1] 업무상사고로 인한 사망자 수보다 업무상질병으로 인한 사망자 수가 증가하고 있는 점이 주목된다.

■ 경제적 비용

직장에서의 사망과 부상으로 인한 경제적 비용은 500억 달러 이상이 될 것이라고 추정된다. 또 비슷한 규모의 경비가 직업병으로 인한 비용으로 지출되고 있다. 심리적 이상과 관련된 비용도 천문학적 규모이다. 예를 들어 미국의 경우 알콜중독으로 인한 지출은 매년 650억 달러 이상이다.

2.3 작업안전과 건강에 있어서의 위험

(1) 산업재해(Occupational Accidents)

■ 조직의 체계적 대응

사고율은 산업마다 다르다. 예를 들어, 건설업과 제조업은 서비스나 금융업보다 사고율이 높게 나타난다. 하지만 사고율이 높은 산업분야의 회사라도 안전을 위한 조치를 취해 사고율을 낮추는 곳이 있다. 예를 들어, Barden Bearing사에서는 안전건강위원회(Safety and Health

Committee)같은 기구를 만들어 사고율을 낮추는 데 성공하였다. 일반적으로 사고율은 작업조건, 작업을 하는 도구와 기술, 사원들의 안전의식 수준 등에 의해 가장 큰 영향을 받는다.

■ **위험한 사원**

어떤 전문가들은 사고의 핵심요인으로 '직원'을 꼽는다. 사고는 근로자의 행동, 작업환경의 위험도 그리고 우연에 의해 일어난다는 것이다. 사고를 일으킬 가능성이 많은 특징을 들자면, 감수성이 낮은(emotionally low) 사람, 스트레스가 많은 사람, 연령이 높은 사람들을 들기도 한다. 일시적으로 위험한 심리적 요인으로는 적대심(hostility)과 감성적 미성숙(emotional immaturity) 등을 들 수 있다.

■ **폭력적인 직원**

직장에서의 폭력은 점차 증가하고 있다. 자살은 오늘날 직장에서의 사망의 주요한 원인이 되고 있다. 폭력적인 직원을 찾는 일은 쉬운 일은 아니지만 다음과 같은 징후들을 주의 깊게 지켜보아야 한다.

- 언어를 통한 협박
- 물리적 행동
- 좌절감
- 집착

(2) 직업병

직업병(Occupational Diseases)의 원인은 병의 증상만큼 다양하다. 여러 기관에서 비소(arsenic), 석면(asbestos), 벤젠(benzene), 납(lead), 방사선(radiation) 등과 같은 직업병을 유발하는 위험요소들을 찾아내기도 했다. 산업별로는 화학, 정유업, 광업, 섬유업, 철강업, 제화업, 플라스틱산업의 근로자들이 더 위험에 많이 노출되어 있다.

■ **직업병의 범주**

장기적인 면에서 작업장에서의 환경적 위험과 직업병은 연관성이 있다. 이 병의 예로는, 갑상선(thyroid), 간장(liver), 폐(lung), 뇌(brain), 신장(kidney) 등의 암을 포함하여 백혈병(leukemia), 중추신경손상(central nervous system damage), 유산(miscarriage) 등 생식에 관계된 여러 병 등 다양하다.

■ **위험에 노출된 직업군**

광부, 소방공무원, 건설업·교통산업 종사자들, 육체노동자, 제조업의 하위직 종사자들이 직업병과 부상의 대부분을 차지하고 있다. 하지만 직업병이 육체노동자에게 국한된 것은 아니다. 팽창하고 있는 서비스업의 사무직원들의 육체적·심리적 질병에도 유의해야 한다. 이들의 흔한 병으로는 요통, 시력약화, 편두통(migraine headaches), 고혈압(hypertension), 호흡기 질환(respiratory problems), 소화불량(digestive problems) 등이 있다.

(3) 낮은 수준의 노동생활의 질

많은 직원들에게 있어 낮은 노동생활의 질(A Low Quality of Working Life)은 업무환경의 조건이 자신들의 중요성 선호도나 관심에 맞지 않기 때문이다. 주요 원인으로는 다음과 같은 예를 들 수 있다.

- 직무의 중요성, 다양성, 자율성 수준이 낮을 때
- 의사결정에 참여할 수 있는 정도가 최소수준일 때
- 급여가 업적에 근거를 두지 않을 때
- 업무내용이나 조직정책이 기대치에 미치지 못할 때
- 불공정한 대우와 공정한 절차가 없을 때
- 인적자원정책이 차별적일 때
- 근로자의 권리가 없는 임시고용의 조건을 접할 때

(4) 조직에서 오는 스트레스(Organizational Stress)

■ **4S**

많은 직원들에게 스트레스의 근원은 S로 시작하는 네 단어, 즉 ㉠ supervisor(상사), ㉡ salary(임금), ㉢ security(직업의 안정성), ㉣ safety(안전)으로 요약할 수 있다.

상사와 관련된 스트레스의 원인은 지나치게 사소한 업무의 규칙과 더 많은 생산을 요구하는 부담이다. 임금이 공정하게 지급되지 않는다고 판단되면 이것도 스트레스의 원인이 된다. 많은 사람들이 직업의 안정성이 없으면 안전의 부재보다 더 큰 스트레스를 느낀다. 사고나 부상, 사망에 대한 두려움도 역시 스트레스의 원인이 된다.

■ **조직의 변화**

조직의 변화는 일반적으로 어떤 중요한 일을 포함하고 있고 정리해고나 규모감축같은 불확실성을 의미한다. 많은 변화가 공식적인 경고절차없이 진행된다. 사원들은 이러한 변화가 자신에게 어떤 영향을 미치지 않을까 두려워하게 된다.

■ **일의 속도**

일의 속도는 기계가 결정할 수도 있고 사람이 결정할 수도 있다. 기계가 속도를 결정하는 업무를 하는 직원들은 일이 끝났을 때 지치게 되고 아드레날린의 증가로 업무 후 바로 긴장을 풀기가 어렵다.

■ **물리적 환경**

사무자동화는 생산성을 증가시키는 방법이기는 하지만 스트레스와 관련한 단점도 있다. 사무자동화의 한 요소는 바로 컴퓨터 키보드이다. 다른 요소로는 좁은 공간에 밀집되어 있거나, 소음(noise), 사생활부재(lack of privacy), 통제부재(lack of control) 등을 들 수 있다.

■ **스트레스 받기 쉬운 직원(Stress-Prone Employees)**

사람들마다 스트레스에 반응하는 방법이 다르다. 고전적인 분류는 A타입과 B타입의 사람으로 나누는 것이다. A타입의 사람은 일을 자신의 방식대로 하고 불복종하는 데 많은 시간과 에너지를 쓴다. 하지만 이들은 적극적으로 일하고 다른 사람의 행동을 수정하는 것을 좋아한다. 반면에 B타입의 사람들은 일반적으로 더 인내심이 강하고 쉽게 좌절하거나 쉽게 화내지 않는다. 이들은 부하들에게 많은 자유를 허용하지만 고위층을 향한 필요한 리더십을 발휘하지는 못한다.

(5) 신경쇠약

신경쇠약(Job Burnout)은 의료업, 교육, 경찰, 소비자 상담센터, 항공업 등에 종사하는 근로자들이 주로 겪는 스트레스의 한 종류이다.

■ **감정적 소진(Emotional Exhaustion)**

과로의 첫 번째 신호는 감정적으로 기진맥진하는 느낌이다. 다 소모한 느낌(burn-out)이나 육체적으로 지친 느낌을 받는다.

■ **비개인화 · 객관화(Depersonalization)**

감성적으로 기진맥진함을 느낄 때 흔히 보이는 반응은 자신과 고객 간의 심리적 거리를 두어 그들과의 개인적 관계를 줄이는 것이다.

■ **저성과의 느낌(Feelings of Low Accomplishment)**

신경쇠약의 세 번째 양상은 개인적 업적이 낮다는 느낌을 갖는 것이다. 많은 직원들이 큰 기대를 가지고 일을 시작하지만 1~2년이 지나면 자신의 기대치에 못 미치고 있다는 느낌을 받는다. 자신의 목표와 실제의 업적 간의 차이에는 여러 가지 이유가 있을 수 있다.

비현실적인 높은 기대치, 일에 부과된 여러 가지 제약들, 일을 수행하기에 부적합한 자원들, 비협조적인 고객들 등을 이유로 지적할 수 있다. 이로 인해 일에 대한 동기가 줄어들어 미래의 실패로 이어지기도 한다.

■ **화된 업적(Deteriorated Performance)**

신경쇠약에 걸린 직원들은 그렇지 않은 동료들에 비해 업무를 잘 수행하지 못하게 된다.

■ **악화된 동료관계(Deteriorated Coworker Relations)**

신경쇠약의 또 하나의 불행한 결과는 동료들과의 관계가 악화될 수 있다는 점이다. 고객에 대한 무감각증을 겪는 직원들은 동료들에게 고객에 대한 불평을 늘어 놓게 되어 결과적으로 동료들 사이에 부정적인 분위기를 만들어낸다는 연구결과가 있다. 이러한 신경쇠약증세를 보이는 직원은 결근율이나 조퇴율도 높다.

2.4 개선을 위한 전략

〈표 13-2〉에 여러 가지 대안들이 요약되어 있다. 어떤 전략이 효과적인지 결정하기 위해 조직은 발생률, 심각성, 질병과 사고의 빈도 등을 실시 전과 후에 비교한다.

〈표 13-2〉 직장의 안전과 건강을 증진시키는 원천과 전략

원 천		전 략
물리적 작업환경	산업 재해	사고를 기록 작업환경을 재도안 목적과 목표수립 안전위원회 설립 훈련과 경제적 인센티브제공
	직업병	질병 기록 작업 환경 평가 정보 교환 목적과 목표 수립
심리적 작업환경	스트레스와 신경쇠약	조직의 스트레스 프로그램 수립 의사결정에의 사원의 참여 개인적 스트레스 프로그램 수립 적당한 휴가 혜택 제공 건강한 생활습관 장려

(1) 사고예방조치

사고를 제어하기 위한 여러 가지 물리적 장치들을 도입할 수 있다. 예를 들어, 계단의 난간, 안전안경, 안전모, 경고등 등을 들 수 있다. 하지만 효과는 직원들이 얼마나 이들을 수용하고 회사안전정책을 사용하는가에 달려 있다.

■ 인체공학

작업의 안전도를 높이는 한 가지 방법으로 인체공학(Ergonomics)을 통해 작업 자체를 더 편하고 피곤함을 줄이도록 고안할 수 있다. 예를 들어, Ford사는 들어 올리는 기중시설을 도입하여 허리부담을 줄이도록 했고 FedEx사는 허리부상을 감소하기 위해 허리부상방지 프로그램을 고안하여 교육, 운동, 허리벨트사용을 강조하기도 했다.

■ 안전위원회

사고를 방지하기 위한 또 하나의 전략은 Barden Bearing사의 경우처럼 안전위원회(Safety Committees)를 활용하는 것이다. 노동조합이 있는 곳에서는 노조대표를 위원회에 참여시키는 것이 필요하다.

■ 행동수정(Behavior Modification)

많은 회사에서 인센티브를 제공하는 건강관리 프로그램을 시행하고 있다. 보상의 종류로는 비금전적인 보상(nonmonetary rewards, 예: 긍정적인 피드백), 행동보상(activity awards, 예: 휴가), 물질적 보상(material rewards), 그리고 금전적 보상(financial rewards, 예: 보너스) 등을 들 수 있다.

(2) 질병발생의 예방 및 감소

■ 기록보존

산업안전보건법의 의무사항으로 조직은 작업장에서의 화학물질을 측정하고 기록하게 되어 있다. 이로 인한 질병과 노출 등에 관한 정확한 데이터를 기록하게 된다.

■ 노출조사(Monitoring Exposure)

직업병을 줄이기 위한 가장 확실한 방법은 화학물질 등을 작업장에서 제거하는 것일 것이다. 대안으로는 위험한 물질의 노출을 조사하고 제한하는 것이다. 직원들의 혈액을 정기적으로 검사하여 조사하기도 한다.

■ **유전적 검사**

유전자 검사(Genetic Screening)는 가장 극단적이고 논란의 여지가 많은 방법이다. 이를 통해 특정한 질병에 걸리기 쉬운 근로자를 가려내려는 의도가 있다. 이를 통해 회사는 보상청구나 문제들로부터 더 자유로워질 수 있다.

(3) 스트레스와 과로관리

훈련 프로그램을 제공하여 직원들이 각자 직무와 관련된 스트레스를 관리하는 데에 도움을 준다. 이러한 교육코스를 통해 관리자들에게 감독·관리자료, 정보기술과 역할의 정의에 대해 교육한다.

■ **의사결정 참여증가**

대부분의 조직에서 직원들은 조직의 규칙, 정책과 절차의 규제를 받는다. 새로운 규칙 등이 만들어지면 이는 스스로 제어할 수 없는 또 하나의 결과로 느끼게 된다. 의사결정에 참여시키면 이로 인해 직원들은 통제력을 갖는 느낌도 갖게 될 뿐 아니라 효과적인 업무수행의 장애물을 제거할 수 있는 능력을 갖게 되어 좌절감을 줄일 수 있는 효과가 생긴다. 동시에 스트레스와 신경쇠약을 방지할 수도 있다.

■ **개인적인 스트레스 관리전략**

시간관리가 스트레스를 대처하는 효과적인 방법이 될 수 있다. 또 다른 방법으로는 좋은 식사습관, 규칙적인 운동, 건강상태검진, 지지자 그룹형성 등을 들 수 있다.

제3절 복지관리의 신경향; 근로자 지원프로그램(EAP)

오늘날 다수의 직원들은 저비용 고효율을 기대하는 경영자로부터 최대의 생산성을 올려야 한다는 압력을 받고 있다. 이처럼 제한된 지원에도 불구하고 생산성을 증대시켜야 한다는 압력으로 인한 긴장은 구성원들에게 여러 가지 문제를 야기 시키고 있다. 이러한 문제는 일과 건강 및 가정생활을 양립시키고자 하는 직원들의 욕구와도 상충되고 있다. 이런 여건 속에서 근로자지원프로그램(EAP: Employee Assistance Program)는 종업원들이 추구하는 일과 삶의 조화, 그리고 고생산성의 실현과 유지라는 경영자측의 목표를 동시에 지원하는 중요한 역할을 수행할 수 있을 것으로 기대되고 있다. 이하에서는 이 분야에서 선구적인 위치를 차지하고 있는 미국의 동향을 중심으로 EAP의 개념과 정의, 그리고 최근의 흐름을 정리해 보고자 한다.

3.1 EAP의 개념과 정의

1940년대 도입초기의 EAP(Employee Assistance Programs)는 주로 알콜중독문제와 관련된 예방과 조기발견 및 치료에 초점이 두어졌다. 그 이후 수십 년을 거치면서 보다 다양한 직원 건강과 태도문제(behavioral health), 그리고 일과 삶의 균형문제 등으로 확산되어 왔다.

오늘날 대부분의 EAP는 폭넓은 전방위프로그램("broad-brush" program)으로 간주되고 있다. 즉 직원과 그 가족들이 당면한 다양한 문제들과 노동력의 성과 관련 이슈들(workforce performance issues)의 해결을 지원하는 방향으로 설계되고 있다. 경영자들은 건강한 직원이 더 높은 생산성을 올릴 수 있다는 가정을 전제로 직원과 그 가족들을 지원하는 것으로부터 자신들의 의무감과 법적분쟁을 회피하기 위해, 혹은 단순히 해야할 일을 한다는 믿음에 이르기까지 여러 가지 이유로 EAP를 제공하고 있다.

미국 대규모 사업장에서는 대부분 직원과 그 가족을 위한 EA 부가급부(benefits)를 제공하고 있다(Mercer 2008). 연방 및 주 정부공무원의 75% 이상이 EA 서비스를 받고있으며, 민간부문 종사자의 40% 이상이 EA 서비스를 받고 있다(US Dept. of Labor, Bureau of Labor Statistics, 2008). 40%라는 수치는 낮은 것으로 생각될 수도 있으나 미국기업의 90% 이상이 50명 미만의 중소기업이라는 것과, 중소기업일수록 EA 서비스의 제공에 인색하다는 점을 감안한다면 결코 낮은 수치가 아니다. 이러한 사실은 2008년에 실시된 전국 부가급부조사에 따르면 100인 이상 500인 미만 기업의 76%, 500명 이상 대기업의 89%가 EAP를 제공하고 있는데 비해 100명 미만의 중소기업은 52%만이 EAP를 제공하고 있는 것에서도(SHRM, 2009a) 확인되고 있다..

■ 정 의

EAPA(Employee Assistance Professional Association: EAP에 대한 가장 규모가 크고 국제적인 전문가 조직)는 근로자지원프로그램에 대해 'EA는 개인적 이슈와 생산성이슈의 예방, 파악 및 해결을 통한 직원과 작업장의 유효성증대를 꾀할 수 있는 특정의 핵심기술을 활용하는 기업(노동조직)의 자원'(EAPA, 2010c)이라고 정의하고 있다.

나아가 EAP를 ① 생산성이슈를 겨냥한 기업(작업조직)에 대한 지원, ② 건강, 결혼, 가족, 재정, 알콜, 마약, 법률, 감정, 스트레스 등을 비롯해 직무성과에 영향을 미칠 수 있는 각종 이슈를 포함한 개인적 문제(걱정거리) 등을 파악하고 해결해 주는 직원고객(employee clients)에 대한 지원을 담당하는 작업장 기준 프로그램으로 규정하고 있다.

EASNA(Employee Assistance Society of North America: 건강하고 생산적인 작업장 수립을 위한 지식, 연구, 베스트 프랙티스의 발전을 꾀하는 전문가조직)는 EAP를 '정신건강, 약물남용, 각종 중독증상, 결혼문제, 육아문제, 정서문제, 재정 및 법적소송문제 등을 포함한 직원의 개인적 혹은 가족문제의 해결을 돕기 위해 사용자측에 의해 설계되고 지원되는 서비스'라고 정의하고 있다. 이는 직원들이 당면한 문제들을 해결하여 계속 효과적으로 직무를 수행할 수 있도록 도움을 주기 위해 주로 사용자들에 의해 제공되는 서비스로 규정하고 있다.

EAP는 처음에는 주로 알콜 혹은 마약중독자에 대해 약물남용 등으로 그들을 해고하기보다 그들을 가치있는 직원으로 재활시키는데 초점을 두고 있었다. 이는 때로는 징계프로그램과 함께 실시되어 문제있는 직원들로 하여금 EAP에 참가하도록 강력하게 요구하거나 촉구하기도 하였으나 해를 거듭하면서 EAP는 정신건강과 약물남용같은 이슈뿐만 아니라 건강과 복지, 일과 삶의 조화같은 이슈들을 포함하는 방향으로 확대되었다. EAP 서비스의 한 측면이 개별직원이나 그 가족들의 문제에 초점을 두지만 또 다른 한편으로는 조직에 제공하는 서비스도 있는 바, 여기에는 산재예방, 훈련, 상담, 조직개발, 위기대응 등의 서비스가 포함되어 있다(EASNA, 2010, p.1).

EASNA는 EA서비스의 표준화된 프로그램을 위해 인정위원회(Council on Accreditation/COA)와 파트너십을 가지고 있다. COA가 제시한 EAP의 인정표준에 의하면 EAPs는 EAP 핵심기술(core technology)에 따라 규정되어 있다. EAP 핵심 기술은 425개 이상의 EAPs에 대한 현장방문과 관찰을 통해 Roman and Blum(1985; 1988)에 수행된 연구결과 얻어진 여섯 개의 EA 핵심 기능을 의미한다. 이후 수 년 간에 걸쳐 EAPA는 핵심 기술을 더욱 확장하고 개선하여 EAPs의 내용을 다음과 같은 8가지로 정리하고 있다.

- 문제있는 직원, 작업환경의 개선과 직원의 직무성과 개선을 추구하는 작업조직의 리더십 개선(관리자, 감독자, 노조간부)을 위한 상담, 훈련, 지원
- 직원과 그 가족, 그리고 작업조직에 대한 EA 서비스도입을 위한 적극적 촉진 활동
- 내부(직원)고객의 직무성과에 영향을 미칠 수 있는 개인적인 근심을 비공개적으로 적기에 파악하고 평가하는 서비스
- 직무성과에 영향을 미치는 직원의 문제를 해결하기 위한 건설적인 대응, 동기부여, 그리고 단기적 개입 등의 활용
- 사례관찰과 추적서비스 뿐만 아니라 진단과 처치 및 지원을 위해 직원을 EAPs에 추천
- 문제처리를 위한 (EA)서비스 제공자와의 효율적인 관계의 수립 및 유지와 서비스제공 관련

계약의 관리를 위한 작업조직지원

- 알콜중독, 약물남용, 정신적 혹은 정서적 불안 등을 포함한 의학적, 태도적 문제를 처리할 수 있는 건강부가급부(health benefits)에 대한 직원들의 쉬운 접근을 장려하도록 작업조직에 상담(조언)
- 작업조직과 개별직무성과에 대한 EA 서비스의 효과평가

3.2 일과 가정의 양립과 EAP

EAP와 일-가정 양립(Work-Family Balance/Work-Life Balance) 분야는 직원과 경영자를 지원함에 있어 유사한 목표를 공유하고 있다. 다수의 기업현장에서 일괄구매(one-stop shopping)가 가능하도록 EAP와 W-L 프로그램을 동일부서에서 취급하거나 혹은 외부위탁을 할 경우 단일계약자나 공급자(single contractor or vendor)가 활용되고 있다.

이외에도 EAP는 Occupational Health and Medicine Programs/Occupational Medical Programs와 파트너십을 갖고 있다. 미국의 경우 직원의 생산성을 증대시키고 의료보조와 장애인 지원 등의 비용을 삭감하고자 하는 경영자들의 노력으로 인해 다른 부가급부 프로그램과 EAP의 협력내지 통합활동이 증가하는 추세에 있다(1994년 4건 중 1건 → 2002년 3건 중 1건/현재는 오히려 다수). 이는 W-L 프로그램의 유행과 함께 이 프로그램과 EAP의 협력을 선호하는 기업측의 욕구 등으로 인한 자연스런 업계의 대응에 기인한 것으로 보인다.

3.3 현재의 발전단계

미국의 EAP는 1940년대 경영자들의 기업 내 알콜문제에 대한 대응방안의 하나로 도입되기 시작되었으며 세계 2차 대전 기간에는 알콜과용으로 인한 숙련공공급의 문제를 해소하는 수단으로 활용되었다. 이때 알콜중독방지회(AA/Alcoholics Anonymous)가 알콜피해 직원들의 재활을 돕기 위해 노조간부와 사내의사들에게 소개되었으며 이는 이후 OAP (Occupational Alcoholism Programs; 경영자로 하여금 보다 적극적으로 사내 알콜중독자의 파악과 재활에 노력하도록 저비용 고효율방안을 제공; cost-effective support)의 설립을 가져오게 되었다. 이후 OAP를 수행하는 업계를 지원하기 위해 Yale Center of Alcohol Studies와 National Committee on Education and Alcoholism에서 연구보고서들이 발간되었다.

1950-1960년대 OAP는 연방정부와 Hughes 법(1970/Federal Comprehensive Alcohol Abuse and Alcoholism Treatment and Rehabilitation Act; 포괄적인 알콜남용과 알콜중독의

처치와 재활에 관한 연방법)의 지원을 받아 수적으로 크게 증가하게 되었으며 특히 휴즈법은 Federal Civil Service Commission(후에 OPM(US Office of Personnel Management)으로 개칭)으로 하여금 모든 연방정부 공무원들을 대상으로 한 알콜예방 프로그램(후에 약물남용을 포함)을 개발하도록 하였다. 휴즈법은 NIAAA(National Institute on Alcohol Abuse and Alcoholism)를 설립하고 이 기구의 역할의 하나로 전국적으로 EAP의 육성과 보급에 힘쓰도록 하였으며, NIAAA는 주별로 두 개의 OPC(Occupational Program Consultants)에 대해 재정지원을 하였다. 이들의 주된 역할은 민간산업분야에서 OAP의 도입을 촉진하는 것이었으며, OPC는 노동자대표들과 함께 EAPA의 전신격인 ALMACA (Association of Labor Management Administratiors and Consultants on Alcoholism)를 조직하였다.

1973년에 제정된 재활법(Rehabilitation Act)은 신체적 혹은 정서적 문제사원이나 장애인을 차별하는 사업장에 대해서는 연방정부조달계약이나 2500불 이상의 지원을 금지함으로써 OAP(후에 EAPs로 개칭)의 도입을 촉진하는데 기여하였다. 1980년대에 OAP는 광범위한 범위에 걸친 개인과 사업장의 문제들을 취급하게 되면서 EAPs로 개칭되었으며, 1988년의 사업장 약물금지법(The Drug-Free Workplace Act)과 그 이후의 수정법은 EAP가 직원들의 실질적인 약물남용문제에 대응함에 있어 전문성과 지침을 제공함으로써 EAP의 더 큰 성장을 촉진시키게 되었다.

미국 내에서 EAP가 지속적으로 확산되면서 행동건강문제(behavioral health problems)를 다루는 관리간병(managed care)제도가 출현되었고, 1990년대 초 MBC(managed behavioral care)관련 기업들이 보다 지속적인 간병을 제공할 수 있도록 EAP와 파트너십을 가지게 되었다. EAPs가 공기업과 사기업 모두에 확산되면서 노사모두의 변화하는 욕구를 충족하기 위해 지속적으로 서비스의 범위를 확대하고 있으며, 이들 서비스는 일-가정 양립(work-life balance), 연로자간병(elder care), 직장폭력(workplace violence)을 비롯해서 합병과 구조조정(Mergers and downsizing)같은 회사의 전반적인 변화를 지원하는 분야를 포함하는 쪽으로 확산되고 있다.

3.4 한국의 현황

오늘날 다수의 직원들은 대기업, 중소기업을 가리지 않고 점점 더 격화되는 경쟁환경 속에서 성과 증대를 위한 압박감과 스트레스에 시달리고 있다. 무엇보다 우울증 늪에 빠진 직장인들의 수가 점점 증가하고 있다. 취업포탈 잡코리아에 따르면 남·여 직장인 601명을 대상으로 '직장인 회사 우울증'에 대해 조사한 결과 응답자 중 68.8%가 이에 시달린 경험이 있다고 답했다. 결국 10명 중 7명이 일을 하면서 울적한 기분을 느껴본 것이다(머니투데이, 2018). 2020년도 기

〈표 13-3〉 국내 EAP의 도입현황

<table>
<tr><td rowspan="5">내부모형
(1994~)</td><td rowspan="5">사내상담실 등
EAP 초기 모델인
기업 상담 출현</td><td>삼성그룹</td><td>상담실을 비롯한 복지문화센터 설립</td></tr>
<tr><td>포항제철</td><td>서울, 광양에 대규모로 도입</td></tr>
<tr><td>삼성전자</td><td>열린상담센터(서울, 수원, 구미 등 총 9곳)</td></tr>
<tr><td>LG전자</td><td>MC연구소, R&D캠퍼스, LG CNS 등 총 3곳</td></tr>
<tr><td>SK</td><td>하모니아 직원 상담 프로그램 운영</td></tr>
<tr><td>외부모형
(2004~)</td><td>EAP전문기업
출현</td><td>EAP 전문기업</td><td>GS 칼텍스, KTF, 유한 킴벌리, 하이마트, 현대 하이스코, 듀폰 코리아, 한국 P&G, 구글 코리아, 한국 Microsoft, 엘카코리아, 능률교육, 한국전력기술, 한국수자원공사, 한국수력원자력, 한국화학연구원, 한국 전자통신연구원</td></tr>
<tr><td rowspan="3">정부
지원형
(2007~)</td><td rowspan="3">정부 지원 사업
개시</td><td>노동부
(사회적일자리사업)</td><td>근로자 심리상담 지원 프로그램, 한국EAP협회를 중심으로 서울, 인천, 구미 등 전국 주요 산업단지 11곳에 센터 개소</td></tr>
<tr><td>서울시</td><td>직원대상 스트레스 관리 프로그램 및 자녀의 정서관리 프로그램 운영</td></tr>
<tr><td>보건복지가족부
(지역사회서비스 혁신 사업)</td><td>부산광역시를 선두로 대구, 광주광역시가 동참, 근로자들의 근로의욕 향상과 가족문제 예방을 위한 근로자 지원 프로그램, 제조업 종사 근로자 대상으로 직장생활 적응 및 업무 효율성 향상 프로그램 운영</td></tr>
</table>

출처 : (사)한국EAP협회(2009), 근로자지원프로그램(EAP)의 합리적 도입운영모델 연구, p.38.

준으로 우리나라 노동자 1인당 연평균 노동시간은 1,908시간으로, OECD 회원국 34개국 가운데 콜럼비아, 멕시코, 코스타리카 다음으로 네 번째로 가장 길다. OECD 국가 간 연령표준화 자살률을 보면 한국은 23.5명으로 OECD 38개국 평균인 10.9명의 2배가 넘는다. 비교 대상 국가 중 자살률이 20명대인 국가는 한국을 제외하면 리투아니아(21.6명)가 유일하다.[2] 이에 대한 대응 방안으로 많은 전문가들이 EAP의 도입을 권장하고 있다.

우리나라의 경우 이미 이 제도의 도입을 통해 생산성 등의 측면에서 실질적인 효과를 얻은 소수의 외국계 기업의 자회사(듀폰코리아)나 합작법인(유한킴벌리)의 경우를 제외하면 대기업과 중소기업을 가리지 않고 매우 형식적인 구두선에 그치거나(예를 들면 대기업의 내부상담센터 운영) 아예 관심조차없는 경우(대부분의 중소기업)가 대부분이었다. 최근 인적자원관리 차원에서 직원의 정신건강관리에 신경을 쓰지만 중소기업들의 상황은 여전히 어려운 편이다. 다행히 문제의 심각성을 인지한 정부가 2007년부터 노동부를 통해 중소기업을 대상으로 한 정부지원형 EAP도입을 추진하고 있고 현재는 근로복지기본법 제83조에서 모든 기업이 도입 실시하도록 권장하고 있다.

국내에 EAP와 유사한 기능을 하는 서비스[3]의 도입은 그 역사를 따지기 어려우나 EAP라고 명명된 서비스가 도입된 것은 1999년 듀폰코리아에서 도입한 것을 시초로 보는 것이 타당할 것이다. 한편 EAP 중 심리상담부문이 특화되어 운영되고 있는 기업상담은 삼성의 생활문화센터를 중심으로 1994년부터 시작되었고, EAP전문기업이 활동하기 시작한 2004년부터는 외부 전문기관에 의뢰하는 외부형 EAP가 본격적으로 발전하였다.

기업경쟁력의 원천이 사람이라는 점에 동의한다면 이들의 직장 및 가정생활에 대한 지원은 정부나 외부의 지원이 있기 전에 해당 조직의 경영자가 그 지원의 중요성을 인식하고 자기 조직의 형편에 맞는 EAP를 파악하여 단계적으로 도입하고자 하는 자세가 무엇보다 중요하다. 이와 관련하여 EAP와 단순한 사내상담센터나 고충처리프로그램을 혼동해서는 안 될 것이다. EAP와 개인상담의 다른 점은 문제해결의 접근방법에 있다. 예를 들면 조직 내 상담센터의 경우 알콜 중독이거나 성폭행을 당한 직장인이 자기 직장 내 상담자에게 자기 고민을 털어 놓는다는 것은 인사상의 불이익 등을 고려할 때 거의 불가능하다. 또는 외부의 심리상담가나 정신과 의사가 제공하는 개인상담은 문제의 근원을 개인에 두고 개인을 변화시키고자 하는데 초점을 두는 경우가 많다. 따라서 개인과 조직의 역동관계에서 일어나는 문제에 대해선 해법을 주기 어렵다.

EAP의 장점은 사무실과 별개장소에서, 자기 직장과는 별개의 사람과 상담을 하고 전문가와 함께 개인과 조직에 유용한 해법을 찾는다는 데에 있다. 이를 위해서는 개인과 조직의 양측면에 걸쳐 일정한 전문성을 갖춘 인사조직분야 전문가의 참여가 절실한 형편이지만 현재까지는 주로 정신신경과 전문의나 상담심리 전문가들에 의해 주로 개인에게 초점을 맞춘 접근이 대세를 이루고 있는 상황이다.

연습문제

1. 복리후생제도의 전략적 활용방안에 대해 논하시오.

2. 기업이 법정 복리후생외에 법정 외 복리후생제도에 대해 많은 관심을 기울여야 할 이유는 무엇인가?

3. 선택적 복리후생제도가 기존의 복리후생제도와 다른 점은 무엇인가, 그리고 장·단점은?

4. 특수 고용형태 근로자(예를 들면 간병인, 택배기사 등)에 대한 산재보험적용방안에 대해 논의해 보시오.

5. 선택적 복리후생제도와 EAP의 차이에 대해 설명해 보시오.

6. EAP프로그램 중 최근에 특히 명상 프로그램에 대한 수요가 증가하는 이유는 무엇인가?

7. 기존의 퇴직일시금제도와 퇴직연금제도의 차이를 설명하고 퇴직연금제도의 장·단점에 대해 설명해 보시오.

8. Outplacement 제도의 현황을 평가하고 그 개선방안에 대해 논의해 보시오.

9. 가족친화기업이 실제로 기업실적이 좋은가? 그것이 단순히 여성복지증진을 위한 것이라면 다른 어떤 대안을 제시할 수 있는가?

미 주

1) https://www.index.go.kr/potal/main/EachDtlPageDetail.do?idx_cd=1514
2) https://data.oecd.org/healthstat/suicide-rates.htm
3) EAP와 유사 서비스의 차이는 근로자에 대한 시스템적 접근 여부에 따라 구분하는 것이 적절할 것이다. 기존 서비스는 근로자 개인차원의 정보제공이나 상담에만 국한되는 경우가 대부분이었다. 그러나 점차 복잡하고 다양해지는 개인과 기업의 욕구에 대응하기 위해 종합적인 접근방법과 지원스킬이 필요하게 되었으며 EAP는 조직의 필요에 맞게 시스템차원에서 발전한 근로자 종합지원체계라 하겠다. 따라서 상담, 코칭 등 개인 단위 중심의 기존 서비스의 스킬과 컨설팅, 교육 등 조직단위 중심의 기존 서비스스킬을 모두 공유하고 지역사회자원을 개인과 조직에 맞게 특성화하여 체계적으로 연계한다는 점에 대응전략의 차이가 있다.

국문색인

ㅍ

ㅎ

영문색인

저자소개

■김 현 정

영국 Strathclyde 대학교에서 학사, London 대학교(LSE)에서 석사, Warwick 대학교에서 경영학 박사를 취득하였다.

현재 인하대학교 경영대학 경영학과 인사조직전공 교수, 지속가능경영 대학원과정 주임교수로 재직중이며, 인하대학교 경영교육혁신센터장, AACSB인증 추진단장, 입학처장을 역임하였다. 옥스포드 대학교 Visiting Fellow와 대통령자문 사람입국일자리위원을 지냈으며, 행정안전부 책임운영기관 운영위원, 인사혁신처 정책자문위원 및 심의위원, 국방부 책임운영기관 운영위원, 산업통상자원부 경제자유구역위원회 위원, 고용노동부 적극적고용개선심사위원, 인천경제자유구역청 발전위원회 부위원장, 인천시의회 인사위원, 인천교통공사 인사위원으로 활동하고 있다.

학회쪽으로는 한국경영학회, 인사조직학회, 인사관리학회, 피터드러커 소사이어티 등 다수의 학회에서 경영학발전을 위해 노력하고 있다.

연구분야는 지속가능경영, 인적자원관리, 조직행동, 조직변화, 평생학습, 일가정양립이며, SSCI 및 다수의 해외저널과 국내학술지에 논문을 발표하며 활발한 학술활동을 이어나가고 있다.

■김 진 욱

경희대학교 경영대학에서 석사 및 박사학위(인사조직 전공)를 취득하였다. Samsung Tesco(홈플러스) 인재개발부장, 대웅제약 연수원 교육팀장, 한국 피터드러커 소사이어티 사무국장, 경희대학교 경영대학 겸임교수를 역임하였으며, 경희대학교 글로벌미래교육원 교수로 재직중이다.

연구로는 '내공의 리더십(Centered Leadership)'과 '최고의 코칭스킬 50'을 우리말로 옮겼으며(공역), '직무소진이 학습조직활동에 미치는 영향', 공유리더십이 조직신뢰에 미치는 영향(2016) 등 다수의 논문을 학술저널에 발표하였다.

■정 우 진

대학에서 법학과 독문학을 공부하고 실제-적정 업무시간 미스매치와 노동시간 조정욕구에 관한 연구로 석사학위를 받았다. 경북대학교와 한국항공대학교에서 인사/조직관리 전공으로 박사과정을 수료하였고, 독일 뮌헨대학교(Luwig-Maximilians-Universität) Junior Researcher로 초청받았다. 다수의 해외저널과 국내학술지에 논문을 발표하며 HR과 조직행동, 경영사를 중심으로 연구하고 있다.

지속가능경영을 위한 인적자원관리

2023년 1월 5일 1쇄 인쇄
2023년 1월 10일 1쇄 발행

저 자 김현정 · 김진욱 · 정우진
발행인 류재식 · 박용범
발행처 도서출판 북 넷

서울시 용산구 효창원로70길 46 대신빌딩 2층
등 록 2010년 6월 7일(제2010-000069호)
전 화 (02) 395-2341
팩 스 (02) 395-2303

정가 32,000원

본 저서는 환경부와 한국환경산업기술원의 [녹색융합기술 전문인력 양성사업]의 일환인 [녹색금융 특성화대학원] 사업의 지원으로 출판되었습니다.

ISBN 979-11-86947-66-1

e-mail : book2341@naver.com